歴史に生きる
ローザ・ルクセンブルク

東京・ベルリン・モスクワ・パリ——国際会議の記録
Internationales Rosa Luxenmburg Symposium

伊藤成彦
【編著】

社会評論社

目次

はじめに　伊藤成彦　7
序　ローザ・ルクセンブルクの「遺体論争」―遺体はどこに眠るか　伊藤成彦　9

第Ⅰ部　ローザ・ルクセンブルク研究の新しい波
　　　　――2007年4月東京国際会議から――

第1章　ローザ・ルクセンブルクの遺産の継承
ローザ・ルクセンブルク――その帝国主義と経済学批判への貢献
　　　　　　　　　　　　　　　　　ミハイル・R・クレトケ（オランダ）　30
ブラジルから見たローザ・ルクセンブルクの現在性
　　　　　　　　　　　　　　　　　イザベル・ロウレイロ（ブラジル）　51
コメント　松岡利道　64

第2章　民主主義・社会主義の概念とローザ・ルクセンブルク
中国におけるローザ・ルクセンブルク研究の現状　　王学東（中国）　70
ローザ・ルクセンブルクの民主主義概念
　　　　　　　　　　　　　　　　　パブロ・スラーヴィン（アルゼンチン）　80
社会主義をヘゲモニーとして理解する
　　――ローザ・ルクセンブルクとニコライ・ブハーリン
　　　　　　　　　　　　　　　　　ソブハンラル・ダッタ・グプタ（インド）　91
ローザ・ルクセンブルクとレーニン――共通性と対立点
　　――「独断的な対立論」に反対して　　ウラ・プレナー（ドイツ）　97
ローザ・ルクセンブルクは1905-1906年のロシア革命以前に
　　独自の革命のイメージを持っていたか？
　　　　　　　　　　　　　　　　　ターニャ・ストロッケン（ノルウェー）　112

第3章　「資本蓄積論」とグローバル化した資本主義
軍国主義と資本主義　　　　　　　　ジョルジ・シェル（ドイツ）　144
ローザ・ルクセンブルク『資本蓄積論』と中国　　何　萍（中国）　152
古典的帝国主義論における中国と日本――今日の眼から見た
　　アジア経済進展の歴史的眺望　フリッツ・ヴェーバー（オーストリア）　164

ローザ・ルクセンブルクはマルクス主義と社会主義をどう見たのか
　　　　　　　　　　　　　　　周尚文＋張自栄（中国）　183
マルクス主義：民族主義（ナショナリズム）の挑戦にどう対応したのか？
　　──マルクス、レーニン、ルクセンブルクの考え方の相違とその今日的意義
　　　　　　　　　　　　　　　　　　　趙　凱栄（中国）　190
もうひとつのルクセンブルク主義は可能だ
　　──ローザ・ルクセンブルクと本質的な社会主義プロジェクトについての考察
　　　　　　　　　　　　　ウィリアム　A．ペルツ（アメリカ）　205

第4章　ローザ・ルクセンブルクの活動の諸側面

ローザ・ルクセンブルクの観点から見る公共圏再考
　　　　　　　　　　　　コルネリア・ハウザー（オーストリア）
　　　　　　　　　　グンドゥラ・ルードヴィッヒ（オーストリア）　214
ローザ・ルクセンブルクについての北京でのアンケート調査
　　　　　　　　　　　　　　　　　　　張　文紅（中国）　225
社会主義政党のブルジョア政府との連立政策
　　　　　　　　　　　　　テオドール・ベルクマン（ドイツ）　233
ローザ・ルクセンブルクの書簡と評論
　　──文化と創造性をめぐって
　　　　　　　　　　　ズブホラーニャン・ダスグプタ（インド）　240
ローザ・ルクセンブルク、ドイツ古典哲学の遺産と
　　社会・政治理論の根本的方法論の諸問題　ドガン・ゲチメン（トルコ）　247

第5章　パネル討論

ローザ・ルクセンブルクの思想のアクチュアリティ
　　伊藤成彦＋西川正雄＋上条　勇＋何萍＋ホーピン＋クレトケ＋ロウレイロ　270

第Ⅱ部　ローザ・ルクセンブルクの現在的価値
　　──2008年5月東京学術シンポジウムから──

ローザ・ルクセンブルクの思想的遺産の価値
　　──ポーランド語の作品を中心に　　フェリクス・ティフ（ポーランド）　287

1919年11月、ドイツ11月革命の中でのローザ・ルクセンブルク
　（1918年9月-1919年1月）　　　　オトカール・ルーバン（ドイツ）　302

第Ⅲ部　2009年　虐殺90年にあたって──ベルリン会議からモスクワ会議

第1章　ベルリン国際会議から
　はじめに──ベルリン会議開会挨拶　　　　　　　　伊藤成彦　318
　ローザ・ルクセンブルクの社会主義　　　　　　　　伊藤成彦　320
　あとがき──モスクワ会議に向けて　335

第2章　モスクワ会議
　はじめに──ロシアにおけるローザ・ルクセンブルク研究の現在　伊藤成彦　340
　ローザ・ルクセンブルクと21世紀のロシア
　　　　　　　　　　　　　セルゲイ・クレティニン（ロシア）　342
　ローザ・ルクセンブルクの文学的・歴史的遺産における自由の理念
　　　　　　　　　タチヤナ・エフドキモーヴァ（ヴォルゴグラード大学）　348

クレムリンを越えてパリへ──あとがきにかえて　　　　伊藤成彦　325

『日本語版ローザ・ルクセンブルク全集』刊行中止の経過報告　　伊藤成彦　364

　著者・訳者紹介　367

はじめに

　2007年4月に東京の中央大学駿河台記念館で、「ローザ・ルクセンブルク──その思想の現在」と題した大規模な国際会議を行った後、私は肺ガンの摘出手術を受けたために
しばらく活動できなかった。しかし、そのことを予想して、東京会議を準備する過程で、2009年1月がローザ・ルクセンブルク虐殺90年に当たることから、次回の国際会議をベルリンで開催することを決めていた。また、2007年の東京会議に、眼の手術のために参加できなかったポーランドのフェイクス・ティフを中心に、東京で小規模な国際シンポジウムを開催することも決めていた。これらの計画は予定通りすべて実行し、その主要な報告や情報をここに収録することができた。
　ところが、2009年1月のベルリン会議とロシアのボロネジ・シンポジウムが終わった後に、思いがけないことが起こった。古い歴史を持つベルリン・フンボルト大学医学部の地下の1室のガラスケースに、以前から頭部と四肢のない女性の遺体が保管されていたが、その遺体を管理するツォコシ法医学教授が、2007年頃からその遺体をローザ・ルクセンブルクの遺体ではないかと考えるようになり、DNA検査をするにも必要な資料を欠いていたが、最近、そ遺体の解剖記録をみつけ、また放射能医学の研究結果も加えて、いよいよローザ・ルクセンブルクの遺体だと確信するに至った、とドイツのメディアに発表したために、虐殺90年の年にも当たり、ドイツのメディアを通して世界中に広がることとなった。　そのために、ベルリンに住む国際ローザ・ルクセンブルク協会のオトカール・ルーバン事務局長から、この問題に対する国際ローザ・ルクセンブルク協会の見解をすぐに文書にまとめて送ってほしい、という要請がきた。

私は、このニュースを聞いて、ツォコシ教授の判断は歴史的事実に反するので軽率だ、と考えていた。と言うのは、私は1971年に米国のスタンフォード大学に付属するフーバー研究所で、マチルデ・ヤーコプの克明な手記を見つけたが、マチルデ・ヤーコプは晩年のローザ・ルクセンブルクの秘書として身の回りの世話を行い、1919年5月31日にローザ・ルクセンブルクの遺体らしい死体が運河で発見されたと聞いて、真先に駆けつけて検証をした人で、その時の状況を手記に克明に記録していたからだ。
　したがって、ローザ・ルクセンブルクの遺体が発見された時は、1月15日の殺害から4か月半も運河に沈んでいたので、遺体はかなり腐乱していたが、しかしマチルデ・ヤーコプがはっきりと識別できる状態にあり、しかもマチルデ・ヤーコプだけではなく、パウル・レヴィ、クラーラ・ツェトキーンなどの親しい友人たちも立ち会ったので、それがローザ・ルクセンブルクの遺体であることは間違いなく、ツォコシ教授が自説を証明するにはDNA検査の結果を示す必要があるが、それができない以上、軽率な主張だと言うほかはなく、私は国際ローザ・ルクセンブルク協会代表として、そういう見解を発表した。
　こうしてツォコシ教授が提起した遺体論争はこれで落着したのだが、ローザ・ルクセンブルクの遺体の所在が1935年以来不明となっていることは間違いない。
　ナチスは1935年に、ローザ・ルクセンブルクの墓だけでなく、カール・リープクネヒト、フランツ・メーリング、レオ・ヨギヘスの墓もすべて破壊した。しかし、歴史家ユルゲン・ホフマンの調査が示すように、戦後にドイツ民主共和国が総力を挙げて行った調査でも、ローザ・ルクセンブルクの棺（遺体）だけが見つからないということを単なる偶然とは考えられない。ナチスはローザ・ルクセンブルクが蘇ることを恐れたのではないか。
　こういうローザ・ルクセンブルクを研究する国際会議を、2011年10月にモスクワで開催する。ローザ・ルクセンブルクを考え、研究することは、歴史の実証的検証であると同時に、未来の歴史を拓くことになる、と思うからだ。
　今度もまた社会評論社の松田社長をはじめ皆さんのお世話になった。心からの感謝をこめて。
　　　2014年7月末日

伊藤成彦

序

ローザ・ルクセンブルクの「遺体論争」
―― 遺体はどこに眠るか

伊藤成彦

1．問題の発端

　2009年5月末に、ベルリンに住むローザ・ルクセンブルク国際協会事務局長のオトカール・ルーバンから、ローザ・ルクセンブルクの遺体を発見した、とフンボルト大学のツォコシ法医学教授が主張し、その真偽をめぐって論争が起きているので、ローザ・ルクセンブルク国際協会代表として見解を発表してほしいという依頼とともに、ツォコシ教授の主張の概略を次のように伝えてきた。

　それによると、ベルリンのフンボルト大学医学部地下の一室のガラスケースの中に、以前から頭部と四肢のない遺体が保管されていたが、ツォコシ教授は2007年からそれをローザ・ルクセンブルクの遺体ではないかと考えたが、DNA検査をするための材料がなかった。その後その遺体に関する解剖記録を見つけ、また放射線医学による研究の結果も加えて、ローザ・ルクセンブルクの遺体であることを確信するに至ったので発表した、ということだった。

　ローザ・ルクセンブルクは、1919年1月15日に、ドイツ革命の武力弾圧を行った兵士たちによって虐殺され、犯行を隠すために虐殺現場近くの運河に投げ込まれた。ローザ・ルクセンブルクの遺体が運河から引き上げられたのは、それから4カ月後の5月末で、ローザ・ルクセンブルクの遺体と最初に対面したのは、第一次大戦以前、1913年からローザ・ルクセンブルクが編集・発行

した週刊誌『社会民主主義通信（Sozialdemokratische Korrespondenz)』を制作し、大戦勃発後は獄中のローザ・ルクセンブルクを助けて、外部の反戦運動への連絡役をしたマチルデ・ヤーコプだった。私は彼女がローザ・ルクセンブルクの死後、思い出を詳しく書いた手記を1971年にアメリカで見つけて、ローザ・ルクセンブルクが彼女に宛てた153通の手紙と共に一冊に纏めてドイツで出版したので、彼女がどのようにしてローザ・ルクセンブルクの遺体を確認したかも知っていた。

＊ Rosa Luxemburg, Ich umarme Sie in grossen Sehnsucht. Briefe aus dem Gerfangnis 1915-1918. Verlag JH.W.DietzNachf. 1980.

それでツォコシ教授の主張はＤＮＡ検査の証拠がないというだけでなく、マチルデ・ヤーコプの綿密な確認も無視しているので、信憑性がないと考え、2009年6月3日付で次のような「ローザ・ルクセンブルク国際協会の見解」を発表した。

「ローザ・ルクセンブルクの遺体問題」に対する我々の立場

ローザ・ルクセンブルク国際協会代表　伊藤成彦

　第一次世界大戦中にローザ・ルクセンブルクの私設秘書であったマチルデ・ヤーコプ（1873-1942）は、1919年5月にベルリンの運河で発見された一人の女性の遺体を、ローザ・ルクセンブルクの遺体と確認した時の経緯を、後に書き残した回想記の中で次のように述べています。
　「確かに、運河で死体が見つかったという噂は、その前にも何度もありましたが、調べて見ると何時も間違いであることが分かりましたが、今回はその情報が正しいように思われました。
　遺体の持物を見せられて、私はすぐにそれがローザ・ルクセンブルクの遺体だと分かりました。小さな両手に付けていた手袋は、私が買ってきてあげた物でした。ビロードの衣服の切れ端は色が変わらずに残っていました。金製のペンダントはしっかりと頸に下がっていました。誰かが遺体の写真を私に渡してくれましたが、私は一瞥もせずにその写真をパウル・レヴィに渡しました。彼はその写真を見ていささかも疑うことなく、『これはローザ・ルクセンブルクの遺体だ』と言いました」（伊藤成彦が編集した『マチルデ・ヤーコプへの獄中書簡（1915-18）』から）。

マチルデ・ヤーコプのこのような回想から、当時、1919年5月に、マチルデ・ヤーコプ、パウル・レヴィ、クラーラ・ツェトキーンと息子の医者マキシム・ツェトキーンなどが、どれほど慎重にローザ・ルクセンブルクの遺体の確認を行ったかが、今なおありありと分かります。
　したがって、ベルリンの遺体収容所に保存されていた遺体がローザ・ルクセンブルクの遺体の一部だという情報は、にわかには信じられません。それを完全に証明するにはDNAテストが不可欠です。
　もし、DNAテストで明確な結果が得られない場合には、1919年5月のマチルデ・ヤーコプ、パウル・レヴィ、クラーラ・ツェトキーンなど、ローザ・ルクセンブルクの友人たちの判断を守るべきだと思います。
　いずれにせよ、90年前に虐殺された女性社会主義者の尊厳に対して、厳粛に敬意を表することを願います。

2009年6月3日

　私がこのローザ・ルクセンブルク国際協会の立場の「声明」をベルリンに送った後に、「独の女性革命家ローザ・ルクセンブルク／90年ぶりに遺体発見か／身体的特徴驚くほど似る」という見出しの次のような報道記事がベルリンから送られてきた。
　〔ベルリン＝弓削雅人〕1919年、ドイツ政府の共産主義弾圧の末に殺害された女性革命家ローザ・ルクセンブルクとみられる遺体が、ベルリンで約90年ぶりに見つかったと独メディアが先週から一斉に報道し、波紋を広げている。殺害直後に運河で見つかり本物とされた遺体は、ナチス時代に行方不明となっているが、別人の可能性が出てきた。
　シュピーゲル誌などによると、新たな「遺体」は2007年に大学病院地下室で見つかった。頭部と手足の一部が失われているが、身長150cm、推定年齢40代、左右の長さが違う脚など、「驚くほど特徴が似ている」という。ただ、DNA鑑定の材料がなく、特定は困難。発見した法医学者は「"本物"の遺体の解剖所見は、致命傷の特定も不十分で怪しいと思っていた」とメディアに語った。
　報道を受けて、ドイツ左派党のラフォンテーヌ元財務相は「国際的労働運動で傑出した才能を発揮した人物」として、連邦政府に完全解明を要求した。
　ローザ・ルクセンブルクは1871年、ポーランド生まれ、カール・リープク

ネヒトらとドイツで活動した。革命組織「スパルタクス団」を結成、ドイツ共産党を創設した。　　　　　　　　　　　（2009年6月3日、東京新聞夕刊）

２．歴史家たちのツォコシ教授批判

　ベルリンではツォコシ教授の主張をめぐって激しい論争が起きていた。とりわけ、1919年のドイツ革命の中で、ローザ・ルクセンブルク、カール・リープクネヒトを追跡して暗殺した陸軍大尉ヴァルデンマル・パプストを克明に調べて『反革命者ヴァルデンマル・パプスト――あるドイツの出世街道』（2009）と題する膨大な書を著した歴史家・脚本家・映画監督のクラウス・ギーティンガーが、ツォコシ教授の主張を的確に厳しく批判した。また、ベルリンの歴史家ユルゲン・ホフマンは、ローザ・ルクセンブルクの遺体の発見（1919年5月31日）から記念碑の建設、1935年のナチスによる記念碑の破壊とローザ・ルクセンブルクの遺体の紛失、第二次大戦以後の記念碑の再建とローザ・ルクセンブルクの遺体の捜査結果を発表した。
　ここには、その二論文を紹介する。

＊　　＊　　＊

遺体の発見

クラウス・ギーティンガー

　アルフレート・コックは潜水の名人だった。彼は1919年1月に近衛騎兵隊射撃師団の軍法会議法務官パウル・ヨルンスの命を受けて、何度も任務についた。けれども彼は何時もなだめられていた。コックの任務は、運河のリヒテンシュタイン橋とフライアルヘン橋の間の約400メートルの濁った水の中でローザ・ルクセンブルクの遺体を探すことだった。かつてドイツ社会民主党党首で国会議員のフーゴ・ハーゼ（当時は独立社会民主党）がある手紙でコックの能

力をほめたために、ヨルンスはこの任務を断れなくなったのだ。ヨルンスは、ドイツ社会民主党政府とフリートリヒ・エーベルト、フィリップ・シャイデマン及びグスタフ・ノスケの下で、ルクセンブルクとリープクネヒトの殺害事件の予審判事に任命されていた。ヨルンスは暗殺者と同じ部隊、つまり近衛騎兵隊射撃師団の出身で、後に証明するように、暗殺事件を揉み消し、隠蔽した。ハーゼもまた、手紙の半年後に近衛騎兵隊師団の暗殺の犠牲になった。

　カール・リープクネヒトとローザ・ルクセンブルクは、1919年1月15日に海軍将校を装った兵士たちによって暗殺された。殺害を命令したのは、近衛騎兵第一師団所属のヴァルデマル・パプスト大尉で、彼は実質的に最高司令官グスタフ・ノスケ（ドイツ社会民主党）の右腕として振る舞っていた。パプストは1969年に、ノスケがその夜、彼との電話で暗殺を間接的に承認した、と何度もはっきりと表明した。パプストは暗殺計画をすべて承知していた。しかし、いくつかの失敗があった。暗殺したローザ・ルクセンブルクの遺体を死体公示所に渡さずに、死体運搬係のクルツ・ヴォーゲルが運河に運んで、リヒテンシュタイン橋の近くの水中に投げ込んだことだった。

　この遺体を探したのは、潜水夫のコックだけだった。1919年2月18日から一平方メートルずつ運河を探した。彼はあらゆるものを持ってきた。例えば、無数の銃や三体の水死体。一体は男性で二体は女性だった。しかし、ローザ・ルクセンブルクの遺体は見つからなかった。

　1919年5月31日土曜日、5時45分に閘門管理人のゴットフリート・クネッペル（76歳）がフライアルヘン橋と郊外鉄道の鉄橋の間に女性の遺体を発見した。クネッペルは、遺体には服の一片が付着し、膝まで黒い靴下を履いていた、と述べた。オットオ・フリッチュという社会民主党員が、その遺体をローザ・ルクセンブルクだと識別して、社会民主党の機関紙『フォアベルツ（前進）』本部に電話をした。しかし、土曜日にも日曜日にも、その通報への反応はなかった。その理由は、土曜日のその夜はノスケが遠洋艦隊の以前の上官であるホルゼンドルフ提督の家にいて、興奮した党の同僚のヴォルフガンク・ハイネ、オイゲン・エルンストと「彼女の発見」について議論していたからだ。ノスケは直ちに報道管制を敷き、遺体をベルリン南部の馬場にいる彼の軍人仲間の所に送らせた。

　ローザ・ルクセンブルクの遺体の前でも、彼らはまだ恐れていた。しかし、

そういう態度は今や公式に審問の最高位にあるエールハルト軍事法廷顧問官の名誉を傷つけることになった。

　ルクセンブルクの長年の友人で秘書でもあったマチルデ・ヤーコプは、ノスケは〈命のない身体に関心を持つ〉に違いないと予想して名誉を傷つけられたエールハルトから、〈司法医の検屍解剖の後に再検査ができるように、彼女が選んだ医師を彼女の車で馬場まで連れて行く〉許可を得ていた。しかし、テオドール・リープクネヒトの代理人のジークフリート・ヴァインベルクは、相手側の正当性を認めることになる、とその案を拒否した。

　ヤーコプは、このことでルクセンブルクの虐殺方法の解明を期待していたので、納得しなかった。彼女は絶望的に自説を主張し、二人の医師は彼女の命を心配し、相手の医師は同意しなかった。そのために、検屍解剖はマチルデ・ヤーコプが信頼する医師の立ち会いなしに行われた。1919年6月3日に、枢密医務官のシュトラッスマン博士とフレンケル教授が強度に腐食した遺体を調べた。その結果、ローザ・ルクセンブルクは直近からの銃撃で殺された、という結論に至った。

　これは合わせて二つの所見における二つの可能性を確認した。その点では、今日なお詭弁の余地はない。フレンケル教授は確かに二つの所見で、シュトラッスマン博士の見解といくらかずれてはいるが、銃床による一撃もあり、ローザ・ルクセンブルクの死をもたらしたのは銃撃だけではない、と指摘した。しかし、彼らがローザ・ルクセンブルクの遺体を前にしていたことは、どちらも疑っていなかった。遺体に付着した青い衣服の一片と、手袋と、一個のネックレスに基づいて、マチルデ・ヤーコプがその死者がローザ・ルクセンブルクであることを確認した。

　また遺体から二枚の写真が作られていた。頭部の銃創がはっきり分かった。弁護士で当時、ローザ・ルクセンブルクの恋人だったパウル・レヴィが、遺体の写真によって、ローザ・ルクセンブルクの写真だと確認した。マチルデ・ヤーコプは遺体を取りに戻って、ベルリンの身元不明者死体公示所に戻し、遺体がまだそこに存在することを遺体自身が告げるのを見た。6月13日にローザ・ルクセンブルクは10万人の人々に付き添われてフリードリヒ墓地に埋葬された。

　それが、手短に言えば、歴史的な資料から見たローザ・ルクセンブルクの虐

殺以後の姿だった。

推測と率直な疑問

　フンボルト大学付属病院のツォコシ氏の主張は、こうした光の下では信頼がおけない。

　第一、ローザ・ルクセンブルクの遺体は、針金でグルグル巻きにされ、錘を付けられて、運河に沈められていた。だから両手と両脚が後に外れたのだろうと、ツォコシ氏は主張する。しかし、遺体を運河に投げ込んだ者たちだけでなく、それをリヒテンシュタイン橋から見ていた者も、さらにこの遺体を見つけた者も、どの目撃者も針金が巻き付けられていたことと、錘が付けられていたことについては全く述べていない。四肢の欠落についても、遺体の発見者は一言も述べていない。ツォコシ氏の主張は間違いで、20年代に撒き散らされた風評に基づいている。歴史的資料は、それに対して、遺体は大急ぎで運河に投げ込まれたことを示している。

　第二、ツォコシ氏は法医学者シュトゥラスマンとフレンケルは、彼らの鑑定書に致命的な頭部の銃撃と銃弾について全く述べていない、と主張する。これは全く間違っている。彼らは、7ミリの銃弾が打ち込まれた傷口を付けた銃撃を指摘していた。1919年6月3日の彼らの最初の鑑定書では、要約して次のように述べられていた。死は「頭蓋骨底部の重傷の結果で、この頭蓋骨の破壊は、おそらく左耳から入って右側の下顎から出た銃撃の結果で、そのために頭蓋骨を斜め下方に貫通していた」。

　確かに彼らは、脚の短縮、あるいは麻痺については述べていなかったが、〈かなり古い脊柱短縮〉と〈外側に外れた〉左腰については述べていた。遺体の身長はローザ・ルクセンブルクの身長（1.46m）と一致していた。医師たちはローザ・ルクセンブルクを調べていたことに全く疑いを持っていなかった。

一個のネックレスと青緑色のビロード

　パウル・レヴィは、写真に基づいて遺体をローザ・ルクセンブルクだと認定した。遺体に付き添っていたドイツ社会民主党員のオットー・フリッシュもまた、同様に認定した。マチルデ・ヤーコプがローザ・ルクセンブルクの遺体だと認定した根拠とされたネックレスは、殺害者たちによって取り去られていた

可能性があるという主張は、証拠がなく、単なる推量であった。それに対して1919年5月31日に遺体をティアガルテンの水門から引き出してきた警察の遺体捜査官フリッツ・エーベルハルトの宣誓と同じ効力をもった証言があった。それによると、「細いビロードの紐で遺体の首に下がっていた小さな金のネックレス」を彼が引きちぎったのだという。彼はさらに、遺体から「青緑色のビロードの布切れ」を取り去った、とも供述した。また二人の医師も、衣服の変色を示す青色の跡が遺体に付着していたことを確言した。また運河で遺体を見ていた証人の一人が、遺体が手袋をしていたと証言した。マチルデ・ヤーコプの前に次の物が並べられた——金のネックレス、青色のビロードの切れ端と手袋。それらは全部ローザ・ルクセンブルクの持物だった。

軍法会議メンバーのエーベルハルトがローザ・ルクセンブルクと親しかった弁護士と自営の医院の解剖の医師を緊急に呼び集めようとしたのは、誤魔化そうとしたからではなかったか、という疑問が投げかけられた。さらに、女性の、ローザ・ルクセンブルクと等身大の遺体を、しかも犯人が彼女の頭部を射殺する所を多くの証人が見ていたのに、何処からこの遺体をこんなに早く持ってきたのか、という問いも投げかけられえた。

確認すべきことはまだ残っている。90年前の1919年5月31日に発見された遺体は、1919年6月3日に検視解剖を受け、1919年6月13日に埋葬されたのは、確かにローザ・ルクセンブルクの遺体だった。1935年におそらく彼女はナチスに奪われて、別の場所に立っている。

＊クラウス・ギーティンガー　Klaus Gietinger は1955年生まれ。歴史家で映画監督。1993年に「運河の遺体。ローザLの虐殺」を発表。2008年に新版。2009年にローザ・ルクセンブルクを暗殺した「反革命者ヴァルデンマル・パプスト——あるドイツの出世街道」を出版。翻訳のテキストはベルリンの新聞 Neues Deutschland 2009年6月6日号による。

ローザ・ルクセンブルクの墓
中央墓地――フリートリヒスフェルデ跡を求めて

ユルゲン・ホフマン

　ベルリン・フリートリヒスフェルデ（安らぎの野原）の中央墓地にある社会主義者たちの追憶の場にあるローザ・ルクセンブルクの墓は、花々、灯籠ときわめて個人的に作られた回想録で飾られている。命日の1月に限らず、1年中、全世界から人々が、この非凡な女性を訪ねてくる。その際、この場所は、象徴的な墓にすぎない(1)。それではローザ・ルクセンブルクは、実際は何処に葬られているのだろうか？　彼女の墓はどうなったのだろうか？
　その跡を訪ねて私たちは1919年1月まで戻る。
　1919年1月25日にベルリンの労働運動が1月闘争の犠牲者をフリートリヒスフェルデの墓所に運んで来た時、ローザ・ルクセンブルクのために空の棺が埋葬されただけだった。この時点ではローザ・ルクセンブルクの遺体はまだ発見されていなかったが、彼女の殺害は確認されていた。それでこの最初の埋葬は、すでに象徴的なものだった。ローザ・ルクセンブルク、カール・リープクネヒトや1月闘争のその他の犠牲者たちの墓地は、市営中央墓地のフリートリヒスフェルデの外側の端に取ってあった。それは64区画の予備地域だった。中央墓地は、当時はまだベルリン市街の遙か外側にあった。1920年10月に新たに大ベルリン市が構成されて初めて、周辺の市町村が統合され、新行政地域が構成された。本来1月闘争の犠牲者は、フリートリヒスハインの1848年のバリケード闘争の犠牲者の傍らに埋葬されるはずだった。そこに1918年11月の犠牲者たちも最後の憩いの場を見いだした。けれどもフリートリヒスハインの革命墓地への埋葬の場所に市当局が、帝国官房に、社会民主党の人民委員を一緒に受け入れることはできない、と拒絶した。その数年後に、ヴェルムート市長が、フリートリヒスハインに11月革命の犠牲者たちを埋葬した際に、リープクネヒトの演説をどれほど不愉快な思いで我慢したかを回想した。彼は当時、「ボルシェヴィキの支配の差し迫った危険性」を何としても阻止せねば

ならないと決意した、と語った。死んだ反乱者たちのための場所は、市内には全くなかった。彼らは古い市当局からも、フリードリヒ・エーベルト、フィリップ・シャイデマン、グスタフ・ノスケなどのグループからも等しく、生者以上に危険視されていた。政治的示威行動への恐怖が、あらゆる行為の背景にあった。この決定と死者の埋葬に対する度を越えた軍事的安全保障措置は、共産党以外の同時代人からも、すでに異常とみられていた。「この政府は明らかにベルリンの労働者にデモの機会を与えず、彼らと政府の間には、機関銃と大砲が立っていた」と独立社会民主党の機関紙は伝えた。

　ローザ・ルクセンブルクは、彼女の遺体が発見され、解放された後の1919年6月13日にようやく埋葬された。正式な埋葬の日は、金曜日だった。ベルリンや全国の代表や国際労働運動の代表団の葬列が、9時から花環や幟をもってフリートリヒスハインに現れた。2時間後には、参列者はすでに見渡せないほど溢れていた。市立病院の北にある遊戯場に棺を積んだトラックが止まっていた。すでにここで左翼政党や組織の演説者たちが、故人の社会主義運動に対する功績を讃えていた。多数派社会民主党の正式の代表は、葬儀から離れた所にいた。12時過ぎに葬列がフリートリヒスフェルデの方向に動き始めた。

　葬列は、ランツベルク・アレー、ペテルスブルク通り、フランクフルター・アレー、フランクフルター街道を通って中央墓地に進んだ。数千台の荷車が印象的な葬儀デモの後に続いた。

　ローザ・ルクセンブルクの遺体を収めた棺は、カール・リープクネヒトの横に埋葬された。そこは1月にはただ予約を象徴的に示すことしかできなかった場所だった。墓石簿には、64区画8列、墓番号4と記入された。死亡の日は1919年5月31日と書かれた。遺体が運河で発見された日付だった。死因の欄には、「未確認、死後発見」と記された。3月に独立社会民主党から共産党に移ったクラーラ・ツエトキーンが、死者は墓を越えて輝きを放ち、数世紀にわたって影響を与え続けるであろう、という希望を呼び覚ました。ルイーゼ・ツィーツが独立社会民主党の立場から非常に感動的な弔辞を述べた。彼女はローザ・ルクセンブルクを希有なほど無私で善良な人柄で、「鋭く、透徹した理性」の女性だったと讃えた。ローザ・ルクセンブルクと彼女の同僚の暗殺を、彼女は「ドイツ史の消えない恥」と呼んだ。当時は彼女もその他の人々も、野蛮が間もなくさらに拡大することを予感していなかったが。

数カ月前の３月19日に、ローザ・ルクセンブルクの同士で恋人だったレオ・ヨギヘスが、フリートリヒスフェルデに埋葬された。カール・リープクネヒトの弟のテオドールが、弔辞を述べた。ヨギヘスはリープクネヒトの逮捕後に、インターナショナル派とスパルタクス団を指導した。彼女は彼と長年にわたって親密な愛の関係で結ばれていた。ヨギヘスは、ローザ・ルクセンブルクとカール・リープクネヒトの虐殺以後、若い党（共産党）の指導を引き受けた。彼は３月10日に逮捕され、ベルリン・モアビットの未決監獄に送られた。死亡診断断書には死因として、「頭部銃撃」と書かれていた。つまりそれは、警察の拘置所で虐殺されたことを意味していた。ローザ・ルクセンブルクの長年の同行者で恋人は、ずっと後になって、彼女の近くに最後の安らぎの場を見いだした。フランツ・メーリングはローザ・ルクセンブルクと社会民主党の党学校で共に教育活動を通して知り合い、学び合った。彼は１月末に死去した。彼の政治的同志たちの死が、長年にわたる病人から最後の力を奪ったのだ。メーリングは先ずベルリン・シュテグリッツに葬られた。1926年になって共産党は彼の棺を彼の友人たちが憩うフリートリヒスフェルデの墓地に移した。

　すでに早い時期から共産党の中で、革命に殉じた人たちのための記念碑を立てることが声高に語られていた。世界大戦の戦没者のための追悼の板や石が至る所に建てられながら、若い共和国には、血生臭い設立の負い目を追憶する気持ちがないことを示していた。

　1919年の諸闘争は、政治勢力がいっそう分極化する傾向を強化した。「最後の８日間は、軽率な虚偽や流血によってドイツ国民の間に１世紀にわたって癒しがたい亀裂をもたらした」と、ベルリンの３月闘争の血なまぐさい終結の後に、ハリー・グラーフ・ケスラー[5]が日記に書き記した。正鵠を得た見方と言うべきであろう。

　共産党指導部の中で、おそらく1923年の年末に、ローザ・ルクセンブルクとカール・リープクネヒトおよび政治的闘争のその他の犠牲者のためにフリートリヒスフェルデの墓地に記念碑を建てる計画が受け入れられた。その推進力はヴィルヘルム・ピーク[6]で、かれは記念碑委員会の議長を引き受けた。ピークは1919年１月に逮捕されたが、明らかに外にあまり知られていなかったので、その時の彼は、カール・リープクネヒトとローザ・ルクセンブルクの記憶を保存する責任を負っていると考えた。記念碑委員会にはエドゥアルト・フックス[7]

がいた。彼は芸術の収集家で、フランツ・メーリングの親しい友人にして遺産管理者で、すでにスパルクス団に所属し、共産党設立大会に参加していた。彼は記念碑委員会における美術品収集家として知られ、最初に考案された記念碑の原型になる彫刻を提供した。彼はまた後に、建築家ルードゥヴィヒ・ミース・ファン・デル・ローエを(8)、共産党指導部内の抵抗や異議に反対して擁護した。

　1924年6月15日に、フリートリヒスフェルデの墓地の64区画に記念碑のための礎石が据えられた時には、その最終的な形態はまだ未決定だった。礎石の設置はローザ・ルクセンブルクの埋葬5周年の近くに考えられたが、しかし狭い範囲にせざるをえなかった。計画された大衆デモは禁止されたからだ。ヴィルヘルム・ピークが未来の記念碑に対して「革命の殺害された英雄たち、ローザ・ルクセンブルク、カール・リープクネヒト、レオ・ヨギヘスと労働者階級の解放のための闘争で犠牲になった数千人に捧げる」という碑文を捧げた。

　ルードゥヴィヒ・ミース・ファン・デル・ローエが、たまたま共産党の記念碑計画に触れることとなった。彼は一人の知人を介してエドゥアルト・フックスとの接触を求めていた。フックスはミースが1911年にベルリンのツェーレンドルフに擬古典主義的なスタイルで建てたペルルの家に引き籠もっていた。フックスは彼の収集品を展示できるようなギャラリーの建設を計画していた。ミース・ファン・デル・ローエがフックスを訪問している間に、共産党の記念碑構想を見て、彼自身の言葉によれば、ギョッとした。彼らは「銀行家のための美しい記念碑」を渡すこともできたかもしれない、と省みて回想した。彼らは共産党の伝統的な計画に対して、「動乱が未完成のまま残っている状態の抽象的表現として」壮大な、近代的な構想を対置した。非対照的に並べられ、ばらばらに並び立つ六面体が重量感のある建造物に活力を与えた。それはともあれ、2列の墓が平面をなしていた。それは横幅が約12m、高さが6m、奥行きが4mだった。黒く焼けた臨床医の衣装は、同時に警告の使者を暗示していた。

　建設はベルリンの共同企業体の建築職人組合によって、1926年春から記録的な短時日で行われた。彼らはその後、この計画を広く宣伝した。費用は、土台が緩く、強固な基礎を必要としたために、集まった募金額を越えた。共産党は短期の借り入れを引き受けた。記念碑委員会は、ローザ・ルクセンブルクの

埋葬を追悼する記念日までに工事を無条件に完成させることを求めた。

　記念碑の建立後数カ月を経ずして、1926年6月13日――ローザ・ルクセンブルクの埋葬の記念日――に碑の除幕が行われた。ピークが除幕の演説を行った。記念碑の前に三列の墓列が並び、その各列に、革命の犠牲者を収める13の墓が用意されていた。正面から見た第一列に、ローザ・ルクセンブルクとカール・リープクネヒトの墓が作られていた。

　正式な除幕は、1カ月後の7月11日に行われた。大雨であったにもかかわらず、呼びかけに応じて数万人がデモを行った。6月に共産党は、革命で退位した領主たちへの補償金支払いに反対する闘争のための巨大なデモを予定せねばならなかった。共産党支持者によって革命記念碑は、必要にして不可欠なものだった。機関紙『赤旗』は次のように伝えた。

　「記念碑が呼び起こした第一印象は、喜びの驚きだった。墓地全体の前面を占める45基の墓は、どっしりと立っていた。しかし、第一印象に慣れてくると、こうした革命記念碑のためには、これがまさしく正しい表現形式なのだ、という確信が生まれてきた」。

　それにもかかわらず、その後も共産党指導部から記念碑の異様な形式に対して幾つかの質問が投げかけられた。1933年まで共産党は、ベルリン・フリートリヒスフェルデの革命記念碑をデモや集会に利用した。その最後は、1933年2月に行われた。

ナチスの登場と記念碑の破壊

　ナチス体制にとって革命記念碑のついたかつての共産主義的霊場は初めから眼中の刺だった。墓地の冒涜は、共産党の標識だった錆びない鋼鉄製の槌と鎌のついたソ連の星をナチスの突撃隊によって取り除くことから始まり、それを戦勝記念品としてベルリン中央の突撃隊第6基地の所謂革命展示館に展示した。ゲシュタポ（ナチスの秘密警察）も墓地を、政敵を密かに狙って捕らえるための罠として悪用した。1934年11月23日にリヒテンベルク管区はマルティン・グットツァイト区長の提案を受けて革命記念碑の取り壊しを決定した。取り壊しは、1935年1月1日から始まった。記念碑を爆破する計画は、周辺の個人

所有の墓や建造物を巻き添えにする恐れがあったので、断念せざるをえなかった。墓の冒涜の撮影を希望した労働者は、ゲシュタポによって逮捕された。その代わりに、日本の新聞記者の住谷悦次に写真が届き、彼はそれを40年後に東ドイツの歴史家でファシズム研究者のクルト・ゴスヴァイラーに贈り、ゴスヴァイラーはその写真を社会主義ドイツ統一党（SED）の党中央文書館に渡した。ナチスの新聞は、「異物」が遂に消滅し、墓地を芝地に変え得たことを満足して報道した。

　1941年4月30日にナチス当局は、次の指令を出した。「現存するかつての共産党員の墓は平地にしてよろしい！　カール・リープクネヒトの移転は問題にならない」。カール・リープクネヒトに対する特別な指示についてさまざまな説がある。その一つは、墓の前方にリープクネヒト家の墓があり、そこに彼の父親と母親が埋葬されていたことだ。この家族の墓に対しては、本質的によりいっそう長期間が保障されていた。さらに、ベルリンにカール・リープクネヒトの兄弟がまだ住んでいて、正式にそうした移動をもたらしたこともありえる、と。その他に、リープクネヒトの棺が復興の際に発見された、という墓地労働者の証言も関係した可能性がある。

　ローザ・ルクセンブルクに対しては、葬儀記録には何も記載されていない。彼女とカール・リープクネヒトはもしかしたら掘り起こされて消されたか、或いは焼却されたかという想像に対しては、いかなる証拠もない。1941年から始められた墓地の再建は、以前の墓の残りを破壊した。先の戦争が墓地にもたらした爆撃の被害がこの地域にあったかどうかは記録がない。ローザ・ルクセンブルクとカール・リープクネヒトを含めていくらかの墓標が墓地の労働者たちによって隠され、目立たない場所に保存されていた。それらは1970年代の初めに、ベルリンのドイツ史記念館に寄贈された。

　1945年7月にヴィルヘルム・ピークがモスクワから帰国し、数カ月後の12月6日にフリートリヒスフェルデでカール・リープクネヒトとローザ・ルクセンブルクの墓を探した時、完全に変わり果てた墓地があるだけだった。彼は発奮し、昔の状態に再建することを提案した。この関係で、社会民主党員の墓や、1848年3月の犠牲者の墓もフリートリヒスハインに再建することになった。ピークの息子アルトゥール(9)は当時、ベルリン市の初代議長で、復興に相応しい決議案を提案し、市議会は1945年12月17日に可決した。1946年1月13日

には、ほとんど13年ぶりに再びデモがローザとカールの墓に向けて行われた。元の墓地に革命記念碑を再建するという最初の構想は、1946年9月に放棄された。その代わりにピークは、ドイツ社会主義統一党中央書記局に、労働運動の二つの潮流を共通の記念碑に纏める案を提案した。この提案がベルリン市議会で採択され、1948年8月に限定されたコンクールに賞金が出された。このコンクールでヴァルター・ロソフ、エドゥアルト・ルドゥヴィヒ、グスタフ・ザイツが当選者となった。市議会議長は1948年8月に、不可欠で大規模な移動のために、しばらく躊躇ったが——4月に現場視察の結果——5月26日に、「ベルリン・フリートリヒスフェルデの墓地に偉大な社会主義指導者のための墓所を新設する」ことを決定した。その場所は、コンクールの公示の時から墓地の入り口の範囲と見込まれていた。

　新たな始動の後に、1949年に社会主義者の追憶の場を準備する仕事が始まった。そのためにラインホルト・リンクナー、ハンス・ムッカーとリヒャルト・イェナーがヴィルヘルム・ピークの希望を考慮して新しい構想を立てた。追憶の場をフリートリヒスハインに移動させるという提案は拒否された。1949年12月にピークによって承認されたモデルは、施設の中心には記念石を全く置かない予定だった。その代わりに、フリッツ・クレマーの群像が施設を飾ることになっていた。はじめ1950年6月に、中心的な記念の石を据えることが指示されたが、委託された建築家たちがそれを拒否した。しかし彼らはその拒否を貫けなかった。むしろ保守的な美意識にとらわれた発注者の優位が、造形の可能性を狭めた。ただし、入り口のゆとりが、環状周壁構造の閉鎖性をいくらか和らげた。

　1950年初めに本来の建設工事が始まるとともに、かつての共産党墓地からの移転の可能性の問題が動きだした。それでこの間にドイツ民主主義共和国大統領になっていたヴィルヘルム・ピークが1950年2月初めに、改めてフリートリヒスフェルデの墓地を取り上げた。記録された墓地の庭師たちと墓地労働者たちからの情報によれば、ローザ・ルクセンブルクの棺は再確認の作業によっても発見されなかった。ただ、カール・リープクネヒトの棺だけがなお良く保存されていた。したがってピークは、少なくともカール・リープクネヒトだけでも新しい墓地に入れることを望んだ。しかし、1951年1月5日に発掘に加わった労働者の文書報告によれば、発掘は期待した結果をもたらさなかった。

たった亜鉛の切れ端が見つかっただけだった。それが誰のものだったかは分からない。ローザ・ルクセンブルクもカール・リープクネヒトも一緒に葬られていたからだ。その代わり、フランツ・メーリングの墓が見つかった。それで残りの廃墟は、新しい追憶の場に組み込まれた。ユリアン・マルフレフスキの灰の入った冒瀆された骨壺は、墓地の骨壺ホールに木箱に収められて保管された。ピーク自身は、骨灰を彼の事務所に持ち帰って、新しい骨壺を設えた。しかし、計画された追憶の場への埋葬は断念され、その代わりに、マルフレフスキの骨壺はワルシャワに送られた。

ローザ・ルクセンブルクとカール・リープクネヒトのために、社会主義者たちの新しい追憶の場に象徴的な墓が建てられた。その墓には、記念の石碑の前の特別な場所が割り当てられた。1951年1月14日に、ヴィルヘルム・ピークが記念の場の除幕を行った。その後二年間、ピークは彼の老齢と健康が許すかぎり、毎年1月に集会に参加して演説した。虐殺され、死亡したかつての闘士たちへのこのような個人的に極めて親密な関係は、党や政府のその後の後継者たちには、最早受け継ぐことのできないものだった。カールとローザへの1月の伝統的なデモ行進は、ドイツ社会主義統一党指導部を褒めたたえる一大儀式へとますます変化した。したがって、1988年に反対体制派のメンバーが、「自由とは別のことを考えるものの自由だ」というローザ・ルクセンブルクの言葉を掲げてデモ行進に加わろうとした時は、国家に危機をもたらすものと見られねばならなかった。

1946年から1950年まで、まだ毎年記念行事が行われていた共産党の古い墓地は、社会主義者の追憶の場が開設されてからほとんど忘れ去られていた。1960年代の半ばに、ドイツ社会主義統一党ベルリン地区指導部のグループが、「フリートリヒスフェルデの赤い煉瓦塀の建設」を「共産党の唯一の記念碑」として提案した。西ベルリンでは1969年3月に指導者がローザ・ルクセンブルクとカール・リープクネヒトの虐殺50年に、彼らを鷹としてその功績を讃えた。革命記念碑は、今や犯人および犯行の場所に新たに建てられるべきだとされた。同様な計画が東ベルリンでも立てられた。革命記念碑の複製品が、ヴェルデルシェン市場に面したドイツ社会主義統一党中央委員会の場所か、あるいは以前のプレンツラウエ・ベルクの中の元ガス製造工場の敷地、つまり後のテールマン公園に考えられた。しかし、この計画は破棄された。1983年にな

って初めて、フリートリヒスフェルデの中のローザ・ルクセンブルクとカール・リープクネが埋葬され、革命記念碑が思いだされる場所に1個の石碑が立てられた。元来革命記念碑を元の場所に再建したいと思っていたギュンター・シュターンは、ゲルハルト・ティーメと一緒にそこでの建設が許された。正式な落成式は行われなかった。

　ドイツ民主共和国（DDR）の終了後も、フリートリヒスフェルデの中の社会主義者の追憶の場は——政治的な思想の評価が定まらない場所ではあっても——一つの中心として残った。これまでの示威的祭礼に代わって、1990年以後に民主社会党（PDS）が勧告した静かな思考が現れてきた。数万人が毎年1月にフリートリヒスフェルデにやって来た。彼らの政治的多様性は、ドイツ社会主義統一党（SED）の後継者を遙かに越えていた。その他の左翼グループはフリートリヒスフェルデを、1992年以来生まれた闘争を展示する目標点だと改めて発見した。社会主義者の追憶の場に好き勝手に記念碑の塔を立てようとした動きは抑えられ、記念碑の規則が定められた。ある有志グループが、2004年と2005年に籤引き方式で改善された独特な施設の維持に自発的に尽力した。左翼の始祖女霊への記憶が如何にデリケートであるかを、2001年にベルリンの社会民主党と民主社会党の間での連合協定が示した。ローザ・ルクセンブルクの記念碑を市域内に立てる企画は、ただちに一考して、以前の計画が保留されたことを考えることが求められた。

　ベルリンの中央墓地のフリートリヒスフェルデほど、変わりやすく、矛盾に富み、労働運動とその諸潮流の中でしばしば悲劇的な歴史を示す場所は他にはない。ローザ・ルクセンブルクは、次の世代との間で、常に自ずから道を示すか、あるいは摩擦を起こすかする傑出した女性の一人である。その際に、追憶の場の象徴的な墓を訪ねるか、それとも墓地の裏に在る蹂躙され、破壊された墓を訪ねるかは、ほとんど二次的なこととなっている。

[注]
（1）大概の旅行案内人は、社会主義者たちの記念墓所と旧革命家の墓所と1919年1月闘争の犠牲者の墓所は同じものだという印象を与えるように説明している。それはそうではない。
（2）Adolf Wermuth（1855-1927、ベルリン市長時代は1912-1920）、「ある公務員の回想」（1922年、ベルリン、425頁）。

（3）フリートリヒ・エーベルト（1871-1925）とフィリップ・シャイデマン（1865-1939）は1918年11月から1919年2月までドイツ臨時政府を構成した人民代表委員会のメンバーだった。エーベルトは、その後、ドイツ連邦共和国大統領に、シャイデマンは宰相になった。

　　　グスタフ・ノスケ（1868-1948）は、1918年12月末に人民代表委員になり、その後、国防相になった。彼はドイツ革命に対して軍隊を投入した責任者であった。
（4）Luise Zietz（1865-1922）は国会議員で独立社会民主党中央委員。
（5）Harry Graf Kessler（1868-1937）作家、外交官。ドイツ民主党員。1933年に亡命。
（6）Wilhelm Pieck（1876-1960）その当時はドイツ共産党組織局に所属し、プロイセン議会議員。
（7）Eduard Fuchs（1870-1940）ヨーロッパ中の風刺マンガの収集家として有名で、独特な文化史家。1919年11月にローザ・ルクセンブルクがブレスラウ監獄かた釈放された時に、自家用車で迎えに行ったが、行き違って会えなかった。戦後は共産党員になったが、1928年に共産党の官僚主義を批判して共産党反対派に移り、1933年、ナチスの台頭に反対して亡命した。
（8）Ludwich Mies van der Rohe（1886-1969）20世紀の著名な建築家の一人。1930-33年には総合造形学院バウハウスの指導者。
（9）Arthue Piek（1899-1970）

第 I 部

ローザ・ルクセンブルク研究の新しい波

―― 2007 年4月東京国際会議から――

第 1 章

ローザ・ルクセンブルクの遺産の継承

1-1

ローザ・ルクセンブルク
——その帝国主義と 経済学批判への貢献

ミハイル・R・クレトケ（オランダ）

1．経済学者としてのローザ・ルクセンブルク

　アントニオ・グラムシと同様にローザ・ルクセンブルクはまず政治的理論家として注目され、称賛されてきた。その認識は、ヨーロッパや世界中における彼女の崇拝者のなかでなお支配的であるが、まったくの誤りである。ローザ・ルクセンブルクは経済学political economyに非常によく精通していた。彼女は、マルクスの『資本論』——全3巻とさらにそれ以上——を実際に学んだ総体的な小グループに属していた。グラムシと異なってローザ・ルクセンブルクは、マルクス主義の伝統を受け継ぐ批判的・根底的な経済学にいくつかの貢献をなした。実際、マルクスの理論に対する彼女の主要な貢献は、経済学の分野のものである。彼女の論争的著書、「修正主義」論争への貢献、「マッセンストライキ」やヨーロッパの大規模な労働者階級の運動の戦術的選択をめぐる論争への貢献でさえ、経済学の議論や考えそのものがちりばめられ、それによって支えられていた。ルクセンブルクのより古いいくつかの伝記では、例えば英語圏の世界では広く読まれてなお最も影響力のあるピーター・ネトルの伝記においては、経済学者としての彼女の仕事は、無視されてはいないが、特別のどちらかといえば付録として扱われ、本文の章でさえなく、この厚い本の終わりに別に置かれている（Nettl 1965）。しかし、ラシッツァの包括的な伝記では、経済学者としてのルクセンブルクの著作ははじめてかなり精細に描かれ、ルクセン

ブルク自身とその手にした資料との闘いの過程を追っている（Laschitza 2000）。政治演説家、ジャーナリスト、労働運動の政治戦術に関する急進的なパンフレットの作者としての彼女の役割とマルクス主義的伝統における最初の（それもごくわずかな）ラディカルな経済学者としてのその役割が完全に分離されるような昔ながらのイメージを正すべき時が来た。

　ローザ・ルクセンブルクは、実際は、経済学を学ぶことを許可され、栄誉を受けて卒業し、ついには経済学の博士号さえ取得した最初の女性であり、もちろんごく少数の社会主義者の一人であった。1897年のはじめに、彼女はチューリッヒ技術大学の法学部に博士の学位論文を提出した。その推薦者はユリウス・ボルフであった。彼自身は『資本論』第2巻のエンゲルスの序文が引き起こした価格問題の論争に関わっていた。それは、マルクスの価値論の見解を基礎に、それと矛盾しないで、一般的利潤率という難問がどの様に解決されるかをめぐるものである——その解答は『資本論』第3巻によってのみ提供されるだろう——。しかしルクセンブルクは博士論文でマルクス経済学とその未解決の難問を扱わなかった。その代わりに彼女はツァー支配のロシア帝国の影響下にあるポーランドの産業的発展を研究した。それは経験的、歴史的研究であったが、1894年から1895年にかけて行われたパリの図書館や文書館での広範な調査に基づくものであった。それにもかかわらず、彼女はそれを——プライベートな手紙の中で——自身では「社会主義的学位論文」とみなし、それがユリウス・ボルフによって非常な賞賛をもって受け入れられたことを喜んだ（Laschitza 2000, 66）。彼女はまたその学位論文が書籍として出版される（すでに、翌年の1898年、ライプチッヒのドゥンカー＆フンボルト社）のを見て喜んだ。その研究の社会主義的特徴は一見したところ明白ではなかった。しかし彼女の本はポーランドのナショナリズム——社会主義陣営内のポーランドナショナリズムを含む——に反対する強力な議論を提供し、強力な経済学的証拠によって支えられていた。経済領域としてのポーランド、特にロシアの支配下にある工業地帯は、（西部）ロシアのより大きな経済領域に完全に統合されていた。達成された経済統合のレベルから見れば、ポーランド工業地帯の民族的独立はもはや選択肢たりえない。ポーランドの工業労働者階級はロシアの労働者階級の一部となり、ロシアとポーランドにおける産業と商業階級の間にはどんな深い分裂も残されていない。それゆえルクセンブルクの学位論文は左翼の

ナショナリズムを含むポーランドのナショナリズムに対抗する強力でよく基礎づけられた議論を提供した（Luxemburg, GW1.1, 185 ページ e.s.）。

2．マルクスの遺産とマルクス主義理論における進歩に関するローザ・ルクセンブルクの見解

　すでに 1890 年代にローザ・ルクセンブルクはマルクス主義陣営における知的努力と理論的進歩の欠如に関して不満をもらしていた。マルクス主義はその頃までには、新しい雑誌『ノイエ・ツァイト』の企画に参加したマルクスとエンゲルスの多くの弟子達の協同の努力によって、ドイツの労働運動内部で確固たるものになっていた。1895 年のエンゲルスの死まで、マルクスとエンゲルスの著作の大部分は未公刊であるか簡単には利用できなかったし、マルクス主義の伝統に基づく理論および経験に基づく仕事上の大きな進歩はなかった。もっとも重要な貢献は実際にはエンゲルス自身によってなされた。その中には後期マルクスの原稿を編集（そして古い著書の再編集も）したことによるかけがえのない貢献も含まれていた。エンゲルスの死後に、そして 1894 年の『資本論』第 3 巻の公刊のおかげで、学術的なマルクス批判がしばらく盛んになった。数年の間、当事者は学究的世界の場や専門領域と言われるものからまったく排除されたままであったが、マルクスを論駁すると言い立てる諸理論が学術的な流行を見せた。若い社会主義的知識人にとっては、最も優れた人でさえ、マルクスの時代のマルクス同様に、学術的な経歴と言われるものはどのようなものであれ、まったくチャンスはなかったし、あるいは彼らはそのような経歴にそれほど興味を示さなかった。

　ローザ・ルクセンブルクは 1899 年の『ノイエ・ツァイト』に掲載された書評論文ではじめてマルクスに関する独自の読み方を示した。「歴史学派」がまだ支配的であったドイツ語圏の経済学者のあいだでは、「古典派経済学に帰れ」というスローガンがはやっていたが、それに対してローザ・ルクセンブルクが主張したのは、古典派はその潜在力を使い尽くし、デイビッド・リカードの著作によって歴史的限界に到達したということだった。唯一可能な進歩は、古典派政治経済学の達成を越えて見いだされるし、その形而上学的で歴史に無関心な抽象の方法や、どの経済システムにとっても自然で永遠の形態として市場や交換を考える少なからず形而上学的な概念と徹底的に断絶することによっての

み達成される。そうするためにマルクスは経済に関するダイナミックで歴史的な見方を採用しなければならず、また古典派の演繹法をカテゴリーの弁証法的抽象と弁証法的発展の方法へと転換しなければならなかった（Luxemburg, GW1.1, 735）。現代の読者は、ローザ・ルクセンブルクがすでに 1899 年に 1970 年代とその後のいわゆる「マルクスの新講義」の基本的見解を予期していたことに驚くだろう。彼女は簡単明瞭にマルクスの価値論はリカードの労働価値論とは根本的に異なると述べた。マルクスは価値と価値を生産する独特な種類の社会的労働を独自の歴史的カテゴリーとして扱った。この弁証法的に編成された価値論が最初に達成し、しかも決定的だったことは、当初から価値論と貨幣論の間に不可分のつながりを生み出していた貨幣の難問を解決したことだった。理論経済学におけるこの重大な理論的達成を考慮すれば、古典派へのどのような後退も不可能となった。経済学 political economy におけるさらなる理論的進歩が可能なのは、マルクスによって開拓された系統的弁証法の論法である弁証法に従うことによってのみ可能であった。経済学は社会科学としての自らの破産を宣言するか、マルクスの批判的努力によって開かれた道に従うかのいずれかの道しかない（Luxemburg, GW1.1, 736, 737）。

　同じ年にローザ・ルクセンブルクはベルンシュタインに対する論争において率直に論じた。「ベルンシュタインは事実に関して誤った。彼は過去・現在・未来における資本主義の発展を読み違え、そしてマルクスを誤解した。彼はマルクスの恐慌理論の本質を見逃し、マルクスの資本主義論体系の要である労働価値論の決定的な役割およびその独自性——抽象的な労働と貨幣の間の分析的つながり——を理解しなかった。マルクスの資本制的生産様式についての批判的概念の秘密そのものであるその歴史的特性、一時的性質、経過性はベルンシュタインの注意を引かなかった。ベルンシュタインが現実の短期的な出来事に関する誤った証拠や当時の学術的な流行に引っかかったのはこのような理由による」（Luxemburg, GW1.1, 415）。資本主義がなお作用し続け、将来においてより一層顕著になるだろう自滅的な傾向をまだ消尽しきっていないので、労働運動を放棄する時は来なかった。しかし、彼女は資本主義の最後の段階はまだ来ていないということを認めた。世界的規模での資本主義はなお発展途上であり、世界システムとしての資本主義の発展はまだ達成されていなかった。実際に世界資本主義はまだ移行期を、通過中であった（Luxemburg, GW1.1, 385）。

それは世界資本主義の興隆と来るべき不可避的没落の間の過渡期である。恐慌はまだ起こっていたが、しかし停滞——短期間の繁栄のあとのより長期の不況——が支配的だった（Luxemburg, GW1.1, 385, 386）。しかし資本主義世界市場がいったん完全に発展してしまったならば、突然の前進によって拡張することはもはやありえないので、世界資本主義は最終的な不況と崩壊の時期を迎えるだろう（Luxemburg, GW1.1, 385, 386）。世界市場がなお形成途上であるかぎり、それはまだマルクスがその循環的・周期的恐慌の理論において仮定した完全な成熟からはほど遠い。しかし、そのような規則的な恐慌循環は将来には生じるだろう。

1903-04年のほとんど1年をかけてローザ・ルクセンブルクはマルクスの著作を集中的に再読した。マルクス死後30周年記念に際し、彼女はマルクスの遺産とマルクス経済学の到達点を検討するために二つのより長い論文を準備した。最初の論文では、彼女はかなり不穏な分析から説きはじめた。つまり、後期マルクスの著作が、その不完全さやスケッチ風の性格のために、その弟子達にそれをあらゆる方向でさらに発展させることを強く求めているにもかかわらず、マルクス主義の研究や理論的発展には進歩など一切なく、停滞あるいは行き詰まりが見られるというのである。『資本論』第1巻は普及したが、『資本論』第3巻の公刊にはまだ最も熱心なマルクス主義者からでさえなんの反応もない。しかし『資本論』第3巻だけが、マルクス理論のもっとも目立った問題および特殊には利潤率という「基本的問題」に対する解答を提供したのであった。ローザ・ルクセンブルクの主張によれば、マルクスの『資本論』はただ体系全体をつまり全3巻を通して理解されるべきものである。そして第1巻の価値論のかなり「不完全な」問題提起は出発点にすぎず、価値論全体と混同されるべきではない。価値論全体は、『資本論』第3巻において分析上の進歩がないかぎりはほとんど発展しないのである（Luxemburg, GW1.2, 363, 365）。

どうしてマルクス経済学は進歩しなかったのか、またどうして新しい洞察を導き出す活き活きした論争も研究もなかったのか。マルクスの理論が最近の資本主義の発展によって時代遅れになり、陳腐化したからではない。むしろマルクスの理論が労働運動の直接必要とする理論からみてあまりにもはるかに進みすぎていたからである（Luxemburg, GW1.2, 363, 368）。その結果、私たちはローザ・ルクセンブルクの議論から『資本論』第3巻の時代はなおまだ先のこ

とだという結論を引き出すことができる。ローザ・ルクセンブルクはここで重要な成果をあげた。マルクス経済学の理論的研究が停滞していることに関する彼女の懸念は、公式のアカデミックな経済学の到達点に関する彼女の見解を考慮に入れれば、さらにもっと差し迫ったものとなる。彼女によればアカデミックな経済学はすべての理論的方向性を失っており、まったく非生産的で、その当時の現実の経済問題について何も語っていなかった。歴史学派 historicism と限界効用学派 marginalism のいずれも、1895 年にはじまり多かれ少なかれ 1914 年まで続いた長期の繁栄期間の資本主義の現実世界で生じていることに関して何も説明できなかった。ブルジョア支配階級は、産業資本主義のよき時代も帝国主義の絶頂をも、有意義な経済理論なしで見ていた（Luxemburg, GW1.2, 376, 473f）。

　他方マルクス主義陣営は安定していた。1883 年に出発した『ノイエ・ツァイト』は数年間の闘争の後、ドイツ労働運動内部でマルクス主義者が完全にヘゲモニーを確立した。カウツキーはマルクス主義の基本原理を普及するために、経済学批判を含む多くのなすべきことを実行した。彼は『ノイエ・ツァイト』でかつて出版されたもっとも長い書評論文のなかで、どうして社会主義者やマルクス主義者はすべてがマルクスの『資本論』第 2 巻を学ばなければならないかについて説明しようと試みたが、しかしそれは無駄に終わった（Kautsky 1885）。後年、彼は、(無制限の) 資本主義的成長の理論を構築するためにはじめてマルクスの再生産表式を利用したツガン・バラノフスキーの恐慌の歴史と理論に関する本に対していくつかの回答を行った。ルイス・ボーディンやオットー・バウアーなどが応答した。そしてカウツキー自身はマルクスの恐慌理論についての長いエッセイを書いた。それに続いて若きオットー・バウアーが同じ題目で応答した（Kautuky 1902、Otto Bauer 1913）。しかし事実問題としてこの数年のマルクス理論の発展にもっとも注目すべき貢献をしたのは、一つの弁護論だった。それは、当時の指導的なオーストリア経済学者のオイゲン・フォン・ヴェーム・バベルクが 1894 年の『資本論』第 3 巻公刊後に開始したマルクス批判への応答として、若きルドルフ・ヒルファーディングによって書かれた弁護論であった（Sweezy 1968）。この弁護論のなかでヒルファーディングは有名な「還元」(熟練・複雑労働の不熟練・単純労働への還元) 問題のような、明らかに綿密さを欠くマルクスの価値論のいくつかの諸要因の解決に取

り組んだ。それは「還元問題」の精緻な扱いへの道を開いたので現代でもなお価値のある貢献である。1年後にカウツキーはマルクスの未公刊論文のいくつかを3巻にまとめ『剰余価値論』と題して出版を開始した。それは実際には1861-63年のさらに大部のマルクスの草稿の一部であった。この時点でローザ・ルクセンブルクはマルクス経済学の論争に再度加わった。彼女は1905年に出版された第1巻の書評において、マルクスの経済理論の、特にその方法の独自性についての自分の見方を詳述した。カウツキーによって編集された草稿は、未完成で部分的なまさしく最初の素描であった。それは事実上、出版するために書かれたのではなく、問題と返答、最良の説明法を区分するために書かれた研究草稿であった（Luxemburg, GW1.2, 463）。そしてこのことは、もちろん、エンゲルスが編集した草稿のより大きな部分にもまた妥当した。そのようなテキストでは、マルクスの「弁証法的方法」が稼働していることが分かる。それはルクセンブルクの認識によれば、すべての経済的カテゴリーを歴史的カテゴリーとして扱い、すべての経済関係をそれにふさわしい歴史的コンテキストに置き、その歴史的発展の過程を追求する以外の何ものをも意味しない（Luxemburg, GW1.2, 466, 468, 472）。

　1910年にルドルフ・ヒルファーディングの『金融資本論』が刊行されると、それはほとんどすべての指導的左翼知識人の歓迎と賞賛を受けたが、それとともにマルクスの経済理論と世界資本主義における新しい発展を説明する道具としてのその利用価値をめぐる論争がふたたび勢いをえた。それ以前には、ロシアにおける資本主義の発展とその過程をめぐるロシア論争だけが、世界資本主義の傾向と特定の諸国における資本主義の発展について異なった見解をもつ社会主義知識人の間での激しい持続的な論争となっていた。今や当時のすべての指導的なマルクス主義理論家たちがヒルファーディングの先駆的な著作に反応を示した。ローザ・ルクセンブルクは、特に貨幣や信用、恐慌の理論のようにかなり初歩的な仕上げの状態で残されていたマルクスの経済理論のいくつかの分野においてヒルファーディングの努力によって提起された挑戦に、十分良く気づいていたが、たいへん奇妙なことにヒルファーディングの著作に反応を示さなかった。

3．経済学の授業

　1908年から数年間、ローザ・ルクセンブルクはルドルフ・ヒルファーディングを引き継ぎ、ドイツ社会民主党が党や労働組合の将来の活動家により高い教育をあたえるためにベルリンに設立した教育団体で経済学を教えた。ドイツ帝国では通常、労働者階級の人々の教育は認められていなかった。経済学は党学校のカリキュラムでは重要でたいへん中心的な位置をしめていた。ルクセンブルクは教育に喜びを感じ、優れた先生だったが、まもなく党学校の中心的立場をしめ、学生達から高く評価された。彼女は経済学、歴史、社会学のコース拡充を強く求め、学校の新しいコースを、例えば、社会主義の歴史コースを企画した。ドイツ労働運動の将来の幹部のために経済学の教員として働いたことは、経済学の主要な著作を書くきっかけとなった。

　彼女は教科書から、それも経済学の入門書から着手した。経済学の多くの講義は書物として出版される予定だった。ローザ・ルクセンブルクは党学校での講義に基づいた全く新しい彼女独自の経済学入門書を書こうという大望をもっていた。彼女は経済学がドイツやその他の地方で教えられていた方法にたいそう批判的だった。数編の論文で彼女は、アカデミックな経済学における思考方法や思想的・理論的厳密さの欠如を攻撃した。マルクスの価値論と限界主義的・主観主義的な限界効用理論との和解と融合がすでに若い左翼の経済学者によって提案され、それは繰り返し提案されたが、修正主義論争のなかで彼女はそうした和解と融合のいずれをも拒否した。解説方法に関しては、彼女はドイツの経済学でなおも支配的であった歴史学派の影響を受けていた。彼女は講義でも教科書でもマルクスの『資本論』の解説に限定することはなかった。彼女のコースと教科書は理論的・政治的敵対者つまりその当時のブルジョア経済学に直ちに呼びかけることを意図していた。

　1910年に金融資本に関するヒルファーディングの書物が刊行された時、彼女は経済学の入門書を、書物としてまた8冊の小パンフレットのシリーズとして、準備するのに忙しかった。この本の第1章（あるいはパンフレットシリーズの最初）は「経済学とは何か？」と題して、経済学自体の範囲と方法にあてられた。まさしく最初の文章からローザ・ルクセンブルクはアカデミックな経済学の常識的な知識に総攻撃を加えた。ターゲットになったのは他のマルクス

主義者やマルクス主義ではなく、現代経済学の著名人たちであった。彼女は「経済」あるいは「経済人」や「経済行動」についての通常の見解を人の生命の一つの歴史的形態あるいは超歴史的形態としてとりあげ、資本主義の歴史的特性とは経済学という特別な科学をこれまでに生み出しえた唯一無二の歴史的経済形態であると主張した。近代資本主義の経済過程があいまいで曲がりくねっていて、資本主義が大部分の経済行為者によって意図されたり望まれることのない恐慌や価格変動や失業のような諸現象を生み出すために、特別な科学の必要性がうまれるのである。それは隠れた経済「法則」を発見でき、資本主義の作用、発展、拡大の方法を説明できる科学に対する必要性である（Luxemburg, GW5, 571-575）。当時も現在もアカデミックな経済学でなお支配的な、国民経済の研究としての経済学の一般的な見解に対して、ローザ・ルクセンブルクは、いずれの資本主義経済も歴史的背景と歴史的発展をもち世界経済の一部としてのみ考えられるという見解を擁護した。実際問題として、また利用可能なすべての統計的証拠によれば、工業化と国際貿易の拡張は同時に起こる。もっとも工業化された諸国はまた、たいていの場合、なによりも他の工業諸国との国際貿易に従事した。資本主義は世界システムとして発展し、どんどん拡大する世界市場を生み出し、それを生き甲斐にする。それはまた特定の経済行為者の範囲を完全に越えた普遍的経済過程の究極の形態でもある（Luxemburg, GW5, 580 e.s.）。おなじ章でローザ・ルクセンブルクは、なぜマルクスの批判が経済学の絶頂と歴史的終焉を共に示しているかを説明している。マルクスとともに経済学の焦点は、資本主義の興隆から衰退と終局へと、それゆえ社会主義と経済学 political economy あるいは科学としての経済学の終末へと移動する（Luxemburg, GW5, 587）。

　計画中の経済学の教科書に関する草稿のほんの一部――『経済学入門』として（ドイツ語の原文では Nationaloekonomie という当時の科学としての経済学の公式名で）――だけが残っていて、それは実際には彼女の死後 1925 年に出版された。経済学のどのようなコースにとっても決定的で、ローザ・ルクセンブルクが認めたマルクス経済理論の明確な読み方についての一流の証拠となったであろういくつかの章、価値あるいは資本の支配と利潤率に関する章が失われている。歴史と恐慌論に関する決定的な章も同様に失われている。その他の章は、賃金に関する章のように、ローザ・ルクセンブルクがマルクスを読み、

解釈した独自の方法をどちらかといえばむしろ政治的な経済学者 political economist としての方法を示している。「労働力の価値」によってマルクス的賃金決定論を提示しながら、彼女は即座にその弱点をつまりそれに由来する賃金水準の不確定要素を把握した。しかし彼女はその理論にコメントを加えたり批判する代わりに、集団的な政治行動や労働組合の行動を「経済法則」が実際に貫徹する一つの方法として紹介し、その理論をまさに政治的手法で再構成しようとした（Krätke 2006a）。不運なことに世界市場と資本主義世界経済の形成を扱う章もまた失われている。経済史に関する章が量的に優勢で、それは前資本主義社会と近代以前の社会を扱っている。交換と商品生産に関する章や市場関係に関する章は、実際には、経済史の他の部分の縮減され単純化されたバージョンとして組み込まれ提示されている。つまり市場と商品経済生成の歴史はアウトラインだけである（Luxemburg, GW5, 716）。驚くべきことではないが、1925 年に原稿の残存部分を編集したパウル・レヴィはその本を包括的なマルクス主義的経済・文化史を描いた最初のものだと紹介した（Levi 1925）。

　ローザ・ルクセンブルクは、エンゲルスの死後 15 年にして出版されたマルクス主義の伝統に基づく経済学で唯一主要な論稿であるヒルファーディングの書物についての書評を書かなかった。しかし彼女はベルンシュタイン論争以来ずっと前面に登場していた関連する主要問題——世界資本主義における最近の変化をどのように理解するか、一連の構造変化を含む資本主義の最新の変化をマルクス理論の枠組みを使ってどのように説明するか——にヒルファーディングが果敢に立ち向かった方法に大いに興味をひかれた。ヒルファーディングは金融や金融取引、種々の金融市場のようなマルクス主義者がほとんど扱わなかった領域——マルクスは当時未公刊で知られていなかった草稿が明確に示しているように以前からその領域に関与していたが——を開拓するという優れた仕事をなしとげた。彼の著書はマルクス主義知識人によってマルクス『資本論』の唯一無二の補足として賞賛され、多くの人が（彼の独創的な書物の最後の部分で非常に詳しく示されたように）帝国主義を国際的水準で金融資本が追求する一定の独自政策だとするヒルファーディングの見解に従った。ローザ・ルクセンブルクは、明らかにそれには同意しなかったが、直接には反応を示さなかった。実際に同じ問題で大部の本を書くという彼女の努力は、経済学教科書——マルクス経済理論の完結で包括的な解説を含む——のようなものとして党

学校の講義を編集しようとした仕事の結果でてきたものであった。おそらくは、彼女自身が示すように、資本主義の歴史と恐慌論を計画してそれを構成する正しい道を探すうちに、彼女はマルクス理論の未解決の別の大問題に出くわしたのだった。その結果、彼女は不可避的に基本原則につまりマルクスの蓄積論に連れ戻されることになった。

　マルクス蓄積論のいくつかの基本原理の批判と改革へと戻ったことは驚くべきことではないだろう。ルクセンブルクは、『経済学入門』の結末章でかなりはっきりと、科学としての経済学の中心問題とみなされることがらについて述べている。「資本主義経済はどのようにして可能か。それが科学としての経済学にとっての基本問題である」（Luxemburg, GW5, 770）。資本主義は歴史的なそれゆえ一時的な経済生活の形態にすぎないので、その歴史的起源をもち独自の歴史的発展をするが、しかしまたその歴史的な終末をも迎える。したがって経済学者が検討すべきことは、どのような条件、どのような歴史的環境の組み合わせがかつて資本主義の生成を可能にしたのか、そして何がそのさらなる発展を可能にしたのかということだけではない。経済学者はどのような条件、どのような歴史的環境の組み合わせが長期的にはそのさらなる発展をつまり資本主義の生き残りとさらなる発展を不可能にするのかを見いださなければならなかった（Luxemburg, GW5, 772）。どのようにか。それは資本主義の可能性と不可能性との間を弁証法的に関連づける資本支配に内在する法則を追求することによってである。あるレベルでは、資本主義の発展はまさにその過程そのものによって人類社会の基本的な必要条件を破壊する自滅的なものである。まずなによりもルクセンブルクは、『経済学入門』において、資本主義発展をすべての限界を越える拡張と蓄積だと考える。蓄積に関する彼女の書物はあきらかに二つの問題——資本主義はその存続の期間を通じてどのように可能だったか、そしてなぜそれは自らの発展の結果として不可能になるのだろうか——に解答を、つまり高度な帝国主義の時代にもあてはまる解答をあたえることを意図していた。

4．帝国主義現象についてのもう一つの説明

　資本蓄積に関する書物でローザ・ルクセンブルクは実際には予期せず意図し

なかったことを成し遂げた。つまり彼女はマルクス蓄積論の基本的原則に関してマルクス経済学者の間で長期に持続した論争の口火をきることになった（Krätke 2006）。まず彼女はマルクス主義正統派とではなく、ツガン・バラノフスキーのようなマルクス主義の外部にいる人またはマルクス主義の批判者と論争した。彼女はあえてマルクスを批判したが、つねに拡大し成長する資本主義経済というツガンの見解をまったく受け入れないドイツのマルクス主義多数派と協調すべき十分な理由をもっていた。「商品は人々によってではなく商品によって購入されるという人を惑わせる意見」(Luxemburg, GW1.2, 385)への反対とつながる彼女のツガン批判は、仲間のマルクス主義者の間で広く認められた。驚いたことに、彼女は当時の指導的マルクス主義理論家達によって厳しく批判され、そのマルクス批判は拒絶された。批判は左翼からも右翼からも中央派からも来た。その中にはアントン・パネクーク、グスタフ・エクシュタイン、オットー・バウアー、ヒルファーディング、カウツキーがいた。レーニン自身は1913年のルクセンブルクの書物に対してかなり論争的な論稿を準備した。そのなかで彼は彼女の見解を完全に間違ったものであり危険ですらあるとして拒絶した（Lenin 1913 参照）。多くの批判者達はローザ・ルクセンブルクが重要な問題に取り組もうとしたことを認めたが、彼女の独自の方法に利点を見いだした人は誰もいなかった。ルクセンブルクの『資本蓄積論』は彼女を賞賛する人でさえ無視しがちな「呪われた書物 livre maudit」となった。

　しかし、マルクスによる蓄積問題の取り扱いへのローザ・ルクセンブルクの批判は、いずれにせよかなり強く残った。彼女は繰り返し繰り返し草稿は未完成であり、草稿のなかでマルクスは、実際につきとめ取り組もうとした問題に対する最終的な解答を提出することができなかったと強調した。彼女の見解では問題はマルクスによっては解決されず、むしろ探索中に混乱さえ生み出したというのである。1914年のメーリングのマルクス伝のために彼女が書いた章で、彼女がふたたび述べたように、『資本論』第2巻（第3巻も）は未完成な草稿のままであった（Luxemburg, GW4, 291-301）。

　マルクスは、恐慌論についてさえも基礎を提供したが、第2巻はなお「半分を過ぎて停止している」（研究）草稿という特徴を持っていたし、蓄積と拡大再生産を扱う部分は不幸なことに「最も不完全」(Luxemburg 2003, 139, 142)である。彼女は、草稿の評価では、1885年に出版された『資本論』第2巻へ

のエンゲルスの序文の解説に従った（Krätke 2005 参照）。現在私たちが知っているように、エンゲルスの編集後に『資本論』第 2 巻の草稿が出版され、この巻に関するマルクスのオリジナルの草稿はほとんどすべて出版された（あるいは今から数カ月後に出版される予定である）。特にマルクスは彼自身の再生産表式を仕上げようとしていた 1862 年以降に、はじめて特定の問題と格闘することになった。それは貨幣循環と特別使用価値の形態で存在する社会的生産物の異なった部分間の交換との相互関係であった。1881 年にマルクスが『資本論』第 2 巻（つまりマルクス草稿Ⅷ）の草稿を完成させようとする最後の努力をやめたとき、彼はまだこの問題——つまり媒介的貨幣流通と社会資本部門間や資本家グループ間、資本家と労働者間の大交換とを社会的再生と蓄積の包括的な一過程の単なる契機としてどのように提起するかという問題——の解決を見いだしていなかった。

　ローザ・ルクセンブルクはその立場を非常にはっきりさせていた。マルクスは色々な努力をしたが、本当の問題の道筋を見失ったというのである。彼が問題を貨幣問題として定式化し「貨幣の源泉」を探し続けたときに、彼は失敗した。解決すべき問題は流通における追加的貨幣や十分な貨幣（あるいは金）ではなかった。本当の問題は追加的な有効需要（あるいは、マルクスが表現したであろうように、十分な対価）であった。追加的生産手段を購入し使用する意志と能力を誰がもっているのだろうか、誰が蓄積を現実的な投資へと転換させうるのだろうか。まず説明されなければならなかったのは、余剰生産の構造変化の結果として起こる「大きな社会的交換取引」の構造であった（Luxemburg, 2003, 128）。

　『資本蓄積論』のローザ・ルクセンブルクはマルクスの理論と方法についてきわめてアンビヴァレントな（再）評価をしている。彼女によれば、マルクスはその有名な弁証法的（歴史的）方法を用いる代わりに、誤った抽象を用いてフィクションからフィクションへと飛びまわり、図式の中で現実の蓄積過程をゆがめている。彼女は、マルクスのモデルのいくつかの前提があまりに単純化されすぎており、また彼自身の資本主義発展論と一致しないと批判する。資本が蓄積されるときには労働生産性が上昇すると仮定すべきであり、資本が蓄積をはじめれば、ずっと増大する経路をたどると仮定すべきである。それは正しい。しかしマルクス自身からの反論は期待できないだろう。ローザ・ルクセン

ブルクの批判はさらに進み、きわめてアンビヴァレントなままである。一方でローザ・ルクセンブルクはマルクスの構成する理論的フィクションあるいはモデルを批判する。「単純再生産」の図式は、それが再生産過程全体の、決定的ではあるがまさに一つの契機を取り上げる分析的な道具であるので、あきらかに、理論的なフィクションを表現する。均衡経路での蓄積も、不均衡あるいは恐慌の諸条件と諸原因を分析する道具としての意味を持つが、同様にフィクションである。ルクセンブルクはマルクスの不完全な解決に失望して、その課題をもすっかり拒絶する。これらの図式は功を奏しないだろう。それらは現実の歴史的な資本主義的蓄積過程の理解と分析に役立つことができないだろうし、「現実的・歴史的蓄積過程を説明できない」(Luxemburg, 2003, 328 ページ)。他方でローザ・ルクセンブルクは近代資本主義に関連し、その発展過程を説明する「経済法則」があると確信している。したがって同じような一般的な「蓄積法則」があるということになろう。

ローザ・ルクセンブルクは、ヒルファーディングの挑戦をうけ、また資本主義再生産の基本法則を大衆向けに説明しようとして無駄な努力をかさね困っていたが、かなり短期間にその書物を書いた時、高度な帝国主義現象に関する別の説得力ある説明を探求していた。海外での帝国の建設は、彼女自ら気づいていたように、近代資本主義の歴史ではなんら新しいことではなかった (Luxemburg, GW3, 193)。しかし植民地主義と帝国主義の現象は、マルクスの資本主義的発展法則のコンテキストではけっして説明できなかった。マルクス経済学は、その理論的大望にもかかわらず、帝国主義の歴史過程や資本主義世界市場の形成、異なった局面や段階にある資本主義世界経済の説明に適する理論を持っていなかった。それこそルクセンブルクが蓄積理論全体に批判的論評を加えながら、追求し飛躍したところだった。彼女への批判者が彼女に従わず、むしろマルクスの用語法で問題解決は実際に可能であることを示そうとしたことは、なんら驚くべきことではない。それは彼らがローザ・ルクセンブルクの帝国主義現象へのアプローチを評価した時でさえ同じである。

しかしながら彼女の解決は巧妙なものである。彼女が考えたように、それを独自の蓄積問題への歴史的解決と見なせば、帝国主義や植民地の併合は直接的には必要とされるものを提供しない。ローザ・ルクセンブルクの分析によれば、資本主義経済における本来的な蓄積問題とは、先進資本主義世界の資本主義的

企業によって生み出された追加的商品に対して追加的有効需要が必要だということである。しかし「非資本主義」領域あるいは社会はどのようにしてそのような追加的有効需要を提供できるのか。それら領域や社会はどのような手段で、追加的な、したがって資本主義世界で利用可能な有効需要を越える商品を買ったり利用したりできるのか。

　あきらかにそれら領域や社会ではできない。オットー・バウアーのようなローザ・ルクセンブルクに対する批判者は、このことを正しく主張した。第一に世界の「非資本主義的」部分は完全に転換されなければならない。資本主義世界の外部にはどのような「自然の市場 narural markets」もないので、それらは作り出されねばならない。どちらにしても、純粋に金や銀を生産し輸出する植民地の場合以外には、「非資本主義」地域からくる追加的「有効需要」は作り出されるか、動員するかしなければならない。このことは産業資本主義の巨大な力が侵入し支配した前資本主義社会の経済構造が、完全に変化すること以外のなにものをも意味しない。ローザ・ルクセンブルクは、この「蓄積問題」を提起したときに、個人としては、この問題の解決に固有のそのような問題があることに非常によく気づいていた。彼女の書物の最後の章はその大部分が次のような過程つまり世界の「非資本主義」領域がいくつかの資本主義列強にいったん支配され、その植民者達によって完全に変形させられる過程の記述――部分的には分析――にあてられていた。もともと市場はないので、それは生み出されねばならない。世界中のすべての人々が本来的に商品生産に携わっているわけではないので、彼らはそうするように強制されるかそのかされねばならない。世界中のすべてのものは本来販売用ではないので、資本主義世界以外の財産や富は、商品に変形されねばならない。これらすべては長期の歴史過程によって達成されるべきものである。そして、まさにそのような変形過程こそは機の熟した帝国主義の核になるもの――世界市場、そして結局は資本主義世界経済――の創造をなしとげるのである。

　不運なことに、ルクセンブルクが蓄積論に関する書物を出版したとき、国際経済に関するマルクス経済学者の間での唯一主要な論争は、貨幣論争と国際通貨システムにおける新しい現象の解釈と説明をめぐるものであった。実際、長期の繁栄の間にいくつかのヨーロッパ諸国で見られたインフレの高まりによって口火を切られた金と紙幣をめぐる論争は、1911 年以来しばらくの間流行した。

ローザ・ルクセンブルクはこの論争には加わらなかった。論争の参加者達（ヒルファーディング、カウツキー、ヴァルガ、オットー・バウアー、その他）もまた彼女の本に言及しなかった。何人かの論争参加者は帝国主義理論にとっての、その本の重要性にあきらかに気づいていた。金生産は大英帝国の不可欠な部分をなす植民地で行われていた。大英帝国のしっかりした管理下にある南アフリカやオーストラリアの金鉱なしでは、国際金本位制は維持できなかった。資本輸出は、資本主義世界経済の貨幣拠点であり、実際には当時の唯一無二の国際的金融市場であったロンドンとともに、国際通貨システムにとってきわめて重大なものとなった。国際的貸付制度や公債の国際化、資本輸出、資本輸出循環はほとんどロンドンのシティに集中するようになった。ローザ・ルクセンブルクは高度な帝国主義現象にとっての国際借款や国際信用システム全体の重要性を理解した。彼女はその書の全章をこの問題の記述にあてた。しかし彼女はそれらと国際通貨システムとの関連には取り組まなかった。マルクスもマルクス後のマルクス主義者達のいずれも、貨幣の国際移動や国際貿易の流れ、国際的資本循環を十分にまとめることはできなかった。

5．今でもなお妥当なものは何か？

　現在、この問題は解決したように見える。私たちは現在では、マルクスが1857/58 年以来さまざまに努力したにもかかわらず、『資本論』第 2 巻の最終章を中断した 1881 年にはまだその仕事を特に蓄積過程の分析に関しては完成できなかったことを示せるが、マルクスの拡大再生産あるいは蓄積の表式に対するローザ・ルクセンブルクの批判は認められていない。エンゲルスが実際に除外した一節は、マルクス自身の「再生産表式」解釈にいくらかの明かりをともすとはいえ、このギャップを埋めるものではない（Krätke 2005）。しかしローザ・ルクセンブルクの批判に端を発して起こった論争は、動的な蓄積過程の諸条件に関する修正され拡張された表式が構築できることや資本主義的成長の「均衡経路」の諸条件が特定できることを示した。帝国主義の問題に関して、ローザ・ルクセンブルクの基本定式は、あまり信頼に足るものでもなさそうである——少なくとも一見しただけではそうである。もしも、彼女が示唆するように、当初から資本主義につきまとう一般的な問題への一般的な解決策がある

とすれば、1914年までの良き時代における帝国主義の絶頂という現象を説明する特別の接近法はなんだろうか。

　ローザ・ルクセンブルクの大部の著書の最も重要な貢献は、植民地主義／帝国主義の問題に取り組んだことである。まさにそのアプローチは、資本蓄積にとり不可欠で市場や資源、投資機会を提供する「非資本主義」領域という定式にうまく組み込まれている。

　それは間違いである。有名な非資本主義領域／社会／空間は、資本主義中枢地域の内部にあろうと外部にあろうと、それらを侵略した資本主義列強の影響下で経済・社会構造が完全に変化しないかぎりは、そうした種類のものは何も提供しないということである。

　いったんそれらの地域が変化すると、その地域が資本主義世界市場に組み込まれたときにはいつも、またそれがどこであろうと、先進資本主義諸国の経済に対する問題と解決策の両方を提供することになる。彼女の本のなかでそれをもっと具体的に示せば、ローザ・ルクセンブルクは、その新しいアプローチの核として最初に示した単純な定式を飛び越えて進むことで、すでに自らを批判しているのである。

　その本の最後の箇所で、ローザ・ルクセンブルクは、帝国主義列強はどのようにして植民地化する諸国や諸地域の経済を、必ずしも資本主義世界市場自体にではなく、それぞれの帝国の経済に適合するものへと変化させようと試みるかを論じている。これは著書全体のなかで最も革新的な章であり、資本主義的植民地とそれによって支配された世界の諸地域や諸社会への影響を扱ったマルクス主義理論の最初のヴァージョンである。ルクセンブルクはこの移行過程を連続的な段階として描いている。まず「自然経済に対する闘争」(『資本蓄積論』第27章)が来る。それは不可避である。というのも、国内の資本は、新しく獲得した植民地で、自然(自給自足)経済が数世代かかるかもしれない緩やかな分解をとげるのをそのままにしたり、待ったりできないからである。自然資源の没収やそれを(植民者やその原住民仲間の手で)私的財産あるいは公有財産へ転化することは、数世紀続くこの過程にとって不可欠なことである。植民地化された地域の多くで、植民者の到来よりずっと前から存在していた巨大な公共施設(水力施設)を含む現存の共有財産は無視されるか破壊される。しかし、植民地への私的財産関係の導入はしばしば失敗するし、植民地保有国

は何度も繰り返し再出発しなければならない。

　論理的に必然的な次の段階は、商品生産と商品交換の導入である（第28章）。植民地の全住民は市場経済に追い立てられ、その生産様式は商品生産を日々の慣行とするものに転化されねばならない。海外の資本主義権力は植民国・地域や非植民国・地域の経済を貿易行為に引き込むために、少なからず権力を行使する。それは、市場利用の限界は政治的に規定されまた繰り返し再規定されるという事実を私たちに思い起こさせる歴史的実践である。いったん市場が植民地の経済にうまく定着すれば、「農民経済に対する闘争」に弾みがつく（第29章）。それは農業と農村（家内）工業間の労働分配の伝統的傾向に基礎をおく、地域・農村あるいは農民経済に対する長期の闘いである。結局、農村の農民経済は破壊され、農村（家内）工業は先進資本主義諸国で生産された財の氾濫の下に沈み、伝統的農業は、世界市場のために工業化された大量農産物生産へと変形した。農民経済における自足的な社会的基礎が破壊されると、植民地主義はますます増大する大量の農村および都市の貧民を生み出す。これらの過程全体は、ローザ・ルクセンブルクによって叙述されたように、さまざまな形態の組織された暴力によって推進される。高度に文明化された前資本主義経済つまり自然の自給自足的経済や高度に発達した市場経済の両者を「低開発」諸国に変形させるためにも、力は必要である。帝国主義の結果は、ローザ・ルクセンブルクが見たように、先進資本主義諸国地域全体における蓄積問題の持続的解決とはならず、完全な失敗である。第3世界の創造は植民地保有国に依存するが、彼らにはますます負担となりつつある。時には、植民地保有国は、それらを恐慌の時代の資本主義世界における崩壊した市場のための一時的な代用品として用いることができるが、しかし決して長くは続かない。すでにマルクスがずっと詳細に示したように、インドのような豊かで大きな植民地でさえ、数千人の諸個人（植民地官僚や軍の構成員および東インド会社の株主）を除いて、イギリス国家や社会にとってまったく利益にはならない。もしも北側の発展した資本主義国家がその剰余生産のための市場や剰余資本のための投資機会を必要とするならば、古典的な植民地主義ではまったく不十分である。彼らは、支配し管理する諸国において、持続的で拡張可能なさまざまな市場を生み出さなければならない。彼らは植民地化された世界で、まさに彼らの対応物である他の資本主義経済を生み出さなければならない。その結果、蓄積問題は、ロー

ザ・ルクセンブルクが見たように、資本主義世界経済の規模で、解決されることなく増大している。『資本蓄積論』最終章の一つでローザ・ルクセンブルクは、「自然経済に商品経済を置きかえ」、「単純商品生産に資本主義生産」を置きかえた後に、実際に次の段階の問題への取り組みを開始している（Luxemburg 2003, 399）。どのようにして資本主義的大国の一つは、その植民地を資本主義的「発展」の道に追いやるのか。それは海外で近代的資本家と工業生産をどのように生み出すのか。組織的な植民地部隊のすべての手段を用いた「本源的蓄積」では十分ではない。植民地開拓者は「発展」させたいと思う世界の地域へ貨幣と資本を輸出しなければならない。ローザ・ルクセンブルクが描き──ある程度まで分析した──主要な項目は、国際的公的借款である。それはつまり、公式にあるいは非公式に植民地化された「低開発」諸国や地域が基礎的な工業設備を購入し、支払いできるように、それら地域に植民地保有国から移される資本である。鉄道建設や軍備はその主要な例である。外国借款はなによりも非植民地に、つまりローザ・ルクセンブルクが名付けたような「若き資本主義国家」（Luxemburg 2003, 401）となりつつあるヨーロッパ資本主義やアメリカ資本主義の中心地域以外の独立国家にあたえられる。先進資本主義国から来る産業製品や工場製品のための人為的な市場は、つねに増加する国際借款という手段によってうみだされる。この借款は、先進資本主義世界における余剰資本のための主要なはけ口となる。高度な帝国主義の時代ではすでにそうである。

　ローザ・ルクセンブルクは、あきらかに、「低開発」世界における「開発国家」の成功を予想しなかった。彼女は高度帝国主義の時代における工業・商業・金融大国としての日本の興隆をも取り扱わなかった。最近デヴィッド・ハーヴェイによって再発掘された20世紀初期の帝国主義論争における、より古い差異が──「抽出型」と「建設型」の帝国主義という差異──が参考になるかもしれない（Harvey 2003）。それは古い物語を告げることに役立つ。侵略された諸国で見られ、征服された人々に強要できる征服と略奪、商店略奪、奴隷化、すべての没収だけでは十分ではない。組織的な略奪や没収でさえ、最後に失敗することが避けられない。比較して見れば、高額で増大する費用がかかるけれども、「建設的」帝国主義に従事する帝国主義列強だけが相対的には成功する。そうするために、彼らは自らの植民地において資本蓄積過程を始動

しなければならないか、あるいは公式に独立した諸国においてそのような方向の動きを支援しなければならない。持続的・拡張的な市場を生み出すために、彼らは世界の他の部分において資本主義的対抗者を作るか、対抗者の生成を支援しなければならない。それこそ、マルクス自身がすでに1857-58年に、世界中における資本主義生産様式の積極的な宣伝によるかまたは国家あるいは資本主義大国によって積極的に支援される世界市場の形成の方法として考えていたことである。

　帝国主義の歴史的事例としては、両タイプの帝国主義の結合がしばしば見られる。抽出型（破壊型）帝国主義は今日に至るまで世界の多くの場所でまだ生き残っている。トルコや中欧における覇権強国となるために、その地域に関与しているドイツ帝国の事例に見られるような数少ない事例では、それはローザ・ルクセンブルクが数度も取り扱った事例であるが、建設的努力、鉄道や道路、港、電線網、コンビナートの建設は、組織された軍事力によるなんらかの形態の征服と植民化に先行する。植民化は建設的努力なしにも起こりえるが、それは古い資本主義国と「より若い」資本主義国のあいだの長期に持続するきわめて非対称的な依存関係を生み出しながらであるが。最近になってようやく以前の「第3世界」のいくつかの国がその教訓を学び、自分自身の発展の道へ舵をきった。まずなによりも国際信用システムから離れ、海外借款や海外資本から独立して自分たちの手段で強制的工業化政策を選考した2、3の国だけが成功した。アジアやラテンアメリカにおける「開発国家」の成功は最近の数十年に資本主義世界経済の拡張の後押しをした。そしてその重心は大西洋からアジア・太平洋へと移行し始めさえしている。ついでに言えば、それは1850年代にマルクスが予測していたのと同様である。私たちは今や資本主義世界システムに接近している。そこでは多くの資本主義大国が拡大し続ける世界市場をめぐって相互に公然と競争しており、古い資本主義国家と「より若い」資本主義国家の間の相違は急速に縮まっている。帝国主義の形態は急激に変化したが、帝国主義的拡張はますます不可能になってきている。それはかつての世界市場の周辺や半周辺における自分たちの成功の犠牲者となりつつある。結局のところ、私たちは私たちの時代の資本主義の歴史的限界に近づいているのかもしれない。そしてつまるところ、ローザ・ルクセンブルクは古典的帝国主義の絶頂期にとってではなく、私たちの時代にとってまったく正しいのかもしれない。

[参考文献]

＊ローザ・ルクセンブルクの主要著作集についてさえ英語の包括的な翻訳がないので、彼女の著作集のドイツ語版— Rosa Luxemburg, Gesammelte Werke, Berlin: Dietz Verlag, in 5 volumes —を用いている。例えば、本文中のLuxemburg,GW4, 291は『ローザ・ルクセンブルク全集』ディーツ版の第4巻、291ページを示している。

Bauer, Otto 1913, Die Akkumulation des Kapitals, in; Die Neue Zeit, Jg.,
Bucharin, Nikolaij 1925/26, Der Imperialismus und die Akkumulation des Kapitals, in:Unter dem Banner des Marxismus, 1. Jg., H1, pp. 21 - 63, H 2, pp. 231 - 290
Cliff, Tony 1959, Rosa Luxemburg, London
Harvey, David 2003, The new Imperialism, London – New York
Hilferding, Rudolf 1904, Böhm-Bawerk's Marx-Kritik, in: Marx-Studien
Hilferding, Rudolf 1910, Das Finanzkapital. In: Marx-Studien
Kautsky, Karl 1885, Der zweite Band des Kapital, in: Die Neue Zeit, III. Jg., Bd. Pp.
Kautsky, Karl 1902, Krisentheorien, in: Die Neue Zeit, XX. Jg, Bd. 2, pp.
Krätke, Michael R. 2005, Marx' tableaux économiques und Engels Redaktion, Vortrag Kyoto
Krätke, Michael R. 2006a, A very political political economist. Rosa Luxemburg's theory of wages, Vortrag Bergamo
Krätke, Michael R. 2006b, The Luxemburg debate, Vortrag Wuhan
Krätke, Michael R. 2007, Geschichte der Weltwirtschaft,
Laschitza, Annelies 2000, Rosa Luxemburg. Im Lebensrausch, trotz alledem, Aufbau Verlag: Berlin
Lenin, W.I. 1913, Skizze zu einem Artikel über Rosa Luxemburg's Akkumulation des Kapitals, in:
Levi, Paul 1925, Vorwort, in: Rosa Luxemburg, Einführung in die Nationalökonomie, Berlin
Luxemburg, Rosa 2003, The Accumulation of Capital, Routledge: London – New York
Müller, Eva 2002, Rosa Luxemburg und die Reproduktionsschemata, in:
Nettl, Peter 1965, Rosa Luxemburg, Oxford University Press
Sweezy, Paul M. 1968, Böhm-Bawerk's Critique of Marx

（翻訳・有澤秀重）

1−2
ブラジルから見たローザ・ルクセンブルクの現在性

イザベル・ロウレイロ（ブラジル）

　最初に、簡単な所見を述べたい。ブラジルでは（世界中で同様だが）マルクス主義研究の場が限られているにもかかわらず、公立大学にはなおそれが可能な場がある。最もよく研究されているのは、マルクス、レーニン、グラムシ、ルカーチ、そしてフランクフルト学派の哲学者たちである。これに対してローザ・ルクセンブルクは、過去ほとんど全く学術研究の対象ではなかったし、現在でもそうである。私見では、その理由の一つは、若干のテキストは別として、彼女の著作がポルトガル語に翻訳されていないという事実にある。

　ローザ・ルクセンブルクの理念は、ブラジルでは純学術的にではなく、むしろ政治的に受容された。そのことをミヒャエル・レヴィ（Michael Lewy）は1995年に次のように明確に総括している。「ブラジル左翼の文化には常に"ルクセンブルク的"潮流があったが、しかし数年前まで、それは相対的には政治生活の周縁にあった。労働者党（PT）の創設をもってこの状況は変化し始めた。この党の象徴的な党員第1号マリオ・ペドローザ（Mario Pedrosa）は、1940年代以来この潮流の最も著名な代表者であった。多くの知識人と新しい運動の指導者たちがローザ・ルクセンブルクの遺産を引き合いに出しており、その遺産の多くの本質的観点が現存することは──例えば、社会主義的民主主義、反官僚制的熱意、社会民主主義に対する、および共産主義の権威主義的形態に対する別の道の追求──ブラジルの新しい社会主義文化において明白である」。

私は本報告を二つの部分に分けて述べようと思う。第一の部分は、ローザ・ルクセンブルクの社会主義的・民主主義的世界観を実に適切なやり方で総括している叙上の引用の説明である。この世界観は、最初からブラジルの左翼文化において地下水脈のように流れてきたものであり、ローザ・ルクセンブルクに関する公刊物が全く存在しなかったにも関わらず、後に創設期労働者党の多くの党員に受け容れられた。

　報告の第二の部分では、ローザ・ルクセンブルクの政治思想の最もよく知られた次元はさておき——それは今日、人民大衆の自立的行動の結果として生まれた民主主義的社会主義の理念として左翼によって受容されている——それとは別の、ほとんど研究されていない次元があるということを述べたいと思う。それは、『資本蓄積論』と『国民経済学入門』で述べられている次元、私たちの見るところでは、同様に左翼思想の革新に党外から貢献することができる次元である。

1．ブラジル左翼とローザ・ルクセンブルク：1945-1980

　ローザ・ルクセンブルクは、ブラジルに受容された当初から、民主主義的社会主義のシンボルと看做されてきた。最も偉大な社会主義思想家で、我が国にこの思想を生み出した人、そして最も重要な芸術批評家の一人であったマリオ・ペドローザは、ブラジルの「ローザ・ルクセンブルク主義」の父でもあった。1920年代のベルリンおよびパリ滞在中、当時ローザ・ルクセンブルクの著作を読んではいなかったにもかかわらず初めて彼女の経済思想を吸収した。マリオ・ペドローザはロシア革命の優れた専門家で、20年代末以降、ソ連邦における党、労働組合およびソヴィエトの官僚主義的変質に対する厳しい批判者であった。

　1945年以後、彼は新聞『社会主義者の前衛』("Vanguarda Socialista" 1945-1948)で、ローザ・ルクセンブルクの思想を広めた。1960年代になって初めてマルクス主義文献の翻訳が出現したブラジルのような周辺国においては、この企ては特異なニュースを意味した。

　『社会主義者の前衛』で公表されたテキストの一つがローザ・ルクセンブルクの「ロシア革命論」であるが、彼女はソ連邦が栄光の頂点にあり、ブラジル

左翼の多数派がブラジル共産党（PCB）のヘゲモニーの下にあった時代には異端であった。『社会主義者の前衛』は当然、共産党のブラックリストに載せられることになった。

　マリオ・ペドローザは1946年、ローザ・ルクセンブルクこそボルシェヴィキと一致する一方で同時に疑念を示すことのできる、西欧で唯一の人物であると確信していた。「彼女はそれに対して豊かで精神的で倫理的な価値と、権威と、そして革命的精神を有していた」。この女性政治革命家は、民主主義的自由、直接行動、大衆の経験を擁護することにより、社会主義を新しい基礎の上に実現しようとしたすべての人々から、また反対に「犯罪と老衰の中にあった」社会民主主義的改良主義の側からも、「スターリン主義的方法による新しい野蛮の全体主義的仮面でしかない」ボルシェヴィズムの側からも、繰り返し傾聴されたのである。

　「啓蒙された」前衛党の意識は「外部から」労働者に注入されるという権威主義的な政治理解に対抗して、ブラジルの社会主義者は40年代以来——マリオ・ペドローザがその先駆者だった——社会主義は、民主的な政党においても、社会的運動、レーテ、多様な団体等々においても、組織化された大衆が自発的に見つけ出すものにほかならい、と考えてきた。どんな組織的な教条主義からも遠く離れて、彼らはローザ・ルクセンブルクと同様に次のように考えた。「歴史的時間はどんな場合も民衆運動に適合する諸形態を要求し、自ら新たな形態を創造し、それまで知られていなかった闘争手段を即興で作り出し、民衆の武器庫を見つけ出して豊かにするのであって、政党のどんな規則も気にかけることはない」。

　さらに、古いブラジル社会主義者を理想としたその政党は、職業革命家の強固にヒエラルヒー化され中央集権化された組織では全然なく、下層社会層の歴史的諸経験の表現であった。この点においてブラジル社会主義者は、「党は社会のすべての進歩的利益とブルジョワ的社会秩序の抑圧されたあらゆる犠牲者を包含する」というローザ・ルクセンブルクの見解に同意していたのである。

　換言すれば、「労働者の解放は労働者自身の仕事である」という国際労働者連合の指導原則を実践へと転換することが重要だった。それゆえ、（工業労働者のみならず）すべての社会的従属集団が、すなわち黒人、公務員、農業労働者、学生、メイド、母親、「働いていて、かつ労働力を搾取していないすべて

の人々」が、自分たちの諸権利を闘い取り、防衛するために、自らを組織化しなければならない。現実社会の中にすでに社会主義の萌芽——今日われわれが対抗ヘゲモニーと名付けるもの——が成立しているのかどうかという社会運動と社会闘争の評価は、当時のブラジル左翼においてはとんでもなく新しい観念であった。

　マリオ・ペドローザにとって権力は、占拠されるべき一定の場所ではなく（社会民主主義者は改良するためにそれを欲し、ボルシェヴィキは粉砕するためにそれを欲したのだが）、構築されるべきものであった。『社会主義者の前衛』で彼は次のように書いている。「社会主義は単にプロレタリアートの権力奪取と生産手段の社会化による構造改革の遂行においてのみ成立するのではない。社会主義は大衆自身の日々の、不断の意識的行動であって、大衆の全権を担う強力な意識的前衛党の行動なのではない」。

　ローザ・ルクセンブルクと同じくマリオ・ペドローザもまた次のことを確信していた。国家権力の奪取は、重要なことではあるが、社会を変革するためにはそれで充分というわけではなく、「ブルジョワ革命の場合には公権力の中枢に突進し、2、3人の、あるいは20、30人の新しい人々でもってそれに置き換えることで充分だった」が、社会主義革命の場合には、「歴史はわれわれにそれほど快適なことを許さないのである。われわれは下から活動しなければならない。そのことは、政治権力の掌握は上からではなく下からなさねばならないという、われわれの革命の大衆的性格にまさしく一致する」。政治権力の下からの掌握ということは、すでに資本主義社会において被抑圧階級のヘゲモニーを構築することを意味する。この意味における実験は、短期間ではあったものの、ドイツ11月革命（1918年）での労働者兵士レーテが行っている。

　直接民主主義の実例としてのレーテの伝統は、マリオ・ペドローザにとって重要な転換点であって、その後は、代行民主主義の概念は「骨董品博物館に収蔵される」べきものであった。社会主義的・民主主義的革命の勝利は首都においてと同じく周縁に向かってもまた、革命が人民権力によって実現され、管理されることを要求した。決定権力の分散化、国家権力および資本の権力の制限、「人民権力の拡張［を意味するもの］、すなわち資本利潤の独裁に対する民主主義の勝利」である「新しい民主的権力センター」（経営、学校、自治体、地域、等々）が必要とされた。ペドローザはすでに1946年、社会生活に対する労働

者管理が、「権力掌握の前に」始まる民主的社会主義建設のための基礎であるという見方をしていたのである。[20]

それゆえ「革命の衝撃」[21]を待つことが重要なのではなく、人民権力をここでいま試みて組織すること、今日では例えばブラジルの土地喪失者運動（MST）やメキシコのサパティスタといった社会運動によって実践に移されている理念が重要なのである。[22]この視点から見れば、革命とは、自己組織と自己統治から分かつことのできない、対抗イデオロギー構築の長期にわたるプロセスなのである。別言すれば、第二次世界大戦以後のブラジル社会主義者にとっては、ローザ・ルクセンブルクと一致して、社会主義的・民主主義的社会は公的生活の人民による管理を端緒とするのであり、この端緒は生産から始まってすべての面において自己統治に到達するべきものである。[23]

何にも増して、マリオ・ペドローザは自己を革命家とみなした。彼は革命のどのような教条主義的解釈も拒否し、（正統派左翼によるロシア革命の奴隷的模倣に対抗する）ローザ・ルクセンブルクのボルシェヴィキ批判に鼓舞されて、どの国も地方的発展の客観情勢に依存し、かつ、あらかじめ前衛党によって規定されえない独自の革命の道を進むのだという理念を、彼は決して放棄しなかった。[24]

以上の短い叙述から、われわれはマリオ・ペドローザ（およびブラジル社会主義者一般）がローザ・ルクセンブルクから受け継いだ理念を次のように総括することができる。(1)レーニン主義的前衛党概念に対抗する民主的大衆党概念の擁護。レーニンの見解による前衛党概念は、前衛と大衆との間の反民主主義的分断を導くものであり、そして20世紀において諸共産党の経緯が示したように、党指導部と基盤の間の分裂を導いた。(2)人民大衆の自発的創造物としての民主的社会主義の擁護。この民主的社会主義は、種々さまざまな組織形態において自らを組織し、私的利益の資本主義的世界を公正で平等化された社会に変革するという目的をもった日々の闘いを通じて政治化する社会主義である。(3)模倣すべき革命モデルなど存在せず、各国の左翼は独自の経験と具体的状況からその独自の道を発見しなければならない、という思想。(4)代行民主主義に対する批判と、社会の自己統治および自己組織化の強調。

記述のとおり、これらの民主主義的・社会主義的観点は労働者党の原点において宣言された。しかし時代の経緯の中で、これらの社会主義的思想財は労働

者党によって放棄され、選挙に勝利し党機関を強化するという排他的利益を伴った現実政治に置き換えられた。さらにルーラ政権の期間中、労働者党は官僚化し腐敗した体制政党に変化した[25]。ローザ・ルクセンブルクの社会主義的・民主主義的・革命的視座は、この統治する左翼にとっては最早いかなる意味ももたなかった。

　ローザ・ルクセンブルクの遺産は今日、代表制民主主義と資本によるその限界に抗して人民大衆の自己統治に基づく民主主義のために闘っている、例えば土地喪失者やサパティスタの運動のような社会運動の中にある。この社会運動は、制度化された、官僚的な、選挙で選ばれた左翼にたいして、下からの権力の構築を対置し、そして戦闘的構成員の政治的要求への直接民主主義の寄与を大きく強調している。つまりこの点、民主的社会主義の問題という点で、ローザ・ルクセンブルクは今日、社会運動の構成員にとって基本的な理論的照準なのである。

２．ローザ・ルクセンブルクと今日のブラジル左翼

　本校冒頭で私は『資本蓄積論』と『国民経済学入門』について言及したが、それらは資本周辺の左翼によって、その「第三世界的」視座のゆえに高く評価されている[26]。

　これらの著作においてローザ・ルクセンブルクは、「低開発」諸国の歴史的特殊性の側にたって、ヨーロッパ資本主義をして、それ以外の世界の負担でヨーロッパ諸国民の富裕を可能にした「簒奪」システムとして叙述している[27]。ローザ・ルクセンブルクの見方では、資本は――蓄積するために――「外部にある何らかの」非資本主義的地域を必要とする。この概念はデヴィッド・ハーヴェイ（David Harvey）[28]によって再び新たに取り上げられ、今日的なものとなった。彼はこのプロセスを「強奪による蓄積」と名付けた。第三世界搾取に対する説得力ある説明である。今日、資本主義的膨張の限界は領域的にではなく経済的に機能している。すなわち、資本の戦略は商品（公共サービスの給付、保健衛生制度、建築、農業、文化、等々）における古い諸法律の変更に基づいているのである。これらの新しい資本蓄積形態に対して全世界の社会運動は抵抗している。そしてこの抵抗には、とりわけラテンアメリカでは明白な根拠が

あるのだ。

　ヨーロッパ帝国主義の先住民破壊に対するローザ・ルクセンブルクの批判は、とくに、第三世界だけでなくすべての非白人住民について言及することのないカウツキーの論評と比べてみるとき、私たちの理解に著しく近い。ローザ・ルクセンブルクは、資本主義は白人が働けないか働こうとしない場所の搾取のために他の住民集団を必要とするということを、大いに強調した。マリオ・ペドローザが注目したのもまたこの点である[29]。

　『国民経済学入門』の中でローザ・ルクセンブルクは、資本主義的近代化の犠牲者を位置づけた。「植民地諸国のすべての原始的民族にとって原始共産主義的状態から近代資本主義的状態への移行はまた、実際、突然の破局、言語を絶する不幸として凄惨な苦悩をもたらした」[30]。彼女は原住民の抵抗の中に帝国首府に対する称讃すべき闘いを見たのである。

　ブラジル人ミヒャエル・レヴィ（Michael Lewy）[31]は、この著作について非常に独特の刺激的な解釈を行った、（私の知る限りで）最初の人物である。そのことは伝記作者によって全く無視された[32]。この仕事が完成されえなかったことがその原因かもしれない。と言うよりむしろ、それはマルクス主義の視座からは非常に型破りの叙述、すなわち商品生産と資本主義的生産様式に関する章よりも共産主義的未開民族とその破滅についての章に多くのページを割いたせいであった。この著作においては、人類史の資本主義時代は一つの短い、没落を決定づけられた期間のごとくに出現する。ローザ・ルクセンブルクは村落共同体の記述を手掛かりに、この古い「共産主義的」社会形態が近代社会の失ってしまった社会的特質を有することを示した。この古い社会形態は、選択可能な別のイメージのための手掛かりを与えることができる。言い換えれば、未開民族は「文明人」に、共同体利益が調和的かつ民主的なやり方でその構成員の生活を規定するような生活様式を教えることができるのである。

　この観点の下にローザ・ルクセンブルクは、「野蛮な」過去においてすでに人間的素質が不可避的に資本主義的文明へと導くというような歴史の目的論的構想を退ける。非資本主義的過去に対する彼女のインスピレーションは、ドイツ社会民主主義の直線的進歩思想に批判的に対峙する開かれた歴史構想に成分[33]を供給した。

　今日、西洋資本主義文明は生産力の飛躍的発展とこの惑星のエコロジー的均

衡の破壊によって、世界の他の部分のいかなるモデルも描きえないことは明々白々である。この進展は同時に、ローザ・ルクセンブルクがその著作の多くの場所で明確にし、またフランクフルト学派の哲学が明らかにしたように、後退を意味する。今日のマルクス主義左翼への最大の挑戦は、生産諸力の解釈の批判的修正と、「近代工業社会の進歩イデオロギーと科学技術的・経済的パラダイグマのイデオロギー」の崩壊である。

今日の社会主義プロジェクトは必然的に、生産諸力の発展は善それ自体では決してなく、そして（とりわけエコロジー的・文化的多様性の低減を引き起こす）第三世界の「近代化」はひとえに資本の価値増大に奉仕するというエコロジーの次元を加えて示さなければならない。

すでに70年代にマリオ・ペドローザは、各国はその独自の道を行くべきであるとして中心諸国のイミテーションの強調に異を唱えたかつての解釈よりも鋭く、次のように弁明した。「ブルジョワ的・帝国主義的文明は袋小路にはまり込んでいる。南部地域とこれに隣接する大私有地のインディアンはこの袋小路に陥いるようなことがあってはならない」。

この近代化批判――マルクス主義の領域ではローザ・ルクセンブルクがその先駆者だった――の遺産は今日、資本主義世界にいかなる場所も見つけ出すことのできない人々によって呼び起こされた社会運動の実践の中にある。インディアン、キロムボラス（quilombolas）、原生林民族、土地喪失労働者――それは時代遅れのことであるがゆえに近代化を排除しようとするすべての人々――は、都市でラディカルな左翼と協力して、人間主義的で非自然破壊的な社会を築くという目標の下に社会的諸勢力の自己統治に基づいた新しい政治文化の教育に努力している。これらすべての観点の下にローザ・ルクセンブルクは、ブラジルにおいて、社会運動と関連してラディカル左翼の上に引き続き大きな魅力を持ち続けているのである。

[注]
（1）例えばカンピナス州立大学 Universidade Estadual de Campinas（UNICAMP）にはマルクス主義研究センター Centro de Estudos Marxistas（CEMARX）が十年来存続している。そこでは隔年でマルクス・エンゲルス研究学会が開催され、およそ700人が学術研究の発表のために集まる。
（2）一方で『レーニン全集』は翻訳されている。ブラジルで公刊されているロー

ザ・ルクセンブルクの文献は次の通り。『社会改革か革命か』『ロシア革命』(1946)、『社会主義と自由』(Paulo de Castro, Socialismo e liberdade. 若干の文献と手紙の抄録)(1968)、『大衆ストライキ・党・労働組合』(1979)、『ヨギヘスへの手紙』(E. Ettinger による米語版からの翻訳)(1983)、『社会民主主義の危機』『名誉ある義務』『秩序がベルリンを支配する』(1987)、『資本蓄積論』(1988)、『国民経済学入門』(刊行年欠)、『民族問題と自治』(A questão nacional e a autonomia. 1988)、『ロシア社会民主主義の組織問題』『ロシア革命』『スパルタクス同盟は何を欲するか』(1991)、『ドイツ共産党創立大会における演説』(1991)、『社会の社会主義化』(1999)、『ロシア革命、アジールにて、S・リープクネヒトへの手紙 (1917 年 12 月 24 日付)』(2006)。

(3) ローザ・ルクセンブルクの思想に関する研究はブラジルの大学にはほとんど無い。例外として Paul Singer, Einführung in A acumulação do capital. S?o Paulo: Nova Cultural, 1988。ローザ・ルクセンブルクのための最初の(そして唯一の)学術会議は 1989 年に開催されたが、それへの寄稿論文は、Loureiro, I.; Vigevani, T. (Hrsg.). Rosa Luxemburg, a recusa da alienação. São Paulo: Editora Unesp/Fapesp, 1991. において公刊された (Gilbert Badia の論文を含む)。また次も参照、Loureiro, I., Rosa Luxemburg - os dilemas da ação revolucionária. São Paulo: Editora Unesp, 1995. (第 2 版はローザ・ルクセンブルク基金の助成により 2005 年刊)。博士論文 1 本 (Edelweiss Falcão de Oliveira, Rosa Luxemburg, reforma e revolução, 2001.) と修士論文 1 本 (Tatiana de Macedo Soares Rotolo, Rosa Luxemburg e o socialismo democrático, 2006.) が私の助言により合格している。最後に、しかし決して忘れてはならないのが、自治と自治団体について多くの作品を著したアナーキズム思想家 マウリシオ・トラークテンベルク Mauricio Tragtenberg (1929-1998) である。あらゆる観点の下で官僚制の敵手であった彼は、70 年代にローザ・ルクセンブルクのテキストを大学にもたらした。

(4) Michael Löwy, Vorwort an Isabel Loureiro, Rosa Luxemburg - os dilemas da ação revolucionária. São Paulo: Editora Unesp, 1995; zweite Auflage 2005.

(5) マリオ・ペドローザ (Mario Pedrosa) は 1926 年ブラジル共産党 (PCB) に入党、1927 年に党指導部によって党学校訪問のためモスクワに派遣された。病気のため旅行を中断したベルリンで、彼はトロツキー主義反対派を知るに至る。彼は PCB と絶縁し、ドイツとフランスでトロツキー主義運動の創設に参加、1929 年にはブラジルでその指導を引き受けた。1933 年、ケーテ・コルヴィッツ (Käthe Kollwitz) に関する一論稿をもって芸術批評家としての仕事を開始している。ゲトゥーリオ・ヴァルガス (Getúlio Vargas) の独裁期には 1937 年から 1945 年までパリとニューヨークに亡命を余儀なくされた。1941 年、ブラジルに戻って逮捕されている。1940 年 5 月、彼は第 4 インターナショナルから離反した。その理由は、ソ連邦を「堕落した労働者国家」とするトロツキーの性格づけ、「ソ連邦の無条件の防衛」というスローガンに対するトロツキーの批判のゆえに生じた対立である。ペドローザは 1945 年にブラジルに戻って新聞『社会主義者の前衛』

(Vanguarda Socialista) を創刊し、同紙においてローザ・ルクセンブルクに関して最も影響力のある政治的ポジションを占めた。1947年、ブラジル社会党（PSB）に加盟したが、1956年に除名された。1958年から1968年までの間、芸術批評家としての仕事でたびたび東京を訪れ、日本の"書"を研究。軍事独裁期（1964-1984）には当初チリ（そこで彼はサルヴァドル・アジェンデ Salvador Allende から連帯博物館の組織化を委託された）に、その後はパリに亡命した。1977年、再びブラジルに帰国。1980年以後、労働者党（PT）の設立に尽力。ペドローザは、労働者党結成宣言（1980年2月10日）の筆頭署名人であった。1981年12月5日死去。

(6) リヴィオ・シャヴィール（Livio Xavier）への1928年5月14日付の手紙で、彼は資本蓄積に関するローザ・ルクセンブルクのテーゼに言及して次のように述べている。彼女は「世界資本主義の状態をヒルファーディング、レーニン、ブハーリンよりも今日より適切に説明する——ブハーリンはいつものように彼女を歪曲したのだ。（……）帝国主義問題、植民地問題、等々。ボルシェヴィズムは危機の中にある」（参照、José Castilho Marques Neto, Solidão revolucionária - Mario Pedrosa e as origens do trotskismo no Brasil. São Paulo: Paz e Terra, 1993）。ペドローザはパリでルシアン・ラウラート（Lucien Laurat. Otto Maschl の筆名）と知り合ったが、おそらく彼がペドローザにローザ・ルクセンブルクの経済思想を述べ、そして1930年にローザ・ルクセンブルクの資本蓄積論について一書（L'accumulation du capital d'aprés Rosa Luxemburg）を公刊したのである。かなり後、そのことについてペドローザは書き記している（A crise mundial do imperialismo e Rosa Luxemburg, Rio de Janeiro, Civilização Brasileira, 1979）。1929年、彼はベルリンでパウル・フレーリヒ（Paul Frölich）とも知り合っている。

(7) 死去直前、『パスキム』紙（1981年11月18日付）のインタヴューで彼は次のように述べている。「私の世代の者でロシア革命に熱狂しなかった人々には何かが欠けています。そして私は今日でもなお、一つの革命をやり遂げることのなかった国民は決して本当の国民ではない、と考えています。私はつねにブラジルの革命を夢見てきました」。

(8) 『社会主義者の前衛』は政治的には共産党の外部に左翼小グループを設立した。この週刊新聞は、マルクス主義古典著述家（マルクス、エンゲルス、トロツキー、カウツキー、ローザ・ルクセンブルク）のほか、周辺国および中心国で社会主義の諸問題を議論していた同時代の著述家（Anton Ciliga, Andrés Nin, Karl Korsch）の知られていないテキストを刊行することでその役割を果たした。同紙はその傑出した水準と経済から文化にまで至る主題範囲によって他の左翼新聞を凌駕していた。

(9) ミゲル・マセード（Miguel Macedo）訳によるこのテキストは1946年の4月と5月に2巻本で刊行された。Jörn Schütrumpf, Rosa Luxemburg oder: Der Preis der Freiheit (Dietz Verlag, Berlin, 2006) のブラジル翻訳版（拙訳）への序文でミヒャエル・レヴィは次のように書いている。「パウル・ジンガー（Paul Sing-

er)、ザーデア兄弟（Eder und Emir Sader）、マウリシオ・トラークテンベルク（Mauricio Tragtenberg）、ヘルミニオ・ザシェッタ（Herminio Sachetta）、レナート・カルダス（Renato Caldas）弁護士、そしてルイス・カルヴァルホ・ピント（Luis Carvalho Pinto）といった友人たちや尊敬する同志たちとともに、1956年頃「ルクセンブルク的」小グループに参加した時、この重要な論文を読んで皆どれほど感激し熱狂したかを、私は今でも覚えている。（……）私は1918年のこのパンフレットが、過去を理解するためだけでなく、とりわけ21世紀の社会主義（あるいは共産主義）の新しい基礎づけのために必要不可欠のテキストの一つであると確信している」。

(10) Cf. Paul Singer, Mario Pedrosa e o Vanguarda Socialista. In: Marques Neto (Hrsg.). Mario Pedrosa e o Brasil. São Paulo: Editora Fundação Perseu Abramo, 2001, p.147. パウル・ジンガーはオーストリアのユダヤ人。1939年、母親とともにサンパウロに亡命。若いときから彼はローザ・ルクセンブルクの著作を読み始め、新聞『社会主義者の前衛』でも読んだ。軍事独裁が多党制システムを禁止し、二大政党制システムを導入した1950年から65年まで、彼はブラジル社会党（PSB）軍事部門のメンバーだった。ジンガーは当初から確信的反スターリン主義者だった。労働者党（PT）創設者の一人であった彼は、束の間、ルカ政権の労働省社会経済局のコーディネータを務めた。

(11) Nota explicativa, A revolução russa. In: A crise mundial do imperialismo e Rosa Luxemburgo, Rio de Janeiro, Civilização Brasileira, 1979, S.119-20.
(12) Idem, S.129.
(13) Die Krise der Sozialdemokratie, GW ４, S.149.
(14) Organisationsfragen der russischen Sozialdemokratie, GW １／２, S. 441.
(15) Vanguardas, partido e socialismo. Vanguarda Socialista, 09.08.1946.
(16) A luta quotidiana das massas e o PC. Vanguarda Socialista, 14.06.1946.
(17) GW ４, p.510.
(18) A opção imperialista. Rio de Janeiro, Civilização Brasileira, 1966, S.438.
(19) Idem, p.324.
(20) Vanguardas, partido e socialismo. Vanguarda Socialista, 09.08.1946.
(21) Rosa Luxemburg, GW １／１, S.400.
(22) 参照、Isabel Loureiro, Rosa Luxemburg und die Bewegung der Landlosen in Brasilien. Utopiekreativ 185, März 2006; Gilberto López y Rivas, Democracia tutelada versus democracia autonomista. Rebelión, 28.03.2006.
(23) 参照、Was will der Spartakusbund?, GW ４, S.442-３．
(24) 「本を読んだら判るのでないように、革命はマルクスやレーニンの高尚なテキストから成し遂げられるのではない。革命は、国の、革命を指揮する人々の適性の、階級運動の、所与の状況から生まれるのであり、そこから革命が生まれ、そこにおいて革命が生じる歴史的現実から生まれるのである。高尚なるテキストの解釈は生活経験とも実践とも置き換えられない」（Folhetim, Folha de São Paulo,

21.11.1982.)。
(25) 参照、Francisco de Oliveira, O momento Lênin, Novos Estudos 75, Juli 2006.
(26) 参照、Mario Pedrosa, A crise mundial do imperialismo e Rosa Luxemburgo, Rio de Janeiro, Civilização Brasileira, 1979; Paul Singer, A teoria da acumulação do capital em Rosa Luxemburg. In: Loureiro, I., Vigevani, T.（Hrsg）Rosa Luxemburg, a recusa da alienação. São Paulo: Editora Unesp/Fapesp, 1991; Einleitung in A acumulação do capital. São Paulo: Nova Cultural, 1988.
(27)「資本蓄積論においてローザ・ルクセンブルクはイギリスによるインディアン征服とヨーロッパ人植民地領主による西部アメリカ征服の叙事詩について述べている。それは自生的・自然的生活経済の自由市場経済への暴力に満ちた強制的な変革である。私の見るところ、この種の解釈はブラジルのような国にとって特に実り多く、かつ興味深い」（Paul Singer, A teoria da acumulação do capital em Rosa Luxemburg. In: Isabel Loureiro, Tullo Vigevani, op. cit, S.85.）。
(28) O novo imperialismo, São Paulo, Loyola, 2004, S.121-26.
(29) 参照、A crise mundial do imperialismo e Rosa Luxemburgo, S.58-59.
(30) GW 5, S.717.
(31) ミヒャエル・レヴィはウィーンのユダヤ人の息子としてサンパウロで生まれた。パウル・ジンガーが彼を政治に引き入れ、そして16歳でローザ・ルクセンブルクの著作を読み始めた。サンパウロ大学（USP）で社会科学を学んで卒業。1961年パリに向かい、そこで学術研究者としてのキャリアが始まった。彼はブラジルとの活発な政治的・学術的コンタクトを維持した。参照、Michael Löwy, Le communisme primitif dans les écrits économiques de Rosa Luxemburg. In: Weill, C., Badia, G.（org.）. Rosa Luxemburg aujourd'hui. Paris: P.U.V., 1986. Deutsche Übersetzung: Der Urkommunismus in den ökonomischen Schriften von Rosa Luxemburg - Für eine romantisch-revolutionäre Geschichtsauffassung. In: Die Linie Luxemburg-Gramsci. Zur Aktualität und Historizität marxistischen Denkens. Berlin/Hamburg, Argument, 1989.
(32) ローザ・ルクセンブルクの著作に対するその経済主義的解釈に同意できないとしてもパウル・フレーリヒは例外。参照、Rosa Luxemburg, sa vie et son oeuvre. Paris: Maspero, 1965, S.189-191. アネリース・ラシーツァ（Annelies Laschitza）はローザ・ルクセンブルクの新しい伝記の中で先行の伝記との違いを次のように述べている。「ローザ・ルクセンブルクが近東、南アジア、北アフリカ、南アメリカ、オーストラリアにおける発展を含めたことは、彼女の研究の長所に属する。こうした外部ヨーロッパへの視角は20世紀にはますます関心を呼んだ」（Im Lebensrausch trotz alledem, Berlin, Aufbau Verlag, 1996, S.326）。
(33) ミヒャエル・レヴィは次のように書いている。「工業資本主義文明を人類の共産主義的過去に対置することによって、ローザ・ルクセンブルクは、直線的進化主義、実証主義的"進歩信仰"、社会ダーウィン主義、そして、マルクス主義をオメー氏［フローベールの小説『ボバリー夫人』の作中人物……訳注］の哲学の成

長した変種に還元するすべてのマルクス主義解釈と縁を切った。このテキストにおいては、結局マルクス主義的歴史解釈それ自体の意義が問題なのだ」(Op. cit., S.146.)。

(34) この意味において『社会民主主義の危機』の中に重要な断章がある。そこで彼女は次のように書いている。「ブルジョワ自由主義的な経済学者と政治家にとっては、鉄道、スウェーデン燐寸、街路排水溝、百貨店が"進歩"であり"文化"なのだ。こうした、未開状態に接ぎ木されただけの業績それ自体は文化でも進歩でもない。というのも、それらは、伝統的・自然経済的支配関係と最も近代的な洗練された資本主義的搾取という二つの時代にまたがる完全な悲惨とすべての恐怖とを同時に味わわなければならない諸民族の、突然の経済的・文化的破滅を代償に獲得されるものだからである」(GW 4, S.160-61.)。

(35) それはレヴィが提案するように"破壊諸力"というのが適当である。参照、Ecologia e socialismo, São Paulo, Cortez Editora, 2005, S.54.

(36) Michael Löwy, Por um marxismo crítico. In: Löwy, M.; Bensa?d, D. Marxismo, modernidade e utopia. São Paulo: Xamã, 2000, S.64.

(37) 日本語訳もあるジョエル・コヴェル（Joel Kovel）とM・レヴィの国際環境社会主義者宣言を見よ。ブラジルにおける持続的発展の必然性については次を参照、João Pedro Stédile(u.a.), Desenvolvimento com sustentabilidade. In: Folha de S. Paulo, 27.12.2006, S.3.

(38) Mario Pedrosa, Discurso aos tupiniquins ou nambás（1975）. In: Otilia Arantes（hrsg.）. Política das artes. São Paulo: Edusp, 1995, S.335.

(39) 元奴隷の保護区の住民

(40) 参照、Subcomandante Marcos, "Envio", Manágua, September 2004. In: Le Monde Diplomatique, Februar 2006, S.20.

（翻訳・有澤秀重）

コメント

松岡利道

　はじめに、日本でのローザ・ルクセンブルクの位置づけについて簡単に触れておきます。日本では1960年代に新左翼運動が発生し、旧左翼を批判したが、レーニンの影響が強く、ローザ・ルクセンブルク的思考も旧左翼批判の1ヴァリアントとして位置づけられた。ソ連邦崩壊後、左翼全般が退潮傾向にあり、マルクス批判まで生じている。ローザ・ルクセンブルクの思考の独自性は大衆に依拠した運動であるが、レーニン型政党との実践上の差異に基づき、ローザ・ルクセンブルクの考えるような政党は、大衆的には実現されてこなかった。

　なぜそうなのか、また現在、ロウレイロさんの報告に見られるようにブラジルなど中南米やアジアのいくつかの国で、ローザ・ルクセンブルクの影響が見られるということはどうしてかを考えると、ローザ・ルクセンブルクの主張の中に、ある政治的・経済的状況下では妥当する理論的内容があり、その状況のもとで、一定のローザ・ルクセンブルク評価が生じているのではと考ええる。この点でもご報告されたお二人のご意見を伺って見たいと思う。

1．ロウレイロ報告

　まずロウレイロさんの問題点に沿ってコメントを加えたい。

（1）ブラジル社会主義運動の歴史

　報告は、ブラジルの社会主義運動の軌跡をよく説明していてたいへん有意義である。ブラジル、日本、ヨーロッパなどの多くの地域で左派の運動形態の分裂があり、その歴史的評価・意味付けの中心には、社会主義運動における第2インターとコミンテルンの確執があった。報告では、ブラジルでも同様の問題が確認できたが、資本主義の周辺部としてのブラジルの独自性が示されればさらに有意義だろうと思う。

ブラジルでローザ・ルクセンブルクの思想が歴史的に一定の影響を与えたと言うことは理解できるが、それが、現代にも活かされるという場合、時代と組織基盤の相違に留意すべきである。

　つまりこの問題を歴史的に捉えれば、意識性と大衆性の対立はドイツ社会民主党におけるローザ・ルクセンブルクの立場に由来する面が多い。そこでは政治的に一定の影響力を持っていた党官僚や労組幹部の存在が前提にあり、その意味で大衆性の主張はルクセンブルクの批判的な立場と結びついている。つまり、ローザ・ルクセンブルクは基本的には当時の社会民主党を基盤にした組織論に立っていたとは言えないか。つまり意識的指導と大衆的自発性の相互関係の構築を目指していたのではないだろうか。

　ローザ・ルクセンブルクの『経済学入門』や労兵評議会などの思想が、サパティスタなどの新しい運動と理念においてつながるという側面はあるが、ブラジルの新しい運動形態が意義を持ちだしたのは、従来の左派の運動形態が崩れたあとで出現した運動だからではないか。

（2）資本主義の周辺地域との関連

　ローザ・ルクセンブルクは資本による近代化が原住民にもたらしたカタストロフィや原住民の抵抗に言及。原始共産制やその絶滅の章は、商品生産や資本制的生産様式の章より多く叙述されている。

　ブラジルが資本主義の周辺地域にあり、その意味で、ローザ・ルクセンブルクが『経済学入門』で描いたような資本主義と共同体の衝突が持つ意義を理解しうる立場にあることは理解できる。

　ただし、『経済学入門』で資本主義についての叙述が少ないのは、執筆上の問題があったからである。『経済学入門』の目的は基本的には資本主義の一方での飛躍と他方での崩壊にむかう側面を実証し、古代共産制がどうして資本主義に変化したのか？を問うことにあった。つまり、他の生産様式との比較で資本主義の不安定性を示しながら、他方で原始共産制が強固な力を持ちながら結局は資本主義に屈していくことの意義を示すことが重要であった。その論証のために古代共産制の持続力や資本主義への抵抗力を強調した面がある。

　また原始共産制から資本主義への移行を確認した上で、資本主義後の社会を想定する場合でも、ソ連崩壊後の現代では市場の機能をどう認識するかが問わ

れるのではないか。

（3）ブラジルの新しい運動

　ブラジルの新しい運動との関連で、環境問題やエコロジー的観点の重要性の指摘は現代の社会主義運動にとって重要であることはよく理解できるが、近代工業社会の進歩イデオロギー批判とローザ・ルクセンブルク、フランクフルト学派との関係については、その関係の論証も含めて、もう少し詳しい説明を必要とするのではないか。

2．クレケト報告

　＊本稿はローザ・ルクセンブルクシンポジウムにおけるクレトケ氏の発言とその以前に頂いていた草稿に基づくコメントです。その後、クレトケ氏から入手した完成原稿のうち、特にローザ・ルクセンブルクの『資本蓄積論』分析に関する後半部分は未見でした。完成原稿ではその部分が重要な内容ですが、今回のコメントはその部分を十分に考慮できませんでした。もっともそれを見ても大きな変更の必要性はないと考えています。

（1）ルクセンブルクによる経済学研究の展開の解釈

　ルクセンブルクの著作である『経済学入門』と『資本蓄積論』の関連や「経済・社会展望」のルクセンブルク資本主義論形成における独自の意義の解釈、ルクセンブルクのマルクス理解の独自性については、すでにわたしも触れたことがある（松岡利道『ローザ・ルクセンブルク』新評論社 1988 年参照）が、クレトケ氏によるルクセンブルクの経済学的著作の意味付けについては基本的に正しいと思うし特に質問すべきことはない。1 点だけお伺いするとすれば、共同体などに関する『経済学入門』の歴史叙述解釈については、クレトケさんはどう考えているのか、イザベル・ロウレイロさんと差があるのかどうかを伺いたい。

（2）市場と国家の関係について

　わたしの考えでは、ルクセンブルクの重要な経済学的貢献の一つは、市場

（内部市場・外部市場）と国家の関連について独自の解釈を提起したことである。ルクセンブルクは、『資本蓄積論』第 26 章「資本の再生産とその環境」末尾のまとめにおいて、次のように注目すべき総括を与えている。

「以上のことから、蓄積問題をめぐる論争において非常に重要な役割を演じてきた内部的・対外的販売市場の概念を検討することができる。内的・外的市場は資本制的発展の進行において確かに大きな、根本的に異なる役割をはたすが、しかしそれは、政治地理学的概念としてではなく、社会経済的な概念としてである」(Rosa Luxemburg 1913)。

ここでは政治と経済とは必ずしも同一体ではなく、市場は社会経済的な概念であるという理解が示されている。市場を、社会経済的な概念とみなすことは、市場領域が政治的概念としての国家領域と地理的に必ずしも一致しないということになる。

もともと資本主義的経済システムというのは、地域間の交易から派生し、世界市場を生み出してきたのであるが、19 世紀の初頭からは近代国家の確立期となり、市場は国家の境界によって分断され、国民経済的自立の重要性が主張されるようになった。その結果、各国の国内市場は国境によって保護され、貿易関係は互いに切り離された各国家間の交易関係として理解されてきた。国家が市場の境界を管理するための手段である関税などの重要性が増してきたのである。

経済学もまた近代国家の確立に伴い、国内市場を統合する国家の役割の重要性に着目し、その視点から世界経済や世界市場を理解する傾向が強まっていった。しかしルクセンブルクの市場と国家に関する把握は、そうした見方を批判する独自のものである。『経済学入門』の第 1 章「国民経済学とはなんであるか？」においてルクセンブルクは次のように述べている。

「この日々ますます緊密になり強固に合生して行って、あらゆる国民と国土とを一つの大きな全体として統合する経済的な基礎と、諸国民を境界票や関税壁や軍国主義によって人為的にそれだけ多くの無縁な敵対的な諸部分に分裂させようとする諸国家の政治的な上部構造とのあいだの、広がりつつある矛盾ほど、今日目につくものはなく、これほど今日の社会的および政治的生活の全容にとって決定的な意義をもつものはない」(Rosa Luxemburg 1975)。

ルクセンブルクが指摘している、一方における世界の経済的統合傾向と他方

における市場をめぐる国家間対立との関係はどうなのかという問題は、現在のグローバル化する世界においてはさらにその重要性を増しているのではないか。

　その意味で、ルクセンブルクのように国家を政治地理学的概念ととらえ、内部および外部市場を社会経済的概念と捉える議論が提起する問題の重要性は、今も変わらない。そのように捉えることで、市場が国家を超えてつながり、独自の機能をもつことが示され、同時にまた国家の政治的自立性や対立を把握することが可能となるからである。わたしはこのような点にこそルクセンブルクの経済学の重要性をみるがクレトケ氏はどのようにお考えでしょうか。

（3）資本主義のグローバル化について

　現代のグローバル化を資本主義生成以来の世界への資本主義の拡大の流れに位置づけることは可能であるし、資本主義の世界化のプロセスとして資本主義の本質を把握しようとした点には、一定の意義がある。

　しかし、ルクセンブルクの指摘した資本主義の世界化が現代において実現したのであり、その意味で、ルクセンブルクの資本主義観は正しかったというだけでは、問題のありかを見誤るのではないか。つまりローザ・ルクセンブルクの時代と現代の資本主義との違いにも目を配る必要があるのではないか。例えば、国民経済の位置づけの問題、労働力移動、企業の形態変化などをどのように理解するのか。

　ローザ・ルクセンブルクの時代は資本主義的生産様式を国民経済的に囲い込む動きが強まる時代であり、他方、現在は国民国家の力が資本や企業によって弱められている時代である。このことを意識した上で、グローバル化を論じる必要があるのではないだろうか。

　『経済学入門』や『資本蓄積論』も、国家と資本主義との関係性を視野に入れるとその意義が良く理解できるのではないか。

第 2 章

民主主義・社会主義の概念と
ローザ・ルクセンブルク

2 - 1
中国におけるローザ・ルクセンブルク研究の現状

王学東（中国）

　ローザ・ルクセンブルク（1872-1919）は国際共産主義運動史上の偉大なマルクス主義理論家・革命家であり、ドイツ共産党の創始者である。彼女は深い思想を持ち、才気に溢れ、多くの方面で重要な理論的貢献を行った。中国の学術界におけるローザ・ルクセンブルク研究のブームは1970年代末から80年代初めに始まった。当時中国は10年の"文革"から抜け出したばかりで、人々は歴史の無残な教訓から、民主主義の問題の重要性を痛感していた。このような背景のもとで、学術界がもっとも重視したのはルクセンブルクの、社会主義的民主主義と党内民主主義についての論著で、ルクセンブルク研究の成果もまた主に彼女の社会主義的民主主義の思想と党の組織原則の面に集中していた。[1] 21世紀に入ってから、中国の改革開放事業が急速に発展し、世界との交流が日ましに深まるにつれ、ローザ・ルクセンブルクの思想の現代的な価値がさまざまな面で明らかになった。このため中国の学者のローザ・ルクセンブルク思想研究の視野は大いに広がり、ローザ・ルクセンブルクの社会主義的民主主義と党内民主主義の思想に焦点を定めた、いっそう詳細で徹底した研究が続けられたほか、彼女の独自の視点をもった資本主義観、社会主義観や方法論、および彼女の現代哲学や政治経済学、政治学にたいする貢献、ルクセンブルクのマルクス、レーニンとの関係やヨーロッパマルクス主義との関係についても、総合的、開拓的な検討と研究が行われ、目覚しい成果をあげた。

1．中国で近年開かれたローザ・ルクセンブルクに関する国際学術シンポジウム

　2004年11月21-22日、広州でローザ・ルクセンブルク国際学術シンポジウムが開かれた。シンポジウムは、中共中央編集翻訳局、世界社会主義研究所、国際ローザ・ルクセンブルク協会、ドイツローザ・ルクセンブルク財団が共同して主催し、華南農業大学、華南師範大学が協賛した。ドイツ、アメリカ、日本、フランス、スイス、ロシア、インド、ノルウェー、オーストリアなど9カ国32名の国外の学者、および中共中央編集翻訳局、中国社会科学院、中国婦女報社、華東師範大学、華中師範大学、杭州師範学院、温州師範学院、広州市社会主義学院、華南農業大学、華南師範大学などの研究機関や高校、ニュースメディアなどから40数名の中国の学者が出席した。シンポジウムでは、各国の学者が、ローザ・ルクセンブルクの民主主義観、ローザ・ルクセンブルクと民族国家、ローザ・ルクセンブルク研究の新成果などのテーマをめぐって深い討論を展開し、重要な共通認識を獲得し、ローザ・ルクセンブルク研究を新たな段階へ進めた。会議後、『光明日報』などのメディアが報道し、『中国婦女報』は全紙面を割いてシンポジウムの特集記事と写真を掲載し、『現代世界と社会主義』『外国社会科学』などの学術刊行物は会議の概要を伝えた。このシンポジウムは中国の学会に重要な反響を起こし、中国におけるローザ・ルクセンブルク研究を強力に促進した。

　2006年3月20-22日には、武漢で"ローザ・ルクセンブルクの思想およびその現代的意義"と題する国際学術シンポジウムが開かれた。このシンポジウムは武漢大学哲学院、武漢大学マルクス主義哲学研究所が共同で主催し、アメリカ、ドイツ、イギリス、オーストリア、スペイン、ポーランド、オランダ、イタリア、日本、ブラジル、南アフリカと中国のあわせて12カ国62名の学者が出席した。会議のテーマは、ローザ・ルクセンブルクの思想およびその現代哲学、政治経済学、資本主義・社会主義理論にたいする貢献である。会議はおもに、ローザ・ルクセンブルクとマルクス、レーニンとの関係、ローザ・ルクセンブルクとヨーロッパマルクス主義の関係、ローザ・ルクセンブルクの民主主義についての思想、および中国問題を考える上でのローザ・ルクセンブルク研究の意義など、四つの方面の問題をめぐって総合的な研究が展開され、中国のローザ・ルクセンブルク研究の新たな進展を反映したばかりでなく、国際的な

ローザ・ルクセンブルク思想研究の新たな進展をも示すものとなった[3]。会議後、『光明日報』などのメディアが報じ、『現代哲学』などの学術刊行物が会議の概要を伝えた。

2．中国における近年のローザ・ルクセンブルクに関する学術著作と翻訳書

　近年、中国におけるローザ・ルクセンブルク研究が深まるにつれて、関連する学術著作も日ましに増加している。『現代世界と社会主義』『マルクス主義と現実』『マルクス主義研究』『科学社会主義』『社会主義研究』などの有力な中国学術刊行物上において、近年、ローザ・ルクセンブルクを研究した多くの学術論文が発表されている。それにひきかえ、近年出版されたローザ・ルクセンブルク研究の学術専門書はきわめて少なく、目下、検索できるのは復旦大学の陳其人教授の著作『世界システム論の否定と肯定——ルクセンブルク《資本蓄積論》研究』（2004年4月、時事出版社）の一冊だけである。これは陳其人教授の数十年にわたるルクセンブルク思想研究の成果の結晶である。彼はローザ・ルクセンブルクの《資本蓄積論》を主軸として、その根源から追求し、古典経済学、俗流経済学、マルクス主義経済学、ドイツ歴史学派からウォーラーステインの世界システム論にいたるまで、古今、レベルの上下を問わず網羅し、かつ膨大な紙幅を割いて、ルクセンブルクの方法論の新しさおよびその思想的影響を論じており、その論述は正確で優れた見識をそなえ、貴重で優れた理論的著作である。翻訳面では、2001年貴州人民出版社から、殷叙彝らが翻訳した《ロシア革命論・書簡集》が出版され、そのなかにルクセンブルクの名著《ロシア革命論》と200通近い友人との通信が収められている。上述のような学術論文や学術著作、翻訳が出版されていることは、現在の中国の学者のルクセンブルク研究への高い熱意をあらわしているというだけでなく、かなりの程度、現在の中国のルクセンブルク研究が到達した水準を反映している。

3．中国学者のローザ・ルクセンブルク研究の学術視点と理論観点

　近年、中国の学術界は、ローザ・ルクセンブルク思想国際学術シンポジウムの開催を通じて、学術論文を発表し、関連する学術著作を出版して、ローザ・

ルクセンブルクの特色ある資本主義蓄積理論、および彼女の民主主義観、民族観、社会主義観や方法論などの思想にたいし、さらに踏み込んだ検討と研究を行ってきた。それはローザ・ルクセンブルク研究の視野を大きく広げ、一連の重要な理論的成果をもたらした。

(1) ローザ・ルクセンブルクの民主主義思想について

⑴民主主義と社会主義との関係について。武漢大学教授丁俊萍と趙光元によれば、ルクセンブルクは終始、民主主義と社会主義とは緊密に一つに結びついたものであると認識していた。民主主義は社会主義の本質であり、もし民主主義の保証がなければ、人民の積極性を抑圧し、社会主義制度の生命力の衰退を招き、プロレタリアート独裁は集団支配に変質する可能性がある、とルクセンブルクは考えていたのだ。中国社会科学院の周穂明研究員は、ルクセンブルクは一貫してプロレタリアート独裁を社会主義的民主主義の同義語とみなし、プロレタリアート独裁とは社会主義的民主主義にほかならないと考えていた、と指摘している。実際に、事実はくりかえし、ルクセンブルクの洞察——"民主主義なくして社会主義はない"という道理を証明してきた。

⑵人民大衆の創造精神の尊重について。私は、ルクセンブルクの党内民主主義についての考えの核心は、大衆の創造精神を尊重し、人民大衆こそが歴史の前進を推し進める真の原動力であり、政党の活動とその生命力の基礎であることを強調することにある、と指摘した。プロレタリアートの党と指導者はプロレタリアートの利益の集中的な代表者であり、自覚的な大衆の意志と目的の"代弁者"であり"実行者"である。

⑶党内民主主義と人民による監視について。華中師範大学の楊正喜博士と唐鳴教授は、ルクセンブルクは人民による監視の制度をつくること、すなわち党内民主主義を強化して権力の過度の集中に反対し、さらに普通選挙、自由、公共の世論を通じて権力にたいする監視を強化する必要があると主張した、という。私は、ルクセンブルクは広く行き渡った民主主義と"開かれた世論"による監視が官僚主義を防止し、腐敗を取り除く唯一の道だと考えていた。党内民主主義をじゅうぶんに発展させるために、彼女は広範な党員が党内で思想の自由と批判の自由をもち、重大問題にたいし自由な討論を行い、公に批判を提起できるようにすることを求めていた、と指摘した。

⑷ "自己集中制"について。華東師範大学の周尚文教授によれば、ルクセンブルクの"自己集中制"思想は独創的なもので、すくなくとも二重の意味をふくんでいる。第一にそれは党内の多数者による支配を意味するが、もう一つにはある種の"強制的な統合"であり、党員と下級党組織にたいする拘束力をもつもので、無政府主義者が鼓吹する"絶対自由"とは完全に異なる。⁽⁹⁾ 武漢大学教授丁俊萍と趙光元は、ルクセンブルクが提起した"自己集中制"思想には、すくなくとも四つの特徴が表われていると指摘している。それは、党と人民大衆との血肉の関係を強調する、集中制には服従性と束縛性をともなうことを指摘する、下級組織には一定の行動の自由があることを強調する、党内における"多数者による支配"を強調する、ということである。⁽¹⁰⁾

(2) ローザ・ルクセンブルクの社会主義観について

北京大学の張光明教授は、ローザ・ルクセンブルクは独自の批判精神をそなえた思想家であり、彼女はマルクス主義のもう一つの伝統である自治社会主義の重要な代表である、としている。彼女のボルシェヴィキの組織戦術にたいする批判や、十月革命後のソビエト・ロシアの政策にたいする批判、あるいは社会主義的民主主義についてのアピールは、ソビエト・ロシアモデルの社会主義における核心的な問題を突いており、それによって、後の、改良主義ともソ連モデルの"現存する社会主義"とも対立する、20世紀の自治社会主義の伝統を切り開いた。⁽¹¹⁾

(3) ローザ・ルクセンブルクの資本主義観について

⑴『資本蓄積論』について。武漢大学の何萍教授は哲学的な広い視野に立って、論理と歴史の両面からルクセンブルクの『資本蓄積論』の理論的な価値を掘り起こした。何萍教授によれば、ルクセンブルクはマルクスの資本蓄積モデルを修正し、非資本主義経済形態を資本蓄積の欠くことのできない歴史的条件だとしたが、マルクスの資本蓄積の本質的規定はけっして変えてはいない。逆にその資本蓄積を基礎にして、帝国主義時代の東西国家間の本質的な関係を説明し、マルクスの資本蓄積の内在的な原動力と本質に関する考え、および資本蓄積を分析する歴史主義的方法を発展させ、また資本の拡張と世界の資本主義システムの形成について研究することを通して、アジアの国々を世界史研究の

なかに組み入れた。復旦大学の陳学明教授は、ルクセンブルクは、マルクス主義の総合的な方法で資本主義の蓄積問題を研究して注目すべき成果をあげたが、それは二つの段階で表われていると考えている。第一の段階で、資本主義の無限の蓄積は不可能であることを見通し、第二の段階では、資本主義が無限に蓄積をなしえないというこの点から、さらに一歩進んで資本主義が必ず滅亡し、プロレタリア革命が必然的に勝利するという結論を導き出したことである。南京大学の姚順良教授は方法論の面から分析を行い、資本蓄積は、資本家と労働者しか存在しない資本主義の生産方式の内部では実現できず、非資本主義生産方式の外部市場を通してのみ実現する、というルクセンブルクの思想は、学理の面からみれば間違っているが、その背後には研究視点を転換し視野を広げるという研究のあり方が隠れており、われわれがあらためて、マルクス主義古典の帝国主義理論や各種の関連理論を詳しく検討し、また現在の"グローバル資本主義"の歴史的地位とグローバル化した状況下での未発達国家の発展の道を探ったりする際に、方法論上の啓示を与えてくれるという意味をもっている、と指摘している。

(2)ルクセンブルクの"資本主義適応論"にたいする批判について。中国社会科学院の羅騫研究員は、もし資本主義適応論が成立しうるなら、マルクス主義の理論体系全体が崩壊する、したがって、ルクセンブルクは理論の前提、方法論の基礎、理論の結論などさまざまな面から資本主義適応論への批判を行った、と指摘する。ルクセンブルクは、閉鎖的な資本主義生産方式の内部では、剰余価値の実現は困難であるため、非資本主義的生産方式の浸透と拡張へ向かう必然的な趨勢が生じるが、これには越えられない限界がある、と考えた。ルクセンブルクは社会主義が資本主義に取って代わる経済的必然性を強調し、同時にそれによって資本主義適応論を批判したが、彼女が弁証法的な全面的な思惟を備えていたがゆえに、機械的決定論や宿命論に陥ることはなかった。

(3)帝国主義理論について。中国人民大学の張雷声教授は、ルクセンブルクは資本蓄積の角度から、帝国主義が必然的に資本主義を滅亡に導くことを論証したが、帝国主義を剰余価値実現のための植民地争奪の産物であるとしか見なさなかったために、帝国主義の経済的な根源が利益の独占であることを認識しえなかった、と述べている。彼女の理論的分析の価値は、帝国主義が資本主義の歴史生命の最後の段階であると断定し、資本主義滅亡の必然性を明確にしたこ

とにある。

（4）ルクセンブルクの政治哲学思想について

　(1)ルクセンブルクの全面的方法について。武漢大学の熊敏博士は、ルクセンブルクはマルクスの思想全体を深く理解し、それを基礎に、マルクスの思想をさらに一歩進めて応用し、展開した、と述べている。彼女は歴史の全体性、社会の全体性を強調し、さらに現象と本質の全体性も強調した。ルクセンブルクはマルクスの総合的方法を回復させたが、これを運用して資本主義の政治、経済、文化を分析する際には、両者にはそれぞれの重点の置き方の偏りや違いがある。復旦大学の陳学明教授はルクセンブルクの全面的方法の意義を高く評価し、この方法はわれわれが現代資本主義と社会主義を正しく認識したり、経済宿命論や倫理反対派に断固として反対したり、共産主義の信念を打ち立てたりするのに有用である、とする。

　(2)ルクセンブルクの自発性理論について。中央編集翻訳局の周凡副研究員は、自発性という観念はローザ・ルクセンブルクのすべてを貫く核となる考え方であって、革命の実践の段階において、あらゆる政治戦術の理論的な支柱となっている、とみなしている。かつてのソ連政府当局の自発性理論にたいする不公正な批判は、自発性の概念にたいする形而上学的な理解によるものである。実際、ルクセンブルクの自発性の概念には客観性の要素も含まれるが、主体性への傾きもある。必然性という特徴がありながら、偶然性の要素も含む。"決定"論的要素がある一方、自主や自由の余地もあるのである。まさにこの弁証法的な自発性の観念から、ルクセンブルクは社会主義的民主主義の概念を創り出し、社会主義的民主主義の内容と性格について、今日までだれも超えることのできない精密な論述を行ったのである。

（5）ローザ・ルクセンブルクとヨーロッパマルクス主義の関係の問題について

　これまで軽視されてきたこの問題にたいし、近年、中国の学者も踏みこみ始めた。武漢大学の何萍教授は、ローザ・ルクセンブルクは新しい哲学の伝統をつくり、理論上でも思惟方法上でも、同時代のマルクス主義理論家を凌駕し、ヨーロッパマルクス主義の先駆者となった、と指摘している。中山大学の葉汝賢教授は、ルクセンブルクの、十月革命にたいする全体的な態度や反省、ヨー

ロッパ革命の道と方法にたいする見方、革命後のプロレタリア国家制度と組織形態にたいする認識、党内民主主義や、党と労働者階級の関係にたいする検討から考えると、彼女はヨーロッパマルクス主義の創始者ルカーチと多くの点で似ており、ヨーロッパマルクス主義の重要な思想的源に十分になりえた、と考えている。一方、彼女の急進主義的傾向は、社会主義運動中の無政府主義とも深い関わりがあるが、それはマルクス主義が発展するためのもう一つの手がかりとなる。武漢大学の李佃来副教授は、ルクセンブルクの社会主義革命モデルに関する一連の見解は、ルカーチ、グラムシ、コルシュら初期のヨーロッパマルクス主義者のヨーロッパ革命の道についての歴史的思考に直接影響を及ぼし、ヨーロッパマルクス主義哲学の論理のなかで、きわめて大きな反響を起こし、"ルクセンブルク-ヨーロッパマルクス主義"の系譜の、民主主義を総体的な目標とする革命観を形成した、と指摘している。[21]

4．中国におけるローザ・ルクセンブルク研究の展望

　上に概観したように、近年の中国学術界のローザ・ルクセンブルク研究は大きな進展をとげているが、まだやはり、理論に長けた、優れた研究著作が不足しており、世界の最先端の研究とはかなりの開きがある。同時に、中国と世界との関係が日増しに緊密になり、とりわけ中国の改革開放が深く発展するにつれて、ルクセンブルクの思想の実践的な価値と現代的な意義をいかに掘り起こして、中国の特色ある社会主義建設事業に役立てるかという実用的な研究も急務となっている。まさに武漢大学の趙凱栄教授が述べているように、ルクセンブルクが分析した資本主義のグローバル化と非資本主義のグローバル化に内在するパラドックスは、中国がグローバル化の過程で遭遇している問題の中に現前しており、まぎれもなくルクセンブルクの理論が現代においても有効であることを証明している。[22]したがって中国の学術界における今後のローザ・ルクセンブルクに対する研究は、現代中国の実際と一層緊密に結びついたものとなり、彼女の思想の"現代に即し""中国に即した"解読を行い、最終的にはルクセンブルクを継承し同時に超越するところに到達し、調和のとれた社会主義中国を建設するために、一層多くの理論上の教訓を獲得するだろう。

[注]
（1）張光明「論羅莎・盧森堡的総体性方法的当代価値」（『社会主義研究』2006年第3号所収）
（2）庄俊挙「羅莎・盧森堡国際学術研討会綜述」（『当代世界与社会主義』2005年第1号所収）参照
（3）趙司空"羅莎・盧森堡思想及其当代意義"国際研討会綜述」（『現代哲学』2006年第4号所収）
（4）丁俊萍、趙光元「羅莎・盧森堡民主思想探析」（『馬克思主義研究』2006年第5号所収）
（5）庄俊挙「羅莎・盧森堡国際学術研討会綜述」（『当代世界与社会主義』2005年第1号所収）参照
（6）王学東「羅莎・盧森堡的党内民主思想及其現実意義」（『広州社会主義学院学報』2005年第1号所収）
（7）楊正喜、唐鳴「羅莎・盧森堡社会主義民主思想簡析」（『学習論壇』2005年第7号所収）
（8）王学東「羅莎・盧森堡的党内民主思想及其現実意義」（『広州社会主義学院学報』2005年第1号所収）
（9）庄俊挙「羅莎・盧森堡国際学術研討会綜述」（『当代世界与社会主義』2005年第1号所収）参照
（10）丁俊萍、趙光元「羅莎・盧森堡民主思想探析」（『馬克思主義研究』2006年第5号所収）
（11）張光明「論羅莎・盧森堡民主思想在当今的意義和不足」（『社会主義研究』2006年第3号所収）
（12）何萍「羅莎・盧森堡的〈資本蓄積論〉与中国」（『馬克思主義研究』2005年第6号所収）
（13）陳学明「論羅莎・盧森堡的総体性方法的当代価値——兼評盧卡奇対羅莎・盧森堡的研究」（『馬克思主義与現実』2006年第4号所収）
（14）姚順良「超越学理　虚仮問題与幼稚答案背後的視域拓展和視角転換——評盧森堡"資本蓄積論"及其引発的争論」（『湖北社会科学』2006年第7号所収）
（15）羅騫「羅莎・盧森堡対資本主義適応論的批判」（『馬克思主義与現実』2006年第4号所収）
（16）張雷声「羅莎・盧森堡資本主義理論述評」（『馬克思主義研究』2006年第5号所収）
（17）熊敏「論羅莎・盧森堡政治哲学的理論視野」（『武漢大学学報』2005年第1号所収）
（18）陳学明「論羅莎・盧森堡的総体性方法的当代価値——兼評盧卡奇対羅莎盧森堡的研究」（『馬克思主義与現実』2006年第4号所収）
（19）周凡「羅莎・盧森堡的自発性理論及其政治意義」（『馬克思主義与現実』2006年第4号所収）

(20) 何萍「羅莎・盧森堡与馬克思的歴史弁証法」(『河北学刊』2006年第3号所収)
(21) 趙司空「"羅莎・盧森堡思想及其当代意義"国際研討会綜述」(『現代哲学』2006年第4号所収)参照
(22) 趙司空「"羅莎・盧森堡思想及其当代意義"国際研討会綜述」(『現代哲学』2006年第4号所収)参照

（翻訳・田中祥之）

2-2
ローザ・ルクセンブルクの民主主義概念

パブロ・スラーヴィン（アルゼンチン）

1. はじめに

　ローザ・ルクセンブルクは、20世紀初頭の20年間に社会民主主義を担った最も名高い人物の一人であった。

　彼女の多くの資質の中から何か一つ指摘するとすれば、それは彼女がすべての分析においてマルクスとエンゲルスの方法――「弁証法的唯物論」――を適用することのできる明晰性である。

　マルクスが「フォイエルバッハに関するテーゼ」で規定したところに従って、ローザ・ルクセンブルクは現実の理論的研究を行うことに満足せず、むしろ現実の変革のためにつねに闘った。

　彼女は20世紀初頭のさまざまな革命運動へ活発に関わったため、生れ故郷のポーランドでも移住先のドイツでも監獄の「常連」であった。

　彼女は民主主義システムの強力な擁護者であり、疲れを知らない論争者だった。常に正しくありたいという信念に従って、彼女はレーニン、カウツキー、ベルンシュタイン、オットー・バウアー、あるいはパンネクックといった当時の最も著名な知識人たちとの粘り強い論戦へと赴いた。

　ソヴィエトの実験の崩壊後、多数の右派評論家がマルクス主義の死を宣言し、そして左派の多くの部分がその進路を見失っている今日、いかに時代の先を行くかということが何より本質的であることを知っていた一人の知的で意欲的な

論戦の当事者の思想が再びよみがえることを、私たちは信じている。

　彼女自身が1903年に考えたように、「われわれが運動の中で、マルクス主義の理論的応用のすべてが関わるところで、ある停滞に気づいたとしても、それは運動の基礎にある理論すなわちマルクス主義が発展できないから、あるいは限界があるからではない。反対にそれは、闘争の第一段階における緊急必要事のために、マルクス主義から得られる最も重要な知的武器を適切に応用することをわれわれが学ばなかったという事実によるのだ。われわれの実践的闘いの関わるところで、マルクスは引退したとか、われわれによって乗り越えられたとかいうことは正しくない。対照的にマルクスは、その科学的概念において、闘う者の政治党派として距離をとったのである。マルクスはわれわれの必要を満たすことを止めたというのは正しくない。反対にわれわれの必要がマルクス主義思想の応用に対してそれ自体なお充分ではないのだ」。

　このように考えて、われわれは彼女の民主主義理解と、彼女によれば社会民主主義者を自負するどんな社会民主主義者も果たさねばならない役割とについての分析を試みたい。

2．民主主義モデル

　ローザ・ルクセンブルクはヨーロッパ社会民主主義によって擁護された民主主義の伝統のれっきとした継承者であった。それにもかかわらず、このことはブルジョワ民主主義によって課された限界とそれを修正し乗り越えていくことが必要だという明確な認識を阻むものではなかった。

　ベルンシュタインの立場と彼の修正主義への批判を主目的とする1900年の論文「改良か革命か」において、彼女は政治形態としての民主主義の超構造的な相貌を次のように説明した。「民主主義と資本主義的発展の間には一般的にも絶対的にもどのような関係も認識する余地はない。政治形態はつねに国内的・対外的な政治諸要因の結果なのであり、その境界内において、絶対王制から民主共和制までの一連の政治体制を許すのである」。

　彼女は、社会的・経済的構造としての資本主義は民主主義を一つの政治形態として利用するが、しかし民主主義に依存するのではないことを理解していた。民主主義は封建的状態から資本主義への移行においてブルジョワジーの発展に

とって都合の悪いものを破壊する際に主たる役割を演じたと彼女は指摘した。

同じ明晰さをもって彼女は、「……民主主義は人民の利益のための道具になるというその古典的性格を忘れ去る傾向を示すやいなや、ブルジョワジー自身とその国家代議制は民主的手続きを犠牲に供する」ことを見通すことができた。

そして彼女は次のように付け加える。「……自由主義それ自体はブルジョワ社会にとってある点で無価値になり、そして何らかの非常に重要な局面においては邪魔者にさえなってしまう。……グローバル経済によって到達した発展段階と世界市場での競争に帰する闘争の深刻さとはミリタリズムをグローバル政策の道具とならしめた。大国の対外政策と国内政策において現瞬間を性格づけているものこそ、このミリタリズムである。しかし、もしグローバル政策とミリタリズムが今日成長しつつある傾向であるならば、論理的に、民主主義は黄昏に向かって歩んでいることになる」。

そして明らかにブルジョワ民主主義は落日へと向かって歩んだ。1919年彼女は殺害され、彼女の予言したファシズムやナチズムといった体制を彼女が目撃することは許されなかった。

スペインのエリアス・ディアス（Elías Díaz）教授が詳説するところによれば、「リベラルで、その利益と特権を獲得し防衛するために個人主義と自制主義の原則に従って自らを組織したブルジョワジーは、これらの原則が、真の関心事である資本主義システムの維持・防衛のために不適当であると判ったとき、それを別のものに、すなわちリベラルではなく全体主義に変更した。危険でないうちは資本主義はリベラルであった。社会主義が現われ、レーセフェールが最早ブルジョワジーにとって有用ではなくなったとき、資本主義はそれが代表する利益と特権を危険にさらすことなしには最早リベラルではありえない。諸階級の圧力と緊張が比較的小さいところでは、リベラルであり続けることができる。しかし、さまざまな原因で緊張が激しく高まるところでは、ブルジョワジーはその時までは維持したリベラルな形態の統治を放棄し、全体主義的アプローチによって資本主義防衛を組織することに躊躇しない。これが、根本的にはファシズム、すなわち全体主義的に組織された資本主義、経済資本主義プラス政治的全体主義なのである」。ローザ・ルクセンブルクが民主主義のシステムと諸制度を擁護する必要性を信じた理由はこの点にある。

彼女は「改良か革命か」で続けて次のように言う。「もし民主主義がブルジ

ョワジーにとって部分的に無価値であり、そして部分的に邪魔物でさえあるならば、労働者階級にとってそれは必要であり不可欠である。第一にそれは、ブルジョワ社会の民主主義的変容において人民階級のために端緒と基盤として機能する政治の形態（自治、投票、等々）を作り出すからである。そして第二に本質的なことは、民主主義の中でのみ、民主主義のための闘いの中でのみ、民主的諸権利の実践の中でのみ、プロレタリアートはその階級の利益とその歴史的地位について真の知識に到達するから、ということにある」。

民主主義はブルジョワの創造物であるが、その後それは勃興する労働者階級によって利用されうる、そして利用されるべき道具となった。合法的方法を擁護した人々のように権力に到達するためだけでなく、即自的階級から対自的階級へと導くために労働者階級を教育する一つの方法として。

3．社会民主主義とプロレタリアートの独裁

ローザ・ルクセンブルクは、マルクスとエンゲルスによって導かれた社会主義的民主主義の伝統の忠実な唱道者であると自負していた。そのことから1910年の著作『理論と実践』が刊行されたのだが、そこで彼女はエンゲルスの「1891年の社会民主党綱領草案の批判」の文章を引用している。エンゲルスは言う。

「もし何か確かなことがあるとすれば、それは我が党と労働者階級が民主共和制を通じてのみ権力に到達することができるということである。民主共和制は、フランス大革命がすでにわれわれに示しているように、プロレタリアートの独裁のための適格な形態でさえある」。

民主共和制の特殊形態としてプロレタリアート独裁について述べるとき、エンゲルスは1871年のパリ・コミューンを実例として用いている。その経験を簡単に想起するのはいいことだと信じるべく何がわれわれを導くのか。

エンゲルス自身は『フランスにおける階級闘争』の序文において、コミューンの全構成員は労働者か労働者に周知の代表者であったとわれわれに告げている。すべての管理的、法的あるいは教育にかかわる官公庁は一般的参政権と解任権を適用した投票によって充足された。出世主義者や猟官を排除する試みとして、官吏と労働者の給与の平等化が実施された。

そういうわけでプロレタリアートの独裁を理解することが、ボルシェヴィキによる理解に対する論争のもう一つの対立点ということになる。ローザ・ルクセンブルクが論文「社会民主主義の組織問題」を書いた1904年にまでその起源がさかのぼる論争は、レーニンがその著作『何をなすべきか』と『一歩前進、二歩後退』で採った立場を批判するものである。これらの著作でレーニンは、革命過程の共同遂行において決定が必要とされるとき党を中央集権化することを擁護した。この点についてはローザ・ルクセンブルクのために党の役割を取り扱うときにもう一度立ち戻る。

　民主主義と独裁の関係への言及において、ローザは1918年に次のように述べている。

「レーニンとトロツキーの理論の主たる誤りは、まさにカウツキーがやったように民主主義に対して独裁を精密に対置したことである。『独裁か民主主義か』──どうしてこのような定式がカウツキーと同じようにボルシェヴィキによっても提示されたのか、ということが問題である。当然カウツキーは民主主義を、より具体的にはブルジョワ民主主義を選択し、それを社会主義的転覆に対する代替策とする。レーニンとトロツキーは逆に、民主主義に対立して独裁を採用し、必然的な成行きとして人民の少数グループの独裁、換言すればブルジョワ・モデルに従った独裁を支持することになる。それは両極対立であって、ともに真の社会主義政治からはほど遠い。

　……社会民主主義は階級支配の破棄と社会主義の建設の両方をもって始まる。それは、社会主義政党が権力を獲得したまさにその瞬間に始まる。これこそプロレタリアートの独裁以外の何ものでもない。

　そう、その通り独裁だ！　しかしこの独裁は民主主義の応用システムから成るのであって民主主義の廃止から成るのではない……」。

　プロレタリアートの独裁は、ローザによれば社会民主主義建設の始まりである。階級闘争が終焉して非階級社会への道が開かれて後、その内容がブルジョワ民主主義を超えて進むであろう民主主義。長きにわたって渇望された自由の王国。

　カウツキーが独裁と民主主義の思想を二者択一のものとして記述したということは正しいけれども、ローザ・ルクセンブルクがつねにカウツキーの民主主義構想をさまざまな点で共有していたということも少なからず正しい。

例えばカウツキーの1918年の論文「プロレタリアートの独裁」の中のいくつかの言い回しを見てみよう。そこで彼は次のように言っている。
　「プロレタリアート解放の手段としての社会主義は民主主義なしには考えられず……民主主義なしの社会主義は考えられないのである」。
　「民主主義は社会主義的生産システム建設の本質的基礎である」。
　しかし社会民主主義が完成されるまでは、ローザ・ルクセンブルクはブルジョワ民主主義としての形式民主主義が必要とされるのが常であって、それは擁護され保持されるべきであると考えた。
　そこで彼女は次のように言う。「……トロツキーは『マルクス主義者としてわれわれは決して形式民主主義の愛好者ではなかった』と書いている。それは正しい。われわれは決して形式民主主義の愛好者などではなかった。とは言え、われわれは形式民主主義の愛好者でなかったにしても、とにかく社会主義の愛好者であり、マルクス主義の愛好者であった。このことは、社会主義あるいはマルクス主義がわれわれを困った状態に陥れた場合、それをゴミ箱に投げ捨てる……権利をわれわれが有していることを意味するのか？ トロツキーとレーニンは、そのような折りには断乎拒否する立場を代表する。われわれは決して形式民主主義の愛好者ではなかったという意味は次の通りである。われわれはつねにブルジョワ民主主義の政治形態とその社会的内容を区別してきたこと、われわれはつねに、平等と形式的自由の甘い外郭の内側に隠れている社会的従属の不平等の苦い種子をいかに暴露するかを知っていたということ、それは平等と形式的自由を拒絶するためでなく、まさに甘い外郭に隠された苦い種子を押しつけられないよう労働者階級を激励し、新しい社会的内容でそれを満すべく政治権力を獲得するためであること。プロレタリアートの歴史的使命は、ひとたび権力が獲得されればブルジョワ民主主義に代えて社会主義的民主主義を創造することであって、あらゆる民主主義を廃止することではない」。
　ここまで見てきたように、成し遂げられた民主主義モデルの擁護は恒久的なことである。形式民主主義は、社会的内容を伴った民主主義の、すなわち社会主義的民主主義の追求へと向かう一段階、一つの道具である。
　ある意味においてローザのブルジョワ民主主義批判は、形式的自由を制限する体制をブルジョワ民主主義で取り換えるといった考えをわれわれに許す。
　ブルジョワ民主主義はより多くの民主主義によって打倒される。ブルジョワ

的自由の不充分性は、真の平等が達成されることによって自由が拡大される社会主義的民主主義において完全に充足される。

そして、彼女が擁護する民主主義モデルを統合する主要価値はどのようなものなのか？

言論・集会・結社の自由、強力で自由な世論、すべての個人の完全な良心の自由、異なる信念および意見に対する開かれた寛容、無制限の政治的自由と大衆に対する継続的教育、一般的参政権の下での定期的選挙。

彼女は次のように宣言する。「無制限の言論の自由なしには、協同と再協同の自由な生活なしには大規模な人民大衆の領域を許すことなど全く不可能だということは、よく知られた反駁できない事実である」。

「普通選挙、言論と再協同の自由、あらゆる公共制度における意見の自由な交換なしには、生活は消え去り、見せかけのものとなり、そして残された唯一活発なものは官僚制だけとなる」。

彼女は自由を再び舞台に戻した。自由なしに民主主義はありえない。

彼女が継続したボルシェヴィキとの論戦は、さらに、彼女の自由概念の純粋性を際だたせることに奉仕した。

彼女は次のように主張した。「政府を支持する人々のためだけの自由、まさに党員である人々だけの自由は——彼らがどれだけ多数であるかということには関係なく——自由ではない。自由とはつねに、異なったように考える人々の自由にほかならない。このことは、『正義』への狂信のためではなく、政治的自由の中で教育を受け健康で純粋でありえるすべての人々が自由に依存しているためであり、そして『自由』が特権になるならばこれらすべての効能が失われるのだ」。

われわれが彼女の思想に同意するとするならば、社会主義の制限を受け容れることは不可能であろうし、あるいは一党制の権威に基づく社会組織のあの諸形態を支持して現実社会主義を受け容れることは不可能であろう。

4. 自発性・大衆・組織

大衆と党との関係は、ローザ・ルクセンブルクの思想において継続的に彼女の頭を占領していた主題であった。それは民主主義と自由の統合構想と密接に

関連しているとわれわれは考える。

彼女は、国際労働者協会一般規約におけるマルクスの言葉から、重要な点として次の部分を引用した。「労働者階級の解放は労働者自身によって達成されねばならないこと、労働者階級の解放のための闘いは特権と階級独占のためではなく、諸権利と平等の義務の確立のための、そしてあらゆる階級支配の廃止のための闘いであること……」。

大衆とその自発性に対する彼女の不断のアピールは、スターリン主義時代には耳障りな批判対象となり、1798年のフランスの闘争期におおむねその真実性が立証されたことによって、彼女を革命的自発性の理論家として知らしめた。

われわれはつねに、ローザ・ルクセンブルクの立場を政党攻撃として認識することは誤りだと理解している。彼女の攻撃は党幹部支配と官僚制的中央集権主義に対するものである。

さらに付け加えれば、自らつねにその活動的メンバーであった党への支持と、その時々の自発性の擁護との間で行ったり来たりする彼女の演説の中に外見上の曖昧さや混乱を指摘する人々の幻影を、われわれは共有しない。

社会民主党は労働者階級の一部と考えられ、そうしたものとしてローザ・ルクセンブルクは、党に全く特別の役割を認めた。

トロッキー自身は1935年、次のように認識することになる。「レーニンよりもずっと早い時期にローザ・ルクセンブルクは、硬直化した党や労働組合の機構の妨害的性格を掴み取り、それとの闘いを始めた。階級闘争の避けてはならない強調を繰り返すのと同じだけ彼女は、党幹部層の意志と路線に対抗して大衆が自立的に自然に出現することは確実であるとつねに断言した。こうした広範な歴史的輪郭の中で、彼女は正しかったことが証明された。

……ローザは決して単純な自発性論に自らを制限しなかった……。ローザ・ルクセンブルクは自らプロレタリアートの革命派を将来に向かって教育し、できるだけ共に組織的にその将来をもたらそうと努力した」。

このことに関してわれわれは、彼女の史的唯物論の正確な適用と、そして資本主義崩壊の必然性――宿命論と誤解されるべきではない必然性――の理解力とを指摘したい。

彼女は1910年の『理論と実践』の中で次のように言う。

「このことすべてに関わらず、明らかにわれわれの主義は前進している。わ

れわれの種子が何らかの条件の下で成熟するうちにも敵は休み無く働いているので、それは何ら特別の成果を生み出してはいない。しかし究極的には、それはプロレタリア党の任務ではない。それは党の反対派の過失と誤謬から生じるに過ぎないのであって、プロレタリア党自身の過失と誤謬から生じるのではないからである。逆に、党自身の活動性によって行動路線を加速すること、行動の最小限ではなく最大限を、そしてそれぞれの瞬間の階級闘争をもたらすことが重要なのだ」。

党はプロレタリアートの動員において積極的役割を果たさなければならない。

彼女は1906年の「大衆ストライキ・党・労働組合」でこう述べている。

「もし労働者階級の組織された集団としての社会民主主義者が最も重要な労働者集団の前衛であるならば、そしてもし政治的な明確さ、プロレタリア運動の強さと統一がこの組織から生じるのだとすれば、プロレタリアートの階級動員は組織された少数者の動員であるとは考えられない。本当に大きな階級闘争はすべて、最も賢明な大衆の支持と協力に基づかねばならない。この支持を考慮せず、プロレタリアートの少数のよく訓練された部分によって舞台上に設営された進撃に基づくような階級闘争の戦略は、悲惨な未来を運命づけられている」。

われわれは、ローザ・ルクセンブルクの議論の中心軸を見出すことは可能だと考える。彼女の批判は、その指導が大衆から分離された党を含む、民主主義の欠落に対して向けられているのである。

1904年の論文「社会民主主義の組織問題」の結論は全く明瞭にそういう意味に帰着するものである。彼女の言葉に注目しよう。

「社会民主主義的中央集権主義は、機械的従属関係や命令する者に対する兵士の盲目的服従に基づくことはできない。これが、なぜ社会民主主義運動はすでに党内にあるプロレタリアートの意識的中核とその大衆的環境すなわち党外プロレタリアート部分との間に建てられた閉鎖的な壁を許すことができないのか、ということの理由である。

レーニンの中央集権主義は正確には次の二つの原理に基づいている。(1)決定・思考・指導を行う唯一者たる中央に対する、全組織の最も些細な事柄にまで至る盲目的服従。(2)組織革命家の中核部分の革命的社会環境からの厳格な分離。

……社会民主主義はプロレタリアートと結びついていない、というのは事実である。党がプロレタリアートなのだ。
　……社会民主主義に中央集権主義を植え付けるのに絶対必要な条件は次の通りである。(1)政治闘争の中で教育された多数の労働者代表の存在。(2)労働者たちが公共生活、党の言論活動、大衆集会、等々における直接的影響を通じて、その政治的活動性を発展させる可能性。
　……社会主義的中央集権主義は、プロレタリア運動のどんな場面にも適用されうるような絶対的要因ではない。それは、労働者階級によって闘いの間に修得される発展と政治教育に応じて現実となる一つの傾向なのである」。
　両者の違いは明らかである。
　ローザ・ルクセンブルクはいわゆる社会民主主義的中央集権主義の重要性を否定したのではなく、それはプロレタリア運動の進展の結果だと理解したのである。プロレタリアートの名において彼らの代表として行動する啓蒙知識人の一団の決定能力ではなく、プロレタリアート全体の真の決定能力を伴った、本物の直接参加を実現する一傾向。
　これが、1918年に社会主義的民主主義、プロレタリアートの独裁について再び彼女が言及したとき、なぜ次のように述べることになったかということの理由である。
　「この独裁は、階級の名において少数の指導者によって達成されるのではなく、階級全体によって達成されなければならない。さらに言っておく価値があることは、大衆の積極的参加を求めなければならない、大衆の直接的影響の下で全面公開の管理を約束しなければならない、人民大衆の加速された政治教育から出現しなければならない、ということである」。
　政党システム一般、特に社会民主主義が現在経験している深刻な危機を考えれば、ローザ・ルクセンブルクの言葉は再評価されるべき次元を獲得する。
　ルカーチは1921年に適切にも次のように述べていた。
　「ローザ・ルクセンブルクが前もって他の多くの人々よりもはるかに明晰に革命的大衆の行動の本質的に自発的な性格を認識し、他の多くの人々よりも前に、同じように明晰に革命における党の役割とはどのようなものかを見ていたことは、運のなせることではない。……ローザ・ルクセンブルクは、組織は革命過程の前提条件であるよりも全くの結果であること、同様にプロレタリアー

トは革命過程の内にいなければ、そして革命過程を経なければ、一つの階級になることはできないことを早い時期に理解した。党が扇動も回避もできないような過程において、プロレタリアートはプロレタリア的階級意識の担い手であるというその時の役割を果たし、その歴史的使命の意識を持つのである。……ローザ・ルクセンブルクの概念は真の革命的行動の源泉である」。

(翻訳・有澤秀重)

2-3
社会主義をヘゲモニーとして理解する
―― ローザ・ルクセンブルクとニコライ・ブハーリン

ソブハンラル・ダッタ・グプタ（インド）

1.

　この報告原稿の中心テーマは、21世紀のマルクス主義が直面しようとしている課題である。これはマルクス主義の唯一考えられる弱点、すなわち、社会主義を資本主義のオルタナティヴ・イデオロギーとする見方をめぐる問題である。マルクス主義者たちは何世代にもわたって、革命遂行理論としてのマルクス主義が成功したことに力づけられてきたが、その理論は抑圧的体制を打破する戦略を組みこんだものだった。このためマルクス主義者は、リーダーシップや組織化、大衆動員というものを、特に1917年ロシアで起こった十月革命の勝利というかたちで理解している。レーニンは革命を現実化するという実践の産みの親、早くも1924年に彼が死んだことで、人間の生き方としての社会主義、資本主義に代わるイデオロギーとしての社会主義観はそこで行き詰まった。その後、革命を作り出す過程で本質的要素だった中央集権化という戦略と視点が社会主義づくりに転用され、その結果ついに1991年、ソ連および東欧諸国の崩壊を招いたのである。

　社会主義が崩壊した原因は、ヘゲモニーと同意でなく、支配と中央集権化の視点をその基礎に置くことに甘じたからである。同意でなく支配が社会主義的実践の中心的な特徴となるにつれ、それ以外の戦略を探求する可能性は永久に封じられた。だが、今や新たな戦略として何が必要かを考えるべき時が来て

いる。ここでローザ・ルクセンブルクとニコライ・ブハーリンの2人が、全く異なる歴史的状況のもとにありながら、キーパーソンとして現れる。ソ連で日の目を見た社会主義をローザがその目で観察できたのは、1917年からわずか1年間だった。一方ブハーリンは、社会主義が直面した数々の問題を実際に体験したのであり、彼自身、ソ連で社会主義づくりを進めた人々のひとりだった。社会主義とはローザにとっては実現すべきビジョンであったが、ブハーリンにとっては身をもって実践したことの理論的な裏付けであり、またスターリニズムが社会主義を目指す公式見解となってからは、深刻な対立の種でもあった。そしてブハーリンにも独自の社会主義観があったが、社会主義の新たな可能性という点では、ローザの考え方と酷似している。異なる時代状況にありながら、ローザもブハーリンも、社会主義を支配の行為でなくヘゲモニーの行為として理解していた。そう考えると、本報告での試みは非常に魅力的なものではなかろうか。

　しかし、問題もいくつかある。この論点に関するローザの考えはテクストに散在しており、それぞれが断片的であるため、彼女の膨大な著作の中から拾い出さなくてはならない。ブハーリンについては、問題はさらに複雑である。彼はVKP (b) の公式メンバーだったため、自分の立場を表明することが難しかったからである。ただ、1929年以降は、彼の見解にも次第に小さな変化が見られるようになった。特に文化の問題について、新たに発見された著書『Gefaengnisschriften』すなわち『社会主義とその文化（*Der Sozialismus und seine Kultur*）』および『哲学的アラベスク：弁証法的スケッチ（*Philosophische Arabesken: Dialektische Skizzen*）』に見ることができる。ここではブハーリンの新たな社会主義観が描かれているが、それはソヴィエト社会主義を席巻したスターリン主義的立場とは著しく対照的であり、ローザ・ルクセンブルクの理解に非常に近い。ゆえにこの報告原稿では、ローザとブハーリンの著作を通して21世紀における新たな社会主義観を形づくってみようと思う。

2.

　ここで私が焦点を当てたいのは、ローザとブハーリンに見られる新たな社会主義の争点である。

（１）
　ローザは革命後のロシアにおけるプロレトクルト（Proletkult）（「無産階級教育」。純プロレタリア文化の創造を目指した機関）のイデオロギー的未熟さを懸念し、早くも 1903 年に次の考えを力説した。それは、プロレタリアートこそが最もすぐれたブルジョワの芸術・文化を引き継ぐべき者であり、それらをブルジョワ自身による文明破壊から守らなければならないということである。さらにローザは、もし労働者階級が社会主義を建設しなければならないのなら、彼らは知的能力を高める義務を負っていると言う。彼女は、ヨーロッパのプロレタリアートが第一次世界大戦に参加したせいで、彼らの最高の運動成果、すなわち知的人材育成が台無しになったと嘆いた。
　一方ブハーリンは、社会主義はロシアのプロレタリアートを強くする可能性を秘めていると知りつつ、『哲学的アラベスク：弁証法的スケッチ』では、社会主義は凡庸さの上には開花せず、ブルジョワの知的伝統を無視できないことを示唆した。

（２）
　ローザ・ルクセンブルクは 1905 年から十月革命の勝利に至るまで、ロシアの革命運動が展開していく経過を非常に注意深く見守っていた。彼女は《muzhik》と呼ばれたロシアのプロレタリアートが、西欧のプロレタリアートに比べると文化的にも知的にもはるかに遅れているとはいえ、ロシア社会民主主義の指導の下でその停滞性を克服できると確信していた。彼女はロシア大衆の間に広まる社会不安と革命的雰囲気を分析することで、ロシアと西欧の社会民主主義を比較し、少なくともロシアの指導陣は西欧の指導者たちとは若干異なると論じた。ローザによれば、ロシア社会民主主義は労働者階級を政治的自由を勝ちとるための手段として利用するのではなく、逆に政治的自由を使って、労働者階級の解放という目的を達成するのであろう(1)。つまり、労働者階級の解放は、プロレタリア大衆が意識的に革命行動を起こしうるという考え方である。このことは、革命行動が必ずしも規則やステレオタイプ化されたルールに規定されているとは限らず、指導者の厳密な計算に従って整然と行われるとは言い切れない、という意味である(2)。彼女は、西欧のプロレタリアートにとって、このことはきわめて理解しがたいだろうと指摘した。なぜなら、ヨーロッパの社

会民主主義は機械的でステレオタイプ化された革命観の罠にはまっているからであるという。そのために西欧プロレタリアートは、ロシア大衆の革命能力とツァーリズム的専制に対する闘争を正当に評価できないでいる。ローザにとっては、そうした主体性と問題意識こそ、現実の社会主義的実践に取り入れられなければならないものだった。彼女にしてみれば、社会主義を成功させるカギがあるとすれば、それは平凡な大衆の持つ集団的エネルギーが広がっていくことだった。ローザの考察をまとめると、一つは社会主義形成における主体性と問題意識の重要性、もう一つは、社会主義革命は必ずしも特定のモデルや支配者、あるいは絶対的な命令に基づいて展開されるのではないということである。

　ブハーリンもまた、ほとんど同じことを述べている。彼は『社会主義とその文化』において、社会主義は抽象的な理念ではなく、具体的で、歴史の中で作りあげられるものだとしている。そしてまさにこの点に、社会主義建設を複雑にする二つの要素があると指摘する。一つは、一つの理念、すなわち資本主義に対するより高次元の社会的発展形態としての社会主義をどう考えるかという一般的な問題である。もう一つは、この理念を政治・経済・軍事・文化といった多岐にわたる領域で具体的にどう実現するのかという個別具体的な課題である。

(3)

　ローザは『ロシア革命に寄せて』でレーニンとトロツキーを鋭く批判し、彼らの戦略では多元主義と民主主義の要素が軽視されていると論じた。同時に彼女は選択の自由・多様性・差異の認識が重要だと主張した。彼女によれば、これらは革命以前のロシア社会主義には不可欠な要素だった。さらに興味深いのは、社会主義的構想においては高尚な目的と暴力的手段が矛盾すると警告していることだ。彼女は、社会主義は本来、命令などによって実現できるものではないと述べている。

　ローザはこうした内容の文章を1918年に書いているが、ブハーリンはまったくローザに言及することなく、1837年から38年、ルビヤンカ刑務所で死刑執行を待ちながら、似たような概念について考えをめぐらしていた。彼は『社会主義と文化』の《完全な人間（the total man）》という章で、完全な人間は社会主義の下で差異を認識しなければならないと説いた。ブハーリンにとって

社会主義とは新たな文明であり、それは、画一性の概念を拒否し独自性の観念をおし進めることで、新たな人格をうみだすものだ。ブハーリンは、個別性・多元性・差異といったものを受け入れることが、資本主義の基礎となった個人主義的倫理を認めることだとは考えない。むしろそれらは、社会主義の下では集団主義的倫理と調和すべきものだとした。この考えはまさしくローザと同じで、彼女は社会主義は個人のエゴを社会的本能によって超越することだと力説したのである。さらに、彼もローザ同様、ソヴィエトの政治秩序の暗闇、すなわち官僚主義とヒエラルキーを批判しており、社会主義からの逸脱を克服する唯一の方法は、できるだけ多くの社会大衆とあらゆる形で結びつきを強めることだと言っている。さらにローザは、ソヴィエト社会主義形成時にテロルと暴力が使われたことに懸念を示したが、ブハーリンもまたそれを怖れつつ、実際にソヴィエト社会主義を経験した。彼は、社会主義国家の指導的機関は抑圧的な権力秩序であってはならず、医者による助言やオーケストラの指揮者の指揮のようでなければならないと書いている。そして、これこそまさにヘゲモニー戦略であり、支配戦略とは違うものなのである。

3.

　ローザ・ルクセンブルクとニコライ・ブハーリンはほとんど同一の問題を取りあげた。彼らが抱いた社会主義の将来への危惧や、新たな社会主義観、またその基礎となったヘゲモニーの観念はとても似ている。にもかかわらず、2人が会ったこともまた知り合ったこともありえないというのは、運命のいたずらである。また、彼らは社会主義的に不可欠の要素として多元主義や多様性の概念を繰り返し強調し、さらに社会主義をまもるためにはそれにふさわしく知的武装したプロレタリアートが必要だという共通認識にも達していた。上に述べた通り、ブハーリンは協調と標準化の名において、社会主義がつまらないものになってしまうことを真剣に恐れた。ローザも同じく、労働者階級は、自分たちこそブルジョワ的伝統の最高の遺産を背負っているのだと自覚しなければ、その課題を達成できないことを知っていた。ローザとブハーリンはまったく異なる時代的文脈に生きながら、方法論的には2人とも、社会主義の実証主義的あるいは決定論的な解釈に対して、主体性ということに焦点を当てたのである。特にブハーリンは、多元主義と主体性に関する見解を独自のマルクス主義的弁

証法解釈へと結びつけた。この弁証法の考え方は、一般的な公式解釈とはかなり違うものである。また、グラムシがその著書『獄中記』であらわした「実践の哲学」に非常に近い概念をブハーリンはいわゆる「外部世界の対象性」という弁証法的表現に置きかえ、人間の主体性がいかに重要かを指摘している。以上すべてがローザとブハーリンを今日的な課題へと結びつけるものであり、21世紀の新たな社会主義を考えるカギを提供できるのではないかと思われる。

[注]
（1） Rosa Luxemburg, "Nach dem ersten Akt", *Gesammelte Werke*, Band I/2（Berlin : Dietz, 1970）, S. 490.
（2） Rosa Luxemburg, "Die Revolution in Russland", *Gesammelte Werke*, Band I/2 （Berlin : Dietz, 1970）, SS.510-511.

（翻訳・長谷川曾乃江）

2-4

ローザ・ルクセンブルクとレーニン：共通性と対立点
── 「独断的な対立論」に反対して

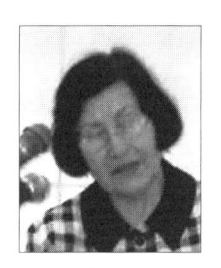

ウラ・プレナー（ドイツ）

1．1905年から07年までのローザとレーニンの一致点

　ハンナ・アーレントは、ローザ・ルクセンブルク論で次のように書いた。「彼女（ローザ・ルクセンブルク）は、ほんの僅かの人だけを尊敬していた。そしてヨギヘスはそのリストの冒頭に立っていたが、その他にそのリストに確実に入っていたのは、レーニンとフランツ・メーリングだけだった」[1]。この判断に従うか否かは別として、ローザ・ルクセンブルクとレーニンはお互いに真面目に尊敬し合っていたことは、疑いの余地がない。彼らは1905-1918年の間の社会主義運動の原則では基本的に一致していた。そればかりでなく、その後も二人は対立よりもむしろ協調する関係を続けた。「ローザによろしく」「ローザによろしく伝えてください」とレーニンは1910年4月と10月の手紙を結んでいた[2]。ローザ・ルクセンブルクは1911年4月2日付のコスチャ・ツェトキーンに宛てた手紙に書いていた。

　「昨日、レーニンが来て、今日まで何度も来ています。彼とのお喋りは楽しい。彼は控えめで教養があり、何とも面白い顔つきなので、見ていても楽しいのです」[3]。

　彼女がレーニンに宛てた手紙として知られている唯一の、1918年12月20日付の手紙に書いていた。

　「親愛なるウラジミール！　私たちの家族、カールやフランツやその他の人た

ちに心からの挨拶をあなたに伝えるために叔父の旅行を利用します。来るべき年には私たち皆の願いが叶いますように、お元気で！　私たちの暮らしや活動については叔父がお伝えすることでしょう。差し当たり握手と挨拶を送ります」。[4]

　ローザ・ルクセンブルクとカール・リープクネヒトの虐殺について、レーニンは 1919 年 1 月 19 日に、「ドイツ革命の開幕時に起きたこの上なく劇的で悲劇的な事件だ」と書いた。[5] またローザ・ルクセンブルクについて、1922 年 1 月に有名な言葉を書いた。

　「しかし、彼女のこれらすべての誤りにもかかわらず、彼女は鷲であったし、鷲でありつづけている。彼女への追憶は全世界の共産主義者にとって貴重であるだけでなく、彼女の伝記と完全な作品集の刊行（ドイツの共産主義者たちはその刊行ではありうべからざる程に遅れていて、困難な闘いによって不断に多くの犠牲者を出していることがいくらかその言い訳になる）は、全世界の共産主義者の多くの世代の教育に極めて有意義な教えとなることであろう」。[6]

　ローザ・ルクセンブルクとレーニンの間の精神的関係を活き活きと描き出すには、彼らの対立、何よりも 1904 年の党解釈をめぐる対立とレーニンに指導された 1918 年のボルシェヴィキの実践に対するルクセンブルクの批判が強調される。その点については後にヴォルフガング・アーベントロートの「レーニンとローザ・ルクセンブルクの独断的対立に反対する」[7] とともに立ち戻ることにして、差し当たっては、1905 年から 1917 年までのロシア革命の間の社会主義運動の基本問題での両者の基本的一致点について述べる。この一致点は周知のように特に以下の 3 点にまとめられる。

　(1) 1905-1907 年のロシア革命の性格の評価と、それに関連して大衆の自発的運動に依拠すべき革命的労働者党の戦術の決定。すでに第一次世界大戦以前から社会民主党の中心問題としての共和制と民主主義の要求。

　(2) 1907-1910 年とその後の社会主義インターナショナル大会およびその事務局（ISB）での戦争／平和、反植民地、反軍国主義と戦争防止問題での協力。

　(3) 1914 年 8 月の第一次世界大戦開始以後の社会民主党幹部会多数派の城内平和政策に対する批判、これとの関連で、新しい社会主義インターナショナルと〈社会主義か野蛮か〉というローザ・ルクセンブルク同様にレーニンも使っていた選択に直面して彼らの闘争の社会主義的方向づけのための 1915-18 年の

理論的・実践的協力。

　ここではこれらについて詳細に立ち入ることはできない。ただ本質的な一致点についてだけ、その後100年の経験に照らして今日から見て如何に評価すべきかとは無関係に、指摘しておくべきであろう。

2．1910年から12年へ——戦争を迎えて

　ローザ・ルクセンブルクとレーニンは、革命期間中のプロレタリア的闘争方法に関しても——革命的な大衆ストライキに対する自発的な経済的・政治的大衆ストライキの動員的な役割でも一致していた。ルクセンブルクの『大衆ストライキ、党、労働組合』についてレーニンは後に、「闘争の西欧的独自性との関係で」大衆ストライキについて「ドイツ語で書かれた最もすぐれた描写だ」と述べた。

　革命期間のボルシェヴィキとローザ・ルクセンブルクの本質的な一致は、1907年5月にロンドンで開催されたロシア社会民主労働党（SDAPR）第5回大会に彼女が登場したことに示されている。同時代の証人は、ボルシェヴィキたちは演壇のローザ・ルクセンブルクに大歓声を送り、レーニンは彼女の演説を「わが党の歴史のなかで特別に価値のある事件だ」と評価した、と報告している。ローザ・ルクセンブルクは党大会後にクララ・ツェトキーンに宛ててこう書いた。

　「私がしたたかに喧嘩をしたので、ひと塊の新しい敵を作りました。プレハーノフとアクセルロド（彼らと一緒にグルビッチュ、マルトフなども）はロシア革命が今提起していることに困り抜いています……本質的な意味での多数派を構成するのは、ロシア人の半分（いわゆるボルシェヴィキ）、ポーランド人とリトアニア人です」。

　1905-1907年のロシア革命の前後と期間中におけるレーニンとローザ・ルクセンブルクの重要な基本的共通点は、民主的共和制への要求だった。レーニンにとっては、1890年代に運動に加わって以来、1905年においてもツァーリズムのロシアに対するものであり、ローザ・ルクセンブルクにとっては、プロイセンの選挙権闘争との関係から、それは1910年以来、帝政ドイツに対するスローガンだった。1907年と1910年並びに1911年の社会主義インター事務局

での戦争／平和と社会民主党の課題での二人の精神的一致と実践的・政治的協力はさらに周知のことである。

　戦争が起きた場合の社会民主党の任務に関するアウグスト・ベーベルの決議に対して、ローザ・ルクセンブルク、レーニンとマルトフが共同して提起した追加動議を思いだしておこう。その際に、ローザ・ルクセンブルクは委員会で提案理由をこう述べた。

　「われわれは、戦争が起きた場合には宣伝行動を戦争の終結に向けるだけではなく、階級支配全体の解体を促進するために、戦争を利用しつくすことを知らなければならない」[10]と。

　会議の後でレーニンはこう述べた。

　「フォルマールの精神で準備された独断的、一面的で活気のない決議案が、こうして最後には全く違った決議になった」。

　1910年8月にコペンハーゲンで行われた社会主義インターの会議でも、左翼、とりわけローザ・ルクセンブルクとレーニンの一致した協力が会議の運営にも結果にも見られ、1907年にシュトゥツガルトで行われた軍縮と平和のための決議を一致して強化した。社会主義インター書記局でも、外交問題で二人の間に相互了解があり、1911年9月にモロッコ危機に直面した際に、ローザ・ルクセンブルクはレーニンを無条件で必要とし、レーニンは社会主義インター事務局の会議で、ドイツ社会民主党幹部の攻撃からローザ・ルクセンブルクを守った。ローザ・ルクセンブルクはその時、社会主義インター書記局で、国際的対立を激化させ、未来の新しい戦争の原因を作るために、ヨーロッパ諸国が外交的不正取引の方法で植民地所有を拡大することに対し、社会主義インター書記局に結集した諸国の党に抗議運動を起こすように呼び掛けたのであった。

　世界大戦中、とりわけ社会主義運動が対立する中でのローザ・ルクセンブルクとレーニンの立場は、文献からよく知られている[11]。したがってここでは要点だけを思い起こしておく。個々人の立場の相違にもかかわらず、ローザ・ルクセンブルクとレーニンが一致していた点は以下の通りである。

　——社会民主党多数派の——一般的には城内平和政策により、そして特別には戦時公債案への賛成投票による自国政府へのその都度の接近を社会主義的原則への裏切りと見て妥協なく拒否した点。

　——戦争参加諸国の戦争目的の帝国主義的性格を労働者大衆に啓蒙して、反戦

行動に動員し、国会への時宜に適した抗議、反戦ビラの配布、抗議デモとその他の行動への努力を通して、大衆の役割に対する両者の見解の一致が示されていた点。

——社会主義運動内部での階級闘争の立場とプロレタリア国際主義をめぐる闘争。ドイツ社会民主党幹部会並びにロシアのメンシェヴィキと「中道派」の公式の政策との闘争の中で、帝国主義に反対し、国内の支配者に反対する革命的階級闘争を、社会主義をめざす国際的連帯のための新しい社会主義インターナショナルをめざすこと。両者はその際に、社会主義インターの1907年、1910年、1912年の決議を堅持し、「社会主義か、野蛮か」というスローガンの認識でも一致していた。

レーニンが旧来の党派との即時組織的分離を主張したのに対して、ローザ・ルクセンブルクは（ドイツの他の左翼とともに）、戦争中は反戦派の共同行動と革命的反戦運動の結集をめざしたが、イデオロギー的にはレーニンと一致していた。

両者はすでに戦争の初めから、このように原則的な主要点での一致を公表した[12]。レーニンの仕事はおそらくローザ・ルクセンブルクまで届かなかったであろうが、逆に、ローザ・ルクセンブルクの仕事はレーニンのもとに届いていた。というのは、スパルタクスグループの印刷物（雑誌『インテルナツィオナーレ』、ローザ・ルクセンブルクの「ユニウス・パンフレット」、その後の「スパルタクス・ブリーフ」）はスイスに届いていたからである。『ユニウス・パンフレット』は付録の「指針」とともに1916年2月にチューリヒで刊行された[13]。レーニンは「ユニウス・パンフレット」について16頁の論文をロシア語で書いて、1916年10月にスイスで発表した。

「パンフレットは——とレーニンは書いた——特に戦争の分析と取り組み、戦争は自由で民族的な性格のものだという神話に対して、ドイツの側から見ても、その他の列強の側から見ても、帝国主義戦争であることを論証し、さらに公認の政党の態度に対して革命的な批判を加えている」「ユニウス・パンフレットは、完全で素晴らしいマルクス主義的な作品で、その欠陥はかなりの程度まで偶然的な性格のものだということは十分ありうることだ[14]」。

1918年6月に、レーニンはA.A.ヨッフェに宛てて書いていた。「我々は今、ユニウス・パンフレットをスイスから緊急に取り寄せる必要がある」。1918年

8月20日にはJ. A. ベルジンに宛てて、「ユニウスを送ってくれ」。1918年10月15日にベルジンに宛てて、「注意。スパルタクス・ブリーフを全号集めて欲しい。そして新版を4カ国語に訳して欲しい。ユニウスも同様に」。これらは「ユニウス・パンフレット」に対するレーニンの高い評価を語っているのではなかろうか？

　本論の冒頭に引用したハンナ・アーレントの記述とは異なって、ローザ・ルクセンブルクとレーニンの民主主義的闘争と、社会主義への移行条件としての共和制についての見方に相違はなかった。すでに述べたように、レーニンは1890年代以来、ロシアにおける共和制の要求を擁護し、まさに世界大戦中に、彼は社会主義への移行のために民主共和制の重要性を強調していた。

　これに関連してレーニンは――ローザ・ルクセンブルクと共同で行った1907年、1910年と1912年の社会主義インター決議の意味で――戦争を社会主義的方向をめざす内戦に転化することを要求した。ローザ・ルクセンブルクは、レーニンのその主張からそれほど離れてはいなかった。「指針」と「ユニウス・パンフレット」でローザ・ルクセンブルクは、「戦時中でも階級闘争を」、「帝国主義と戦争に対する闘争の継続を」要求し、そのために「広範な大衆に政治的行動能力を与える教育」を主張した。それはレーニンの希望よりもいっそう一般化された理論化であった。「指針」の第9テーゼで、それはこう述べられている。

　「帝国主義との闘争は、国際プロレタリアートにとっては国家の政治権力のための闘争である」。

　カール・リープクネヒトとスパルタクスグループは、ローザ・ルクセンブルクを先頭に、この要求をその後まもなく（レーニンとは別に、しかし同一の方向に向けて）次のスローガンに一般化した――「主敵は自国の中にいる！」（1915年5月）「政府を打倒せよ！城内平和ではなく、内戦を！」（1916年5月以後）と。

3. ルクセンブルクとレーニンの論争

　1904年にレーニンは、1902年の『何をなすべきか？』の時と同様に――一般に主張されているように――「党の理論」あるいは「党の学説」には立ち入

らなかった。それは20世紀の共産主義運動に破壊的な結果をもたらしたレーニンの死後、スターリンが造った事であったし、今でもそうだ。今日なお、多くの左翼によってもそう主張されている。

1902-1904年に第一に問題であったことは、ロシアの革命的社会主義政党を──非合法の条件下で（注意！）──組織的に如何に作るべきか、ということであった。レーニンの『一歩前進、二歩後退』、ルクセンブルクのそれへの批判とレーニンの批判への回答(17)──という三つの文書の先入観のない読者ならば、次のような疑問をもつことであろう。一体、ローザ・ルクセンブルクは、彼女の批判でレーニンを正しく理解していたのだろうか、と。

ローザ・ルクセンブルクの当時の「ウルトラ中央集権主義」や「ブランキズム」などというメンシェヴィキから取り入れた批判は、レーニンのテキストに依拠したものではなく、今日でもレーニンが擁護した「職業革命家の幹部の党」への批判の決まり文句だ。

レーニンの組織問題については、如何にしてレーニンが1902-1904年にロシアの全く特殊な、つまり非合法という条件の下で、（そして当時のロシアのためだけに）述べたものであったかについて、トニイ・クリフ（1959/68）とイエンス・ヴルヘが1995年に必要なことを述べた(18)。トニイ・クリフは、ドイツおよび西欧的事情に発したローザ・ルクセンブルクの批判に関して、次のように述べている。

「ルクセンブルクとレーニンの考え方を対照して見て初めて、疑いもなく両者が特殊な条件の下で活動し、制約されていたという歴史的な限界を理解することができる」(19)。

その際にローザ・ルクセンブルクは、メンシェヴィキの判断や理解を受け入れ、レーニンを引用せずに、問題をもっぱら抽象的・理論的に扱った。それに対してレーニンは1903年の党大会議事録に基づいて具体的に反論したが、批判者（ローザ・ルクセンブルク）はそのことには一言も触れなかった。

ここではローザ・ルクセンブルクとレーニンの立場の詳細な比較は行わない。ウルトラ中央集権的な観念は、いずれにせよ『一歩前進、二歩後退』からは読み取れない。そこでの中心問題は、党大会における党規約第1条をめぐっての党員資格と中央委員会の個人的構成（代表権ではない！）に関する対立であった。党員資格に関しては、ドイツ社会民主党の1900年、1905年、1909年の党

規約を参照されたい。1909年の党規約では、レーニンが1903年にロシア社会民主労働党に対して要求したのと全く同じく規定されている[20]。

中央委員会の代表権に関しては、レーニンはローザ・ルクセンブルクの論文に対して、当該の委員会と最後には党大会で多数を占めていたメンシェヴィキの代表たちが彼女のように主張したことを証明した[21]。例えば1903年10月に、レーニンは「反対派のメンバーに対する中央委員会と中央機関紙編集局のアピール草案」に次のように書いていた。

「もし中央諸機関が、あれこれの同志たちの意見によれば、あれこれの過ちをおかしているのならば、全党員の義務はこれらの誤りを全党員の前で指摘すること、何よりも中央諸機関自体に対して指摘することである。中央委員会と中央機関紙編集局は、党員としての義務から、それが誰によってなされたものであろうとも、こうした指摘のすべてをきわめて慎重に吟味する義務を負っている[22]」。

ウルトラ中央集権主義と中央委員会の独裁的代表権の響きはここにはない。「民主的自由の欠如」は「比較的二義的な意味のものだ」とか、組織問題ではロシア社会民主党は、他の国ではブルジョア社会によって用意される政治的素材なしに組織を「言わば真空中に創り出す」という課題を負っている[23]、などとローザ・ルクセンブルクは言っているが、それは当時のロシアの現実には妥当しない。それはドイツの1878-1890年や1900-1904年とはとても比較できない非合法の条件下で、たくさんの社会民主主義グループやサークルが存在して、それらが一つの政党を形成する「政治的素材」を成し、それらを一つの政党にまとめることこそが、ロシア社会民主労働党とレーニンの関心事であった。

4．レーニンの呼び掛け──「党を民主的な原則に応じて再組織しよう」

社会民主党は労働者階級の政治的に開化した前衛部隊であるという見方を、ローザ・ルクセンブルクは彼女のレーニン批判の時だけでなく、その後にも、『大衆ストライキ、党、労働組合』や『ユニウス・パンフレット』でも同様に取っていた。彼女が1914年12月に党の規律について書いたことは、まさしくレーニンがロシア社会民主労働党第2回大会や1904年に闘ったことに他ならなかった。

レーニンに対するローザ・ルクセンブルクの論争は、1905年の革命によって獲得したロシア社会民主労働党の合法化と、党を民主的な原則に応じて再組織しようというレーニンの呼び掛けによって、本質的に無意味になった。1905年11月にレーニンは、今や導入されるべき「新しい状況下での選挙の原則への移行の必要性」について次のように書いた。

　「だから大胆に前進せよ。新しい武器を取り、新しい人たちに分け与えよ。拠点を拡大し、あらゆる社会民主主義労働者に呼び掛けて、彼らを何百人、何千人と党組織に加入させよう。党の代議員たちは我が中央機関に新しい活力を与えるがよい。彼らを通して若々しい革命ロシアの新鮮な精神を流入させるがよい……」。

　1907年9月にレーニンは、作品『何をなすべきか』（1902）と『一歩前進、二歩後退』（1904）〔これらの作品は今日でも——スターリンのために！——左翼からレーニンの基本的な原則と見られ、レーニンにとっては当面の政党観であった〕をもう一度見直して、次のようにハッキリと強調して書いた。

　「『何をなすべきか』は、決して〈何か綱領的なもの〉でも、特別に〈表現の原則〉を考えたものでもない。『一歩前進、二歩後退』は、メンシェヴィキとボルシェヴィキの間の分裂の第一段階を扱ったものである」。

　その際に、そこに描かれた「組織闘争の細目」は、「問題の本質から見て忘れられるほうがよい」。本質的に、それは1907年にも現れたので、「第2回大会における戦術上その他さまざまな見解の分析と、メンシェヴィキの組織上の見解に対する論争」は、「我が革命における労働者党の全活動に刻印を押した源流としてのメンシェヴィズムとボルシェヴィズムの理解のために不可欠なもの」である。

　ローザ・ルクセンブルクは、すでに1906年に、ブランキズムという非難からレーニンとボルシェヴィキを守っていた。ある論文で彼女は次のように書いた。

　「われわれは、現在のロシアの革命におけるいわゆる多数派の同志たちが、同志プレハーノフが賛同したように、ブランキズムの誤りに陥っていると争ってきた。同志レーニンが1902年に提起した組織計画には、その痕跡があった。しかし、それは過去に属する。何故なら、我々は今日、変化が早い、目が眩むほど早い時代に生きている。この誤りは生活そのものによって正され、それが

繰り返される危険性は全くない」。

　1906年以来、ローザ・ルクセンブルクとレーニンの間の関係が和んだのは、おそらく、革命期間中の戦術問題での基本的な一致と、社会主義インターと社会主義インター書記局での平和問題での協力がもたらしたものであろう。けれども両者は——ともに仮借ない党内闘争者で！——ロシアとポーランドの社会民主党内での対立では共通の基盤を見いださなかった。1911-13年には、このために再びいっそう大きな対立が生じた。レーニンはロシア社会民主労働党においてメンシェヴィキ（レーニンの意見では、党の破壊者）の隔離をすすめ、1912年にプラハで開催した党大会で正式に党の分裂を完成させた。ルクセンブルクはメンシェヴィキの路線には反対だったが、ヨギヘスのように、ロシア社会民主労働党の組織的分裂には反対だった。

　その細部をアンネリース・ラシツァによって辿る。ラシツァは、「党の統一と党内民主主義の問題では、メンシェヴィキとボルシェヴィキは原則的に違っていた」と見る。同時にラシツァは、ポーランド・リトアニア社会民主党の指導者ヨギヘスの党内の対立者を分裂まで追い込んだ仮借のない取り扱いと、それをポーランド党内でも社会主義インター書記局でも無条件に支持するローザ・ルクセンブルクを描いている。そこに提示された事実は、ポーランド・リトアニア社会民主党内のローザ・ルクセンブルクたちは、ロシア社会民主労働党内のレーニンよりも民主的であったとは言えないような党運営を行っていたことを語っていた。1913年の「ラデックの場合」のように。

　しかしローザ・ルクセンブルクはその際に、社会主義的な大衆政党の建設のための一般的な原則を構成したので、その原則は、政治的自由と、そうした政党による権力の行使の合法性の条件には絶対に有効だった。全知全能にして無謬の中央委員会の後見に対する彼女の警告は、その後の党共産主義のスターリン的実践に対しては実際予言的だったが、それはレーニンの意図に根本的に反するものだった。

　同様なことが、1918年のボルシェヴィキに対する批判にも当てはまる。草稿『ロシア革命に寄せて』の大部分の批判は、民族問題へのさまざまな取り組みから発している。つまり民族政策、ブレスト講和条約、ソヴィエトロシアの外交政策に対する批判である。

　民族問題でのローザ・ルクセンブルクの国際主義的意図を、レーニンは

1917年4月に次のように強調した。

「ポーランド社会民主党の同志たちの大きな歴史的功績は、彼らが国際主義のスローガンを掲げてこう言ったことだ。〈われわれに一番重要なことは、他のすべての国のプロレタリアートとの兄弟的な同盟であり、われわれはポーランド解放のための戦争には決して加わらない〉と。これは彼らの功績で、だからわれわれはいつもポーランド社会民主主義者のこれらの同志だけを社会主義者とみなしてきた」。

これに続けて、民族問題での新旧の意見の不一致について、レーニンは次のように続けていた。

「しかし、社会主義を救うために、気違いじみた、病的な民族主義と闘わなければならなくなった時に、この特異な状況から奇妙な現象が生まれてきた。ポーランドの同志たちがわれわれの所に来て、われわれはポーランドの自由、分離を断念すべきだ、と言ったのだ。他のどの民族よりも多くの民族を抑圧しているわれわれ大ロシア人が、何故ポーランド、ウクライナ、フィンランドの分離の権利の承認を断念をしなければならないのだろうか？」[31]。

すでに述べたように、この対立に関しては、左翼は本質的にレーニンの立場を支持している。ここで革命の初めの年、1918年のボルシェヴィキの非民主的な実践に対するローザ・ルクセンブルクの批判について述べておくべきであろう。周知のように、彼女は1917年の2月革命を感激して迎え、1917年10月25日（11月7日）の武装蜂起を世界史的な行動として祝ったが、西欧、とりわけドイツのプロレタリアートの支援なしのボルシェヴィキの勝利の継続を疑い、平和をもたらしてロシア革命を救う世界革命の到来を期待していた。

1918年のロシアには、多くの外国に煽動され、軍事的に支援されて、内戦と白色テロルが荒れ狂っていた。7月6日には社会革命党左派がソヴィエト権力に向かって反乱を起こし——1789-93年以来、1848、1871、1905年の白色テロルから受け継がれてきた経験を背にして——これに赤色テロルで応えた。これが、ローザ・ルクセンブルクが民主主義形成の欠陥——テロル、憲法制定議会の解散、選挙権の制限——として批判した背景である。その際に彼女が構成した社会主義的民主主義に関する一般的な諸原則は、有効だったし、現在でも有効である。問題は、当時——1918年——の状況下で、戦時中、特に血なまぐさい内戦下で、それらの諸原則をどうすれば実現できたのか、ということ

である。

　レーニンの社会主義的民主主義観は、実際、基本的にはローザ・ルクセンブルクと少しも違いはなかった。1916年8／9月にレーニンは次のように書いていた。

　「帝国主義戦争はいわば民主主義の四重の否定である。(a-あらゆる戦争は〈権利〉を暴力に置き換える。内戦も！—— b-帝国主義は民主主義の全的否定である。c-帝国主義戦争は、共和制と君主制を全く等しいものにする。しかし、帝国主義に反対する社会主義的蜂起の目覚めと高まりは、民主主義的な抵抗と憤激の高まりと不可分に結びついている。d-社会主義は、プロレタリアートの独裁を通じる以外には実現されない。そのプロレタリアートの独裁は、ブルジョアジー、つまり国民の少数派に対する暴力と、民主主義の完全な発展、即ちあらゆる国事への、また資本主義廃絶のあらゆる複雑な問題への全国民大衆の真に同権で、真に全般的な参加の完全な発展とを結びつける(32)」。

　革命の最中の 1916-1918 年に、つまり外国の干渉の下で、内外での戦争の最中に、レーニンはこのように理論的に規定していた。だから「民主主義の完全な発展」は、戦争が続く限り、幻想に止まる。

　ローザ・ルクセンブルクもまた、最後にそのように見ていた。何故なら、彼女は草稿に次のように書いていたからである。

　「ロシアで起きていることは、すべて理解できることであって、ドイツのプロレタリアートの沈滞とドイツ帝国によるロシアの占領が、出発点と終点をなす因果の鎖に不可分的につながるものである。このような状態の下で、なおレーニンとその同志たちが最上の民主主義を、模範的なプロレタリアート独裁と花咲く社会主義経済を魔法で呼び出すことを期待するとすれば、それは彼らに超人的なことを求めるに等しい。彼らはその断固たる革命的な態度と、模範的な行動力と、国際社会主義に対する確固とした忠誠によって、このとてつもなく困難な状況の下でも、なすべきことを実際十分に果たしてきたのである(33)」。

　ローザ・ルクセンブルクは、さらにそれに続けている。

　「危険は、彼らが止むをえずやったことを価値あるものとし、この宿命的な条件のために取らざるをえなかった戦術のすべてを今後理論的に固定化し、国際的プロレタリアートに社会主義戦術の手本として見習うことを勧めようとするところに始まる(34)」。

レーニンも1918年に――その後も――それを望まず、勧めなかった。逆に、例えば1920年に、彼は、「われわれの革命のいくらかの特徴に国際的な意味を認めることはできよう」。しかし、「この真理を誇張し、それをわが国の革命のいくつかの特徴以外にひろげるならば、非常に大きな誤りであろう[35]」と書いた。

　1923年1月には、レーニンは西欧と比較したロシアの特徴について書き、ロシア革命は世界の他の国にとってモデルにはなりえないという結論を出している。またレーニンは、革命は多層的で、時間的に長期化する過程だということも繰り返し示唆してきた。彼の死後に、ボルシェヴィキの経験がスターリンと彼が支配したコミンテルンによって公準化され、ドグマ化され、「スターリンの党によって過度なまでに肥大化された[36]」。ローザ・ルクセンブルクの警告が、そこでは予言的であったことが実際によって証明された。

　ローザ・ルクセンブルクは彼女の草稿の最後を次の言葉で結んでいた。

　「ロシアでは問題を提起することしかできなかった。問題はロシアでは解決されえなかった。それは国際的にしか解決されない。その意味では、未来は至る所でボルシェヴィズムのものである[37]」。

　もし彼女の草稿をレーニンに対立するものとするならば、それはローザ・ルクセンブルクの意図に合致しないことを、この結語は示している。1918年のボルシェヴィキの政策に対するローザ・ルクセンブルクの最後の評価は、沈黙でやり過ごされるべきではない。それは絶えず道連れにされるべきものである。

[注]
（1）Hannah Arendt, Rosa Luxemburg, in: Der Monat, Nr. 243. Dezember 1968. S. 34. 邦訳、ハンナ・アレント『暗い時代の人々』阿部斉訳、河出書房新社、1973年、61-62頁。
（2）1910年3月28日、7月20日のレオン・ヨギヘス・ティシカ宛の手紙。レーニン全集第36巻 178, 181頁。
（3）Rosa Luxemburg, Gesammelte Briefe（以下ではRL/GB）Bd. 4. S. 43. An Kostja Zetkin.
（4）Rosa Luxemburg, Gesammelte Werke（以下ではRL/GW）, Bd. 6, S. 212.「叔父」はEduard Fuchs、「家族」はスパルタクス・ブントとカール・リープクネヒト、フランツ・メーリングを指す。
（5）1919年1月19日、ローザ・ルクセンブルクとカール・リープクネヒトの殺害にさいしての演説、レーニン全集第28巻、443頁他。

（6）政論家の覚え書、レーニン全集第33巻、207-208頁。
（7）Wolfgang Abendroth, 第17回リンツ会議（1983）, Arbeiterbewegung und Friedensfrage 1917-1939. 方法的問題としての労働運動における自発性と組織（Wien, 1985, S. 505）を参照。
（8）Hartmut Henicke, Rosa Luxemburg-historische und aktuelle Dimension ihres theoretischen Werkes, in: Jahrbuch fur Forschungen zur Geschichte der Arbeiterbewegung, H. III/2003, S. 171-182.
（9）クラーラ・ツェトキーンへの手紙。RL/GB, Bd. 2. S. 294.
（10）RL/GW. Bd. 2. S. 238.
（11）Reisberg, Lenins Beziehungen, Teil II.
（12）レーニン、「戦争とロシア社会民主労働党」（1914年10月）「第2インターナショナルの崩壊」（1915年6月）〔以上はレーニン全集第21巻〕。ローザ・ルクセンブルク、「インターナショナルの再建」（1915年4月）「社会民主主義の危機」（ユニウス・パンフレット、1915年4月）RL/GW, Bd. 4.
（13）メーリングとローザ・ルクセンブルクの雑誌「インターナショナル」をレーニンは「第2インターナショナルの崩壊」に引用している。レーニン全集第21巻参照。
（14）レーニン全集第22巻。
（15）ベルジンはソビエト政府が送ったスイス大使。
（16）レーニン全集第6巻、20巻、34巻を参照。
（17）レーニン全集第7巻を参照。
（18）Tony Cliff, Studie, S. 44-46. Jens Wurche, Nach dem Begräbnis der Totengräber. Lenins Parteikonzept neu betrachtet. in: Sozialismus, Hamburg,H. 5. 1995, S. 56-61. Ulla Plener, Lenin über Parteidiszuplin. Ein Exkurs, in: Beitrag zur Geschichte der Arbeiterbewegung（BzG), H.4. 1998. S. 56-64.
（19）Tony Cliff, Studie, S. 47.
（20）レーニンの党員の定義（規約第1条）は次のようであった。「党の綱領を承認し、物質的手段によっても、党組織の一つにみずから参加することによっても、党を支持するものは、すべてロシア社会民主労働党の党員とみなされる」（レーニン全集第7巻12頁）。
（21）「レーニンは、党の中央委員会にすべての地方委員会を組織する全権を与えることを望んでいる」というローザ・ルクセンブルクの記述（RL/GW.Bd.1/2. S.425.）に対して、レーニンは次のように答えた。「実際には、それは真実ではない。この問題に関する私の意見は、私が提出した党組織規約草案によって、記録に基づいて証明することができる。この草案には、地方委員会を組織する権利については一言も述べていない。党規約を作成するために党大会で選出された小委員会が、この権利を規約に加え、党大会が小委員会の草案を採択した。この小委員会には、私ともう一人の多数派の味方以外に党大会の少数派の支持者3人が選出されていた。その結果、地方委員会を組織する権利を中央委員会に与えた小委

員会では、私の反対派が優勢だったのである」(レーニン「一歩前進、二歩後退——レーニンのローザ・ルクセンブルクへの回答」レーニン全集第7巻509-510頁)。
(22) レーニン全集第7巻55頁。
(23) RL/GW. Bd. 1/2. S. 423-424.
(24) レーニン全集第10巻16頁。
(25) レーニン全集第13巻96-99頁。
(26) Rosa Luxemburg, Blanquismus und Sozialdemokratie, in:Internationalismus und Klassenkampf, Die polnische Schriften, herausgegeben und eingeleitet von Jurgen Hentze, Neuwied und(West)Berlin 1971, S. 302.
(27) Annelies Laschitza, Im Lebensrausch, trotz alledem Rosa Luxemburg. Eine Biographie. Aufbau-Verlag 1996.
(28) Ebenda, S. 404, 408.
(29) Ebenda, S. 409.-410.
(30) RL/GW. Bd. 1/2. S. 443-444.
(31) レーニン全集第24巻「ロシア社会民主労働党第7回全国協議会—民族問題についての演説」304頁。
(32) レーニン全集第23巻「ペ・キエフスキー(ユ・ピャタコフ)への回答」17-18頁。
(33) RL/GW. Bd. 4. S.363-364. 邦訳『ロシア革命論』論創社49頁。
(34) Ebenda, S. 365. 邦訳、同前。
(35) レーニン全集第31巻「共産主義内の〈左翼主義〉小児病」5頁。
(36) Cliff, Studie, S. 63.
(37) RL/GW. Bd, 4. S. 364-365. 邦訳、51頁。

(翻訳・伊藤成彦)

2−5

ローザ・ルクセンブルクは 1905-1906 年のロシア革命以前に独自の革命のイメージを持っていたか？

ターニャ・ストロッケン（ノルウェー）

　この問題にはルクセンブルク研究がとっくに十分な答えを出していて付け加えるものは無いと思われるかもしれない。しかしそうしたものでもないのだ。確かに多くのルクセンブルク解釈家が答えを出そうとしたのだが、答えは肯定の場合もあれば否定の場合もあった。私のみるところ、肯定論についても否定論についても、次のように言うことができる。両者とものその結論には十分な裏づけがなされていない。というのは、両者ともにローザ・ルクセンブルクの著作についても、彼女の論争相手の著作についても、その歴史的なコンテクストを未だ十分に考慮していないからである。私はこの報告でそれを試みようと思う。ローザ・ルクセンブルクが 1905-1906 年のロシア革命以前にすでに独自の革命のイメージをどの程度持っていたかという問題は、単に歴史の問題ではなく、ローザ・ルクセンブルクの革命観一般をどうみるかの重要な前提であり、したがって現在のわれわれの革命的闘争に何を取り入れることができるかの基本である。

　ローザ・ルクセンブルクは 1898 年 10 月のシュトゥットガルトにおける SPD の会議に最初に出席した際すでに、自分は SPD 左派と共に闘うと述べている。「私はまずドイツの運動に参戦しなければならないと思っている。それも、敵と戦っている左派陣営においてであって、敵と妥協しようとしている右派陣営においてではない」[1]。しかし同月のうちに彼女は自分が党内左派に属すという主張を翻す。「党には左派というものはない。右派があるだけだ。われ

われの見るところ今までもずっとそうであったように、統一された党においては、左派というものはなく、反対派としては日和見主義に傾きがちな同志、〈現実的な政策〉にだけ追随する者たちがいるだけだ」。この点に関連して、ローザ・ルクセンブルクが反対派をどう定義しているかをみるのも興味深い。「……現在あり、全体としてあるものに対立する流れ……」。

私にとって特に興味深いのは、ローザ・ルクセンブルクの1890年代の著作の中に、彼女の独自の革命観がどの程度表れているかということである。社会民主主義のさまざまな傾向についてローザ・ルクセンブルクが何を言ったかということも面白いが、それよりもずっと大切なのは、彼女の著作と党綱領および論争相手の見解を比較したとき、彼女が独自の見解を示していたかどうかということである。これらの著作は客観的にそれを示している。

1. 否定論

1970年代から今日までの最新のローザ・ルクセンブルク研究においては、否定論が最も広く知られた答えであるようにみえる。ローザ・ルクセンブルクは1905-1906年のロシア革命以前には具体的な形で革命の別の形を提出してはいないという見解が大部分を占めているようだ。ノーマン・ジェラスは1976年の彼の著書『ローザ・ルクセンブルクの遺産』で、ローザ・ルクセンブルクは前世紀末の修正主義者との闘争以来具体的な革命の形を模索していたかもしれないが、1905年のロシアの大衆が、初めて具体的な革命戦略を形成する手がかりを与えたと論じている。フェリクス・ティフも1905-1906年のロシア革命を、ローザ・ルクセンブルクの政治思想における決定的な段階として強調している。「1905年のロシア革命の結果はローザ・ルクセンブルクの見解の何を変えたのだろうか？　ごく一般的には、彼女も1905年までは――ドイツに関するかぎり――第二インターナショナルの大多数の政党の性格だった日和見主義に加担していたと言える。それは、ほとんど議会選挙と政治的啓蒙だけに注意を集中することを意味していた。この日和見主義と決別し、それに替わる積極的なプログラムを提案すること、それが1905-1907年のロシア革命の経験に基づいて起こった、ローザ・ルクセンブルクの政治的見解における最も重要な革新である」。

ヴィルヴェ・マニネンは1996年の『社会主義か未開か？』と題する博士論文の中で1905年以前のローザ・ルクセンブルクは議会選挙と政治的啓蒙しか念頭になかったという主張に抗弁し、次のように付け加える。「ルクセンブルクはすでに1900年前後には別の選択肢を探し始めていたが、ロシア革命に遭遇して初めて別の選択肢としての具体的なプログラムを組み立てることになった」(6)。だからヴィルヴェ・マニネンは、ジェラスとまったく同様に、ローザ・ルクセンブルクは1900年頃から別の選択肢を探していたが，1905-1906年のロシア革命前には、具体的で積極的な革命の別の形を見出すことはできなかったと認めている。彼女はこの理由を次のように述べている。「ルクセンブルクは1900年頃には党の戦略や戦術になりうるような具体的な代案を描き出すことはできなかった。プロレタリアートは将来の革命的局面における彼らの課題について啓蒙されるべきだとは言っているが、原則的なテーゼ以外には具体的な提案をすることはできなかった。革命について彼女が言ったり書いたりしたことは、革命はどう見えてはならないか、等、むしろ否定的なことだった。彼女はかつてのバリケード戦を批判し、——すでにその頃に——革命の多段階性を強調した」(7)。

2．肯定論

　ローザ・ルクセンブルクが1905-1906年のロシア革命以前に独自の革命観をもっていたという見方を最近の研究がきっぱりと退けているのに対して、ローザ・ルクセンブルクを実際に知っており、彼女の周辺に出入りして、おそらくは運動内部のさまざまな見解をよく知っている、最も初期の頃のローザ・ルクセンブルク解説者たちが、彼女は1890年代にすでに独自の革命論を持っていたと主張しているのは興味深い。ローザ・ルクセンブルクの伝記を書いたパウル・フレーリヒがローザ・ルクセンブルクとレオ・ヨギヘスの最良の弟子だと言う、ロシアの革命家カール・ラデクは、1921年の回想録『ローザ・ルクセンブルク、カール・リープクネヒト、レオ・ヨギヘス』の中で書いている。「1899年のベルンシュタイン批判に結着をつけた社会革命についての研究は、彼女にとって社会革命が遠い非現実的な問題ではなく、現実のプロレタリアの闘争といかに密接に結びついていたかを示している。彼女の社会革命の問題提

起の仕方は社会主義文献の中できわめてユニークなものである。修正主義者とは反対に、社会主義の勝利の時期が早まることはありえない、言い換えると、労働者階級は階級闘争が先鋭化する中でだけ、この闘争の敗北と勝利の教訓によってのみ、世界の運命をその手に握る要因になることができるのだということを示すことによって、彼女のラディカリズムとは、大混乱が起こるのを待つことではなく、闘争をあくまで先鋭化すること、対立の広がりと深さが社会革命の様相を帯びるまで持ちこたえていくことにあることを示した。ローザ・ルクセンブルクの思想の発展におけるこの段階を総合すると、彼女にとってマルクス主義は単に現実を解明する手段ではなく、その変革の理論であり、ローザ・ルクセンブルクにとってはその理論は知識人の小さなサークルのものであったことはなく、常に大衆の意識的な闘争の問題であったことがわかる」。

パウル・フレーリヒは1939年の有名な伝記『ローザ・ルクセンブルク——思想と行動』の中で、ローザ・ルクセンブルクは1893年にすでに社会主義を目指す闘争の戦略の理論的基礎を提出していると主張している。そしてそれは、ローザ・ルクセンブルクの手になる最初の重要な文書として知られている「1893年チューリヒにおける第3回国際社会主義労働者会議への1889-1893年のロシア領ポーランドにおける社会主義運動の位置と経過についての報告」の中でのことだという。フレーリヒは言う。「しかし彼女は党を日常闘争に埋没させようとしたのではなく、将来の発展の全行程を、歴史認識の結果として眼前に描き、実践活動の一歩一歩を、最終目的を目指す思想に語らせようとしたのである。ローザ・ルクセンブルクの見解の当時における意味は、日常的な小闘争と最終目的の関係が、今日もなお労働運動における激しい争いを引き起こしていることから、推測できる。90年代にすでにルクセンブルクは社会主義的闘争の戦略を理論的に基礎付けている。いざとなればマルクスとエンゲルスをいきあたりばったりに軽率に援用することで、そのような理論を作り上げることもできただろう。しかし実際には西ヨーロッパの社会民主主義は労働組合活動と議会活動の全てにおいて完全に経験に依存しており、その危険性は間もなく改良主義的運動の中に表れることになった。ロマンチックな考えがはびこりがちな亡命先で、絶対主義に対して闘っていた23歳の女性がこれを成し遂げたのは、驚くべきことだ。この仕事は革命理論と歴史を真摯に学んだ成果であると同時に、確かな政治的本能の表れでもある」。

イタリアの社会主義者で、1973年の第1回国際ローザ・ルクセンブルク会議の指導的人物だったレリオ・バッソは、その興味深い著書『ローザ・ルクセンブルクの革命の弁証法』(1969)の中で、ラデクとフレーリヒに言及し、フレーリヒに反対して、ローザ・ルクセンブルクは最終目的と日常闘争の関係を、まず1898年のシュトゥットガルトにおける彼女にとっての最初の党大会で、修正主義との戦いの中で定式化したと論じている。「この最終目的と日常活動の統一ということは、ローザ・ルクセンブルクの階級闘争の戦略の土台であり中心点である。しかし彼女が自分の革命原理を練り上げ、明確化しなければならないと思うようになったのは、ドイツの修正主義と日和見主義との闘争においてであった」。レリオ・バッソはローザ・ルクセンブルクを党内では——1905-1906年のロシア革命の前から——日和見主義者の対極に位置付けている。「ここから、ローザ・ルクセンブルクが日和見主義者との論争の中で、プロレタリアによる権力奪取はまだまだ早すぎる、というのは、(プロレタリアートの)成熟は、経験の火の中で達成されるのであり、プロレタリアは革命的階級としての自覚と統一を、敗北によっても形成するからである、と度々主張していることが理解できる。民主主義革命が社会主義革命へと成長し発展していく可能性もここから明らかになる」。

3．社会民主主義との関連

　ここで第一次世界大戦前のドイツ社会民主主義運動についての三つの重要で著名な研究の主要な結論を振り返っておいたほうがいいだろう。この背景に光をあてることによって、ローザ・ルクセンブルクが1905-1906年のロシア革命以前にすでにどの程度独自の革命観をもっていたかという議論が分かりやすくなり、それに具体的な根拠を与えることができるだろう。

　ハンス＝ヨゼフ・シュタインベルクは1967年『社会主義とドイツ社会民主主義——第一次大戦前の党のイデオロギー』と題する信頼と注目に値する研究を公けにしたが、その中で彼は社会民主党左派のマルクス主義理解にはあまり立ち入っていない。彼の結論の一つによれば、「すでにエンゲルスによって歴史発展の弁証法的性格は皮相化されていた。ドイツの社会民主主義では弁証法の原則はさらに自然的進化論によって置き換えられた。それには二つの要素が

作用していた。(1)ドイツ社会民主主義の世界観にダーウィン主義の影響が支配的だったこと。(2)ヘーゲル無視ないしは広く存在するヘーゲルへの反感……社会民主主義の理論家、マルクス主義者、修正主義者にとって、ヘーゲル哲学、特に弁証法は七つの印章で封印された書物だった[14]」シュタインベルクはさらに、「主としてカウツキーとベーベルによって代表される正統マルクス主義者たちは、資本主義社会の発展を自然の必然的過程であるとし、その終着点で、組織されたプロレタリアが市民社会から滑り落ちた権力を簡単に掌握できると考えていた。経済決定論と政治的行動主義のマルクスによる総合は、マルクスが傾向として描いた自然科学的進化という考えに囚われたマルクス主義の解釈によって、自然の必然的で単純な発展として絶対化され、当然のことながら破綻したのであった[15]」。

　私は、ローザ・ルクセンブルクは社会民主党のマルクス主義理解と革命観の基調を破ったのだと思う。ローザ・ルクセンブルクは何度もヘーゲルに肯定的に言及しているし、弁証法と史的唯物論をしっかり把握している。簡単に言うと、1898年に社会民主党に加入して以来、シュタインベルクが描いているような、党に広がっていた進化論的マルクス主義理解とは違うマルクス主義を代表し、とりわけ日常的な経済・政治闘争と、政治権力の奪取と社会の社会主義的変革という最終目的との関連をつねに強調することによって、積極的な革命的姿勢を擁護した。

　ディーター・グローは彼の1973年の大部の著書『否定的統合と革命的日和見主義』の中で書いている。「革命的日和見主義の根底にあるドイツ社会民主主義の革命概念は、そもそもの初めから修正主義の影響のもとに、マルクスのそれと比べると客観的要因に還元されているが、それはマルクスも妨げはしなかったし、エンゲルスは奨励しさえしたことだった[16]」。グローはここで客観的要因を一面的に強調すると、革命は「行動する個人の意志に全く影響されることなく[17]」遂行されるべきだということになるということに注意を促している。グローによれば、このような革命的日和見主義はベーベルやヴィルヘルム・リープクネヒト、カール・カウツキーにも支配的である。

　ローザ・ルクセンブルクは1905-1906年以前にも、決して革命的日和見主義者であったことはないと私は思う。彼女は初めから、社会主義革命を達成するためには人間が政治的に行動しなければならないということに大きな価値を

2-5　ローザ・ルクセンブルクは1905-1906年のロシア革命以前に独自の革命のイメージを持っていたか？

おいていた。

　ズザンネ・ミラーは1964年の著書『社会主義における自由の問題』の中で、社会民主党の中にはいくつかの異なった革命論があったことを強調している。革命概念がもともと不明瞭で多義的だったために、1891年のエルフルト綱領採択の前どころかその後でさえも、改良と革命の区別が曖昧になったりしたのである[18]。ミラーはここで建設的で啓発的な区分を試みている。すなわち、彼女は革命を目的のイメージでもあり、権力奪取の手段でもあるとみているのだ。彼女は次のように結論する。「革命の理念を——権力奪取の手段という概念と対立させて——目的と考えるかどうかというこの論争は、それがマルクス主義の綱領問題となるまでずっとドイツの社会民主主義を揺さぶっていた[19]」。革命を目的とだけ考えようとするこの傾向は、その内容が漠然としているところから、党が革命的状況に対応することができないという事態を招き、また、だから党の主要課題は大衆の啓発にあるということにもなった、とミラーは強調する[20]。この見地に立てば、革命を目的とだけする社会民主党の傾向から、グローが著書の中で扱っている革命的日和見主義が出てくると言うことができる。ミラーは、目的としての革命について、彼女が理解していることを書いているが、権力奪取への道としての革命については当然のことながら詳しくは書いていない。というのは、彼女の見解によれば、この革命観は、社会民主党の中では答えの出ていない問題として残されていたからである。ミラーはこの点においてもローザ・ルクセンブルクを特に例外として際立たせてはいないが、次のように結論している。「プロレタリアによる政治権力奪取へかりたてるものとして、ローザ・ルクセンブルクの革命のイメージは群を抜いている。彼女にとって、民主主義はこの権力奪取を可能にする不可欠の前提だった[21]」。

　私のみるところ、ローザ・ルクセンブルクは社会民主党の中で例外的存在だった。というのは彼女は革命を、目的でもあり、権力奪取の手段でもあるとみていたからである。そのことによって彼女はすでに1890年代にエルフルト綱領を超えていた。

　ローザ・ルクセンブルクの伝記作家であるアンネリース・ラシツァは『それでも命燃えて——ローザ・ルクセンブルク』(1996)の中で、1890年代末の社会民主党内でのローザ・ルクセンブルクの急進性を弱めようと試みている。「ローザ・ルクセンブルクは、自分が、だんだん強まる社会改良主義的な動き

との戦いにおいて、目的意識をもった戦闘的な反対派の政策を支持し、右派から非現実的な過激派として非難されている左派に属する社会民主党員であることを明らかにしようとするとき、よくおおげさな表現をした。ローザ・ルクセンブルクのような社会民主党員たちは、よく自分たちのことを急進的だと言ったが、その場合、その言葉は党綱領と党決議に基づいた上で、一貫した、創造的な意味で使われたのだった[22]」。私の見解では、ローザ・ルクセンブルクは単に党綱領に基づいて創造的であっただけではなく、革命を目的だけでなく目的に至る道だと考えたことによって、それを超えていた。このことを以下でもっと詳細に証明できるように、エルフルト綱領の革命観と、この重要な綱領の主要な構造をもう少し詳しく見る必要がある。

　エルフルト綱領は、名前が示すとおり1891年のエルフルトにおける党大会で採択され、多くの人から党におけるマルクス主義の勝利と評価された。この綱領はローザ・ルクセンブルクが党で活動していた全期間にわたって維持されていた。エルフルト綱領の最小要求、つまり、現時点での民主化、労働者保護などの要求、の主要な起草者がエドゥアルト・ベルンシュタインであったのに対して、最終目的——資本主義社会から社会主義社会への移行——が重要な構成部分をなす総論の起草の後ろ盾となったのはカール・カウツキーだった。カール・カウツキーはエルフルト綱領への自分の貢献は「資本論の〈資本主義的蓄積の歴史における傾向〉という有名な一節の解釈[23]」だけだと言っている。

　エルフルト綱領では革命という言葉は使われないが、社会変革、つまり、生産手段の資本主義的私有を社会的所有に変えることと、商品生産を社会主義的に変革することについて語られている。エルフルト綱領の総論は次の言葉でしめくくられる。「したがってドイツ社会民主党は新しい階級的特権や優先権のために闘うのではなく、階級支配と階級そのものの廃絶、および性や出生の区別なくすべての者の等しい権利と義務のために闘う。この観点から、それは現代社会において賃金労働者の搾取と抑圧にたいしてだけではなく、それがどの階級、どの政党、どの性、あるいはどの人種に対するものであろうと、あらゆる種類の搾取と抑圧に対して闘う[24]」。

　社会変革へのこの定式化の背景には、疑いもなくエルフルト綱領が、目的概念の革命的な、根本的な変化の上に作られたということがある。問題は綱領が、目的へ到る道に関しても革命的だったかどうかだ。

カール・カウツキーはエルフルト綱領の総論の中で政治について多くは語っていない。彼は解放は労働者階級だけがなしうることだと強調する。なぜなら、彼らは生産手段の所有権を持たないことにより、現存する資本主義体制を支持していない唯一の階級だからだ。カウツキーは続けて言う。「資本主義的搾取に対する労働者階級の闘争は必然的に政治闘争である。政治的権利なしには、労働者階級は経済闘争をすることも経済組織を発展させることもできない。労働者階級は、政治権力を所有するに至らなければ、生産手段を全体的所有に移行させることもできない」。

　この短い文章に表れたカール・カウツキーの政治観は、政治を目的−手段のカテゴリーの中だけで捉えているようにみえる。つまり、政治闘争、政治的権利、政治権力は、もっぱら経済的な解放という目的のための手段となるのである。ローザ・ルクセンブルクとは反対に、カウツキーは、政治行動は単に目的達成の手段ではなく、目的そのものとして捉えられなければならないということを明言しなかった。政治行動は社会主義という目的に到達するための手段であるだけでなく、目的そのものでもある。人間は政治的に行動することを通して発展し、ルクセンブルクの見解によれば、この形成過程が社会主義革命成功のための必須の前提なのである。

　これとは反対に、エルフルト綱領は社会主義的最終目標に到る道は必然的に革命的でなければならないとは言わない。政治闘争と経済闘争についてカウツキーが述べていることによれば、この闘争は改良主義的にしか行われえないが、目的は依然として明らかに革命的であることがわかる。したがって、エルフルト綱領の現在の目的についての実践論だけが改良主義に扉を開くのではなく、総論においても、政治闘争も経済闘争も革命的でなければならないと明確に言われることはない。ズザンネ・ミラー等が強調するように、エルフルト綱領の実践論と総論には何の関連もないというのは正しい。しかし日常的な政治的および経済的闘争と社会主義的変革という最終目標との連関のこの欠如は、カウツキーによるエルフルト綱領の総論の中にも表れている。

4．ポーランドとの連関からみた日常闘争と最終目標

　私が1890年代のローザ・ルクセンブルクの著作を、彼女がこの時期にすで

にエルフルト綱領を超えていたということの根拠とするのはなぜか？　そう、ここには日常闘争と最終目標についての発言があり、それは私にとって特に興味深いものである。なぜならまさにこの点がエルフルト綱領には欠けているからだ。

　1893年に書かれ、1898年にドクター論文として公刊されたローザ・ルクセンブルクの初期の著作『ポーランドの産業の発展』は何よりも民族問題とポーランド独立に対する彼女の否定論を集中的に取り扱っている[27]。このテーマによってローザ・ルクセンブルクは国際労働者運動内ではじめて知られるようになったのだが、それは1893年夏、チューリヒでの第3回国際労働者会議へ彼女が初めて登場した時のことだった。この会議のためにローザ・ルクセンブルクは「第3回社会主義労働者会議のための報告——ロシア領ポーランドにおける1889-1893年の社会主義運動の位置と経過」を書いた。大多数のルクセンブルク解説者は、ローザ・ルクセンブルクの思想の発展を論ずる際に、巧みにこの1893年の著作を見逃している[28]。だからこそ、このポーランド関連の初期著作の重要性を共に認識していたフレーリヒとバッソに注目する必要があるのだ。

　バッソはローザ・ルクセンブルクの1893年の報告は最終目標と日常闘争の関連についてなんら新しい見解を提出してはいないという意見を代表しているようにみえる[29]。にもかかわらず、彼は、ローザ・ルクセンブルクの理論的な強さの一面は、彼女がポーランドおよび一部はドイツとロシアの労働運動の経験に支えられていることにあることを、きわめて重要だとして強調する。この経験を国際労働運動の中に伝えることが、ローザ・ルクセンブルクの関心の中心にあった。だから、彼女の革命論の発展の中にポーランド関連から得られた思想的成果がどの程度取り入れられているかをみることは、特に興味深い。

　フレーリヒとバッソの解釈がこんなにも違う——もっともバッソは彼の結論の論拠をあまり詳しく述べていないが——1893年の報告の中で、ローザ・ルクセンブルクは何を言ったのだろうか？　ローザ・ルクセンブルクの主張によれば、1889年以前のポーランドの社会主義運動は、ロシアの政党「人民の意志」の強い影響下にあり、公式にはマルクスの1848年の「共産党宣言」の原則を認めていたにもかかわらず、ブランキストの革命観に陥っていた。このブランキストの革命観の内容は——簡単にいって——ローザ・ルクセンブルクの解釈ではどんなものだったのか？「当時の革命家たちの考えによれば、ツァー

リズムの崩壊は社会革命と共に起こる。彼らは、友党〈人民の意志〉と同じく、革命は覚悟の決まった、行動力があって目的意識のある一定数の同志がいれば起こせると確信していた。プロレタリア大衆は決定的瞬間に社会主義の同志を支援する役割を持っているだけだった。

この前提から、党はほとんど専らアジビラやテロ行為で革命的気分を煽ることに専念した。現在の社会体制内でのプロレタリア大衆の知的・物的水準を上げることは、ほとんど、あるいは全く考慮されなかった。すべての国の労働者党がしているように、現在の国家に迫って差し当たりの社会的・政治的譲歩をさせることが当面の課題であるという考えは、全く抜け落ちていた」。[30]

ローザ・ルクセンブルクは1983年にすでに少数で革命を遂行することができるという見解には距離を置いていた。労働者の階級闘争に明確な表現を与えるためには、ポーランドの社会主義運動はブランキストの伝統ときっぱり決別し、西欧的な労働運動の立場に立たなければならなかった。「社会主義者の見解と戦術のこの転換は1889年に始まり、最終的には自立した社会民主主義の運動になった。人々はついに、社会民主党の役割は、資本主義内部で、初めは暴力的に展開するプロレタリアの、現存の社会体制に対する闘争を目的意識的に指導することにあるということ、労働者階級の日常的な利益を求める経済領域での闘争は、プロレタリアが現在の社会を覆すことが可能になる前に修了しなければならない学校であることを悟った」。[31]

社会主義的最終目標と日常闘争の統一はローザ・ルクセンブルクにとっての主要関心事だったとフレーリヒも、ラデクとバッソも主張する。問題は、彼女が1893年以前にすでに最終目標と日常の経済・政治闘争の結合を打ち出していたかどうかである。経済・政治闘争は、プロレタリアが現在の社会を転覆することが可能になる前に修了しなければならない学校であるという。これが長くかかるであろうことは、闘争が学校でなければならない、つまり何かを習得しなければならない学校であるという文言の中にすでに含まれている。現存する社会内部での闘争は、プロレタリアを経済的・政治的権力の奪取に向けて準備する。経済的政治的な日常闘争を学校として、また社会的権力奪取の準備とみなすことは、日常闘争と最終目標、すなわち政治権力の奪取と社会の社会主義的変革との結合の定立とみなすことができるに違いない。だからパウル・フレーリヒが、ローザ・ルクセンブルクは1893年に、社会主義闘争の戦略に根

拠を与えたと主張するのは、この根拠付けの言葉がきわめて乏しいものであるとはいえ、正しい。彼女がここで目標としての革命と、権力への道としての革命を相互に結びつけようとしたとすれば、その表現において言葉が足りなかったとしても、ローザ・ルクセンブルクは 1891 年のエルフルト綱領よりも特別の存在である。

　1897 年の「ポーランドにおける社会主義」という論文で、ローザ・ルクセンブルクはポーランドの社会主義運動の発展についてもう少し詳しく説明している。ポーランドの社会主義運動の初期には、「資本主義体制の政治的発展の中での労働者の積極的な役割(32)」は全く理解されていなかった、と彼女は書いている。そして、有名なマルクスの言葉「……労働者階級の解放は労働者階級自身によってかちとられなければならない(33)」に独自の解釈を与えている。ローザ・ルクセンブルクは書く。「社会主義者たちは〈労働者の解放は労働者階級自身の仕事でなければならない〉という文章、彼らが、社会革命の瞬間を考えるときにだけ口にしていたこの文章が、さらに全く別の意味をもつこと、すなわち、手近な利益を求める労働者階級の活動だけが、彼らを、究極の解放の瞬間における役割を果たすことに向けて教育することができるのだということを、いやでも理解させられた。

　今や人民の名を騙っていた謀反人たちの理論とは縁が切られ、〈登場人物が語り、コロが動く〉時が来たのだ。社会主義者の新しい世代が、大衆の物質的要求と資本の専横との日常的な衝突から労働する人民に彼らの階級的利害を悟らせるために、組合運動の先頭に立っている(34)」。

　1893 年にローザ・ルクセンブルクは経済闘争と政治闘争を、プロレタリアが政治権力の奪取と社会主義的変革という最終目標に到達する段階に至る前に修了すべき学校として描いた。1897 年には、「労働者階級の解放は労働者階級自身によってかちとられなければならない」というマルクスの言葉に依拠し、この言葉に「すなわち、労働者階級は、身近な利害をめぐる日常闘争における自らの活動によってのみ、決定的な解放の瞬間にその役割を果たすことができるように教育される(35)」という独自の解釈を与えた。

5．ドイツとの連関からみた日常闘争と最終目的

　ローザ・ルクセンブルクの著作から、彼女のドイツの地におけるその後の革命運動を支え、そのインスピレーションの源になったのは、なんといっても共産党宣言とその他のマルクス、エンゲルスの著作であり、エルフルト綱領ではなかったことは確かだといえる。

　ローザ・ルクセンブルクは 1898 年 5 月にドイツに来て、社会民主党と活発に協働することになった当時、ちょうど行われていた修正主義との闘争の中で日常闘争との関係が論争の核心になっていたが、彼女はすでに、まだきわめて短くまとめられてはいたが、日常闘争と最終目標の関係についての基本的な考えを作り上げていた。シュトゥットガルト大会の少し前に書かれた論文「ポシビリズムとオポチュニズム」の中で、ローザ・ルクセンブルクは社会民主党は革命という目的を実践的な日常活動に幸いにも結びつけることに成功し、「そのことによって人民大衆を闘争に引き込むことができた」最初の社会主義政党であると書いている。「この特別で幸運な解決が可能だったのは何によるのだろうか？　簡単にそして一般的に言うと、実践的な闘争を綱領の一般原則に沿って形作ったことによる。そんなことはみんなよく知っているよ、と人々は言い、相変わらず賢い。しかしそうではないのだ。われわれはこの原則がその普遍性において、われわれの活動の具体的な指針となることを知っている[36]」。ローザ・ルクセンブルクは社会主義運動の根本的な問題は実践的で直接的な行動がどのように最終目標と結びついているかであり、社会主義の異なる方向性が、その問題への異なる答えを与えると強調する。社会民主党がこの問題を良い方向に解決したとローザ・ルクセンブルクが実際どこまで信じていたかはわからない。もしかしたら信じたいと願っただけかもしれない。エルハルト綱領も、ベルンシュタインやカウツキーのその後の発言も、社会民主党がこの問題への良い解決を見出したという見方の根拠は与えていない[37]。

　1898 年に社会民主党シュトゥットガルト大会に初めて参加した時、ローザ・ルクセンブルクはこの問題の良い方向への解決という点ではそれほど楽観的ではなかったことは、彼女の二つのスピーチからはっきりわかる。初めのスピーチで彼女は最終目標と日常闘争の関係に関して党内に生じた混乱を攻撃している。「ハイネ等のスピーチは、わが党では最も重要な問題、すなわちわれ

われの最終目標と日常闘争の関係の理解が曖昧であることを示しています。最終目標についての記述は、われわれの綱領の忘れてはならない素敵な箇所だと言われますが、それはわれわれの日常闘争との直接的な関係においてではありません。同志たちの中には最終目標についての思索はドクター論文のテーマだと思う者もいるかもしれません。反対に私は、革命的なプロレタリアの党であるわれわれにとって、最終目標ほど実践的な問題はない、と主張します。考えてもごらんなさい、われわれの運動全体の社会主義的性格は一体どこにあるのでしょうか。本来の実践活動は三つに分裂しています。組合活動、社会改良、そして資本主義国家の民主化の闘争です。この闘争の三つの形が本来の社会主義なのでしょうか。全く違います。……それではわれわれの日常闘争の何がわれわれを社会主義政党にしているのでしょうか。それはこの実践的闘争の三つの形と最終目標との関係だけです。われわれの社会主義的闘争の精神と内容を構成し、それを階級闘争にするのは最終目的だけなのです。そして最終目標という時、……それは未来の国家のあれこれのイメージではなく、未来の社会に先行するもの、つまり政治権力の奪取なのです」。(38)

すでに1898年9月のシュトゥットガルト大会の前に、ローザ・ルクセンブルクは『ライプツィガー・フォルクスツァイトゥング』に『社会改良か革命か？』の第一部を発表している。第二部は1899年同じ新聞に、ベルンシュタインの著書『社会主義の前提条件と社会民主党の課題』に答えて発表された。それ以前のローザ・ルクセンブルクの著作には、日常闘争と最終目標の関係についての記述は乏しかったが、ここで初めてどうすれば社会主義的闘争と革命を成功させることができるかについての、全体的で深められた記述をしている。

ローザ・ルクセンブルクは党の一般的見解が彼女の見解と一致しているような表現をすることがあるが、それはどうみても違っている。例えば彼女は革命的戦術について次のように書く。「いうまでもなくよく知られている社会民主主義的戦術というのは、資本主義の矛盾が極限に達して逆転するのを待つということではない。その反対であって、われわれは一旦与えられた方向に従う他ないが、その中で政治闘争を行うことによって結果を極限まで追い詰め、それを予想し、いわばその先の客観な成り行きを軽減するのだが、つねに、すべての革命戦術の本質をなす、熟成した矛盾という基盤の上にそれを行うのであ

る」。シュタインベルクとグローについて見たように、一般にみられる社会民主主義的戦術は、成り行きを待っているだけで、積極的な政治闘争に参加することではなかった。革命的戦術についてのこの記述はむしろローザ・ルクセンブルク独自のもので、1898年に一般的に見られた社会民主党の戦術とは合致しない。ゲルハルト・リッターの次のような結論は正しいと私は思う。「ローザ・ルクセンブルクの『社会改良か革命か?』という著作は、党内に起こりつつあった革命的な動きの最初の文書と見るべきであり、公式には党の見解としてベルンシュタインに反対するものであるが、実際にはすでに新しい革命的戦術の偽装した姿である」。

　この結論の根拠として私は『社会改良か革命か?』の中の二つの主要テーマに特に注目したい。つまり、ローザ・ルクセンブルクが、日常活動と最終目標との関係について、また改良と革命の関係についての見解をいかに深めたか、そして、早すぎる革命の試みについてローザ・ルクセンブルクが何を言ったか、である。後者については『社会改良か革命か?』の第二部で初めて取り上げられる。

　ローザ・ルクセンブルクは『社会改良か革命か?』の第一部を、エドゥアルト・ベルンシュタインが1896-1898年にかけて『ノイエ・ツァイト』に書いた論文「社会主義の諸問題」に対する直接の答えとして、また第二部は彼の著書『社会主義の諸前提と社会民主主義の課題』に対する答えとして書いた。ベルンシュタインはこの本で社会主義の唯物論的基礎を観念論に置き換えようと試みている。この点に関してベルンシュタインは、ローザ・ルクセンブルクが彼を正しく理解しているとほめている。つまり、ベルンシュタインは資本主義が社会主義への発展の前提とは見ていないのだ。彼は、改良や組合活動や民主化が社会主義への発展につながると信じており、社会主義革命への道は必要がないと考えている。すでにシュトゥットガルト大会で、ローザ・ルクセンブルクは最終目標と運動についてのベルンシュタインの有名な発言を覆した。「政治権力の奪取は依然として最終目標であり、最終目標は闘争の魂である。労働者階級は〈私にとっては最終目標はどうでもいい。運動がすべてだ〉という堕落した哲学者の立場に立ってはならない。いや、反対なのだ。最終目標との関係を欠いた運動自体、自己目的としての運動は、私にとっては何ものでもない。われわれにとっては、最終目標がすべてだ」。ベルンシュタインの言葉が現実

となる時、社会民主主義の運動は小市民的改良運動に成り下がるだろう。ベルンシュタインは改良のほうが優れた方法だとして革命を拒むことによって、目的への道だけでなく、目的そのものをも変えてしまった、と彼女は言う。こうして彼は市民社会も資本主義も超えられなくなってしまったのだ。つまりベルンシュタインの処方は、社会主義運動そのものを脅かすもの——生死にかかわる問題なのだ。

　ベルンシュタインとは反対に、ローザ・ルクセンブルクは、もしほんとうに資本主義を超えて社会主義社会を作ろうと望むなら、革命に代わるものはないと主張した。もっともローザ・ルクセンブルクとベルンシュタインの議論には一つの食い違いがあった。彼らの革命理解には絶対的な違いがあった。ベルンシュタインは、マルクス主義は、つねに暴動を起こそうとしてはいないにしても、ブランキスト的な革命観にあまりにも囚われており、暴力に走りやすいと考えていた。彼は書いている。「マルクスの理論によれば第二の条件はプロレタリアによる政治権力の奪取である。この奪取の方法はいろいろ考えられる。選挙権を行使したり、その他のすべての法的な手段を用いての議会闘争という道もあれば、革命という暴力的な手段もある」。そして重要で示唆的な脚注を付け加えている。「革命という言葉は次のような、全く政治的な意味で、つまり、蜂起あるいは不法な暴力の同義語として用いられている。これにたいして、さまざまな可能性をもつ社会秩序の基本的な変更には〈社会変革〉という言葉が使われる。この区別をするのは、すべての誤解と曖昧さを排除するためである(44)」。

　ローザ・ルクセンブルクとベルンシュタインのいくつかの概念をめぐる対立も、両者の改良と革命の定義の違いに表れている。ローザ・ルクセンブルクはベルンシュタインの視点について次のように総括している。「発展の法則的な過程の中に彼は知性の働きを見る。革命的な過程の中には感情の働きを、改良事業の中にはゆるやかな方法による歴史的進歩を、革命の中には急速なそれをみる。立法には計画的な権力を、変革には初歩的な暴力を見る(45)」。

　ローザ・ルクセンブルクはベルンシュタインの考え方には距離をおき、次のように説明する。「立法と革命は、歴史食堂で熱いソーセージや冷たいソーセージを選ぶように、好きなものを選べるという意味での、異なった方法なのではない。そうではなくて、階級社会の発展の中で、互いに制約しあい、補完

しあいながら、同時に、南極と北極、ブルジョワとプロレタリアのように排除しあう異なった要因なのである。確かにその時々の法制は革命の一つの産物に過ぎない。革命が階級の歴史を創造する政治的行動であるのに対して、立法は社会が存続する政治的な形である。法改正の作業にはなんら独自の、革命と関わりのない衝動はない。その作業はどの時代においても、最新の変革の痕跡が残っている限り、その通りに、具体的にいうと、最新の変革によって実現された社会形態の枠内で、行われる。それが問題の本質なのだ。

　立法による改良事業を拡大された革命と考えたり、革命は濃縮された改良だと考えたりするのは、根本的に、また、歴史的に誤っている。社会的変革と立法による改良とは、継続時間が違うからではなく、本質的に別の要素なのである。政治権力による歴史的変革の秘密のすべては、単なる量的変化を新しい質に変えること、具体的に言うと、一つの歴史的時代、社会体制が、別のものに移行することにある(46)もっと重要なのは、何が革命で何がそうでないかを決定するのは、その長さや速さではなく、内容だということである。長くかかるからといって改良になる革命はなく、速いからといって革命になる改良はない。改良か革命かは長さの問題ではなく、変化の内容であり、社会の変化の深さの度合いである」。

　ローザ・ルクセンブルクによれば、革命は一つの社会体制から別の社会体制、例えば資本主義体制から社会主義体制への移行をもたらすものでなければならない。

　日常闘争と最終目標の関係に関するベルンシュタインの特殊な考え方について、革命的な意味でのこの結合が、改良主義との闘争の前あるいは後に、良い答えを見出したということについての示唆はあまりない。ベルンシュタインはその著書『社会主義の前提条件と社会民主主義の課題』の中で、ローザ・ルクセンブルクが『社会改良か革命か？』の第一部で行った彼に対する批判を真っ向から取り上げている。ある脚注の中で、彼は改良と革命についてのローザ・ルクセンブルクの明らかな誤解と解釈の誤りを指摘している。「論文のタイトルは〈社会改良か革命か？〉になっているが、ローザ・ルクセンブルク嬢の問題提起は、これまでの社会民主主義の中で行われてきたやり方、つまり、社会主義を実現する道の選択肢は何か、ということではなく、その反対で、一つのもの——彼女の考えでは革命——だけが目的に導くことができるというのであ

る。資本主義と社会主義の間にある壁は、彼女によれば〈民主主義というような社会改良の結果によって穿たれるのではなく、逆により堅固により高くされる〉。そうだとすれば社会民主主義は、もし自分の仕事を困難にすることを望まないなら、社会改良や民主主義的制度をできるだけぶち壊すよう努力しなければならないということになる[47]」。

　ベルンシュタインはここで、自分の観点から一つの文章だけを取り上げ[48]、ローザ・ルクセンブルクによれば、社会民主党の課題は改良と民主主義の拡大を妨害することになると主張する。すでに『社会改良か革命か？』の第一部でローザ・ルクセンブルクは経済・政治闘争と革命の関係を強調することを忘れていないし、自分が両方の支持者であることを強調している[49]。まさにベルンシュタインのこの脚注が、1899 年に『社会改良か革命か？』がまとめて出版された際に、ローザ・ルクセンブルクに前書きで社会改良と革命の関係についてのより立ち入った見解を書かせる動機となったと、当然考えられる。そしてこのことを彼女はベルンシュタインに真っ向から反対するという形で行った。ローザ・ルクセンブルクは、社会改良と社会革命はベルンシュタインがしたように対立させうるのかと問い、次のように答える。「社会民主主義にとって、社会改良のための闘争は手段であるが、社会変革は目的であるという意味で、社会改良と社会革命は切り離せない関係にある[50]」。

　ローザ・ルクセンブルクは、社会民主主義は改良の支持者であると同時に革命の支持者でもなければならず、ベルンシュタインは改良と革命の誤った対立を作り出していると、明確に主張している。ルクセンブルクは、社会民主主義は労働者の状況を改善する社会改良に反対することはありえないと強調する。つまり、彼女は改良や労働組合活動や議会活動、あるいは政治的民主化を否定しているわけではない[51]。しかしこれらの活動はつねに最終目標、すなわち政治権力の奪取と社会の社会主義的変革との関係でとらえられなければならないというのだ。改良、労働組合活動、議会活動と政治的民主化は、革命の代わりにはならないが、革命との関連でとらえられなければならない。それは実践においてはどういうことなのだろうか。

　エドゥアルト・ベルンシュタインは組合活動、社会改良、議会活動、政治的民主化によってのみ社会主義の導入にいたることができると主張する。ルクセンブルクはこの見解と闘った。社会改良、組合活動、議会活動、政治的民主化

は、資本主義体制内部で、切り抜けられない限界にぶつかるだろう。なぜならこの体制は、何よりも経済関係に基礎をおいているのであって、法関係に基礎をもつわけではないからである。だから、革命なしに資本主義体制を乗り越えるのは不可能である。ルクセンブルクは書く。「一言でいうと、資本主義的階級支配の基本的関係は、だから、ブルジョワ的基盤に立つ法的改良によって変革することはできない。なぜならそれは、ブルジョワ的法によって成立したわけでもなければ、そのような法によって形作られたわけでもないからである」[52]。

したがって、ブルジョワ民主主義との協働は社会主義への突破口には不十分である。それでも民主主義が労働者階級の政治権力奪取と社会の社会主義的変革の必須の前提条件なのはなぜか？　これに対してルクセンブルクは二つの理由をあげる。「第一に、民主主義は、プロレタリアがブルジョワ社会を変革する際の手がかりと支えとなる政治形態（自治、選挙権等々）をもたらすので必要である。第二に、民主主義の中でのみ、つまり民主主義を求める闘争、民主的な権利の行使においてのみ、プロレタリアは彼らの階級利益と歴史的課題を自覚するようになるので、民主主義は不可欠なのである。一言でいうと、民主主義が不可欠なのは、プロレタリアによる政治権力奪取が不要だからではなく、逆に、この権力奪取を可能にするだけでなく必然にするからなのだ」[53]。

闘争を社会改良、組合活動、議会活動、政治的民主化に限っても、政治的・経済的日常闘争は、最終目標との関係、すなわち政治権力の奪取と社会の社会主義的変革に明白で重要な影響をもつ。この点についてのローザ・ルクセンブルクの見解は明快である。「通常の見解では組合闘争と政治闘争の意味は、社会変革の主体的要因であるプロレタリアをその遂行に向けて準備することにある。ベルンシュタインによれば、労働組合闘争と政治闘争は資本主義的搾取を段階的に縮小し、資本主義社会からその資本主義的性格を奪って社会主義的性格を刻印する、一言でいうと客観的な意味における社会主義的変革をもたらすことが重要である。組合闘争および政治的闘争の大きな社会主義的意味は、それが労働者階級の認識と意識を社会化することにある。もしそれらを、資本主義経済の社会化そのものの手段だとするならば、それらはいわれのない効果をあげないばかりか、他の唯一可能な社会的意味をも失うだろう。それらはプロレタリア革命に向けて労働者階級を教育する手段であることをやめる」[54]。

「政治闘争と経済闘争は、労働者階級をプロレタリア革命へ向けて教育する

手段でなければならない。現存する社会に対抗して日常的に行われる政治闘争と経済闘争は、政治権力の奪取と社会主義的変革への道に必須の学校である」。

「ブルジョワジーと絶えずじかに闘うことを通して、プロレタリアートは、将来権力を奪取することができるための経験を積む。労働組合運動や議会活動、そして政治的民主化のための活動といった社会改良のための闘争なくしては、権力奪取に成功し、社会を資本主義体制から社会主義体制に変えるという最終目的を達することはできない。革命家というものは資本主義体制内での日常的なしんどい政治闘争と経済闘争を飛び越えることはできない。この闘争は、資本主義体制の枠を超えようとする面倒な革命過程に絶対に必要な部分なのである」。

「社会民主主義の基礎はパンフレットや講義からだけでは、教室で水泳を習うのと同じように身につかない」と、ローザ・ルクセンブルクは書いている(55)。

手間がかかり、経験に基礎付けられたものというローザ・ルクセンブルクの革命観は、革命を目標とも、目標に至る道とも見る。革命的という目標のイメージは、ある社会体制から別の社会体制への移行、具体的には、資本主義体制から社会主義体制への移行を伴う。しかしローザ・ルクセングルグは、目標のイメージを語るだけで満足したわけではない。彼女はこの目標に至る革命的な道についても述べている。社会主義社会実現のための絶対的前提条件である実際の政治的・経済的闘争においては、「試行錯誤」、試してみることが問題である。このようにして日常闘争は目標──政治権力の奪取と社会主義社会の実現と結びつく。革命の過程における敗北や勝利によって、しばしば辛いものである経験が個人や運動全体から集められることなしには、社会主義という最終目標には到達できないだろう。

6．革命と経験

ルクセンブルクによれば、プロレタリアと社会民主主義は平時に経済・政治闘争で経験と高度な政治知識を獲得するにもかかわらず、この闘争だけでは労働者が社会主義革命を成功させるように準備するための十分な経験基盤にはならない。労働者階級は政治知識と経験を、権力奪取を時期尚早に自ら試みることによっても獲得しなければならなかった。なぜなら、こうすることによって

のみ労働者は、最終的な社会主義的権力奪取を遂行する知識と経験を獲得できるからである。ローザ・ルクセンブルクは日常闘争と最終目標に関する彼女の見解を深め、具体化し、この関係を正しく理解し、実践することの重要性を強調しただけではない。彼女は『社会改良か革命か？』の第二部で、革命を勝利させるために、権力奪取を早すぎる時期に試みることが重要であるということを、初めて発言した。ここで彼女はベルンシュタインに真っ向から反対して、プロレタリアが早すぎる時期に権力を取ることは可能であり、早すぎる権力奪取は社会主義の最終的勝利のために絶対に必要だと説いている(56)。ここで私は、ローザ・ルクセンブルクがすでにこの時点で独自の革命観を作り上げていたという論拠としてきわめて重要だと思われる長い抜粋を引用したい。

「もし移行措置が早すぎたら？　この問いには、社会改革の現実の過程についての誤解の塊が隠されている。プロレタリア、つまり大きな国民的階級による国家権力の掌握は、何といっても人為的になされるわけではない。パリ・コンミューンのように、プロレタリアの支配が、その目的意識的な闘争の結果としてではなく、誰からも見捨てられた財宝として転がりこんできた例外的な場合を除いては、経済・政治関係の一定の成熟度を前提している。

　これが、まるでピストルの弾のようにいつでも発射され、だからいつでも間の悪い時に起こる〈覚悟した少数者〉によるブランキストのクーデターと、広範な、しかも階級意識を持った国民大衆による権力奪取の違いである。このような国民大衆は、ブルジョワ社会の崩壊が始まりつつあることの産物でしかありえず、したがってその時代に起こりうるさまざまな事象を処理する政治的・経済的手段を自ら備えている。

　そうだとすれば、労働者階級による権力奪取は、社会的前提からすれば〈早すぎる時期〉には起こりえず、他方権力の掌握という政治的結果からみれば〈早すぎる時期〉に起こらざるをえない。ベルンシュタインを安眠させない早すぎる革命は、ダモクレスの剣のようにわれわれを脅かし、頼んでも拝んでも、心配しても用心しても、どうにもならない。それには二つの簡単な理由がある。

　第一に、社会の資本主義体制から社会主義体制への移行という強力な変革がプロレタリアの無敵の一撃でただちに行われるなどとは到底考えられない。これが可能だと前提するのは、まさにブランキスト的な見解をまたしても露呈するものだ。社会主義的変革は長くしぶとい闘争を前提しており、プロレタリア

はおそらく一度ならず撃退されるだろう。だから、最初は、闘争全体の最終結果からみた時〈早すぎる時期〉に権力の座に着かざるをえなかったということになるのだ。

　第二に、国家権力の〈早すぎる時期〉掌握はしかし避けられない。というのは、まさにこのプロレタリア自身による〈早すぎる時期〉攻撃は、最終的勝利の時点を共に実現し、共に決定するという、最終的勝利の政治的条件を作り出す重要な要因だからである。この観点からすると、労働者大衆による政治権力の早すぎる奪取という概念自体が、社会の自動的発展から生じた政治的不合理であり、階級闘争とは無関係に、別に定められた階級闘争の勝利の時点を前提しているようにみえる(57)」。

　この抜粋から分かるように、ローザ・ルクセンブルクは革命の勝利のための客観的前提と共に主体的前提を強調している。労働者階級の権力奪取の試みは社会的前提からは決して早すぎることはありえない。これはどういうことか？ローザ・ルクセンブルクの革命観はカール・マルクスの史的唯物論に依拠している。『社会改良か革命か？』の中で、彼女はまた、科学的社会主義の根拠を三点にまとめている。「社会主義の科学的根拠はご承知のように資本主義の発展の三つの結果に基づく。何よりも、資本主義の増大する無政府性が、その没落を不可避にしていること、第二に、生産過程の社会化の進展が、将来の社会秩序の積極的な手がかりとなっていること、第三に、目前の社会変革の主体的要因であるプロレタリアの力と階級意識が増大していること(58)」。

　ルクセンブルクは、資本主義がその内部の諸対立のために没落に向かっていること、そしてまさに資本主義のなんらかの形の崩壊が、社会主義を歴史的必然にしていることを強調する(59)。歴史的必然という概念には問題性がある。それは例えば資本主義の崩壊の後に社会主義が自動的に実現されることを意味しない。そしてまた、社会主義は、もし労働者階級が、社会主義革命におけるその主体的役割を果たすなら、資本主義の最終的崩壊以前にも実現されうる(60)。だから、資本主義の瓦解傾向がその論理的帰結に向かってどの程度進むか、あるいは、資本主義の最終的没落以前の社会主義的権力奪取がどの程度可能になっているかは、労働者階級の責任問題である。ローザ・ルクセンブルクも、政治活動を始めた当初は、例えばルクセンブルク研究家ヴィルヴェ・マニネンがその著書『社会主義か未開か？』（1966）で主張したように、社会主義が資本主義

に代わる唯一の選択肢だとは考えていなかった。『社会改良か革命か?』と同じ頃書かれた別の著作で、ローザ・ルクセンブルクはこのことをもっとはっきり言っている。例えば、「ブルジョワ社会が社会主義社会に発展するか没落するかの選択肢しか持たないのと同様に、経済学も、マルクスによって開かれた道をさらに進むか、学問的破産を宣言する他はない」。

別の箇所では、「労働者がいかなる対抗手段をも組織せず、資本主義経済がその道を行くがままにするなら、彼らは資本主義経済と社会全体を、遅かれ早かれ未開状態に陥れるだろう」。ルクセンブルクの見解では、すべては労働者階級の行動にかかっており、もし彼らが資本主義体制内での政治・経済闘争と、(または) 革命の最終的勝利に不可欠な時期尚早な権力奪取に失敗するなら、社会主義社会は実現されえず、その結果資本主義の崩壊後、社会主義に代わりにあるものはあまり喜ばしいものではない。資本主義の最終的崩壊前あるいは後の社会主義革命を達成するためには、プロレタリアも社会民主主義も、手を拱いていてはならないのだ。

ルクセンブルクによれば、政治権力奪取は社会的条件からみれば起こるのが早すぎることはありえない。しかし、プロレタリアが最初の権力奪取の試みで獲得した権力を保持できないという意味では、つねに早すぎるのである。なぜできないのか? なぜプロレタリアは政治権力を保持できないのだろうか? ローザ・ルクセンブルクはこの理由を二つ挙げている。第一に、資本主義体制から社会主義体制に一撃で移行することは考えられない。もしこれが可能なら、ローザ・ルクセンブルクが多くの点で強固に距離を置いているブランキストの考え方とこの点で一致することになる。資本主義体制から社会主義体制への移行は長く手間の要る闘争を前提している。ローザ・ルクセンブルクは革命が手っ取り早く行われえるかのような議論を論駁し、これを第二の論拠で裏付けている。つまりプロレタリアは、最終的な社会主義革命に備えるために、早すぎる革命の企てから経験を集積しなければならない、と。

上に示したローザ・ルクセンブルクの革命観は、マニネンが言うように、革命をいかに遂行してはならないかという単に否定的なものだろうか。そうではない。私はローザ・ルクセンブルクは『社会改良か革命か?』の中ですでに革命の明らかな選択肢を提出していると思う。しかし、ローザ・ルクセンブルクの思想を固定的なものとして過大評価するのは適切でないという点ではマニネ

ンに同意する。それはローザ・ルクセンブルクの、手間がかかり、経験の上に成り立つ、まさに歴史的経験からの学習を前提とした革命という彼女の独自の見解に逆らうことだろう。ルクセンブルク自身つねに革命の過程の中で新しい経験を集めたいと欲していた。ローザ・ルクセンブルクの思想の不変性を重要視しすぎることは、彼女の思想は1890年から1919年まで進歩しなかったと主張することと同じだ。それはまたしても、彼女の知的、政治的実践全体を、彼女の手間のかかる、経験に基づいた革命という独自の革命観から切り離すことだろう。

　ローザ・ルクセンブルクの言う手間のかかる経験に基づいた革命は、歴史と社会と人間の経験の中に現実的に根を下ろさなければ遂行されえない。ルクセンブルクにとって、現実と革命はほとんど一致している。われわれが全体主義の実験でみたように、革命は現実から完全に引き裂かれることはない。ローザ・ルクセンブルクの革命観は反全体主義的である。革命が現実から引き裂かれない限り、それは全体主義になることはない。すべてが可能だという全体主義のテーゼは、手間がかかり、経験に基づく革命というローザ・ルクセンブルクの革命観によって論駁されている。なぜなら、彼女は、革命過程での実践と経験は理論を修正すべきだと強調しているからである。『社会改良か革命か？』の中でローザ・ルクセンブルクは疑いもなくマルクス主義の擁護を重要視し、マルクス主義を正しく理解することが革命を成功させるための重要な前提だと考えている。しかし、ルクセンブルクがマルクス主義の見方を擁護しているからといって、革命的実践がマルクス主義理論に従属させられているわけではない。革命的理論と革命的実践が常に相互作用するように、経験は理論と実践を媒介する。ルクセンブルクの革命論では、すべてが可能なのではなく、経験が可能なものと不可能なものの間に境界線を引く。

　ローザ・ルクセンブルクが経験に非常に大きな価値をおくことは、私にドイツの哲学者ハンス＝ゲオルク・ガダマーが『真理と方法』（1960）の中で述べた言葉を思い出させる。

　「経験の真理は常に新しい経験への関係を含んでいる。だから、経験があるといわれる人は、経験だけによってそうなったのではなく、経験に向って開かれている。〈経験がある〉と呼ばれる人の完全な姿は、すべてを体験し、すべてをよりよく知っているということにあるのではない。その反対で、経験ある

人はむしろ、非常に多くの経験をして多くを経験から学んだので、新しい経験をする能力、そしてそこから学ぶ能力に特に優れた、徹底的にとらわれない人である。経験の弁証法自体の完成は、完結した知識にあるのではなく、経験に向かって開かれていることにあり、それは経験そのものを通して駆使されるものである。……つまり、経験とは、人間の有限性の経験である。有限性の内部にある人、自分は時代と未来の支配者ではないことを知っている人が、本来の意味での経験ある人なのである」[66]

　ここでわれわれは次の問いに到達する。ローザ・ルクセンブルクの革命論はほんとうにヘーゲルの経験概念を超えてガダマーの経験概念を先取りしているだろうか？　あるいは、――もしそうでないなら――ガダマーの経験概念は現代の革命論に何か寄与するものがあるだろうか？これについては今後のルクセンブルク会議でのわたしのテーマになるかもしれない。

[注]
（1）Rosa Luxemburg: Parteitag der Sozialdemokratischen Partei Deutschlands vom 3.bis 8.Oktober in Stuttgart, in: GW 1/1, Berlin 1970, S. 238
（2）Rosa Luxemburg: Erörterung über die Taktik, *Sachsische Arbeiter-Zeitung* vom 19. Oktober 1898, in: GW1/1, S. 257
（3）Ebenda, S. 257
（4）Norman Geras: *The Legacy of Rosa Luxemburug*, London 1976, S.117. Deutsche Ausgabe: Norman Geras: *Rosa Luxemburug. Vorkämpferin für einen emanzipatori-schen Sozialismus*, Köln 1996, S. 102
（5）Feliks Tych: Die Revolution von 1905-1907, in: Theodor Bergmann/Jürgen Rojahn/Fritz Weber（Hrsg.）: *Die Freiheit der Andersdenkenden. Rosa Luxemburg und das Problem der Demokratie*, Hamburg 1955, S. 81
（6）Virve Manninen: *Sozialismusu oder Barberei? Der revolutionäre Sozialismus von Rosa Luxemburg* 1899-1919, Helsinki 1996, S. 56
（7）Ebenda, S. 198
（8）Karl Radek: *Rosa Luxemburg, Karl Liebknecht, Leo Jogiches*, Hamburg 1921, S. 14.
（9）Rosa Luxemburg: Bericht an den III. Internationalen Sozialistischen Arbeiterkong-reß in Zürich 1893 über den Stand und Verlauf der sozialistischen Bewegung in Russi-sch-Polen 1889-1893, in: GW1/1, S. 5－13
（10）Paul Frölich: *Rosa Luxemburg. Gedanke und Tat*, Paris 1939, S. 25 － 26.
（11）*Rosa Luxemburg oder die Bestimmung des Sozialismus*, Frankfurt am Main

1974. Beiträge von C. Pozzoli, L. Basso, I. Fetscher, A. Cordova, D. Howard, G.Bedeschi, O. Negt, G. Badia, J. Seifert, G. Haupt, J. Agnoli.
(12) Lelio Basso: *Rosa Luxemburgs Dialektik der Revolution*, Frankfurt am Main 1969, S. 22-23.
(13) Ebenda, S. 106.
(14) Hans-Josef Steinberg: *Sozialismus und deutsche Sozialdemokratie. Zur Ideologie der Partei vor dem I. Weltkrieg*, Hannover 1967, S. 56-57.
(15) Ebenda, S. 60.
(16) Dieter Groh: *Negative Integration und revolutionärer Attentismus*, Frankfurt am Main 1973, S. 57.
(17) Ebenda, S. 57.
(18) Susanne Miller: *Das Problem der Freiheit im Sozialismus. Freiheit, Staat und Revolution in der Programmatik der Sozialdemokratie von Lassalle bis zum Revisionismusstreit*, Frankfurt am Main 1964, S. 260.
(19) Ebenda, S. 290.
(20) Ebenda, S. 273.
(21) Ebenda, S. 262.
(22) Annelies Laschitza: *Im Lebensrausch, trotz alledem Rosa Luxemburg*, Berlin 1996, S. 112-113.
(23) Karl Kautsky: *Das Erfurter Programm*, Stuttgart 1892/1908, Vorrede zur 5. Auflag, S. XX. Vgl. auch: Hans-Josef Steinberg: *Sozialismus und deutsche Sozialdemokratie*, S. 61.「カウツキー自身言っているように、ここでは『資本論』第24章7節の解釈が問題なのであり、二つの文章を較べると、エルフルト綱領では、資本主義の運動法則が、あたかも普遍的に妥当する自然法則であるかのように捉えられていることがわかる」。
(24) *Protokoll über die Verhandlungen des Parteitages der Sozialdemokratischen Partei Deutschlands. Abgehalten zu Erfurt vom 14. bis. 20. Oktober 1891*, Berlin 1891, S. 4.
(25) Ebenda, S. 4.
(26) Susanne Miller: *Das Problem der Freiheit im Sozialismus*, S. 215-220. Vgl. Lelio Basso: *Rosa Luxemburgs Dialektik der Revolution*, S. 17.
(27) Cf. Rosa Luxemburg: GW 1/1, S. 5-216.
(28) Cf. Norman Geras: *The Legacy of Rosa Luxemburg* und Virve Manninen: *Sozialismus oder Barbarei?*
(29) Lelio Basso: *Rosa Luxemburgs Dialektik der Revolution*, S. 23.
(30) Rosa Luxemburg: Bericht an den III. Internationalen Sozialistischen Arbeiterkongreß in Zürich 1893 über den Stand und Verlauf der sozialistischen Bewegung in Russisch-Polen 1889-1893, in: GW 1/1, S. 6-7.
(31) Ebenda, S. 7.

(32) Rosa Luxemburg: Der Sozialismus in Polen, *Sozialistische Monatshefte*, Jg. 1, Nr. 10, 1897 in: GW 1/1, S. 83.
(33) Karl Marx: Allgemeine Statuten und Verwaltungs-Verordnungen der Internationalen Arbeiterassoziation, in: Karl Marx/Friedrich Engels: Werke 17, Berlin 1964, S. 440.
(34) Rosa Luxemburg: Der Sozialismus in Polen, in: GW 1/1, S. 86-87.
(35) Ebenda, S. 87.
(36) Rosa Luxemburg: Possibilismus, Opportunismus, *Sächsische Arbeiter-Zeitung* vom 30. September 1898, in: GW 1/1, S. 229.
(37) Cf. Karl Kautsky: *Bernstein und das sozialdemokratische Programm*, Stuttgart 1899, S. 194 – 195.「歴史的事件の延期について語るのが馬鹿げているとすれば、プロレタリアートがまだ政治的に十分に成熟していないというカサンドラの叫びにはどんな意味があるのか？ われわれは歴史的発展の操縦者ではない。歴史的発は個々の政党やその善意の願望よりも強力な要因に依存している。プロレタリアートがすでに政治権力を引き受けるに十分なところまで達しているか、将来政治権力を奪取したとき必要となる能力がすべての点で育っているか、課されるであろう巨大な歴史的課題を解決する力を無条件に備えているか、その勝利は敗北で打ち砕かれるのか、これからの政治的展開はゆっくりなのか速いのか、誰がそれに答えられるだろうか。……われわれの任務は、闘争中のプロレタリアートの政治的能力に根拠のないけちをつけて勇気を失わせることではなく、プロレタリアートに最高の政治的能力を要求し、常にその行動能力が最高水準にあるよう、可能な限りそれを高めるために全てを提供することである」。この点について、また一般的には、特に、租税問題とその最終目的の関連についてのカウツキーの原則性のなさについて、ルクセンブルクのシュトゥットガルト大会直後の、カウツキー批判の初期のもの、Rosa Luxemsburg:Nachbetrachtungen zum Parteitag, Sächsische Arbeiter-Zeitung vom 12.und 13.Oktober 1898 in GW1/1, S. 245 – 250. を参照。Virve Manninen: *Sozialismus oder Barbarei?* S. 29 はルクセンブルクとカウツキーについて「1900年にはかれらはすべての点で同じ理論的立場にあった。したがって、ルクセンブルクの見解がすでに当時カウツキーより左よりであったとか 急進的であったとかとかいうのは正しくない」と述べている。ヴィルヴェ・マニネンは Helga Grebing: *Arbeiterbewegung,Sozialer protest und kollektive Interessenvertretung bis 1914*, München 1987, S.115-116 と Rudolf Walther:" ……*aber nach der Sündflut kommen wir und nur wir" Zusammenbruchstheorie und politische Defizit in der SPD 1890-1914*, Frankfurut 1981, S. 166 – 168 を援用している。ここでルクセンブルクとカウツキーの思想の同一性と違いについて立ち入るのはやめておこう。しかし私はマニネンの結論には同意できない。とくに、カウツキーとルクセンブルクの革命概念は異なっている。このことは両者の著作を比べてみれば明らかになるが、シュタインベルクが *Sozialismus und deutsche Sozialdemokratie, S. 83* でカウツキーの、1909 年の *Der Weg zur Macht,*

Berlin1909で頂点に達するまで絶えず変化した革命概念について述べている結論と完全に一致する。シュタインベルクは書いている：「しかしかれ（カウツキー）がどこまでローザ・ルクセンブルクを取り巻く急進主義者たちの革命的行動主義を共にしたかは、かれが最も革命的な立場に立ったときにも待機の姿勢を捨てなかったことからみてとれる」。

(38) Rosa Luxemburg: Parteitag der Sozialdemokratischen Partei Deutschlands vom 3. bis. 8. Oktober 1898 in Stuttgart, in: GW 1/1, S. 236-237.

　S. 239. も参照。党大会での彼女の2番目の演説で、ローザはポーランドの場合と同じようにブランキストの革命概念から距離をとった。「フォルマールはブランキズムをまるでもののけのように描いてみせた。彼はブランキズムと社会民主主義の違いを知らないのだろうか？　ブランキストたちの考えでは、一握りのスパイたちが労働者階級の名で政権奪取を行うことになっており、社会民主主義では、それを行うのは労働者階級自身であるということを？　社会民主主義運動のベテランが、忘れてはならないことである。フォルマールはローザが暴力的手段を称賛したと非難したが、ローザは *Leipziger Volkszeitung* の9月に書かれた記事を示してこれを否定した。「私の立場は正反対のものです。われわれを勝利に導く唯一の暴力的手段は、日常闘争において労働者階級を社会主義的に教育することです」。そして付け加えた。「わたしの演説に対してそれは全く自明のことだと言ってくださるなら、それに勝る称賛はないでしょう。でもこの大会にご出席のすべての人にとって自明ではないのです」。

(39) Rosa Luxemburg: *Sozialreform oder Revolution?*, in: GW 1/1, S. 404.

(40) Gerhard Ritter: *Die Arbeiterbewegung im Wilhelminischen Reich. Die sozialdemokratische Partei und die freien Gewerkschaften 1890-1900*, Berlin-Dahlem 1959, S. 206.

(41) Eduard Bernstein: *Die Voraussetzungen des Sozialismus und die Aufgaben der Sozialdemokratie*, Berlin 1899/1991, S. 201.「同様の見方ですでにルクセンブルク嬢は、先に取り上げた論文、それは私に対する反論の中では方法という点では最も良いものに属すのだが、その中で、私のような見解では、社会主義は客観的な歴史的必然であることをやめ、観念論的に根拠付けられることになると抗議している。彼女の論法にはひどい曲論もみられ、観念論とユートピア主義との全く恣意的な等置を前提しているが、私が社会主義の勝利を〈その内的経済的必然性〉によるものとは考えず、社会主義に単に唯物論的な根拠を与えることが、可能でもなければ必要でもないと考えているという点では、彼女は核心をついている」。

(42) Rosa Luxemburg: Parteitag der Sozialdemokratischen Partei Deutschlands vom 3. bis 8. Oktober 1898 in Stuttgart, in: GW 1/1, S. 241.

(43) Eduard Bernstein: *Die Voraussetzungen des Sozialismus und die Aufgaben der Sozialdemokratie*, S. 42-52.

(44) Ebenda, S. 104.

(45) Rosa Luxemburg: *Sozialreform oder Revolution?*, S. 427. Vgl. Eduard Bernstein:

Die Voraussetzungen des Sozialismus und die Aufgaben der Sozialdemokratie, S. 205-206.
(46) Rosa Luxemburg: *Sozialreform oder Revolution?*, S. 428.
(47) Eduard Bernstein: *Die Voraussetzungen des Sozialismus und die Aufgaben der Sozialdemokratie*, Fußnote 20, S. 87-88.
(48) Vgl. Rosa Luxemburg: *Sozialreform oder Revolution?*, in: GW 1/1, S. 400
(49) Ebenda, S. 369.
(50) Ebenda, S. 369.
(51) ローザ・ルクセンブルクは革命党員がブルジョワ民主主義的な政治機関に参加したり、現存の国家で地位につくことには全般として積極的な態度を取ったが——それは、参加することが同時に階級闘争、つまり、ブルジョワジーとその国家に対する闘争を可能にする限りにおいてであった。したがってブルジョワの民主主義的機関に社会主義者が参加することの境界線は、ブルジョワ政府に参加しないことである。社会主義者がブルジョワ政府に参加すれば、もはや資本主義国家に反対する野党の存在する余地はない。Cf. Rosa Luxemburg: Nachbetrachtungen zum Parteitag, *Sächsische Arbeiter-Zeitung* vom 14. Oktober 1898, in GW 1/1, S. 253-254 und Rosa Luxemburg: Eine taktische Frage, *Leipziger Volkszeitung* vom 6. Juli 1899, in: GW 1/1, S. 483-486.
(52) *Sozialreform oder Revolution?*, in: GW 1/1, S. 431.
(53) Ebenda, S. 401-402.
(54) Ebenda, S. 369.
(55) Rosa Luxemburg: Die französische Einigung, *Leipziger Volkszeitung* vom 20. Dezember 1899, in: GW 1/1, S. 659.
(56) Rosa Luxemburg: *Sozialreform oder Revolution?*, in: GW 1/1, S. 435, Fußnote 2, 2. Auflage 1908.「……プロレタリアートが、権力奪取に伴う政治的危機の過程、長くて辛い闘争の中で初めて必要な政治的成熟度に達することができ、最終的な大変革を行うことが可能になるのである。そういうわけで、プロレタリアートによる政治的国家権力への早められた攻撃は、重要な歴史的要因として大切なのだ」。
(57) Ebenda, S. 434-435.
(58) Ebenda, S. 375. Vgl S. 403.「社会主義は労働者階級の日常闘争に傾向として内在しているわけではなく、一方ではつねにますます先鋭化する資本主義経済の客観的矛盾の中にだけ存在し、他方では社会変革によるその止揚の不可避性を労働者階級が主体的に認識することの中にある」。1908年の第2版では、「したがって社会主義は、労働者階級の日常闘争の中から決して自然に無条件に生まれるのではない。それは資本主義経済の絶えず先鋭化する矛盾と労働者階級の認識の結果なのだ」。
(59) Ebenda, S. 377.
(60) Cf. Rosa Luxemburg: Kautskys Buch wider Bernstein, *Leipziger Volkszeitung*

vom 23. September 1899, in: GW 1/1, S. 550.「プロレタリアの階級闘争は資本主義的生産様式が死滅の段階に至る前に、それを覆すことができる」。

(61) Virve Manninen: *Sozialismus oder Barbarei?*, S. 31.「社会主義はルクセンブルクにとって、当時はなお確実な歴史的必然、〈社会の物質的発展の結果〉だった。その発展は法則的に革命に導き、社会主義という最終目的も実現される。当時のルクセンブルクには他の選択肢はなかった」。

(62) Rosa Luxemburg: Zurück auf Adam Smith, *Die Neue Zeit*, 18. Jg. 1899/1900, Zweiter Band, S. 180-186, in: GW 1/1, S. 737.

(63) Rosa Luxemburg: Kapitalistische Entwicklung und Arbeitervereinigungen, *Leipziger Volkszeitung* vom 17. November 1899, in: GW 1/1, S. 609. Vgl. auch. Rosa Luxemburg: Verschiebungen in der Weltpolitik, *Leipziger Volkszeitung* vom 13. März 1899, in: GW 1/1, S. 365.「なぜなら全地球が資本主義で覆われるや否や――そしてこれはアジアの分割でほとんど最終的に完成する――、そのことによって国際的、経済的、政治的対立が頂点に達するや否や、資本主義は自分でも収拾がつかなくなってしまうだろう。資本主義は、その後継者たる社会主義的プロレタリアが、その歴史的遺産を相続するに足るほど成熟していない間だけ、生き延びられるだろう」。

(64) Vgl. Rosa Luxemburg: Anhang Miliz und Militarismus, *Leipziger Volkszeitung* vom 20. -22. und 25. Februar 1899, in: GW 1/1, S. 454.「ベルンシュタインが資本主義全体について理解していないように、シッペルはミリタリズムに関して、客観的発展はただその上の発展段階に条件を与えるだけであって、われわれの目的意識的な介入、社会主義革命あるいは市民軍を目指す労働者階級の政治闘争なしには、どちらも実現しないことを理解していない」。

(65) Virve Manninen: *Sozialismus oder Barbarei?*, S. 12-13.

(66) Hans-Georg Gadamer: *Wahrheit und Methode*, Tübingen 1960, S. 361 und 363.

（翻訳・ギラ・クロー：ノルウェー語→ドイツ語
石川康子：ドイツ語→日本語）

第 3 章

「資本蓄積論」と
グローバル化した資本主義

3-1
軍国主義と資本主義

ジョルジ・シェル（ドイツ）

1．要旨

　20世紀の初頭における主要問題の一つは、世界戦争の可能性に直面して、帝国主義と地球規模での資本蓄積の問題であった。私見では、ローザ・ルクセンブルクの主著は『資本蓄積論―帝国主義の経済学的解明』(1913)である。本報告では、近代資本主義の矛盾の蓄積（を考察―訳者補足）している「資本蓄積の領域としての軍国主義」という小さくはあるが最も示唆的な第32章だけを取り上げよう。二つの世界大戦の後でさえ、資本主義の最終段階＝帝国主義はいまだ終わりは見せず、逆に、一方の産軍複合体と、他方の、古臭い前資本主義的な社会や価値のシステム（原理主義）の抵抗や再興と、による紛争にわれわれは直面している。ルクセンブルクのもっとも重要な貢献は、経済学に対する教条的でない人間主義的なアプローチである。

2．ローザ・ルクセンブルクの考えが今日の世界に示唆すること

　ローザ・ルクセンブルクの『資本蓄積論』が初めて出版されて80年以上が経過し、彼女の虐殺後も80年近い。疑いなくこの書物は20世紀の各種階級闘争のあいだに、もっとも影響力あるものの一つであった。ルドルフ・ヒルファーディングの『金融資本論』(1904)とともにそれはW.I.レーニンの近代資

本主義の理解と戦略に影響を与えた。

『資本論』第2巻（周知のとおり、マルクスが生きているうちに完成せず、フリードリヒ・エンゲルスの編集による）について、2階級のみが残る世界経済という理念型を表すものだと、マルクスに対して彼女は正しくも批判を加えた。彼女は資本蓄積過程が歴史的、文化的特殊要因を伴うことに固執したためである。こうした過程の分析において、彼女はマルクス主義の用語によっているけれども、マルクスの考えをグラムシの意味付けで語るほうが適していたのではないかと私には思える。マルクス・レーニン主義がソ連やいわゆる現存社会主義諸国の新支配階級のイデオロギーとなってからはそうであろう。

もう一つのポイントは、マルクスの分析がなかんずくミクロの、企業のレベルでなされていたために、ローザ・ルクセンブルクにとって主要な問題であったマクロレベルを無視していたことである。

第32章で、彼女は、軍隊の費用を最終的に負担させられるのはつねに労働者階級であることを解き明かした。資本はこの点決して譲歩しない。そこでプロレタリアートは最終的には自らの、そして帝国主義下の植民地に住む兄弟姉妹の搾取と抑圧の費用を用立てる。これが近代資本主義のパラドックスの一つだ。もう一つのパラドックスは、資本には「冗費」——これには国家支出、すなわち軍隊費用——を抑えることに強い利害関心を持つのだが、他方で、他の階級や外国の競争に対して自分たちの利益を守る必要がある、という点だ。資本が大部分一国のものである限り——EU内ではEU企業である場合、資本はナショナリズムをイデオロギーおよび慣行として必要とし、用いる。宗教も「民衆のアヘン」として同様の役割を果たす。

3．20世紀初頭の軍国主義と資本主義

19世紀が終わると、帝国主義列強の対決を伴うおそろしい20世紀がスタートし、第一次大戦をもたらした。1885年のベルリン会議で地球の植民地分割ルールが定められた。ドイツはその領域を公然と持ちたかったし、日本も同様だった。そして歴史の皮肉なのだが、評価の高いビスマルク福祉国家は、二重の機能を持っていた。それは一方で基礎的社会保障を提供することで労働者階級を落ち着かせた（同時にドイツ社会民主党を禁止する「社会主義者鎮圧法」

があった）が、他方で、ドイツの覇権をめぐる野心の基盤となるドイツ海軍建設の資金に、この国民年金の積立金が用立てられた。

　軍隊は自然資源や人的資源を利用すべき領域を開き、のちには市場を得るのにも役立った。

　もう一つのパラドックス：軍隊は戦争に勝つために健康な兵士を必要とし、それゆえ、健康と安全の保護が帝国主義列強にとって一大問題となった。これにより仕事場での過剰搾取対策が課題となった。

　もう一つ、軍隊の役に立ち、逆説的な機能として、「国民の学校としての」役割があげられる。兵士の多くは教育を受けていない。技術（今日ではハイテク）をともなう近代軍には教育がうまく機能するための前提条件である。基礎的なスキルとともに、何よりも民族主義的、帝国主義的イデオロギーを植え付けられる。

　さらにもう一つのパラドックスは、植民地、帝国主義列強が、その支配領域から兵士を募集したことである。その同じ植民地での抑圧に関与させるだけではなく、帝国主義戦争でも：有名なのでは、グルカ、ハルキ、セネガルなどの部隊。

　しかしながら、一点ローザ・ルクセンブルクが間違った判断をしたのは、オットー・バウアーが植民地からの大規模な労働者移民を予見した（1921）のを批判した際であった。今日、われわれはまさに、以前の植民地からの大量移民に直面している。英国で1980年代に『帝国の逆襲』と題する良い本が出ている。この大量移民は、一方で経済の中心部に安価な労働をもたらし、利潤率を上昇させる。他方で社会の紛争や犯罪を増やす。環境危機と、この大量移民を助長する、不平等であり続ける世界秩序とは、21世紀資本主義の主要な課題の一つであり続けるだろう（Széll 2002）。

　その国の資本の一部にとって、上述の権力機能のほかに、軍はつねに資本蓄積の安全な源であった。過去においてすべての軍事契約は投下資本に対して5％を保証された利潤率を得ていた（今日では最低利潤率の期待値は15％、良ければ25ないし40％）。産軍複合体のGDPに占める比率は平均して5-6％程度であるが、戦時には何倍にもなる。1980年代の冷戦の頂点では、米国で30％、ソ連で60％もの蓄積率に達した。事実この軍備競争はソ連の経済システムの崩壊の主要原因の一つであった。たしかにこのことが西側にとってこの

軍備競争を行う主要な理由の一つでもあった。

　しかし権威主義的支配すなわちファシズムは資本主義社会の通常の形だと主張する見解とは違って、例外である。大きな警察力と軍を維持するのに、冗費がかかり過ぎる。その限りで、帝国主義は資本主義の最後の段階であろうと期待したローザ・ルクセンブルクは正しい。だがこのシステムは、驚いたことに、われわれの予想をはるかに超える持続力を持ち、今日に至るまでいつも新しい超過利潤の源を再発見できている。

　それゆえ、武器の変更がこれら矛盾の一部を克服する戦略の一つである（Széll 1984, 1987, 1988, 1990, 1991, 1992）、しかしそれは冷戦が急停止していらい、それは新しい種類の地域戦争に伴うものであった。残念ながら平和友好国はコスタリカ、スカンジナヴィア諸国など極めて少ない。ノルウェーの著名な平和研究家ヨハン・ガルトゥングはすべての国家をノルウェーのサイズに縮小することを説いている。4000ほどの国家ができる勘定になる。彼の考えでは、こうすることでこれ以上戦争も帝国主義も防ぐことができ、そしておそらくは蓄積率も利潤率も改善される、という（Galtung 2007）。

4．今日の軍国主義と資本主義

　アフガニスタンとイラクでのG. W. ブッシュの対テロリズム戦争は、産軍複合体によって導かれた今日の帝国主義の最新の表明である（Baran and Sweezy 1967、Széll 2003a, 2004）。百年間そうであったように、主要利害は自然資源、なかでもエネルギーである。近代工業社会はその物質的基盤から独立しているように見なされ、さらに脱工業化社会、情報社会、知識基盤社会などと語られてはいるけれど、人間は天使ではないのだから、だから再生産のために原料資源を必要とするのだ（Széll 1994）。そしてこれら資源の支配が社会と経済の力の基盤であり続ける。そして米国の2007年予算をめぐる争いは、ローザ・ルクセンブルクが百年前に示して見せたのと同様の、利害の争いを示している：イラク戦争をまかなうのにブッシュ政権は福祉支出を縮小しがちである。

　この百年の経過において、資本主義は明確に新しい質に到達した。ファシズム、原理主義、国民国家の死滅にはほど遠かった――左翼や労働組合さえ「社

会的獲得物」を守るのに、国民国家にしがみつく——これらの社会的権利は多くの厳しい闘争によりかちとったものだ。ここでもわれわれは多くのパラドックスに直面している。

著名な人智学者の一人、ジョージ・ソロスは1998年、要を得た批判の書『グローバル資本主義の危機、危機に臨む開かれた社会』をあらわした。ここで彼は、他のいかなるシステムよりも、規制のないグローバル資本主義は危険だとみなしている。カール R. ポパー（1949, 1957）の弟子である彼は、たしかにローザ・ルクセンブルクの系列に属するものではない。しかし彼の近代資本主義についての知識は——彼は近代資本主義の金融システムの内情に明るいから——われわれ自身の分析と戦略におおいに役立つ。

5．要約

カール・マルクスと同様、ローザ・ルクセンブルクはプロタリアートの勝利が差し迫っていると信じていた。しかしいかなる予想とも彼女の希望とも異なり、世界最初の社会主義国はドイツではなくソ連であった。国家イデオロギーとしてのマルクス・レーニン主義の形成における、当初はレーニンの、しかしはるかに多くはスターリンの間違いによって、ソ連は、社会主義の原理は名称にのみ残されたいわゆる「現存社会主義」という非正常の形を展開した。プロレタリア独裁、ローザ・ルクセンブルクの理解では、異なる考えを持つ者の自由を意味する民主主義の原則が、秘密警察 KGB を権力基盤とするノーメンクラトゥーラの独裁となった。

日本での報告なので、世界政治とわれわれの論点における日本の役割についてとくにふれておきたい。ローザ・ルクセンブルクがこの書物を書いた時、日本は世界の反対側にあるように見え、社会主義者や共産主義者の考察には入らなかっただろう（彼女がこの国について何らかの言及をしたかどうか私にはわからない）。日本は他の帝国主義諸国から上手に学んだ。

1905年対馬でロシア海軍をやぶり、帝国主義列強に加わった（Akashi 2001、Itou 2006、Széll 2000）。

ルクセンブルクの思考の継承としてもっとも強力な功績は、私見によれば、もう一人の元オーストリア＝ハンガリー帝国からの移住者、カール・ポラニー

によるものである。彼の『大転換』(1945) は明確に今日に至るまで近代資本主義とその矛盾の最善の分析の一つである。彼はスターリニズムとファシズムの発展をも理論の視野に収めることができた。

　私にとって 21 世紀のためのローザ・ルクセンブルクの最強の遺産は、疑いなく、その非教条的な社会主義者のアプローチであって、それは深いヒューマニストの伝統と啓蒙に基礎を置いている。約1世紀後にニール・ポストマン (1999) がマルクスの「社会主義か野蛮か！」のスローガンに直面して第二の啓蒙を要求した。この遺産はこれから成就すべきものだ。そのために尽くすことがわれわれの課題だ (Széll 2003)。

[参考文献]

Akashi Yasushi (2001): "Japans Rolle in der Friedenspolitik des 21. Jahrhunderts", in *Jahrbuch Frieden und Wissenschaft* 8, Osnabrück, Universitätsverlag, Rasch: 47-55.

Baran, Paul & Paul Sweezy (1967): *Monopoly Capitalism*. New York, Monthly Review Press.

Busch; Klaus; Széll, György et al. (eds.) (2000): *Ways to Social Peace in Europe*. Osnabrück, Secolo.

Galtung, Johan (2007): *Killing economics*. [in print].

Gramsci, Antonio (1973): *Scritti Politici*. Roma, Editore Riuniti, 3 vols.

Hilferding, Rudolf (1968): *Das Finanzkapital: eine Studie über die jüngste Entwicklung des Kapitalismus*. Frankfurt a.M. [u.a.]: Europ. Verlagsanst. [u.a. 1904]

Ito Narihiko (2006): *Der Friedensartikel der japanischen Verfassung-Für eine Welt ohne Krieg und Militär*. Münster, Agenda Verlag.

Luxemburg, Rosa (1913): *Die Akkumulation des Kapitals-Ein Beitrag zur ökonomischen Erklärung des Imperialismus*. Berlin, Buchhandlung Vorwärts.

Luxemburg, Rosa (1921): *Die Akkumulation des Kapitals-oder was die Epigonen aus der Marxschen Theorie gemacht haben. Eine Antikritik*. Leipzig, Frankes Verlag.

Marx, Karl (1973): "-*Grundrisse*". *Foundations of the critique of political economy* (1857-1858). Harmondsworth/Penguin & London/New Left Review.

Marx, Karl (1989): *Capital*. 3 vols. Harmondsworth, Penguin.

Marx, Karl & Friedrich Engels (1975): *The Manifesto of the Communist Party* (The Communist Manifesto). Beijing, Foreign Language Press [1848].

Polanyi, Karl (1944): *The Great Transformation*, Beacon Press, Boston.

Popper, Karl R. (1949): *The open society and its enemies*. Vol. 1: The spell of Plato; Vol. 2: The high tide of prophecy: Hegel, Marx and the aftermath. London: Rout-

ledge and Kegan Paul, 3. impr.
Popper, Karl R. (1957): *The Poverty of Historicism*. London, Routledge & Kegan Paul.
Postman, N. (1999): *A Bridge to the Eighteenth Century*. New York: Alfred A. Knopf Inc.
Soros, George (1998): *The crisis of global capitalism. The open society endangered*. New York, Public Affairs Publisher.
Széll, György (1984): 'Rüstungskonversion als Friedensstrategie', in Walter Aschmoneit & Michael Daxner (eds.), *Krieg und Frieden. Osnabrücker Vorlesungen 1983/84*. Osnabrück, Universität Osnabrück: 166-194.
Széll, György (ed.) (1987): *Rüstungskonversion und Alternativproduktion*. Hamburg & Berlin (West), Argument-Verlag.
Széll, György (1988): 'Economic or Political Conversion?', in Transport and General Workers' Union (ed.), *Arms Jobs Conversion-a TGWU report. The proceedings of a TGWU European Trade Union Conference on Arms Jobs Conversion. Eastbourne 1987*. London, TGWU: 14-17, 64-65.
Széll, György (1990): 'Möglichkeiten partizipatorischer Konversion auf der Basis der Mitbestimmung', in Lutz Köllner & Burkhard J. Huck (eds.), *Abrüstung und Konversion. Politische Voraussetzungen und wirtschaftliche Folgen in der Bundesrepublik*. Frankfurt/New York, Campus: 491-510.
Széll, György (1991): 'Rüstungskonversion und Mitbestimmung', in Klaus Battke et al. (eds.), *Frieden gestalten nach dem Kalten Krieg. Neue Projekte der Friedenswissenschaft*, Bonn, Informationsstelle Wissenschaft und Frieden e.V.: 98-111
Széll, György (1992): 'Friedenswissenschaft und Konversionsforschung angesichts des Endes des Ost-West-Konflikts', in E. Fehrmann & F. Neumann (Hg.), *Gorbatschow und die Folgen. Am Ende eines Zeitalters*, Hamburg, VSA: 113-123
Széll, György (1992a): 'High-Technology, Industrialization, and Problems of Development', in W.V. D'Antonio et al. (eds.), *Ecology, Society & the Quality of Social Life*, New Brunswick & London, Transaction Publishers: 149-168.
Széll, György (1994): 'Capitalism without Capital?', in Ehlert, W.; R. Russell & G. Széll (eds.): *Return of Work, Production, and Administration to Capitalism*. Frankfurt/ Bern/ New York, Peter M. Lang: 16-24
Széll, György (2000): 'Globalisation in East Asia-A View from Europe', in Y. Kawasaki & S. Sonoda (eds.), *Globalization in East Asia-Past and Present*, Tokyo, Chûô Daigaku: 33-41.
Széll, György (2002): 'Migration and Globalisation', in University of Piraeus (ed.), *Essays in Honour of Professor Litsa Nicolaou-Smokoviti*. Piraeus: 1683-1691.
Széll, György (2003): 'Éthique des Sciences et mondialisation', in Lydia Koch-Miramond & Gérard Toulouse (s.l.d.), *Les scientifiques et les droits de l'homme*. Paris,

Éditions de la Maison des sciences de l'homme, 2003 : 185-192.
Széll, György (2003a): 'The Pax Americana in Afghanistan and Iraq-against the Westphalian Peace Order', *International Criminal Tribunal on Afghanistan*, Nagoya/Tôkyô, Volume 7: 45-60 [4-16-Japanese translation]
Széll, György (2004): ,The US-American Aggression in Iraq and the Future of the Nation-State', International Criminal Tribunal for Iraq (ed.), Tôkyô 2003, *Testimonies and Reports*, vol. 2: 44-49.
Széll, György & Wiking Ehlert (1995): 'Umwelt und Militärkonversion in Niedersachsen', in *Frieden und Wissenschaft. Osnabrücker Jahrbuch 2/1995*. Osnabrück, Rasch: 278-290.
Széll, György & Wiking Ehlert (eds.) (2001): *New Democracies and Old Societies in Europe*. Frankfurt/Bern/New York, Peter M. Lang.

(翻訳・星野　中)

3 - 2
ローザ・ルクセンブルク『資本蓄積論』と中国

何　萍（中国）

　ローザ・ルクセンブルクの『資本蓄積論』の最大の成果は、帝国主義時代における資本主義発展の世界大の図式を、統一性をそなえた形で提示したことである。これをルクセンブルクは資本主義の全体像と呼んでいた。この図式によれば、非資本主義諸国に市場を見いだすことを通じてのみ西洋資本主義は資本蓄積を実現することができ、それゆえ、非資本主義国の残存、世界市場の形成、消費の際限のない拡大が世界システム構築の前提である。『資本蓄積論』第28章「商品経済の導入」において中国が検討の対象とされている。レーニンはこの図式に反対して世界システムの構築における民族国家の役割を強調し、帝国主義時代の資本主義発展の多面的な図式に注目した。こうしたことから、私は、異なった見方からする中国の世界システムに対する関係の諸問題について議論するきっかけをつかんだ。本報告ではルクセンブルクの中国分析から始め、次いで20世紀の中国を検討することを通じて、中国の近代化における民族国家の重要性とその成果を確かめ、最後に、民族国家の二重性格と中国近代化の理論および実践を結びつけることによって、ルクセンブルクの帝国主義時代における世界史の概念を考察し、その理論的功績および今日的展開を評価する。

1．ローザ・ルクセンブルクによる中国の分析

　『資本蓄積論』の「蓄積の歴史的諸条件」において、「近代中国は、後進国と

の商品交換が『穏やかに』、『平和的に』行われたことの典型例を示す」とルクセンブルクは述べている。「1840年代初頭にはじまり19世紀をとおして、中国の歴史は暴力による貿易開始を目的とするいくつもの戦争により区切られている。宣教師たちはクリスチャンの迫害を引きおこし、ヨーロッパ人は蜂起を扇動して、繰り返される殺戮の中で、まったく救いのない、争いを好まぬ農民たちは最新の資本主義的軍事技術をそなえたヨーロッパの全列強との戦いを余儀なくされた。重い賠償金のために公債が必要とされ、ヨーロッパからの債務にたよった結果、中国の財政はヨーロッパの管理下に置かれ、要塞が占領され、自由港の開設が強要され、ヨーロッパ資本への鉄道認可もむしり取られた。19世紀30年代初めから中国革命の開始までの間、こうしたあらゆる手段で中国の商品経済は助長された」。この引用箇所で、ルクセンブルクは19世紀後半の中国の近代化の経路を荒削りにではあるが活写している。これにより三つの基本的視点が明示された。

その第一は、諸戦争が、中国とヨーロッパの資本主義諸国との商品交換（の形成）に最も重要な効果を上げたことである。このことは、中国とヨーロッパ資本主諸国との商品交換が、中国が西洋の侵略戦争に対処できなかったことの結果に基づくことを示唆している。換言すれば、ヨーロッパ資本主義諸国は戦争にたよって、中国と商品交換を行う法的地位を得た、ということだ。ローザ・ルクセンブルクは19世紀後半のヨーロッパの中国への侵略史をふりかえって、20世紀初めに中国革命が起こる前に、中国がヨーロッパ資本主義諸国との一連の戦争の状態にあったことを強調した。この一連の戦争は著名なアヘン戦争から始まった。中国のアヘン戦争は表面上はアヘン禁止運動から始まったのだが、その本質は、ヨーロッパ資本主義諸国の中国に対する経済的利益により繰り広げられた。二度のアヘン戦争が中国社会に与えた作用についてルクセンブルクは描いている。第一次アヘン戦争は1840年代に起こったものだが、1830年代に中国政府が起こしたアヘン輸入禁止運動の結果であった。すでに17世紀から英国はインド産のアヘンを中国に持ち込んでいた。19世紀の初めまで、アヘンの低価格によって一般大衆までがアヘン吸飲者にくわわった。こうした麻薬の常用は、一般大衆の健康の危機をもたらした。このようにアヘンは中国の公的弊害となり、政府はアヘン輸入を禁止する手段を講じなければならなかった。この動きのために英国の資本家はアヘン製品を中国に輸出できな

くなり、その結果英国は1840年代にアヘン戦争を始め、中国に開港と英国との貿易を強要した。戦争の終了は「1842年8月27日の講和条約により、香港島が英国に割譲された。加えて広東、アモイ、福州、寧波などの諸港が貿易向けに開港された」[2]。こうしてわかるように、英国が中国において商品交換を行うための法的地位を保証するこの講和条約は、暴力によるものであり、このようにして中国は西洋文明との接触の道を歩むことになった。中国史におけるこのアヘン戦争のインパクトをローザ・ルクセンブルクは正確に指摘している。「西洋文明、すなわちヨーロッパ資本との商品交換は、アヘン戦争で、東インド会社がベンガルで芥子の栽培を進めたインドのプランテーションからこのヤクを購入することを強制された時に、最初のインパクトを与えられた。このヤクの使用はこの会社の広東支社から広まった」[3]。「これらは、アヘンパイプを通しての……西洋文明への開放の素敵な始まりである」[4]。第二次アヘン戦争は1857年におこった。今回、英国はフランスとともに戦った。この戦争の終結をもってヨーロッパ列強は北京に大使館を設置する認可をかちとり、天津その他の都市での取引が認められた。これ以来、中国はヨーロッパ諸国との交渉に限度を設定できなくなった。

　第二の基本的視点は、ヨーロッパ資本主義諸国の中国への侵入が、西洋の商品経済による中国の自然経済の破滅の道筋だったということだ。ローザ・ルクセンブルクは中国の経済構造がアヘン戦争によってこうむった変化を分析している。その指摘によれば、一方でアヘン戦争がヨーロッパ資本主義諸国の中国への侵略であり、中国にヨーロッパ資本主義諸国との商品交換を行う経路を強制した。他方では、中国の内陸部、とりわけ河南、四川、貴州などに大量に芥子の栽培をもたらす結果となった。これら地域の芥子栽培は、その生活上の必要によるのではなく、金銭目的であり、商品生産であった。こうして、芥子栽培は中国の商品生産を刺激したばかりでなく、中国の自然経済を破壊して、自然経済社会から商品経済社会への転換を促進した。一般にアヘン戦争が中国近代史の起点とみなされるのは、こうした変化の故である。あきらかにこの点に注目して、ルクセンブルクも1840年代を中国近代史の起点とし、中国の近代史は本質において、自然経済社会から商品経済社会への転換過程であることを強調している。この分析は、中国の社会経済構成に対するヨーロッパ資本主義諸国の侵略の効果をあきらかにしたものである。私の考えでは、ローザ・ルク

センブルクが、中国の近代史が内的経済発展により生じたものではなく、西洋の資本主義国の侵略によりもたらされたもので、中国文明の転換における戦争の重要性を確認したのは正しい。われわれが中国の近代化問題を考察するにあたってこの点はきわめて重要であるが、後に詳細に取り上げよう。

　第三の基本的視点は、ヨーロッパの資本主義諸国家の中国侵略が広範囲であったことである。ローザ・ルクセンブルクの見るところでは、ヨーロッパの列強は当初中国に商品交換を強要すべく開港のためにアヘン戦争を始めた。次いで中国市場を支配し、中国での彼らの経済的利益を守るために中国の領土を切り取り、中国の文化遺産を略奪した。それにより中国の主権が一部失われ、文化遺産の大量の損失がもたらされた。中国の経済と文化に対するヨーロッパの侵略による破壊について彼女は次のように描いている。「1860年のフランスによる皇居とその著名な宝石類の略奪や、1900年の『各国が競って公的、私的財産を盗んだ』ことばかりでなく、繰り返す戦争やその合間に、ヨーロッパ文明は大規模に中国の皇居や公共建造物、古代文明の遺跡類の盗奪を繰り返した。ヨーロッパのすべての進出は商品交換の進展だけではなく、大きな、そしてとりわけ由緒のある町々の廃墟のくすぶりや、広大な農村地帯の農業の荒廃、そして賠償のための過度の重税で目立つものであった。40以上の条約港が存在し、――それらはいずれも血と大虐殺と廃墟をもってあがなわれたものであった(5)」。

　以上に見たところを一般的に言うと、中国の19世紀における近代化の経路についてのローザ・ルクセンブルクの観点には説得力がある。しかしながら、20世紀における中国の近代化の歴史を説明するには、彼女の観点だけで十分というわけではない。なぜなら、20世紀の中国近代化はルクセンブルクがそれに反対した民族国家の設立の筋道で実現したからだ。私の考えでは、人民の自己決定権が国民の自決権の基礎であることを強調するかぎりでルクセンブルクは正しい。だが、ヨーロッパ列強に抑圧された中国はどのようにして人民の自己決定権を獲得できるのだろう。これは中国にとって現実的かつ本質的な問題だ。中国近代化の歴史は、国民の自決権によってのみ中国人民の自己決定権が実現できたことを証明している。これはまさに毛沢東が言ったとおりである。「そのような状態にあって始めて、人民は全国的な規模で、民主的な方法により自己教育と自己変革を成し遂げることができ、そしてすべての人が参加することで、国内外の反動（この種反動はなお非常に強く、長く生き残り、ただち

に撲滅することはできない）の影響を断ち切ることができ、旧社会で身に付けた悪習や間違った考えから逃れ、反動に惑わされぬように自覚することができ、こうして社会主義、共産主義社会に向けて前進し続けることができるのだ」。引用箇所の意味するところは、今日の諸国間の世界的接触すなわち民族紛争がいつも矛盾の主要局面となり、これを解決して始めて社会構成と文明の変更が実現できる、ということである。ローザ・ルクセンブルクは中国の植民地化の分析においてこの問題を指摘している。例えば、アヘン戦争は中国に対して、一方で、その封建的、自然経済的構造が破壊され、西洋に対して開き、近代化の道を歩むことを強制したけれども、他方においては、中国の主権を部分的に喪失させ、それにより中国の近代化を妨げた。その分析において彼女は主権の状態の中国近代化にたいする影響を特別に強調した。ルクセンブルクが歴史分析をその論理的命題に役立てようと試みた際に彼女の歴史主義の原則を続けてこの問題をもっと分析せず、異なった社会構成の矛盾における民族紛争の問題を一掃したのは残念なことだ。それゆえ彼女は、西洋資本主義諸国が世界資本主義システムを作り出し、その中に非資本主義諸国が巻き込まれたことは活写したけれども、東洋諸国が国民の独立をかちとるや、世界史の変貌と前進に強力な役割を果たすことを見出すことはできなかった。しかしながらルクセンブルクの中国の主権についての歴史的分析は、中国の20世紀における近代化と今日の世界の解明の鍵となる問題を取り上げていることにより、きわめて貴重である。

2．民族国家と中国近代化についての討論

　民族国家の概念は西洋資本主義運動とともに生じ、商品生産の順調な発展を保証するため、ブルジョアジーにより設置された国家形態であって、諸国家の政治的権利が法により確認されることを含意していた。それゆえ民族国家の出現は近代国家の形成の標識であった。それゆえレーニンはこれを「資本主義時代における典型的で通常の国家」と定義づけた。19世紀に、ヨーロッパのすべての列強は封建政府である清朝との条約で、領土、運輸、港での貿易の権利などの中国の主権を手に入れて、中国人に西洋の民族国家の概念を強制的に受け入れさせていた。20世紀初頭になると、中国の人民は半植民地、半封建的

社会の現実に直面して、中国にとっての問題は、民族国家を設立するかどうかではなく、どのような種類の民族国家を設立すべきかにあること、についてますます明瞭に理解した。これにより中国の独自の近代化の道筋が決定されたわけである。いったんこうした意識に気付くと、中国人民は一転して意識的に民族国家の概念を受け入れ、独自の近代化路線の展開にそれを応用したのであった。

中国人達が民族国家の設立と、独自の近代化路線のあり方について考慮していたあいだに、西洋資本主義は新たな発展の時期に到達していた。この間、西洋資本主義社会の主要矛盾はもはや封建階級とブルジョアジーとの間ではなく、ブルジョアジーとプロレタリアートの間にあった。機械製工業の輝かしい発展とともに、西欧ではプロレタリア革命がおこり始め、やがて世界的な民族運動に突き動かされて西洋から東洋へと広がった。プロレタリアートのイデオロギーシステムとして、マルクス主義哲学は世界的な民族運動の総括に基づき、プロレタリアートの民族国家という概念を提唱した。レーニンはこの新しい民族国家の観念のすべての原理を次のように一般化した。「すべての民族の完全な平等・民族の自決権・全民族の労働者の融合——これがマルクス主義の民族綱領であり、全世界の経験とロシアの経験の教えるところである」[8]。レーニンが提唱した原則は民族国家概念の構造を新しい歴史レベルへと改善した。そればかりか、ロシア十月革命の成功は、まさに東洋諸国のプロレタリアートがより高度の歴史レベルの民族国家をうちたてるという偉大な実践であった。それは世界の歴史的進歩を推進する事業での、東洋諸国のダイナミックな役割を証明した。まさにこのことのゆえに、十月革命の勝利は全世界を震撼させ、東洋の諸民族は社会主義近代国家の設立をとおしてのみ、西洋諸国の植民地支配をのがれ、独立を実現し、近代化の道を切り開くことができるという、真理をそれゆえに明らかにしたのだ。

十月革命の成功は中国の近代民族国家の設立に、そして独自の近代化路線の選択に強く前向きの影響を与えた。1920年代から1940年代にかけて、中国の知識人は中国近代化について熱のこもった論争を始めた。当時、彼らは総じて、中国近代化の核心問題が西洋の先進的な産業や科学技術をつぎつぎと導入することではなく、近代的な意味での民族国家を樹立するために民族の主権を獲得することにある、ということを広く認識していた。では中国は、どのような民

族国家を設立すべきなのか、資本主義のか、社会主義のか？　中国の知識人はこの問題を現実的なレベルでも抽象的なレベルでも討論した。現実的レベルで討論されたのは、主に、中国社会の性質、戦争と革命、中国文化と西洋文化の関係、中国近代化の問題とその具体的経路、その他といった一連の中国近代化の現実問題であった。抽象レベルでは、中国および西洋での、古代と現在両方の哲学的思考方法を融合すること、現代的な人文・社会科学を構築すること、民族意識と近代化との関連の議論、近代性批判その他、形而上で中国文化を構築することをとおして民族国家の理念を確立することが目指された。こうした問題の討議の中で参加者達は主に次の四つの派に分かれた。自由主義、三民主義、新儒教主義、マルクス主義。高い歴史レベルに立脚して研究し、中国の現実をとらえる点で、中でもマルクス主義はこれらの諸問題を正確に解決することに成功した。毛沢東は『新民主主義論』において中国社会の歴史的性格と中国革命の性質の分析に基づき、中国はまず中国の主権と民主革命問題を解決する新民主主義共和国を樹立し、その後中国を近代社会主義国家とするために社会主義共和国へと発展すべきだ、と提唱した。民族の特徴から、中国が樹立する新民主主義共和国は「ブルジョア独裁の古い欧米型の資本主義共和国——これは古い民主主義の形ですでに時代遅れであるが——とは違う。他方で、プロレタリア独裁による、ソヴィエトタイプの社会主義共和国とも異なる。これはすでにソ連で栄えており、さらにすべての資本主義諸国で樹立され、疑いなくすべての工業先進国で国家と政府の支配的な形になるものだ。しかしながら、この形態は植民地や半植民地諸国の革命には、一定の歴史時期には向いていない。この時期には、すべての植民地、半植民地諸国の革命では、第三の国家形態、すなわち新民主主義共和国が採用されなければならない。この形態は特定の歴史的時期に向いたものだから過渡的なものだ。それでも必要な形態であり、無くてはならないものだ」[9]。この文章で毛沢東は中国で民族国家を樹立するのは、社会主義共和国を樹立するのが目的であり、中国を近代国家とし、新民主主義共和国を作るのは最終目標に達するための手段にすぎない、というプロセスにおいてであるとみなしていた。目的が手段を決定するように、中国が社会主義共和国の樹立を意図するのであれば、民主的革命的な任務を解決するのに、社会主義者の方法をとるべきである。他方で、諸問題を解決する手段は目的を実現する道筋を整える。民主革命の任務を解決するのが社会主義的方法である

からには、新民主主義共和国は社会主義共和国の自然な基盤となる。これが目的と手段との内的統一であって、中国の近代化の道筋の特徴を深部まで明らかにしている。と同時に、中国の民族国家の特質、その樹立の方法や近代化実現の道筋といったような諸問題を理論的に解き明かす。

　民族国家の樹立の過程で、戦争は決定的な役割を演じた。アヘン戦争以来ずっと、中国は世界的な民族解放運動に参加してきた。アヘン戦争がもたらした一連の良からぬ結果に直面して、中国人民は、中国近代化の問題を解決するため、戦争という方法をとることを余儀なくされた。こうして20世紀の前半期の間、戦争は中国が民族国家を樹立するのに用いた主要なやり方となった。戦争目的は民族の主権を目指すことだった。この目的は19世紀後半から20世紀前半の中国の一連の戦争において一貫していた。アヘン戦争、19世紀後半の太平天国運動、対仏戦争、日清戦争、義和団運動だけでなく、20世紀前半の1911革命、五四運動、五・三〇運動、北伐、農民革命戦争、抗日解放戦争はすべて帝国主義の攻勢への抵抗のためであり、民族解放闘争に属する。毛沢東はかつて、これらの戦争に高い評価を与えた。「中国人民の過去一世紀間の非妥協的かつ英雄的な闘争によって、帝国主義は中国を征服できなかったし、永久にできないだろう」と。しかしながら中国では、20世紀の戦争は19世紀のそれとは本質的に異なるものであった。第一に、戦争を主導した階級は、清朝という封建政府から中国共産党に変わった。北伐、農民革命戦争、抗日解放戦争において中国共産党は主役を演じ、あるいは指導的な位置にあった。第二に、戦争を主導する階級の交替によって戦争の役割もそれに応じて変わった。19世紀後半の戦争は単に帝国主義に対して闘うもので、封建主義とは闘わなかった。だからそれは帝国主義の抑圧にたいする民族革命に過ぎなかった。しかしながら20世紀後半の戦争は反帝国主義と反封建という二つの主要課題を引き受けた。すなわち外国帝国主義の抑圧にたいする民族革命と自国内の封建の抑圧にたいする民主革命を結合することであった。毛沢東はこの二つの主要課題の関連について申し分のない分析を行った。「これら二つの大きな課題は相互に関連している。帝国主義支配を放擲しなければ、封建的地主階級を終わらせることはできない。なぜなら、帝国主義が地主階級の主な支えだからだ。逆に、封建的地主階級を倒す農民の闘争を助けなければ、帝国主義支配を倒す強力な革命的部隊の形成はできない。なぜならば、封建的地主階級（を倒すこと―訳

者補足）が中国革命だからだ。それ故、この二つは基礎であり結合している(11)」。第三に、戦争の任務により規定されて、この戦争の性格は民主革命であったが、ブルジョア民主革命ではなく、プロレタリアートに主導された新民主革命であった。つまり、それは中国の社会主義革命の一部分ないし一段階であり、そしてまた世界プロレタリア革命の一部分でもあった。それ故この戦争の将来は社会主義共和国を樹立するはずであり、社会主義的近代化へと歩みを進める。この戦争は中国が近代的な民族国家設立の基礎を据えたし、また中国と西洋との関係をも変えた。20世紀の中国史の包括的な調査によって、民族国家の設立をとおして中国が独特の近代化の経路を作り上げたことが明確に見て取れる。中国はずっと西洋資本主義諸国との関係をこの経路で持ち続けたが、だが一方時期が違えば両者の関係もまったく異なる。20世紀の50年代以前には、中国と西洋資本主義諸国との関係は、主に戦争に基づいて形成され、中国の主権をめぐって戦争のテーマが導かれた。20世紀の50年代から70年代末までは、中国と西洋資本主義国との関係は冷戦のなかにあった。この種の関係は中国にとって国際資本を利用して発展する余地を与えなかったが、それでも、客観的に見れば、中国は社会主義の経済と政治を樹立し、国家権力を固め、中国を強力な社会（主義―訳者補足）国家にする余地を与えた。こうして、1970年代末から今日に至るまでの改革と西洋世界への門戸解放の堅固な基礎が築かれた。この基礎を保持したおかげで、1970年代末と80年代初めの改革と西洋世界への門戸解放において、中国はみずからの意思で西洋資本主義諸国と交流し、国際資本を利用した発展をはかることができた。これがまさに中国近代化の独特の道筋を示している。

３．民族国家の二重性格

　中国近代化の道は民族国家の二重性格を示す。その一つは社会構成の性格である。いま一つは文化的伝統の性格である。社会構成の性格は資本制生産を基礎とし、民族国家の一般的性格とすべての民族の近代化傾向を決定する。西洋であろうが東洋であろうが、前資本主義的生産様式から資本制生産様式に変更することにより、民族国家を樹立し、その近代化を実現しなければならない。中国もそうする。文化的伝統の性格は生産の伝統に基づき、民族国家と民族に

より異なる近代化の個別的実現の固有の性格を決定する。中国の新民主主義はそのような個別的民族国家の一つのあり方である。このような民族国家こそ、中国の社会主義共和国樹立をもたらしたのだ。マルクスは、民族国家の二重性格の研究に携わった。『資本論』において、マルクスは資本制生産の諸法則は「鉄の必然性を持って」貫徹すると強調している。この点では、世界中のどの国でも資本主義国家の基礎と資本主義発展の必然性が強調される。これらの説明は民族国家の社会構成としての性格を明らかにしている。晩年の著作において、マルクスは東洋社会の発展の経路について研究した。彼の考えでは東洋の近代化は社会構成の置換であった。近代化の動きにおいて、西洋も東洋も前資本主義から資本主義への移行を経験する。ただ、この移行を実現する形式も内容もまったく異なる。西洋での移行はそれ自身の伝統的な生産様式から生ずる。他方東洋の移行は、東西の文化の衝突をつうじて起こる。それ故、西の社会構成の置換は生産様式を媒介とする合理的なものであったのに対して、東洋の社会構成の置換は、文化的伝統を媒介とする文化の選択と修復のコースという形で現れる。これらの説明は民族国家の文化的伝統の性格という問題を明らかにした。マルクスは東洋社会の近代化をその社会形態の置換との密接なかかわりにおいて論じている。

　ルクセンブルクは帝国主義時代の経済と政治についての研究によってマルクスの理論を発展させた。彼女は二つの観点をとりあげた。（１）帝国主義時代には、資本主義諸国と非資本主義諸国が相互依存の形で共存した。この種の関係で、資本制生産様式は民族国家というその概念においても、民族国家の権力においても主導的位置についた。進んでそうしたのか、強制されたのかにかかわりなく、非資本主義諸国は資本制生産様式の助けを借りるか、あるいはこれを採用して、近代化の道を進まねばならなかった。このことは資本制生産様式とその民族国家が民族国家としての一般的性格を持ち、かつ資本主義世界システムを形成する役割を担っていたことを示している。またこれは世界史の不可避の成りゆきを示してもいた。（２）東西諸国間の文化の相違は帝国主義形成の歴史的条件であった。なぜなら、西洋の資本主義国家が東洋の非資本主義国家を外部市場や植民地にすることを許したのは、この文化の相違だからである。中国の分析において彼女は西洋資本主義諸国がいかに東洋非資本主義諸国の経済、政治、文化面において征服したかを明らかにし、帝国主義時代における東

洋的諸国の従属ぶりとその性格を描いた。二つの論点でルクセンブルクはマルクスの民族国家の一般性格にかんする概念を発展させ、人間の解放の一般化が民族自決権に対して優位を占めたがゆえに、民族の文化的伝統よりも民族国家の一般的性格のほうが重要であることを証明した。

しかしルクセンブルクの説明は論じつくされてはいない。今日の民主政治はますます文化的伝統の性格を考慮することを要求している。この方向において中国の近代化の理論と実践は価値ある情報を提供する。

理論面では、中国のマルクス主義者は新民主主義の理論と中国の特徴ある社会主義建設の理論を創設したが、これは中国ではプロレタリア革命を推進し、社会主義の道を歩むことによってのみ、農民を改造し、ブルジョアジーを克服し、農業文明から工業文明への移行を実現し、生産性を急速に向上させ、そうすることで西洋資本主義と平等に付き合い、独立した民族として世界史の形成に参画することができることを証明した。

実践の面では、1970年代以前には中国は戦争を通じて全面的な主権を回復し、経済、政治、文化における社会主義システムを世界プロレタリアの革命的な力の助けをえて、樹立した。1970年代以降、国際市場の助けによって、中国は外部の資本主義的条件を、社会主義的市場経済を発展させる内的条件へと変更した。こうして中国固有の近代化の様式を作り上げ、西洋資本主義との新しい関係を確立した。この経験は発展途上国において民族の独立が現在の世界の民主政治の確立のための必要条件であることを示している。

ルクセンブルクは帝国主義時代における東洋非資本主義国家および民族国家の役割を否定したけれども、彼女は東洋非資本主義諸国を世界資本主義システムの不可欠の部分として取り上げ、民族の主権が、西洋資本主義諸国と東洋の非資本主義諸国との政治関係を規定する媒介物だとした。社会構造の分析の視点からすると、ルクセンブルクは世界の文化は異なる民族文化により構成されていることを証明した。ここから、民族国家を議論するための国際政治の枠組みが与えられる。それ故にこそ、今日の新しい帝国主義と社会主義の経済と政治を討論する際に、われわれはローザ・ルクセンブルクを研究しなければならないのだ。

[注]
（1）ローザ・ルクセンブルク『資本蓄積論』、the Routledge Classic edition, 2003年、367ページ。
（2）同上、371ページ。
（3）同上、367ページ。
（4）同上、369ページ。
（5）同上、374ページ。
（6）『毛沢東選集』第四巻、外文出版社（北京）、1967年、418ページ。
（7）『レーニン二巻選集』第二巻第一部、外文出版社（モスクワ）、1959年、319ページ。
（8）同上、386ページ。
（9）『毛沢東選集』第二巻、外文出版社（北京）、1965年、350ページ。
（10）同上、314ページ。
（11）同上、318ページ。

（翻訳・星野　中）

3-3

古典的帝国主義論における中国と日本
―― 今日の眼から見たアジア経済進展の歴史的眺望

フリッツ・ヴェーバー（オーストリア）

1．19世紀以前の世界経済における中国の位置

　第一次大戦前の10年間に古典的帝国主義論が広く論じられたとき、中国は発展途上国であり、ヨーロッパとその他の強国にとって、たやすい獲物であるように見えた。もっとも何時もそうなのではなかったのだが。

　グローバルな歴史の立場から見れば、中国の遅れは、まず、ヨーロッパにおける産業革命の結果として、形成された。それ以前の何百年かには、この国は永続的な貿易収支の超過を達成していた。手工業、農業、および水運における生産性は、高かった。中国は、絹、陶磁器および世界的な銀の取引の「最後の停留所」であったが、この取引とともにヨーロッパの輸入超過は銀の輸出超過によって相殺されたのであった[1]。流入する銀は、中国の国内市場において、有効需要を高め、人口の増大をも助長した。

　中国を際立たせるものは、中央国家の安定性であった。国家と社会との関係は、本質的に、官吏階層つまり士太夫階層によって刻印されていた。皇帝は支配のための装置を意のままにできたのであり、これは貴族から独立して機能した。それが、マルクスが「アジア的生産様式」と言う言葉で理解したものであった。長い眼で見れば「市場経済および工業社会は、儒教という道徳と支配の制度とは合致しないものであった。……儒教に染まった政府のエリートは、国家と社会の安定をえようと努力した。……この均衡を変化すべく脅かすすべて

表1　1600年から2001年までの地球上の粗生産額の分け前(%)

	1600	1700	1750	1820	1870	1913	1950	1973	2001
中国	29	22.5	32.8	33	17	9	4.5	4.5	12.3
インド	22.5	24.5	24.5	16	12	7.5	4	3	5.4
日本	3	4	—	3	2.5	2.5	3	8	7.1
アジア全体 (日本以外)	62.5	58	—	56.5	38	22.5	15.5	16.5	30.9
ヨーロッパ	20	22	?	23	33	33	26	25.5	20.3

資料：アングス・マヂソン『世界経済：歴史的統計』、OECD　2003、261頁。；少し異なる数字は、ウダン／クリストフ『Ferner Donner』42頁；アングス・マヂソン『長期的な中国経済の実績』パリ1998、25頁；www.kommunistische-debatte.de/indien china1993.

のものは、……激しい抵抗にぶつかった」。

　1750年までに、中国の人口はヨーロッパの人口よりも、はるかに急激に増大した。(ヨーロッパは0.3から0.4％、アジアは0.6％であり、中国はもっと高かった)。世界人口に占めるアジアの割合は、66％に高まった。1750年、この世界人口の66％の人々は、地球上の粗生産額の80％を作り出したのである。それに照応して、一人当たりの所得も、アジアのほうがヨーロッパよりも高かった（表1を見よ）。

　1793年には、中国は総人口3億3000万人をもつ、世界最大の国民経済であった。この国は世界の製造業の中心であった。済南（中国山東省の省都――訳注）の王室陶磁器工場は、10万人の労働者を雇用していた。1699年と1800年との間、中国の人口は、二倍になったのであり、したがって、毎年平均して1％増加していた。けれども、18世紀と19世紀初めには、ヨーロッパとは異なり、人口増加に応じて農業生産性を増大させることに成功した。

　しかも、中国は1800年頃、いつも強国であった。40年後、ヨーロッパ列強は、多くの不平等条約によって、この国に自分たちの意思を押し付けた。19世紀の終わりには、中国は、帝国主義諸列強の（結束の固い）集団によって、包囲攻撃された。つまり、フランスとイギリスとドイツによって、また、ロシアと―東では―日本によって、そうされた。日本は、明治維新（1868）によって、20～30年間で、近代化と工業化の猛烈な過程に入り込んでいたのだが。

　1800年頃の最初の数十年、中国の没落は、とりわけ、内部の原因による。これに対して、1830年代に勃発した経済恐慌は、東インド会社のアヘン輸入

の増大によって解決されたのであり、この輸入は貿易収支を赤字に導き、したがって貨幣流通の減少をもたらした。1820年代の中頃より、中国の輸入は、全体として、輸出を上回り始めた。その結果は、デフレ危機であり、貧困の増大であった。「貨幣流通は収縮し、1830年代の中頃には、中国経済はデフレーションとリセッションに落ち込んだ。……1830年代以来、イギリスのアヘン密貿易は、国民の健康を弱めただけでなく、経済の深刻な攪乱を通じて、実際、中国の社会的不安を助長したのであった」。

2．19世紀におけるヨーロッパ帝国主義列強による中国の「門戸開放」

　中国は、ヨーロッパ植民列強による軍事的介入によって、その没落を強められた。中国は艦隊をもたず、沿岸防備も不充分だったので、第一次アヘン戦争（1840-1842）において敗北した。南京条約（1842）によって、中国は外国に五つの沿岸都市を条約港として開放し、香港を大英帝国に割譲した。中国は巨額の戦時賠償金を支払い、中国の商社の独占を廃止せざるをえなかった。この条約は、一連の「不平等」条約の最初のものであった。それは、「ヨーロッパによって押し付けられた新しい外国貿易制度の基礎となった」。これと同時に、国内の分裂の現象が生じてきた。つまり、太平天国運動のような、反乱と分離主義的な混乱が、清朝帝国を不安定にした。

　第二次アヘン戦争（1858-1860）の後に、外国が特権を持つ制度が構築された。相対的に安定した期間の後に、フランス（1885年）および日本に対する軍事的敗北（1895年）が続いた。1895年、中国は韓国と台湾を失い、日本に高額の戦時賠償金を支払わざるをえなかった。それに続く数年間に、ロシアとドイツ帝国が、中国に影響を及ぼそうと計画する競争者として、登場した。その背後には、アメリカ合衆国が、待機していた。

　1860年代に、西欧の技術の沿岸地域への拡散が、とりわけ、交通制度について始まった。こうして、沿岸の蒸気船航行が確立された。1876年には、最初の鉄道が開通した。1888年には、最初の木綿紡績工場が上海で営まれた。こうした発展に続いて、沿岸部の大きな地域が、商業化の波に巻き込まれた。

3．第一次大戦前の最後の 10 年における中国

19世紀に、外国の諸列強（イギリス、フランス、日本）が、中国に対して4回の戦争を遂行した。世紀転換期までに、中国では、イギリス、フランス、ロシア、および日本が地歩を築いた。1894-95年の日本に対する戦争の敗北は、〔大清帝国の〕最終的な没落を促した。1894年に、日本は、山東省で、港湾都市の威海に侵入した。日本人が1898年に撤退したとき、イギリスが威海を占領した。同じ年、ドイツ人は青島を領有した。

1895年以後、帝国主義は、あらゆる暴力を持って、中国に闖入した。無数の略奪にもかかわらず、諸列強は、共同の統制と中国の搾取については、原則的に一致していた。

1895年の日本との戦争の敗北後、外国の工業は協定港に居住し続けた。鉄道建設が促進された。1911年には、中国には、すでに、9,100kmの鉄道が存在した。木綿工業も飛躍した。木綿の紡錘の数は、1888年には65,000であったが、1901年には、565,000に増大した。1913年には、それは、120万、1925年には350万になった。

たしかに、1897年以来、最初の中国の民間銀行がうまれた。けれども、帝政の終わりには、中国国民経済の鍵となる産業すなわち銀行、工業および運輸企業は、ほとんどすべて外国人の手に握られていた。1907年には、100％の製鉄業、鉄道の93％、および海運会社の84％が、外国の資本によって管理されていた。

ある程度の政治的開放が始まった。1903年、皇妃西太后は、通商省を設立させた。教育改革の進む中で、学校での男女共学が導入された。新しい科目が教えられた。中国の青年は、激しく外国（アメリカ、日本、およびヨーロッパ）で勉強し始めた。日本だけでも、中国人学生の数は、1905年に、13,500人に達した。

1908年には、皇妃は一つの勅令を発した。それは新年のうちに立憲君主制の導入と議会の創設を予定するものであった。けれども、こうした仕方の改良は、すでに時期遅れであった。1905年、ロシアの日本に対する敗北は、すべての東アジアの民族主義に強い刺激をあたえた。中国では、孫中山の時代がはじまった。1911年の終わりには、皇帝の支配の終焉が、始まった。1912年、

共和国の宣言がなされた。

　他方では、日本の影響は、全地域で増大した。日本は、東アジアでの覇権を握ろうと準備し始めた。日本の拡張主義の最初の対象は、台湾と韓国であった。1905年の日露戦争の後、そして、とりわけ、第一次大戦後、中国も、ますます強く、日本の影響圏に陥った。1930年代に、日本は、蒙古、韓国、および中国に対する血なまぐさい侵略戦争を開始した。その戦争は、これらの地域を日本の直接の統制のもとに投げ込み、原料の供給を確保するのに役立ったのであり、また、直接に第二次大戦に結びついていったのである。

　日本は、ある種の「開発植民地主義」を実行したのである。韓国では、農業、鉱山業、および軽工業とりわけ繊維製造が、振興された。1920年代に、日本企業は、すでに、韓国の株式資本の70％を所有した。台湾も、制度的経済的に、日本の需要に応じては開発された。中国では、日本の関心は、資源の豊かな満州、および沿海地帯、とりわけ上海あたりに集中した。日本の綿糸紡績工業は、1915年には、その輸出の80％を、中国で売却したが、第一次大戦後は、日本での賃金騰貴と中国繊維産業の急速な発展のゆえに、紡績工場を中国に売却するか、ないしは中国で建設するかを目的にするようになったのである。小海老は、日本に輸出され、そこで加工された。完成した繊維製品は、中国に送り返された。すでに第一次大戦前に、中国の木綿工業においては、日本の影響が支配的であった。

　このような状況において、マルクス主義的帝国主義論は成立したのであり、それの形成には、ほとんど専らドイツとロシアの思想家が携わったのである。彼らは、その眼をヨーロッパの帝国主義に向け、日本の役割は広範に触れられないままであった。

　おどろくべきことには、今日の視点からもっとも興味のある、またもっとも視野の広い帝国主義理論家は、イギリス人のジョン・A・ホブソンである。彼の1902年に刊行された書物『帝国主義研究』は、最初の根本的な研究であり、これは、開発途上国の間でのヨーロッパ列強の態度、とりわけ大英帝国の態度を説明した。中国は、ホブソンの分析において重要な位置を占め、しかも、国土の経済的征服のための共同の行動の対象としての位置を占めていた。彼は、マルクス主義的著作家とは異なり、中国における社会主義的ないし反植民地主義的革命の曙を確証することにそれほど集中はしなかった。むしろ、はるか

168　第3章　「資本蓄積論」とグローバル化した資本主義

に大きな発展の地平を、彼の考察のうちに取り込んだのである。彼の想像力は、マルクス主義的な終末の期待や束縛によって狭隘化されなかったので、彼はアジアの将来のシナリオのグランド・デザインを描いたのであり、そのなかでは、日本の工業国への上昇が予見されており、また同様に、今日われわれの眼前で行われている、中国の経済的上昇も予見されていたのである。

4．シュムペーターの帝国主義論とホブソンの日本と中国に関する見解

　東アジアにおける日本の他を制圧する列強への上昇は、その地政学上の利点と、西洋の帝国主義諸国による支配に対し近代化と言う攻撃的戦略をもって対処するという意志とによって説明できる。日本帝国主義の野蛮性と、日本によって支配される「新大東亜体制」という理念が行動に移されたことの結果は、おそらく、あるオーストリアのブルジョワ経済学者の帝国主義論を用いれば、最もよく理解できる。

　ヨゼフ・アロイス・シュムペーターは、帝国主義を、工業化された国あるいはもっと正確に言えば、工業化しつつある国の、社会学的で政治的な内部矛盾の発現と解釈した。彼は、帝国主義が、「暴力的な拡張への傾向」と「戦争と略奪への非合理的で、まったく衝動的な性向」によって、特徴付けることができると見ている。帝国主義は、シュムペーターにとっては、なんら経済的現象ではなく、むしろ、アントニオ・グラムシに依拠してそういえるように、以前の封建的支配階級の文化的ヘゲモニーの一つである。この階級が、政治的および社会的に、強力な立場を発揮できるかぎり、それは暴力的な拡張への素質を持ち続けると、彼は言う。帝国主義は、彼のみるところ、前資本主義的勢力が社会的に優勢であるという特徴を与えられているのである。

　シュムペーターは、彼の分析の中で、ヨーロッパの情勢に立ち入っている。そして、彼の分析のすべての部分が、日本にも翻案できるわけではない。しかし、過去のこの遺産も「非好戦的なブルジョアジーの手中にあったのなら、帝国主義にまで発展しなかっただろう」という、彼のコメントは、おおよそのところ（grosso modo）アジアの事情に適合しているのだ。「そうした現象が現れたのは」——さらにこう続けられる——「戦争機械とその社会心理的な雰囲気、および好戦的な意志も、相続されていたからである。そしてまた、好戦的

な志向をもった階級が、支配する地位を持ち続けていたからであり、そのことによって、とりわけ、ブルジョワジーの利害が、まさしく好戦的な利害と同盟することができたからである。……この同盟は、闘争本能と、支配、男らしさ、および勝利の輝きなどの理念を、生き生きと保持したのであり、それが無ければ、それらは……死に絶えただろう。その同盟はある社会関係をもたらしたのであり、これは、たしかに場合によっては最終的には生産関係から解明できるが、資本主義の生産関係からだけでは解明できないような、そうした社会関係なのである」。(40)

これに反して、ホブソンにとっては、中国は、経済的な特徴を帯びた帝国主義の最新の段階の実例であった。

「西洋帝国主義精神と方法が、概して、その最も決定的な試練を見出すようにおもえるのは、中国においてである。新帝国主義が旧帝国主義と異なるのは、第一に、単一の増大しつつある帝国の野心の代わりに、競争する諸帝国についての理論と実践を置き換えたことであり、……第二に、商業的利害以上に、金融的および投資的利害が優位を占めていることである」。(41)

何故、帝国主義列強がそんなにも強く中国に関心を持つのかと言う問題は、ホブソンには容易に理解できるものである。

「中国は、西洋の実業家に、唯一つの機会を与えているように思われる。恒常的な労働を行うという異常な能力を賦与され、大きな才能と純粋さをもった幾百万かの人口が、低い水準の物質的安楽さに慣れており、活動しない物質に富んだ国に占拠され、製造と輸送のための近代的機械を欠いたまま、利益に富んだ搾取ができるという眼もくらむような見込みが、開かれているのだ」。(42)

彼は、帝国主義諸列強と中国との間の関係の、三つの発展段階を区別している。

1) 過剰なもの（余剰生産物）の交換。

2) 1900年頃、彼の眼前で行われていた発展。そこでは、発展した国民は、鉄道、投資財などを中国へ輸出していた。（この段階について、彼はそれが長期にわたって持続すると想定していた。「この段階は、長く続くだろう」と）。

3) 最後に、将来の段階が到来するのは、「資本と組織するエネルギーがその国の内で発展させられる時である。……こうして、将来のために充分装備を整えた国内の発展（がなされる。）……このような国は、一層の工業的援助の

必要性に縛られずに、その文明の担い手を捨て去るだろうし、彼らを自国市場において安売りし、他の外国市場から引き去り、自分自身のために、さらなる開発の作業が地球上の他の未開発地域においてなされるように保証するだろう。……すくなくとも考えられるのは、中国は、西欧の工業国民を、彼らの資本と組織者を受け入れることによってか、あるいはもっとありうることだが、中国の代理人にすることによって、事態を一変させるだろう。また、西欧工業諸国の市場をその安い製造品によって満ち溢れさせるだろうし……以前の(quondam)パトロンや文明化の担い手に対して金融的統制を漸次行いうるまで、以前の投資段階を逆転させるだろう」。

中国は、今日の言葉で表現すれば、世界の世界銀行へ発展し、世界市場を安い生産物で溢れさせることができるという考えは、［ホブソンの書物の刊行された］1902年と言う時代においては大胆であったし、まさしく予言的なものと特徴づけることができる。

アジアにおける日本の将来の役割についても、ホブソンは明確に予見した。

「日本が第一級の政治的および工業的な勢力という地位に立つことが、どの程度アジアの帝国主義の問題に影響を及ぼすのかと言う問題は、西欧諸国の熟慮に非常に強く刻み込まれた問題である。しかし、否定することのできないのは、西欧文明の効果的な実際的技術をすべて備えた東洋の国民として日本が最近現れたことが、近い将来、アジアの歴史の進路を深刻に変化させるだろうという事実である」。

日本の経済的な興隆によって、「世界史の新しい１章」が開かれたと、彼は述べている。

「日本と中国との将来の工業化が、主として資本と組織化の技能などのそれらの国自身の資源によって遂行されるなら、……極東の大工業国は、大機械工業において最大のまた最も効果的な競争者として、世界市場に迅速に登場するだろう。そして、まず、アジアと太平洋の貿易に取り掛かり、ついで、西欧の市場にとびこむだろう」。

５．中国に関するマルクス主義的理論家の見解

（１）ヒルファーディング

　ルドルフ・ヒルファーディングは、金融資本に関する彼の著名な書物の、最後の章（「資本輸出と経済領域をめぐる闘争」）において初めて、発展途上国を取り扱った。後のレーニンやブハーリンと同様に彼は、最も広汎に発展した資本主義国家の新しい展開に、関心を持っていた。それ故、中国は、彼の書物の中では、ただ一度、簡単に触れられているにすぎない。[47]

　にもかかわらず、ヒルファーディングは、帝国主義が発展途上国にとって持つ意味や結果について、明確な観念を持っている。すなわち、

　「資本輸出は……すべての古い社会関係の変革と、地上の資本主義への編入を、恐ろしいほど促進した。資本主義発展は、それぞれの国において、土着の仕方で（autochton）行われるのではなく、むしろ、資本とともに、同時に、資本主義的生産と搾取関係が輸入される。しかも、いつも、最も発展した国で達成された水準で輸入されるのである。……資本主義は、……そのつど完成された水準で、新しい国に輸入されるのであり、したがってその革命的な作用を、たとえばオランダやイギリスの資本主義発展が必要としたより、はるかに大きな重みとはるかに短い時間をもって、及ぼした」。[48]

　ヒルファーディングは、こうした出来事のもつ社会政治的な含意、すなわち、「新しい市場がもはや単なる販売市場ではなく、資本の投資領域」となるその瞬間に、植民地諸国の政治的および社会的な諸関係も、根本的に変化せざるをえないということを、非常に詳細に認識していた。このことは、ふたたび、「発達した資本主義国と後進的な領域の国家権力との間の対立を、ますます激しくする。……輸入された資本主義は、……もろもろの対立を（昂進させ）、民族意識に目覚めた国民の侵略者に対する抵抗を、ますます増大させる。……この独立運動は、ヨーロッパ資本を、まさしく、それにとって最も価値のある、また最も見込みのある搾取領域において、脅かす」。[49]

　レーニンやローザ・ルクセンブルクと同様に、ヒルファーディングも、帝国主義が発展途上国において解き放つであろう、この過程の革命的な潜在的力量を強く予感していた。

(2) ニコライ・イワノヴィッチ・ブハーリン

　他の人に比べてあまり受け入れられていないが、ニコライ・イワノヴィッチ・ブハーリンは、最も重要なマルクス主義的帝国主義理論家に数えられる。『帝国主義と世界経済』に加えて、ブハーリンは1924年に、第二の論文『帝国主義と資本の蓄積』を書いた。ブハーリンの功績は、新しい理論的出発点を展開したのではなかった。むしろ、ブハーリンは、「既存の思想や議論の筋道を、統一性のあるヴィジョンにまで纏めるのに成功したのである」。

　ブハーリンは、世界経済を、ヨーロッパ諸国民の歴史的過去と類比させて、「都市」と「農村」に分けた。

　「『都市』と『農村』との相違と『この対立の運動』は、以前はある国の国境内で行われたが、いまや、強力に拡大された段階において再生産される。この観点から見れば、全体としての工業国家は、『都市』として現れ、他方、農業地域は『農村』を意味している。……こうして、世界資本主義の生産諸力の固有の配置が成立する」。二三の「ひとかたまりになった組織された経済団体（『文明化された列強』）が、農業的構造ないしは半農業的構造をともなう発展途上国という周辺に、対抗している」。

　ブハーリンは、植民地および影響圏をめぐる闘争の原因を、資本主義的蓄積の法則性と工業財の販売のたえざる拡張への強制に帰している。

(3) ウラジミール・イリイチ・レーニン

　レーニンも、帝国主義の考察の中で、ヒルファーディングやブハーリンと同様に、資本主義の中軸における帝国主義システムの機能様式の分析を、中心に据えたのであり、わずかに第6章（「列強の間での世界の分割」）のなかでだけ、帝国主義政策のもとに苦しんでいる諸地域に、概略的に立ち入っているに過ぎない。

　これに関連して、レーニンは衰退しつつあった非ヨーロッパの二つの列強である、中国とトルコを、「半植民地」というカテゴリー、すなわち植民地になりつつある地域に分類した。中国においては、利益圏の分割はまさに初めて始まったのであり、その将来を特徴づけるものは、日本とアメリカ合衆国との対立であるだろうといわれた。

（4）ローザ・ルクセンブルク

　われわれは、ローザ・ルクセンブルクを、ヒルファーディング、ブハーリン、およびレーニンと異なり、需要志向型の理論家と特徴づけることができる。つまり、ロバート・マルサスとシスモンディーなどの過少消費に導かれた理論家の後継者で、ジョン・メイナード・ケインズとジョアン・ロビンソンの先駆者として特徴づけることができる。[59]

　ローザ・ルクセンブルクの考察の出発点をなすものは、よく知られているように、資本の拡大再生産に関するマルクスの表式である。彼女は、「純粋な」資本主義は、生産された財貨を大量に販売することができないために、没落するに違いないという意見であった。彼女によれば、資本主義の成長は、剰余価値の実現に必要な財の量を販売するためには、前資本主義的ないしは非資本主義的環境という、「外部の」要因を必要としている。この非資本主義的環境は、手工業の中に、自立した農民経済の中に、そして、——最後というわけではないが——資本主義が植民地国で見出す社会形態の中に存在すると、彼女は見ている。[60]

　カール・マルクスは、『資本論』の第1巻において、とりわけ、ヨーロッパと未開発の社会——もっと詳しく言えば他の大陸の非資本主義社会および経済システム——との間の物質代謝を分析した。その物質代謝が、原料の（そして貴金属の）形での「インプット」に関するかぎりでは。そして、ローザ・ルクセンブルクは、この叙述を、資本主義の「アウトプット」の側に拡大した。彼女のイメージでは、資本主義の終末は、資本主義的経済システムが全地上において実現し、ロバート・マルサスの解釈にみられる、余剰となった商品を購入できる「第三者」がもはや存在しないときに、到来するのである。[61]

　20世紀終わりの経験の光にてらせば、このテーゼを、次のような問題の方向で拡大することも、興味深いことだ。すなわち、計画経済を志向した東ヨーロッパ諸国の崩壊、ロシアの「現実の」社会主義の終焉、および中国における市場経済の支配するシステムへの移行も、資本主義の生命を世界的規模で延長する要素であるといえないのかどうかと言う問題である。とはいえ、この問題は、この論文の枠組みを超える問題である。

　ローザ・ルクセンブルクは、帝国主義的膨張のメカニズムを、歴史的実例に即して実証した。彼女の諸論文の中では、中国の運命は、目立った場所に置か[62]

表2　帝国主義の活動様式が示されている諸国ないしは大陸

J. ホブソン	R. ルクセンブルク	W.I. レーニン	R. ヒルファーディング	N. ブハーリン
アフリカ	アフリカ			
南アフリカ				
エジプト	エジプト			
	アルジェリア			
中国	中国	中国		
インド	インド			
	トルコ			トルコ

れている。

　ローザ・ルクセンブルクは、現代および近々の過去について「実際的な」政治的関心を越える、基礎的な政治的知識を持っていた。このことは、『国民経済学入門』のなかに存在する前資本主義的社会構成に関する多くの経済史的実例をみるだけで、洞察できるだろう。

　彼女は19世紀における中国に対するヨーロッパ列強の戦略を分析した。「公債、ヨーロッパの借款、財政に対するヨーロッパの統制、およびその結果としての要塞のヨーロッパによる占領、自由港の強制的開港とヨーロッパの資本家への鉄道建設の恐喝的な認可などの、全システムを伴う重大な軍事的徴発は、……中国革命（1911/12年の、F. W）の勃発まで、中国における商品貿易の助産婦であった。……中国の40以上の条約港は、そのいずれも、流血と殺戮と廃墟をともないつつ購われたのである」。

　帝国主義の時代における資本主義の浸透の新たな性格について描写する際に、ふたたび、中国への言及が重要な役割を演じた。

　「資本蓄積の帝国主義的段階、つまり資本の世界競争のこの段階は、剰余価値の実現が遂行される場所である資本の以前の後背地の、工業化と資本主義的解放を包含している。この段階の特殊な活動様式は、対外借款、鉄道建設、革命、および戦争である。1900-1920年間の最近の20年は、資本の帝国主義的世界運動にとって、特別に特徴的なものであった。つまり、アジアおよびアジアと国境を接するヨーロッパ地域において、すなわち、ロシア、トルコ、ペルシャ、インド、日本、中国、および北アフリカにおいて、そうであった。自然経済のかわりに商品経済の普及が、また単純な資本主義生産のかわりに資本生産

の普及が、戦争、社会的危機、および全社会構成の絶滅を通じて、実現されるように、現在、革命と戦争の真只中において、経済的な後背地と植民地が資本主義的に自立するという事態が、実現しつつあるのだ。革命は、後背地の資本主義的解放過程においては、自然経済と単純商品経済の時代から受け継がれ、したがって古臭くなった国家形態を破砕し、資本主義生産の目的のために調整された近代的国家装置を作り出すために、必然的である。それに数えられるのは、ロシア革命、トルコ革命、および中国革命である。これらの革命が、とりわけロシア革命と中国革命が示すように、資本支配の直接の要求をもって、一方では古臭くなった前資本主義的取引関係を、他方では既に資本主義支配に向けられた新しい対立を取り入れ、表面にひきあげることは、それの深さとそれの暴力的な負荷能力を条件付けるのであり、同時に、それの勝利に満ちた経過を困難にし、遅滞させるのである」。

　『国民経済学入門』の最後の章（「資本主義経済の諸傾向」）において、彼女は当時の最新の世界経済発展について記述している。中国に関連して、彼女は、次のことに気づいていた。つまり、この過程は複雑な形態をとるだろうが、それというのも、「日本の助力により、ヨーロッパの生産に抵抗し自国の資本主義生産を樹立する」という試みがなされ、「このことにより、住民にとって倍化された複雑な苦悩が生ずるだろうからである」。

　たとえ、この文章が——それはこの論文のなかで唯一つ日本に関係しているが——、およそミステリアスであるとしても、それは帝国主義に関与する国についてのローザ・ルクセンブルクのきわめて重要な関心を示すものである。これは、彼女の資本主義的蓄積過程についての特殊な見方から帰結するものである。彼女は、——マルクスと一致しながら——資本主義的蓄積過程を、グローバルで、世界を包含する現象と捉え、そこにおいては、開発途上の諸領域に、優れた機能が与えられていたのである。

（5）レーニン最後論文における中国観と1920年代における中国の革命運動の形成

　ローザ・ルクセンブルクは、アジアにおける階級闘争の展望についての彼女の見解を、いわば付随的に表明したにすぎなかった。というのも、彼女はレーニンとは異なり、ヨーロッパの進歩した工業国家における社会主義的変革に、

決定的な意義を与えていたからである。

　W・I・レーニンが、卒中の発作に襲われる直前、1924年公表した彼の最後の論文の中で、アジアに眼を向けたのは、決して偶然ではなかった。レーニンは、分析的な検討からではなく、むしろ実際的革命的な政治的考察から、論文「量は少なくても、質はよいものを」のなかで、インドと中国が「世界的規模での（社会主義をめぐる、F. W.）闘争の最終的な決定」をもたらすだろうと、大きな希望を寄せたのである。その際、彼にとっては、とりわけ、ロシア革命の宿命的な孤立を打破し、工業化されたヨーロッパに固執することから脱却しつつ世界革命に新たな展望を与えるのに成功しうるような、潜在的な政治的潮流の発見が、問題であった。

6．展望：古典的帝国主義論の主張の光に照らしてみた、今日の中国と将来の見通し

　1900年以来、中国は工業化の広範な波に囚われた。1912年と1920年との間に、木綿の紡錘の数は、三倍になった。第二次大戦前には、中国は、日本とインドについで、アジアの国の第三番目に大きな工業部門をもっていた。1937年に日本によって占領されるまで、工業化は強力に進歩した。中国資本は、その際、もちろん、副次的な役割を果した。その発展は、本質的には、沿岸部の都市に限られており、とりわけ、繊維産業とその他の軽工業、および鉄道建設に関係していた。

　20世紀の半ば頃、新しい地球的規模の激変がはじまった。それは一定の時間的遅れを伴いつつ、アジアの上昇を開始した。この上昇を特徴付けるのは、インドの独立（1947）、東南アジアのインドネシアとその他の国の独立、および、1949年の中国における革命の勝利などである。

　中国は、1949年には一人当たり所得が54ドル以下の地球上の最も貧しい国の一つであったが、続く20～30年の間に、「全分野にわたる最初の近代化の推進力」となった。産業の構築は、満州での工業的遺産（重工業）と、沿海部の都市（軽工業）とに結びついている。工業の「西への移動」という、最初目指された眺望は、まもなく、取り下げられ、上海の工業の内陸部への移動という計画も、同様に、取り下げられた。1952-1967年の間の三回の5カ年計画は、農業を犠牲にして重工業を構築するという目的を、追求した。

地域的に見れば、1950年代以来、内陸部の工業を、海岸沿いの地域に比べて促進するという試みがなされた。この政策の成果については、評価が分かれている。ある者は、海岸地域の優勢さは打破されなかったと考え、沿岸地域の諸省は1952年に工業の総生産価値の68%を生産していたが、1975年にもまだ65%を生産していると報告した。これに対して、他の者は、この割合は、1970年については、55%にすぎないと見積もっている。それ以来、中国西部開発プロジェクトにもかかわらず、沿岸地域の経済的比重は、ふたたび強く増大した。

　1978年に、今日まで持続している市場経済的改革過程が、開始された。それは、農業において始まった。1984年、それは工業に拡大された。集権的な計画経済の厳格な形態は、放棄された。市場経済的要素が、管理価格に取って代わった。私的な所有が助長され、省はより多くの自治を獲得した。その結果は、成長のなかに読み取ることができる。農業部門は、1979年から1992年まで、毎年5.9%成長し、工業部門はほぼ13.2%成長した。最近25年間に、中国経済は、平均して年に9.5%ばかり成長した。過去の数年は、そのうえ、成長は10%に達した。1990年と2005年との間には、中国の国内総生産は、実際に、ほとんど4倍になった。

　いくつかの異なった評価によれば、中華人民共和国は、20〜30年の間に地上の最大の国民経済に上昇しうるだろう。そのことがアジアと全世界にとって意味するものを考えると、中国が2030年には年間2億トンの穀物を輸入せざるをえないが、これは今日世界的規模で、世界市場で売買されている量に匹敵するということが、読み取れるのである。中国がいつかアメリカ並みの自動車の混雑状態に至るなら、一日に8000万バレルの石油が必要になる。ちなみに、今日の世界の必要量は、6400万バレルである。多くの事情が指示するのは、中国の成長が環境の側から限界付けられるということである。こうして、中国環境庁の次官であるパン・ユエ氏は、最近ある論文の中で、彼の役所が次のように計算したと、言っている。

　「2004年に生み出された環境汚染を処理するためには、それだけで840億ドルの費用が必要だろう。それは2006年の国内総生産の3%に一致している。……もっと現実的な評価は、環境被害を、われわれの毎年の経済実績の8%ないしは13%と見積もっている。言い換えれば、中国は、1970年代末以来に

獲得したほとんどすべてを、環境汚染によって再び失ったのである」。⁽⁸³⁾

したがって、中国の将来の発展に関する議論は、とっくに始まっている。行う必要のあるのは、経済の持続的な成長であり、国内の大量消費の振興のために成長と輸出とを結びつけることのないようにすることである。同時に、諸地域間の、また住民の諸階層間の高い所得格差をやわらげ、腐敗と戦うことが、重要である。⁽⁸⁴⁾

毛沢東時代には、あらゆる矛盾にもかかわらず、中国の経済発展と、同時に、ジョン・ホブソンが描き出したような国の工業化というヴィジョンの、実現のための礎石が置かれた。しかし、この政策の最後の目的は、「安い生産物でもって」西欧市場を「溢れさせる」ことではなく、むしろ、国土のすべてを包摂した発展と——それと結びついて——中国人民のゆたかさの増大と彼らの自治の増大である。

[注]
（1）Frank, Orientierung, S. 47f.
（2）Seitz, S. 33.
（3）Paul Bairoch, The Main Trends in National Economic Disparities since the Industrial Revolution, in Paul Bairoch/Maurice levy-Leboyer（Hg.）, Disparities in Economic Development since the Industrial Revolution, London 1981, S.3-17. WuDunn/Kristof, Ferner Donner, S. 42, は、1800 年について、80％の分け前について調査したが、その分け前がもっと高いと見なしたのである。
（4）アングス・マヂソンは、それから偏差した評価について批評している。それによると、1700 年頃には、中国の一人当たり BIP は、たしかに（1990 年の価格で）600 ＄であり、世界平均（359 ＄）を超過しているが、しかし、ヨーロッパの価値（870＄）よりは低い。1820 年まで、中国の価値は 600 ＄であったが、全世界の平均価値は 706＄であり、ヨーロッパの平均価値は 1129＄であった。（アングス・マヂソン『中国経済の長期的実績』パリ 1998、25 頁と 40 頁）。
（5）Seitz, S. 90.
（6）ラインハルト・ツエルナー『日本の歴史——1800 年から現代まで』パダボーン、ミュンヘン、ウィーン、チューリヒ　2006、181 頁以下をみよ。
（7）Seitz, S. 96.
（8）www.kommunistische-debatte.de/imperialismus/indien＿china1903,S.3, Seitz, S. 96. 40 万箱があげられている。
（9）Osterhammel, Shanghai, S. 49f.
（10）Seitz, S. 97f.

(11) Seitz, S. 98.
(12) Seitz, S. 99. 条約港においては、外国人に、居住許可権とその他の領域外での特権が、与えられた。次の文献をみよ。Dieter Nohlen/Franz Nuscheler (Hg.), Handbuch der Dritten Welt, Bd. 8: Ostasien und Ozeanien, 3. Auflage, Bonn 1994, S. 30f.
(13) 太平天国運動は、当初、マルクスによってポジティヴに評価され、ついで反動的なものとして批判された。www.kommunistische-debatte.de/imperialismus/indien-chian1993.S.11ff. 反乱については、Osterhammel, S. 52f, Seitz, S. 102ffをみよ。
(14) Osterhammel, S. 50f.
(15) Zoellner, Geschichte Japans, S. 269ff. また、Karl Radek, Der deutsche Imperialismus und die Arbeiterklasse, (Kapitel 4) www.marxists.org/deutsch/archiv/radek/1911,S.3f. をみよ。
(16) 参照、Zoellner, Geschichite Japans, S. 277. また、以下の文献をみよ。Kenneth Scott Lautorette, Geschichite des Fernen Ostens in den letzten hundert Jahren,- Frankfurt/Main-Berlin. 1959, S. 621ff.
(17) Osterhammel, S. 67f.
(18) Werner handke, Die Wirtschaft Chinas.Dogma und Wirklichkeit, Frankfurt/Main 1959, S. 125.
(19) Osterhammel, S. 65.
(20) 韓国も、日本による最終的な併合のまえに、1876年から1902年まで、すべての列強と、不平等条約に調印せざるをえなかった。Geschichite: Korea-ein historischer Abriss, S. 1 www.kdvr.de/geschichte
(21) Zoellner, Geschichte Japans, S. 275ff.
(22) Kiese, S. 318. また Seitz, S. 111ff をもみよ。
(23) Kiese, S. 330, Osterhammel, S. 68. また、Handke, Die Wirtschaft Chinas, s.132f. をも参照せよ。
(24) Handke, Die Wirtschaft Chinas, S. 125.
(25) Osterhammel, S. 69f.
(26) Seitz, S. 116.
(27) Kieser, S. 330; Osterhammel, S. 58f. また、latourette, Ferner Osten, S. 117.
(28) Kieser, S. 331.
(29) Kieser, S. 332ff, Osterhammel, S. 59.
(30) Zoellner, Geschichte Japans, S. 299ff; Latourette, Ferner Osten, S. 116ff.
(31) 日本は1914年9月にドイツ帝国に宣戦布告し、青島を攻撃した。Kieser, S. 335.
(32) Zoellner, Geschichite Japans; S. 309ff.
(33) Zoellner, Geschichte Japans, S. 309ff.
(34) Zoellner, Geschichte Japans, S. 330ff.
(35) Tetsuya Kuwahara, The Business Strategy of Japanese Cotton Spinners: Over-

seas Operations 1890 to 1931, in: Akio Okouchi/Shin-Ichi Yonekawa (eds.), The Textile Industry and Its Business Climate, University of Tokyo Press 1982, S. 139ff.
(36) Handke, Die Wirtschaft Chinas, S. 125.
(37) Ibdum.
(38) 次の文献をみよ。Paul Kennedy, Aufstieg und Fall der grossen Maechte. Oekonomischer Wandel und militaerischer Konflikt von 1500 bis 2000, Frankfurt/Main 1989, 317ff.
(39) Zoellner, Geschichte Japans, S. 373ff.
(40) Schumpeter, Joseph A.: Zur Soziologie der Imperialismen, in: Archiv fuer Sozialwissenschaft und Sozialpolitik, Bd. 46 (1918/1919), S. 309f. (Herv. v. Verf.)
(41) Hobson, S. 304.
(42) Hobson, S. 307.
(43) Hobson, S. 308f.
(44) Hobson, S. 315.
(45) Hobson, S. 317.
(46) Hobson, S. 317.
(47) Rudolf Hilferding, Das Finanzkapital, Frankfurt/Main-Koeln, vol. II, S. 433f.
(48) Hilferding, ebenda, S. 437f.
(49) Hilferding, S. 436f.
(50) Angela Scheubmaier, Die Imperialismustheorie von Nikolai Bucharin, www.ag-marxismus.net.（注7）から引用。
(51) Scheubmaier, S.1.
(52) そしてその際、彼はカール・マルクスの『資本論』第1巻のある箇所から以下の文章を引用した。「すべての、発展した、また商品交換によって仲介された分業の基礎は、都市と田舎との区分である。社会の全経済史は、この対立の運動のうちに要約されるといっても良いだろう」。また、次の文献をみよ Bucharin, Imperialismsus, marxists.org/archive/bucharin,Kapitel1, S.4.
(53) Bucharin, ebenda, S. 4f.
(54) Bucharin, ebenda, Kapitel4, S. 10.
(55) Scheubmaier, S. 8 und 11.
(56) W. I. Lenin, Der Imperialismus als hoechstes Studium des Kapitalismus, Muenchen 2001, KapitelVI, S. 85ff.
(57) Ebenda, S. 89.
(58) Ebenda, S. 108.
(59) 彼女が当然にもこの思想をさらに追求することなしに、国家歳出という乗数要因を追求したことは、偶然ではない。次の文献を参照せよ。Fritz Weber, Rosa Luxemburg und der Zusammennbruch des Kapitalismus, in: Helmut Konrad/Wolfgang Maderthaner (eds.) Neuere Studien zur Arbeitergeschichte, Bd. 1,

Wien 1984, S. 110f. また次の文献もみよ。Karl Kuehne, Oekonomie und Marxismus, Bd. 2,, Neuwied-Muenchen 1974, S. 272.
(60) Rosa Luxemburg, Die Akkumulation des Kapitals, in: Rosa Luxemburg, Gesammelte Werke, Bd. 5, Berlin (DDR) 1975, S. 313ff.
(61) Luxemburg, Antikritik, ebenda, S. 417ff.
(62) *Akkumulation des Kapitals* と *Antikritik* だけでなく、*Einfuehrung in die Nationaloekonomie* でもそうである。これらすべては、Rosa Luxemburg, Gesammelte Werke, Bd. 5, Berlin (DDR) 1975 に収録されている。
(63) Luxemburg, Einfuehrung, S. 593ff.
(64) Luxemburg, Akkumulation, S. 334f und 342.
(65) Ebenda, S. 365f.
(66) Ebenda, S. 776.
(67) W. I. Lenin, Lieber weniger aber besser, in: Lenin, Gesammelte Werke, Bd. 33, Moshe Levin, Lenins letzter Kampf, Hamburg 1970, S. 168. から引用。
(68) Osterhammel, S. 70f.
(69) Osterhammel, S. 74.
(70) Dieter Nohlen/Franz Nuscheler (Hg.), Handbuch der Dritten Welt, Bd. 8: Ostasien und Ozeanien, 3. Auflage, Bonn 1994, S, 39.
(71) Nohlen/Nuscheler, S. 74.
(72) Nohlen/Nuscheler, S. 42.
(73) Handke, Die Wirtschaft Chinas, S. 230f.
(74) Nohlen/Nuscheler, S. 74ff.
(75) Nohlen/Nuscheler, S. 80.
(76) Fischer Laenderkunde Ostasien, Frankfurt/Main 1978, S. 149.
(77) Hyekyung Cho, Chinas langer Marsch in den Kapitalismus, Muenster 2005, S. 117ff.
(78) Cho, S. 30ff.
(79) Nohlen/Nuscheler, S. 81ff.
(80) Nohlen/Nuscheler, S. 83.
(81) 週刊新聞『Die Zeit』（ハンブルク）と『Bank』（ウィーン）の 2006 年第 2 号号外において、報告された数値を基礎に、計算した。
(82) WuDunn/Kristof, Ferner Donner, S. 332f.
(83) Pan Yue, Wunsch und Wirklichkeit, in: natur+kosmos Nr.3/2007. S. 24.
(84) Neue Zuericher Zeitung (NZZ), 23. 10. 2004 und 6. 3. 2007.

（翻訳・保住敏彦）

3−4

ローザ・ルクセンブルクはマルクス主義と社会主義をどう見たのか

周尚文＋張自堯（中国）

　ローザ・ルクセンブルク（1871-1919）は、深い知識と批判的で独立した特別な思考能力を備えたマルクス主義理論家であった。科学的社会主義にかかわる一連の根本的な諸問題についての彼女の研究と調査、特にマルクス主義と社会主義主義の生命力を科学的にどのように理解すべきかについての彼女の説明は、後続の諸世代に深い影響を与え続けている。

　ルクセンブルクの理論のいくつかが、彼女の時代から何10年も離れた21世紀の人々に対して、いまなお強力な影響力と持続的な生命力を持っていることは、驚くべきことである。その訳は、彼女の理論が科学的な性格を持ち、より重要なことに、批判と予見の力、すなわち歴史的洞察力を持っているからである。早くも20世紀の初頭に、ルクセンブルクは「マルクス主義の停滞と進歩」や「カール・マルクス」のような一連の論文を書き、マルクス主義を擁護し、支持した。そこで、マルクス主義と社会主義の生命力をどのように科学的に理解すべきかについて、彼女は余すところ無く議論をしている。彼女の考えは今日の後続諸世代をもなお啓発し続けている。

1．

　社会主義は、真似るべき既存の不変のモデルのない、実践においてのみ探査でき、創造でき、発展させることのできる「処女地」である。

ほとんどの偉大な理論家は、未来社会についての青写真を明確にしようとしなかったし、その性格について詳しく説明することはなかった。マルクスとエンゲルスは科学的社会主義の理論を打ち立て、資本主義の内的矛盾を不可避の運命として強調した。正確な科学的態度のゆえに、彼らは未来の理想社会について詳細な説明を与えることはなかった。彼らにとって、新体制について詳しく説明するほど、それはより空想的な説明となる(1)。それは、また空想的社会主義と科学的社会主義との違いでもあった。マルクスが資本主義社会を分析する場合でさえ、未来社会がどんなものであるかについてあらましを述べるにとどまり、社会の発展方向を指摘するにとどまった。数百万の無告の民がその主導力、熱情、創造力を実践において発揮することによってのみ、社会主義は資本主義の遺跡の上に打ち立てられる。ルクセンブルクの信ずるところによれば、社会主義は人間社会の「処女地」のようなもので、そこにはどんな先験的なモデルもない。彼女の意見では、社会主義は経済的、社会的、法的体制であるが、未来社会での非常に漠然とした事柄であり、われわれの綱領にあるのは、特殊な方策が必要な方向を示す少数の大政策だけである(2)。社会主義体制がとるべき特殊な方策とは何か？　ロシアの十月革命以前には、どの社会主義政党の指導原理にも社会主義のテキストにも、そのような説明はなかった。ルクセンブルクは、そのことを弱点だと考えず、むしろ科学的社会主義の空想的社会主義に対する優越性だと考えた。彼女の見解では、社会主義体制は歴史の産物にすぎず、歴史は社会的必要を創りだし、その必要を満足させる手段をもつくり出す(3)。こうしてルクセンブルクは後の諸世代のために、イデオロギーを解放し、所与の「社会主義モデル」の制約から脱するための理論的基礎を与えた。実際、いわゆる社会主義は不変のものではなく、可変的で改良的なものであるというエンゲルスの晩年の考えを、ルクセンブルクは完全に練り上げた(4)。この点で、ルクセンブルクとエンゲルスとは違った道をたどって同じところに来た。しかしながら、1930年代にソ連邦が打ち立てた経済的、政治的、文化的な体制は固定的で硬直したモデルであり、神聖視され、不変のものと見なされた。他の社会主義諸国は、無批判に盲目的にそれをコピーするのを余儀なくされた。これがソ連邦と東欧の転覆の根本的な理由である。このような悲惨な結果は事物に対する教条的な態度の結果であった。

2.

　マルクス主義は硬直した退屈な出来合いの形式のなかには存在しない。そうではなく、新しい世界観を追求し、自己批判を武器とし、ダイナミックに変化する歴史のなかで例外的に優れた生命力を維持し続けるものであった。

　1903年にローザ・ルクセンブルクが出版した論文「カール・マルクス」で述べているように、今日の労働運動は無敵であるので、すなわち平穏に歴史の発展規律を実現するがゆえに、その結果、資本主義的生産は、自然過程的不可避性により、自分の否定、すなわち社会主義革命の原因を生み出す。このような知識によって、運動は最終的勝利の絶対的保証を見いだし、情熱、忍耐、活力、持続性を獲得する。しかしながら、まさにルクセンブルクが指摘するように、社会主義の樹立は必然的に成功するという楽観的な信念に頼ることができないだけでなく、マルクス主義諸理論を機械的に移植することはできない。歴史的な経験を真剣に総括し、プロレタリア革命運動の持続的前進のための重要な前提である経験から教訓を学び取るべきである。1880年代にアメリカの労働運動が興隆したとき、幾人かのドイツ人はドイツに適合した理論と実践とをアメリカに適応しようと試みた。エンゲルスは、友人への手紙において、次のように述べた。全世界を救うことのできる教義は一つもない。だから、アメリカ人が、古い工業国で創られた理論をはじめから理解するのは不可能である。またエンゲルスは、ドイツ人は地方の労働運動に参加すべきで、徐々に理論的な高みに運動を引き上げるべきだとも言っている。理論が外部から押し付けられることが少なく、自力で身につけられることが多いほど、その理論は受け入れやすいものである。ルクセンブルクはそれに同意し、後続諸世代に、マルクス主義と社会主義を正しく理解する方法および歴史的な経験を科学的に総括する方法という根本問題に対する、賢明で先見の明のある思慮深い説明を残している。1915年に彼女は論考「反批判」において次のように指摘している。マルクス主義は硬直した出来合いの形式のなかには存在しない。そうではなく、新しい世界観を追求し、自己批判を武器とし、ダイナミックに変化する歴史のなかで例外的に優れた生命力を維持し続けるものであった。しかしながら、ある人々はマルクス主義を「持ち上げ」、重要な実践的問題に直面したときに、硬直した方法で、所与の時期と状況における歴史的背景と社会的環境のダイナ

ミックな変化と発展を無視し、大衆の感情と要求を無視し、歴史的な経験と教訓を無視し、マルクス主義の古典的な著作のなかに解決を見いだし、自らを本物のマルクス主義者と主張している。ルクセンブルクが指摘するように、実際には、彼らはマルクス主義を新しい世界観の継続的探究の手段と見なすのではなく、つねに過去の社会主義モデルをプログラム済みの永遠のフォーマットだと考え、歴史的な経験と教訓を総括しようとせず、こうして、その時々の社会主義運動の失敗を招いたのである。

3.

　社会進歩の途上の新たな諸問題に関して、マルクス主義的手段は一つの解決策として用いることができるにすぎない。社会主義が資本主義にとって代わるのは長い道程であり、その間で基軸的な重要性を持つのは、経験を総括し経験から教訓を学び取るのに長ずることである。

　かつてエンゲルスが言ったように、真実を得る最良の方法は自らの誤りから学ぶことである。(10) ルクセンブルクの考えでは、マルクス主義は静的で硬直したモデルではなく、ダイナミックで科学的な真理探究の過程だと考えるべきである。マルクス主義は、実践のなかで一般大衆によって継続的に修正され、豊富にされることができる。彼女が指摘するように、予め決められた永遠の公式はない。プロレタリアートがとるべき不可避の方途を指し示すことのできる無謬の指導者はいない。歴史的経験こそプロレタリアートにとって唯一の指導者であり、プロレタリアートの自己解放の道程は無限の苦しみと無数の誤りに満ちている。(11) プロレタリアートの解放は、自らの誤りから学ぶことができるか否かに懸っていて、プロレタリアートは直接には真実と誤謬に向き合うことができるだけである。自己批判、容赦のない深刻な自己批判こそ、プロレタリアートがその生命を維持するのに不可欠な空気と日光なのである。上述の推論は卓越したマルクス主義理論家としてのルクセンブルクの広い心と堂々たる態度を表すだけでない。より重要なことは、マルクス主義をどのように見るべきなのか、社会主義運動の道程での失敗と誤謬をどう見るべきなのか、マルクス主義と社会主義運動の前進のためにどのような態度をとるべきなのかという問題を提起していることである。ルクセンブルクは、プロレタリアートの解放の全行程は

一連の失敗と誤謬からなっていると考えていた。著作『改良と革命』で、ルクセンブルクは、ほかの誤謬や失敗に言及せず、プロレタリアートが「必然的」かつ「未成熟」に権力を奪取することは避けられないと指摘した。社会主義が資本主義にとって代わるのは長い道程であり、その間で基軸的な重要性を持つのは、経験を総括し経験から教訓を学び取るのに長ずることである。1918年に獄中で書いた著作『ロシア革命論』では、ルクセンブルクは再び経験だけが誤りを正すことができ、新たな道を開き、波乱の多い人生によってしか、人々は幾千もの新しい形態や理念について考え、彼らの創造性を維持し、誤りを正すようにならない、と述べた。[12] 1919年1月13日に、ドイツ革命がまさに失敗しようとしたとき、ルクセンブルクは、死の直前の最後の論文「ベルリンの秩序は維持されている」において社会主義革命運動の原則を再びまとめている。究極の成功の途上が一連の「失敗」で敷き詰められている独特の「戦い」(すなわち革命が生き延び成功するための特別な法則)が革命というものである。歴史は一歩一歩勝利に道を開いた。それは後戻りすることはない。人々は失敗から歴史的経験と知識、力量と理想主義を汲み取ることができる。[13] この著作において、高度の精神と情念でもって、ルクセンブルクは主張している。労働者階級が自由にならないなら、革命は決して終わることはない。一方、ルクセンブルクの予言によれば、革命の勝利の途上で、プロレタリアートは無数の苦しみ、失敗、誤りを経験するであろうし、つねに歴史的経験を総括し、誤りから教訓を学び取る勇気を持たねばならない。この道によってしか、マルクス主義と社会主義は前進することができない。ルクセンブルクがその人生において繰り返して強調した上述のことは、現在でもなお有効であり、大いに後続の諸世代を啓発し、彼らに役立っている。

4．総括

　マルクス主義は進歩のない理論ではない。マルクス主義に対する教条的な態度もマルクス主義から逃げ出そうとする態度も間違っている。マルクス主義理論を発展させる能力を持つ人の不足についての不平をいう場合、ルクセンブルクは、どの時代も確かにそのような人をつくり出し必要を満足させるであろうと主張した。これは非常に鋭い。歴史が検証するところによれば、レーニンは

プロレタリア革命の時代に創造的にマルクス主義をロシアに適用し発展させたそのような人であった。

　最近の国際共産主義運動の歴史、特にいくつかの社会主義諸国の迂回と失敗を振り返ると、この迂回と失敗には、客体および主体の側での多くの複雑な諸理由があることが認められる。しかしながら、国際労働運動の成功と失敗、社会主義の勃興と没落は、マルクス主義を正しく科学的に理解し適用することができるか否かに密接に結びついている。マルクス主義に対する態度はマルクス主義と社会主義の運命に繋がっていて、偽りのマルクス主義と本物のマルクス主義を区別する基準をつくっている。マルクス主義をどう見るべきかという根本問題を、ルクセンブルクは何度も鋭く提起した。それは彼女の最も重要な歴史的貢献の一つである。失敗と挫折は、公平で不朽の、また純粋の教師である。悪事を善行に変えることができるなら、われわれにとってこそ、そうである。さらなる過失を避けるための用心とヒントから学ばなければならない。この意味で、マルクス主義と社会主義についてどう見るべきかという根本的問題に関わって歴史を見通した彼女の能力を賞賛せねばならない。

[注]
（1）*Collections of Marx and Engels works*, Vol.3, People's Publishing Company, 1995, p.724.
（2）*Research Materials on International Communism Movement*（*Luxembourg Special*）, People's Publishing Company, 1982, p.87.
（3）Dai Haidong, *On Luxembourg's Contributions to Scientific Socialism Theory*, Exploration, 1988, No.3, p.62 より引用。
（4）*Collections of Marx and Engels works*, Vol.4, People's Publishing Company, 1995, p.693.
（5）*Collected Edition of Marx and Engels works*, Vol.23, People's Publishing Company, 1965, p.832.
（6）*Luxembourg Collectanae (I)*, People's Publishing Company, 1984, p.481.
（7）*Collections of Marx and Engels works*, Vol.4, People's Publishing Company, 1995, p.680.
（8）*Collections of Marx and Engels works*, Vol.4, People's Publishing Company, 1995, p.680-681.
（9）*Luxembourg Collectanae (German Version)*, Vol.5, ed. by German Marxism and Leninism Academie, 1975, p.523.

(10) *Collections of Marx and Engels works*, Vol.4, People's Publishing Company, 1995, p.679.
(11) Cheng Renqian, *Rosa Luxemburg's Life Story and Thought*, People's Publishing Company, 1994, p.241. より引用。
(12) *Research Materials on International Communism Movement (Luxembourg Special)*, People's Publishing Company, 1982, p.88.
(13) *Luxembourg Collectanae (II)*, People's Publishing Company, 1990, p.578.

(翻訳・太田仁樹)

3-5

マルクス主義：民族主義(ナショナリズム)の挑戦にどう対応したのか？
―― マルクス、レーニン、ルクセンブルクの考え方の相違とその今日的意義

趙　凱栄 (中国)

　マルクス主義は、ブルジョア・リベラリズムを主要な敵と見なし、ナショナリズムに対しては、長い間十分な注意を払わなかった。しかし、民族の複雑な問題が、世界の調和のとれた発展に影響を与え、世界の発展に対して不確実な不利益をもたらすような災厄であることが、明らかに認められるようになっている。

　過去においては、唯物論の観点から、民族問題について深い研究と議論が行われなかったし、行うこともできなかった。それゆえ、さまざまな時代の民族問題による挑戦に向き合うしっかりした方策をつくり上げることができなかった。マルクス主義は、これまですでに4回、民族問題の厳しい挑戦を経験している。第一に、第一次世界大戦の間の「祖国の防衛」と「プロレタリアートの利益の防衛」の問題について。マルクス主義は深刻に分裂し、国際的な結合の崩壊に導かれ、ナショナリズムはマルクス主義を打ち倒した。レーニンとドイツ社会民主党左翼のルクセンブルクは軍事予算の増大を支持したエドゥアルト・ベルンシュタイン（1850-1932）とカール・カウツキー（1854-1938）の行動を批判した。マルクス主義とナショナリズムの間で二者択一の決定をしなければならないときに、なぜマルクス主義内部の非常に多くの人々がナショナリズムを選んだのかという問題に、彼らは答えなかった。次に、第二次世界大戦の間、マルクスが民族戦争は古くさい戦争であると言い切って（『フランスの内乱』）半世紀以上の後に、民族戦争が新しい戦争形態として勃発した。以前

と同様、プロレタリアートはこの戦争において再びナショナリズムの大砲のえじきになった。第三は、ソ連邦と東欧社会主義陣営の崩壊である。もはやマルクス主義自身はこの危機を御することはなく、以前の社会主義陣営全体から、複雑な民族集団とともに多くの民族国家が登場し、マルクスが言ったように歴史を押し戻した。さらに、現在多くの予言者がこの種の傾向が継続するであろうと断言している。ある者は、これはブルジョアの陰謀であるというが、われわれはそうは見なさない。崩壊は過去に起こったし、いま起こり、将来きっと起こるはずである。そして、すべての崩壊はナショナリズムと結びついている。最近のものは「9.11」である。ナショナリズムはテロリズムと結びつき、世界に脅威を与えている。

　ナショナリズムが、リベラリズムにとってだけでなく、マルクス主義にとっても、大きな困難であるという一点は明瞭である。理由は非常に簡単である。ナショナリズムが存在するかぎり、リベラリズムであろうとマルクス主義であろうと、本当に勝利することはできなかった。それゆえ、リベラリズムとマルクス主義が、すべてのナショナリズムを発展の障碍だと見なしたことは不思議ではない。

　だが、それが困難であろうと、障碍であろうと、事実は事実である。われわれはそれに向き合い、それを消滅しなければならない。

１．ナショナリズム対するマルクスの見方はどのようなものか？

　マルクスにとって民族問題は重要ではなかった。あるいは民族問題は全く問題にならなかった。あるいは民族問題はマルクス主義が向き合い対処する問題ではなかった。それゆえ基本的に、彼はどんな形態のナショナリズムにもほとんど注意を払わなかった。マルクスにとって、生産力と生産関係の差異は別として、民族の間には特別な問題はない。あるいは民族について特別な問題はないのである。異なった民族間には、経済的発展の異なった程度があるだけで、その他の差異はまったく存在しないのである。

　それゆえ、民族問題の解決はブルジョアが完成すべき論理的な義務である。「ちょうど工場制度が産業の、すなわち進歩した労働の本質であるように、産業資本は私的所有の客観的に完成した形態である。……このときにこそ、私的

所有は人間に対する支配を実現し、最もありふれた形態として世界規模の歴史的な力となるのを、われわれは見いだす」。すなわち「互いに影響し合うさまざまな活動地域が、発展過程の中でますます拡大し、さまざまな民族の原初的で閉鎖的で保守的な状態が、日に日に複雑になる生産・交通様式、それゆえさまざまな民族の分業の自生的な発展によって完全に破壊され、歴史はより高度な歴史となっていく」。後に、レーニンは基本的にこの見方を受け入れる。『民族自決権について』で、彼はマルクスのこの考えをさらに発展させた。「民族問題を『労働者の問題』と較べると、マルクスにとって、労働者の問題に従属する問題であるということに疑いはない」。

　マルクスがこのような結論を出したことは、彼が西ヨーロッパでその生活のほとんどを送り、イギリスに滞在したのだから当然であった。だが、西ヨーロッパ、特にイギリスは、レーニンが言うように、いわゆる民族問題が存在しなかった。あるいは、レーニンに従えば、民族問題はすでに解決され、それゆえ、民族問題はもはや存在せず、もちろんナショナリズムもなく、ナショナリズムがあるとしても、イギリスのブルジョアのナショナリズムがあるだけであったろう。おそらく、そのことは自分の考えに対するマルクスの自信をさらに立証し深めるものであった。どのような民族問題も結局は経済的問題を基礎にしていて、それゆえ、どんな民族問題の除去も階級闘争の除去とともになされる。もちろん、このことは、資本主義が本当に諸民族を除去すること、すなわちリベラリズムがナショナリズムを打ち倒すことを、マルクスが当然のことと考えていたということではない。いや、そうではない。もしそうだったなら、マルクスは今日の資本主義のグローバル化を受け入れていただろう。ちょうど幾人かの学者がそう示唆しているように。しかし、実際には、マルクスにとっては、いま人類が経験しているグローバル化は、われわれが巻き込まれざるをえない不承不承の行動である。歴史は世界史へと発展するにちがいないがゆえに、グローバル化せざるをえず、このグローバル化は歴史的必然であり、不可欠で不可避なものであり、民族問題を解決する真の唯一の方途なのである。この点では、マルクスはどんな形態の歴史的ニヒリズムにも断固として反対するであろう。だがともかく、この種のグローバル化が本当に民族問題を解決できるのであり、諸民族を本当に除去することは、多－民族化を破壊するだけであり、ある民族の特権を実現するだけである。

この理由で、マルクスは、ローマ・カトリックの消滅をいささかも嘆かなかったように、どんな民族の消失もいささかも嘆くことはなかった。
　1947年11月29日、ロンドンで、ポーランド蜂起17年記念の国際集会が開かれ、マルクスはそこで講演を行ったが、ポーランドがいかに独立を追求するべきか、ポーランドがいかに独立を獲得すべきかについて語らなかった。3度にわたって分割され、ドイツ、オーストリア、ドイツによって分割・占領されたままの民族に対し、マルクスは丁重な共感と尊敬をほとんど示すことなく、「古いポーランドは死んだ。その再生を期待することは決してない」と語った。
　ポーランドの人々がその言葉を聞いて、どんな反応を示すかは、今日では想像の域を超えている。
　しかし、マルクスにとって重要なのは、民族的絆よりも、この種の絆の撲滅であった。マルクスにとっては、ポーランドの消滅が歴史の進歩であるなら、ポーランドの消滅は古い社会の死滅にすぎない。したがって、それはポーランドにとってまったく損失ではない。「古い社会の死滅は、その社会において失うもののない者にとっては損失ではない」。逆に、ポーランドの貴族にとっては、ポーランドの農奴制こそ、彼らが求めていたことである。3大国による支配によってポーランドの歴史は本当に進歩した。この点について、ポーランド生まれのルクセンブルクは深く承認していた。
　マルクスの思想によれば、ポーランドが独立するか消滅してしまうのかは問題ではない。ポーランドの独立か消滅かは、歴史の進歩を表すものなのか否かに問題があるのである。ポーランドがのろまで、ポーランドを征服した勢力が進歩的な勢力であれば、この状況で独立を語ることにはなんの意義もない。
　だが、このことはマルクスが「のろまなものは打ち倒されるべきだ」と言ったということではない。まったくそうではない。マルクスは主張したことは、民族問題は単なる民族問題として把握され、解決されるものではないということである。それは経済発展によってのみ把握され、解決されることができるものである。この意義について、疑いもなくレーニンの判断は正しい。「彼（マルクス）の理論は民族運動を軽視する者たちとは天と地ほど異なっている[3]」。
　では、マルクスはポーランドの独立の意義をまったく否定しているのか？
　否。ポーランドの独立が歴史的な進歩の意義をもたない場合でも、マルクスにとって、ポーランドの独立はその時の状況での意義がある。まさにこの理由

3-5　マルクス主義：民族主義(ナショナリズム)の挑戦にどう対応したのか？
　　　——マルクス、レーニン、ルクセンブルクの考え方の相違とその今日的意義

から、かつてエンゲルスは、ポーランドの独立は、ポーランドにとって、ヨーロッパ全体にとってさえ、大きな意義を持つと考えた。エンゲルスにとっては、北フランスが南フランスを征服したが、その文明は南フランスの文明よりも遅れていたように、ロシアがポーランドを征服したにもかかわらず、ポーランドの文明よりもロシアの文明が遅れていたのである。

そうでなかったら、ポーランドの独立はまったく意義がなかったであろう。この点、マルクス主義は具体的な状況と結びつかない一般的、抽象的、全体的な何かについてまったく語ることはないと、レーニンは正しく理解している。

2．ルクセンブルク、マルクス、レーニンの相違

ルクセンブルクとマルクスの最大の相違は、マルクスの「民族性の否定」という見解に不同意であったことであり、「民族性の擁護」を明確に示したことである。ポーランドの有名な歴史家スタニスワフ・アルノルド（Stanislaw Arnold）とマリアン・ジホフスキ（Marian Zychowski）の著作『ポーランド史概説：国家の始まりから現代まで』はこの点についてより明確な説明を与えた。「ポーランド王国社会民主党のインターナショナリズムと彼らの母国への愛は混じり合い、腑分けすることができなかった。ユリアンマリエフスキ（Youlianmaliefsky）とルクセンブルクはポーランドとロシアの民族的圧迫を非難した。彼らは、露骨なドイツへの同化とポーランド性に対するあらゆる打撃に反対した。ルクセンブルクは『民族性の擁護』という題の小冊子を書き、野蛮な民族的抑圧を非難した(4)」。

もちろん、どこでマルクスが述べているかを考えることなしに、マルクスの「民族性の否定」という発言から自分の説明を引き出すことはできない。マルクスは、1866年の普墺戦争をめぐるインターナショナルの評議会での論争の中で、「民族性の否定」という概念に言及している。その会議でマルクスは、「パリのプルードン派の大学生」を激しく攻撃した。「彼らは『民族性というのは馬鹿げたものだ』と考えているからだ(5)」。マルクスは言う。「フランス青年代表（労働者ではない）はすべての民族性および民族そのものは『古くさい偏見』であるというような見解を唱えた」。それゆえ、民族の特徴は失われ、民族は解体した。民族はどうなるべきなのか？「すべての民族は小さな『共同体』

か『団体』に解体し、それらを基礎にして、『連合体』が形成される。だが、それは国ではない」。こうして、すべての他の諸国の歴史は停止し、「フランスが社会革命を行うほど成熟するのを全世界が待たねばならない」[6]。

　明らかに「民族性の否定」は民族的ニヒリズムではなく、反対に、民族的ニヒリズムに断固として反対するものである。もちろん、マルクスにとって、民族的ニヒリズムはなおいくらかの意義を持っている。すくなくともそれは排外主義に対して警告を与える。したがって、もし「民族性は馬鹿げたものである」というような見解がいくらかでも意義を持つなら、「排外主義に反対する論争の道具としてこの戦術を用いることは有用である」とマルクスは言った。

　ともかく、「民族性の否定」は明らかにナショナリズムではなく、反対に、ナショナリズムに、特に排外主義に断固として反対するものである。この点で、マルクスは、後進諸民族のいわゆる優先的民族統一に断固反対した。もちろん、彼は一民族によるブルジョア的「民族国家」にも反対した。「民族性の否定」は、いわゆる後進諸民族を否定することではない。レーニンはこの点を高く評価した。レーニンはこの問題についてのカウツキーの見解に賛成したが、「民族国家」は、多民族から構成される「多民族国家」よりも正規のもので合理的なものであると主張した。

　ここでは、「民族性の否定」は「大工業がどこでもさまざまな社会階級の間にほとんど同じ関係をつくり出し、さまざまな民族性を破壊する」ということを意味する。これはすべての民族性を破壊することであり、ほとんど同じ関係を導くということである。それは同化である。

　しかし、ルクセンブルクはこのような見解に賛同せず、「社会主義革命は自由の精神によって文化的問題を自動的に解決するであろう」[7]と主張した。少数民族の文化を尊重し保護するということであり、同化するということではまったくない。しかし、レーニンはそれに断固として反対した。レーニンにとっては、同化は不可欠で不可避なものであると考えられた。真のマルクス主義者は同化を恐れないだけでなく、この種の「同化」を促進するよう努めた。

　「同化」は不可避であるのだから、この種の「同化」において、ルクセンブルクは自分が名付けた民族性をどのように維持するのであろうか？　ルクセンブルクの答えは以下である。独立に反対し、民族自治を実践することである。さらに、第２インターナショナルは民族自決権についてレーニンが提起した政

綱(ロシア社会民主労働者党の綱領第9項)を取り消すべきであると、ルクセンブルクは示唆し、ポーランド社会民主党がその綱領の第7項に上述のような変更を加えるよう明確に求めた。

いわゆる独立反対は彼女の政治・経済研究の当然の帰結である。ルクセンブルクは、どんな資本主義でも社会主義でも、できるだけ広く最も普遍的な経済的繋がりが必要であると主張した。ポーランドを例にとると、ルクセンブルクは「ポーランドとロシアは経済的共同社会へと転換しつつある」と考えた。ポーランドの経済発展は、ポーランドをロシアに溶け込ませ、さらに「それは歴史の客観的過程であり、それゆえ、それ自身の意思で変わることなく、ましてどんな党派の意思によって変わることもない」。それゆえ独立は堕落した民族の必要であり、あるいは民族の堕落した必要である。それはブルジョアとプロレタリアートの必要に反して歴史を押し戻すものである。レーニンはこの点である程度評価し、一方で多少の疑問を呈した。

レーニンは、「同じ条件のもとでは、意識的なプロレタリアートはつねにより大きな国をつくるという見解を持つ」ということに同意した。レーニンが疑うのは、逆になぜ民族独立反対が「意識的なプロレタリアートはつねにより大きな国をつくるという見解を持つ」ことにつながるのか、ということである。ポーランドを例にとると、レーニンは、反対に、独立はプロレタリアートのより幅広い連合につながると主張した。レーニンは5側面から理由を説明した。第一に、異民族は基本的にロシア国境にそって存在している。第二に、ロシア近隣の他の国と較べると、大ロシア人の民族的抑圧はより残酷である。第三に、これらの異民族の同胞が近隣諸国に存在する。第四に、近隣の資本主義は中央地域よりも進んでいる。第五に、境界地域、特にアジアの民族運動の普遍的な影響。レーニンは、彼らの独立は両側のプロレタリアートのしっかりとした結合をさらに助長すると考えた。ちょうど、ノルウェーとスウェーデンの独立のように。

レーニンを混乱させたのは、次のことである。独立せずに、どうやって民族は自己統治できるのか? ルクセンブルクはこれについて答える。中央当局と地方当局がそれぞれにその義務を負わせる。ルクセンブルクの民族自治は権利の分割であり、中央当局は自分の仕事を行い、地方当局はその民族性に応じた民族的自治を実践する。このようにしてわれわれも民族性を擁護することがで

きる。ルクセンブルクは、民族が多い例を基礎にして彼女の見解を説明して、ポーランドが民族自治を実践するのに最適な国であると言っている。しかし、レーニンは、それは本質的に国家連合体制であると見なした。逆に、レーニンは集権主義を実践する傾向がある。

集権主義と民族自治の最大の違いは、中央政府が地方当局を監督するのに加え、地方の問題を処理する権利を持つことである。レーニンも、集権主義には官僚主義の潜在的な巨大な災厄があることを認めていた。しかしレーニンは民主主義に希望をつなぎ、民主主義が官僚主義の打撃を撲滅するであろうと期待した。もちろん、ソ連邦の崩壊により、レーニンは彼の目標を実現することはなかった。

これらの欠点にもかかわらず、当時のさしせまった民族的危機に直面して、レーニンの民族理論が、比類のない同時代的で現実的で周到な政治的な実践的優位を持っていたことは、歴史的な事実がすでに示している。ルクセンブルクの民族理論は、レーニンのそれに較べると、射程が長く、一般的で、長く持続する理論的な意義がある。だが、それはルクセンブルクの期待したことではない。一般的な民族理論が危機の時期の民族革命の時代に課題に応えうるものであることを、彼女は若い頃に知っていた。彼女は何度もマルクスの考えがユートピア的で非現実的であると批判した。しかし彼女はこの面ではレーニンに較べられない。それゆえ、ルクセンブルクは十月革命以後の複雑な民族的諸問題に適応する術を知らなかった。まず彼女は、民族問題の解決にあたって、ヨーロッパのプロレタリアートの援助を期待した。だが、そのプロレタリアートは深い泥沼のなかにあり、困難から抜け出す道がなかったので、彼女はこの面では失望した。ルクセンブルクは悲しそうに言った。「尊敬すべきドイツとフランスのおよびイギリスのブルジョアがとりあえずできることは、ロシア人が血を流しているのを見ることだと、私は信じている」。そして本国では、レーニンも彼の民族自決権の約束を実行した。15の民族は一挙に独立を獲得し、大いにロシアのプロレタリアート陣営に打撃を与えた。この事情のもと、ルクセンブルクは、レーニンの失敗は不可避的なものであったと主張した。「レーニンは想像を超えた混乱に対処することができないのは言うまでもない」(9)。

しかしながら、すべてのものごとは完全にレーニンの民族理論の予言に従って発展した。ロシアから離れた諸民族のプロレタリアートはすぐさま連合を形

成し、それから民族戦争はすぐに勃発した。帝国主義戦争を民族戦争に転換させるというレーニンの考えは完全に実現した。

3．現代における意義

しかし、歴史的試験から70年の後に、レーニンの民族理論の多くの問題点が次々に現われてきた。ついに1990年代初頭に、ソ連邦の諸民族は大崩壊を経験した。こうしてルクセンブルクの民族理論が再び舞台に登場し、われわれは経験とレーニンの民族理論の教訓を再考することになる。「レーニンもまたすべての民族集団の平等と融合を目指していた。2人の社会主義の間の根本的な歴史的相違はどこにあるのか？」幾人かの学者の解明がこの点を示している。

レーニンは、社会主義の建設および民族問題の解決のために、国家を利用した。彼は問題を「上から」解決しようとした。民族問題は諸民族の存在の結果ではないのだから、それでは民族問題を解決することはできない。反対に、国家は、民族システムの側の矛盾を民族的マイノリティに押し付けることで、民族問題をつくり出す。市民社会が特別な民族集団の特権や差別を排除することができるなら、民族問題を解決することができるであろう。言い換えると、市民社会において、真の民主主義が市民によってつくり出されるなら、民族問題は消滅するだろう。それゆえ、国家の枠内ではなく、国家を超えたところで、すべての民族集団の協力と融合が実現するであろう。それがローザ・ルクセンブルクのいう「『民族』国家の廃絶後の世界」である（ソ連邦の樹立はその方向を目指していたが、ロシア人中心主義を克服することができず、失敗した[10]）。

問題の核心は、「民族性」をどう取り扱うかである。「民族性」についてのレーニンの危惧には理由があると、認めなければならない。レーニンにとって、「民族的文化自治」ほど有害なものはない。学校を学生の民族帰属によって分ければ、この上ない精妙さのゆえに、彼らはより有害なナショナリズムとなる。民族帰属によって、学校を分け、生活を営むなら、必然的に民族の疎遠と閉鎖が帰結する。「民族性」を尊重するような、このようなすべての方策は、必然的に民族的差別と民族的不平等となる。いま、このことはあまねく認められている。それゆに、民族に応じて「自治を実践する」というルクセンブルクの思想を、レーニンは激しく批判した。

この点について、レーニンの方法は現実的には「同化」であり、「民族性の否定」であり、先進的な文化、特にマルクス主義的文化による、さまざまな民族の狭い民族性の否定である。レーニンの見解によれば、どの民族も先進的民族と後進的民族の二つの民族に区別でき、先進的な民族性による後進的な民族性の置き換えが、必然的な論理の筋道である。だがこのような方法では、明らかに民族問題は単純化されてしまう。

　民族的文化の多くの側面は、多くの場合、「先進」と「後進」というような言葉で一般化できるものではなかった。民族文化は一種の生き方である。中国料理や西洋料理のように、洋服や旗袍のように、パビリオン、タワー、ビルディングやテラスのパビリオンのように。「民族性」を維持しないと仮定するなら、人類はどうやって豊かで多彩な生活をおくるのだろう？「民族性」を維持しないなら、でたらめに民族性を同化し、気ままに「民族性を否定」するなら、人間の生活はつまらなく退屈なものではないか？　これは主要な理由ではない。最も重要なことは、そのような豊かで多彩な民族性がないと仮定するなら、おそらく人類はすでに大破局時代に突入していたであろう。近代の複合性についての研究によれば、生命は多様性のゆえに存続する。それは森林や緑化においてさえ常識となっている。一種類の木だけがあると仮定すると、ひとたび木の病気が発生し、害虫が出現すると、森全体が急速に消滅する。だが、多くの種類の植物があれば、どんな病気が出現しても、多くの樹木は生き延びるであろう。ウィルスに対する人間の予防もそのようなものである。どんな破壊的なウィルスも、まさしく異なった人間種類と民族のゆえに、人類を絶滅させることはない。同様に、民族性を維持し、民族的多様性を豊富にすることは、人間社会の持続的発展の絶対的な保障となる。

　レーニンの民族理論は、必然的に、ソ連邦のさまざまな民族の「民族性」の消滅を帰結する。1931年、有名な学者オスヴァルト・シュペングラー（Osward Spengler, 1880-1936）が確言するところによれば、「最近15年間のソヴィエト支配が手に入れた成果は、新たな名前に替えただけの政治的、軍事的、経済的諸組織の再生である」。

　しかし、その点では、シュペングラーは間違っていた。少なくとも、大ロシア的民族性という、ある種の民族性がまだ残っている。だが実際、この種のソ連邦の民族性さえ色あせてしまった。ついには輝かしいロシア文学、芸術、文

3-5　マルクス主義：民族主義（ナショナリズム）の挑戦にどう対応したのか？　　199
　　　——マルクス、レーニン、ルクセンブルクの考え方の相違とその今日的意義

化は存在せず、色あせたロシアの文学、芸術、文化が存在するだけである。だが、数千年の間に形成され、全世界に影響を与えている卓越した文化が、どのように数十年で完全に絶滅することが可能だったのか？　中国でも同様である。新文化運動、四清運動、文化大革命のような一連の運動は、中国の民族性を、本当に絶滅してしまっただろうか？　いや、それは不可能である。

　この種の現象の重要な理由は、（ルクセンブルクを含む）ほとんどのマルクス主義者が経済的側面から民族問題を説明していることにある。それゆえ、彼らは経済に払っている注意は、民族研究に払っている注意よりも大きい。経済に払っている注意はとても高度なものなので、「古い古典的著作」を読むことによる「大量の政治経済学の著作の呑み込み」を原因とする嘔吐を宥める必要があった。[11]

　この方向は正しかったことを認めねばならない。そのうえ、この種の方法によって、民族問題を本当に詳説することができる。しかし、これは基礎である。民族解放の必要条件、必須条件は、決して施療施設ではない。幾人かの学者の主張によると、アフリカの多くの諸民族は階級によっては分析できず、民族の歴史は、純粋な人種と氏族の歴史と見なされるという。この見解は非常に疑わしい。この種の現象は原始共同体においてしか可能でない。

　しかし、中国のさまざまな学者や古代中国の諸子百家（実際に百以上の学派があった）のように、同じ地質学的環境と同じ経済的土台の上に民族的に異なった文化が現われることが、明らかな問題なのである。理由は簡単である。何と言っても、民族的文化は人間によってつくられる。そのうえ、経済原則によってのみつくられるのではないということが、より重要なことである。この種のことが明らかにしているのは、経済による民族文化の説明には欠陥があるということである。だから、イギリスの哲学者バートランド・ラッセル（Bertrand Russel, 1872-1970）は、ある程度マルクスの原則に同意するが、その原則は民族文化の領域には当てはまらないと主張している。

　マルクス主義の民族概念を悩ます現実の事例は、石油を産出する中東諸国である。これらの諸民族の経済的収入は非常に高く、これらの諸民族の多数はヨーロッパやアメリカで教育を受け、多くの人々はイギリスで修士となっている。しかし、彼らの民族性は西洋的なものに近づかない。反対に、民族性はますます鮮やかで鮮明なものになっている。このことは経済的発展では説明でき

ない。民族性によって説明できるだけである。レーニンがいうように、人間は利害に直面すると、当惑し、受け入れ難い行動をする。逆に、民族問題が現われると、階級は処理できない。このことが、民族的原理に出会うとマルクス主義の階級原則が貫徹せず、前進できない理由である。結局は、階級は変化するが、心構え、表情、言語、文化、共通心理のような民族性は短期間では変化しがたい。同じことは、いま台湾についても起こった。民進党が台湾の経済を破綻させたこと、なお損失を与え続けていることは、ひろく知られている。だが、いまだに台湾人の原則は「十分に食うことはできないが、それでも陳水扁に投票する」というものである。

実際、民族性が民族的差異であることは不思議なことではない。経済的な差異はその差異の一種にすぎない。幾人かの学者の見解は正しい。「人間はさまざまな集団に分かれ、さらに差異は差別と憎しみを伴う。しかし、この種の差異は、例外的な状況のもとで暴力を帰結するにすぎなかった」[12]。

差異は闘争を導き、経済的差異は階級闘争を導く、それゆえ階級闘争は差異による闘争の一種にすぎず、この種の差異は停止しても、他の差異や差異による闘争は、なおも存在する。すなわち、民族的差異と民族闘争である。事態がこのようなものなので、人間の歴史全体が階級闘争の歴史であるというのは正しくないし、階級の出現以降の人間の歴史全体が階級闘争の歴史であるというのも正しくない。この点で、毛沢東の三つの世界論は民族解放闘争に遠大な影響力を与えているが、その主な構造は経済発展に焦点を合わせている。

このように人間の歴史の発展はおそらく多様であり、西欧の道はそれらのうちの一種にすぎない。だが、おそらく異なった民族は、その民族性に応じた異なった道を歩むことができる。この点について、ヴェーラ・イヴァノーヴナ・ザスーリッチ（Vera Ivanovna Zasulich, 1849-1919）に宛てて、老マルクスが認めたのは、ロシアはおそらく西欧とは異なった道を進むことができるだろうということであった。この時から数年後に、彼は『資本論』第2巻と第3巻を出版せずに中断して、東方諸民族の歴史に集中した。彼は記録のようなものをたくさん書いた。彼の本を読む者は誰でも、マルクスは細部にのみ気を使い、瑣末で退屈に見える詳細を書き記したとさえ感じるであろう。おそらく、その詳細、つまり民族問題こそ、マルクスの注意をひき起したものであり、晩年のマルクスの歴史的概念の大転換を決定したものであった。

多分、変化は以下のようなものであった。民族的イデオロギーの役割は経済的土台を基礎にしている。すなわち経済発展が社会の一般的方向性を決定する（これらの5ないし3の社会構成、各民族の経済的発展はその方向に進まねばならない）、しかし民族的イデオロギーは民族的発展の特別な道を決定する（それが、マルクスが西ヨーロッパを例にして規定したような社会発展に、現実の社会発展はほとんど合致しないという理由である）。しかし、この点では、ルクセンブルクは、経済的土台に対する深い思い込みのために、そのことに気づかなかった。それに対して、ルクセンブルクと同じく左派に属したカール・リープクネヒト（Karl Liebknecht, 1870-1919）はそれに気づいた。

　彼（リープクネヒト）は、経済的土台を社会関係を一般化する土台だと見なすことに反対し、一般的社会関係から取り出した。彼の主張によれば、マルクス体系における「経済的諸要因」は狭く、正しくないものであった。「イデオロギーの上部構造」は十分に規定されていない。この規定は正しくないとさえ言うことができる。イデオロギーと「経済的諸関係」の関係は間違った説明がなされている[13]。

　この種の見解は非常に価値がある。ナショナリズムに対するマルクス主義の失敗は、主に経済的な問題にあるのではなく、主にイデオロギー的側面にあることを、すでに一連の論文で、われわれは指摘してきた。実際、どんな真実の純粋な民族問題もイデオロギー的なものである。ソ連邦と東欧社会主義諸国の解体はイデオロギーが原因である。マルクス主義イデオロギーは、ソ連邦や東欧諸国のさまざまな諸民族の民族的イデオロギーになることがなかったことが、主な原因である。マルクス主義イデオロギーのなかに幾分でも民族性があると言わねばならないのなら、その多少の目印は、「特別な思想ではない」「プロレタリア文化」によって特徴づけられたであろう[14]。上述のことと比較すると、この点で、中国は成功している。重要な経験の一つは、マルクス主義と中国の具体的現実を結びつけることであり、「中国人の民族性を擁護したこと」である。この面では、疑いもなく、民族問題の解決について、「民族性の否定」よりも「民族性の擁護」というルクセンブルクの要請の方が、われわれに教訓を与えてくれる。

　民族独立政策についてのレーニンの実践が、現実に偉大な成果を得たと言えるのなら、今度は、民族独立に反対したルクセンブルクの見解が、いまや現実

的な意義を持つ。近年、打ち寄せる波のように、民族運動が帝国主義的植民地拡張に対する大きな防壁となっている。しかしながら、同時に帝国主義はプロレタリア陣営を打ち倒すために民族独立を利用してもいる。ついには、多くの諸民族がその陣営から離脱した。それにより、さらに国際的な民族問題は減らずに増加し、新たな民族問題をつくり出す。特に多くの民族問題を容易に解決できないものにした。中東におけるイスラエル問題、南アジアにおけるインド・パキスタン問題、中国の台湾問題、東アジアの南北朝鮮問題等々。この問題のどれも、世界の安全と安定に関わるものである。この挑戦に対するには、ルクセンブルクの原則だけが役に立つ。チェコとハンガリーは、オーストリアに併合されているときに、民族性を実際に擁護することができたにすぎない。独立によって、彼らはより深い困難に陥った。

いまや、普遍的統一を追求し、独立に反対すべき時である。いま幾人かの研究者は次のようなことに注意を払っている。

このように、どの国も他のどの国からも独立しすることを強調せず、どの国も他のすべての国に依存し、国際的な大家族の中、世界政府の中で一緒に密着して存在することを承認するなら、現実により適合し、国際的家族の差し迫った必要により適合していると、言うことができよう(15)。

この種の統一は、経済的、軍事的、イデオロギー的な形態で可能であろう。すべての種類の形態が許されるであろう。EUは最も代表的な形態である。統一の形態がどのようなものであろうと、一般的原則は「民族性の否定」ではなく、可能なかぎりの「民族性の擁護」である。このような民族問題の解決に比較すると、アメリカのイラク侵略はなお「民族性の否定」あるいは排外主義である。ポーランド問題に対するマルクスの考えに従うと、アメリカのイラク侵入は、イラクが古い世界の撲滅をするのを助け、プロレタリアートが本当に「民族性を否定」するのを妨げる障碍を一掃するのを助けることである。それゆえアメリカはプロレタリアートと同盟する段階であり、プロレタリアートはその行動を支持すべきである。だが、経済を土台とする社会発展の観点ではなく、真の民族的複雑性の観点から問題を考察するかぎり、アメリカの行動が民族問題をまったく解決するものではなく、新たな民族問題をつくり出すものであることを、われわれは認めなければならない。それは丁度、アメリカが中国本土と台湾の統一を挫折させるためにやっきになっているのと同様で、民族問

題の解決ではなく新しい民族問題をつくり出すものである。

[注]

（1）Marx, Engels: *Collected works*, volume 42. [M]. Peking（北京）: People publishing house, 1979, p.77.
（2）Marx, Engels: *Collected works*, volume 3. [M]. Peking: People publishing house, 1960, p.51.
（3）Lenin: *Collected works of Lenin*, volume 20. [M]. Peking: People publishing house, 1959, p.437.
（4）（Poland）Stanislaw Arnold and Marian Żychowski: *A concice history-from the founding of state to the modern time*, [M]. Peking: Commercial publishing house, 1974, p.227.
（5）Marx, Engels: *Collected works*, volume 31. [M]. Peking: People publishing house, 1972, p.224.
（6）同前。
（7）（America）Sidney Hook: *Marx and Marxists*, [M]. Shanghai（上海）: Shanghai people publishing house, 1983, p.84.
（8）（СССР）Р.Я.Евзеров,И.С.Яжборовская:*РозаЛюксембург*,[M]. Peking: publishing house, 1983, p.31.
（9）（Germany）Rosa Luxemburg: *on the literature*, [M]. Peking: People literature publishing house, 1983, p.176.
（10）[Japan] Ito Narihiko: *Nation and State in the Thought of Rosa Luxemburg*, [J]. International Conference on Rosa Luxemburg's Thought and its Contemporary Value, Wuhan（武漢）, 2006, p.253.
（11）（England）J.F., C.Fuller: *The decisive battles of the western world*, volume 3, [M]. Guilin（桂林）: Publishing house of Guangxi（広西）normal university, 2004, p.131.
（12）（America）Joseph S Nye JR: *understanding international conflicts: an introduction to theory and history*, [M]. Shanghai people publishing house, 2005, p.186.
（13）（СССР）Б.А.Чагин:*ИЗ истории борьбы против философского ревизионизм в германской социал-демкратии*, [M]. Peking: Sanlian publishing house（三聯書店）, 1964, p.363.
（14）Bai sihong: *Selected data of proletariat culture*, [M].Peking: china social science publishing house, 1983, p.129.
（15）People publishing house: *Imperialism remarks concerning present stage of imperialism*, [M]. Peking: People publishing house, 1964, p.134.

（翻訳・太田仁樹）

3-6
もうひとつのルクセンブルク主義は可能だ
―― ローザ・ルクセンブルクと本質的な社会主義プロジェクトについての考察

ウィリアム　A．ペルツ（アメリカ）

1．

　1919年1月15日のローザ・ルクセンブルクの暗殺によって、彼女はドイツの左翼だけでなく、実際、国際的な運動全体に空白を残した[1]。フランツ・メーリンクが、「マルクス以後最良の頭脳」と呼んだ頭脳の破壊が意味したものは[2]、彼女の残した空白に続くものが、輝きがないばかりでなく、もっと重要なことは、原則そのものがないものとなるという意味だ。まるで彼女がいなくなったことは、まだ充分な不幸ではなかったかのように、例えばスターリンのように、彼女が死んだ後でさえもなお彼女を恐れて、ローザ・ルクセンブルクの思想に似ても似つかない怪物を作った。ローザ・ルクセンブルクの思想に対するこの不器用でシニカルな、しかも利己的なパロディーと、それに追随しようとするものたちは、「ルクセンブルク主義」として知られるようになった[3]。

　ジョセフ・スターリンによってプロレタリアスカヤ・レボリュツィアーナ誌に発表された有名な「ボルシェヴィズムの歴史に関する諸問題」で、スターリンは次のように主張した。ルクセンブルクはドイツ社会民主党の指導者であり、彼女が発展させた「ルクセンブルク主義」は、反革命的なメンシェヴィズムのタイプであった。その後、マルティノフがスターリンの主張に加わって、ローザ・ルクセンブルクは半メンシェヴィキの過ちを犯したと攻撃した[4]。ソブハンラル・ダッタ・グプタ教授が指摘しているように、ソ連とコミンテルンの文庫

が開かれるまで、スターリンによる襲撃の衝撃を完全に理解することは不可能だった。今や、ローザ・ルクセンブルクの遺産と思想に対する攻撃の全容が明らかになった。トロツキーの場合と同じように、スターリンとその家来どもは、ローザ・ルクセンブルクの名声を傷つけようと画策した。そして彼女の死後もなお、新しいスターリン主義者たちの正当性に対する脅威が起きないようにしたのだった。

確かに、ローザ・ルクセンブルクと「ルクセンブルク主義」に対する擁護者も存在した。1940年に彼女の古い同志、パウル・フレーリヒがスターリン主義者たちの考えに挑戦して、ローザ・ルクセンブルクに関する感動的な伝記を著した。またスターリンの偉大なライバルであったレオン・トロツキーは、「ローザ・ルクセンブルクから手を離せ」と題したローザ・ルクセンブルクに対する鋭い防衛の論文を書いた。しかし、トロツキーでさえもその後、フランスのルクセンブルク主義者たちの運動を作るという試みを非難する誘惑に勝つことはできなかった。古参のボルシェヴィキたちは、次のように大声を上げた。「ローザ・ルクセンブルクの教えの弱点は、理論的にも実践的にも剥き出しになってきた」と。ワイマール共和国時代全体を通して、そしてまた、ヒトラーファシズムの暗い時代に入ってから、ドイツ共産党はますますスターリンの側に傾いて、彼ら自身の政党の創設者（ローザ・ルクセンブルク）を非難する傾向を強めた。スターリンの1931年の手紙以後、ドイツ共産党は直ちにその手紙をドイツ語に翻訳し、ドイツ共産党の指導者エルンスト・テールマンは彼の演説の終わりに決まり文句のように、ローザ・ルクセンブルクとトロツキーを革命的労働者の運動を破壊する一対の悪魔として描き出した。またドイツ共産党のあるスポークスマンは、ルクセンブルク主義は社会ファシズム理論とただ形式だけ異なる反革命の武器であると警告した。

ナチズムの敗北以後、ドイツ民主共和国（東ドイツ）の設立と共に、その地域がソヴィエトの占領地区となったが、人々はローザ・ルクセンブルクと彼女の理論がもっと積極的な再評価がなされることを期待していた。しかし新しい支配政党となった統一社会党は、そうではなく、受け継いできたスターリンの知恵にしっかりとしがみついていた。ローザ・ルクセンブルクの公式的な伝記が1951年に出版されたが、それは労働者の大義への貢献を褒めたたえながらも、「彼女の大きな間違いは、ドイツの労働者階級を誤った方向に導いたこと

だ。何よりも、その誤りがいくつかの小さな問題ではなくして、誤った立場の全体的なシステムをなしていること、つまり〈ルクセンブルク主義〉であることだ、という事実から目を閉じてはならない。この立場こそは、ドイツ共産党が設立以後敗北するに至った決定的原因の一つであった」。[10]

　東ドイツにも非スターリン化がやってきたにもかかわらず、ローザ・ルクセンブルクは依然として東ドイツ統一社会党の組織にとっては要注意人物であった。そのためにレーニンは、ローザ・ルクセンブルクの死後すぐに、ローザ・ルクセンブルクの主要な作品を地球上のあらゆる重要な言語で出版するように指示したにもかかわらず、東ドイツでローザ・ルクセンブルクの全集が刊行されたのはようやく1970年のことであった。しかもその全集は民族問題に関する作品はほとんど含まず、全集にははるかに遠いものだった。そしてまた、レーニンの要請から半世紀が経たにもかかわらず、ローザ・ルクセンブルクの作品を世界の主な言語に翻訳して出版する試みは全く行われなかった。[11]

　第二次世界大戦以後、西側では、ルクセンブルクは主にレーニンに反対する武器として、そしてソヴィエト連邦の社会制度と競争をすることを意味して出版された。ローザ・ルクセンブルクは、1960年代と70年代にニューレフトの人たちによって「発見され」、ようやく彼女本来の立場で評価されることになった。けれども彼女の作品を出版する際には、反共主義の後味はなお強力に付着し続けていた。例えばミシガン大学はローザ・ルクセンブルクの「ロシア社会民主党の組織問題」と「ロシア革命」を『ロシア革命とレーニン主義、もしくはマルクス主義』というタイトルで出版をした。[12] また西ドイツと東ドイツの間で、両国ともローザ・ルクセンブルクの名誉をたたえて、競って彼女の肖像を切手に印刷した。[13] それについてある人は、その当時この切手はスターリン主義者と資本家たちが、切手を郵便物に貼って送る際にローザ・ルクセンブルクの顔につばを吐きかけることができるために作ったものだという冗談を言った。[14] ソヴィエト陣営の崩壊とともにそのような情熱も冷めてしまって、再びローザ・ルクセンブルクを本来の立場で研究することが可能になってきた。重要な作品が、ローザ・ルクセンブルクをもう一度誤ったルクセンブルク主義ではない方向に向けて評価するために、例えばローザ・ルクセンブルク国際協会によって組織された素晴らしい会議のようなことが行われるようになった。しかしながらローザ・ルクセンブルクの非常に独特な、思想家にして道徳的な革命家

という本来の場所に、ローザ・ルクセンブルクをもう一度置きなおすにはまだなされるべきことが多く残っている。この報告はそのような努力に向けてのささやかな貢献である。

2.

　この報告はローザ・ルクセンブルクの新しい評価を示すつもりだ。つまりローザ・ルクセンブルクの原則と、スターリンの歪曲から解放された本当のローザ・ルクセンブルクを、彼女の作品のいくつかの中心的な側面を発展させようとするものである。そういう特徴を含むものとして、私は次の５点に焦点を合わせようと思う。１）民主主義に対する確固不動の信念、２）普通の人々（大衆）に対する完全な信頼、３）国際主義への言行一致した貢献、４）民主主義的、革命的な政党への参加、５）ヒューマニズムの揺ぎのない実践。もちろん21世紀において彼女を継ごうと思う人々にとっては、その他にも彼女の思想の中にはさまざまな手がかりとなるものがあろう[15]。しかし時間も限られているので、以上挙げた５点に私の報告を絞りたいと思う。

　民主主義は今日の世界では、あらゆるところで、つまり人類大衆の民主主義に実際は関心を持っていない人々によってあまりにもしばしば言いふらされている言葉である。ルクセンブルクは、そういうブルジョワ的・伝統的な考え方を拒否した。特定のエリートが、限られた量の民主主議を大衆に配って、限られたものの中から受動的に選ぶような民主主義を拒否したのだ。彼女にとって民主主義、本当の民主主義とは、社会活動のあらゆる側面に大衆が積極的に参加することであった。つまりローザ・ルクセンブルクの考える民主主義とは、「制度が民主主義的であればあるほど、大衆の政治生活の脈拍が生き生きとして力強ければ強いほど、その働きはいっそう直接的で確かなものになる」という考えであった。言い換えれば、その民主主義とは、パリコミューンの経験によって示されるような完全な民主主義であった[16]。彼女は、一般の人々をただ投票するだけの受動的な大衆と見る議会の「社会主義者」の主張には、全然共感を持っていなかった[17]。ロシアのボルシェヴィキによる過度の中央集権主義に対しても、全く共感を持っていなかった[18]。

　第二に、私は大衆への信頼ということを言った。これは彼女の民主主義的信

念に関係してはいるが、また異なるものでもある。ローザ・ルクセンブルクが考えたことは、働く人々は日常的な問題を超えて社会の基本的な変革に導く真の革命運動を作る能力を持っていると考えていた。その他のいわゆる「社会主義者たち」は、一般の人たちの犯す誤りを非難した。しかしローザ・ルクセンブルクは、大衆は自称救世主よりも最終的にははるかに賢いことを示すだろうと感じていた。第一次世界大戦以前に、彼女がロシアの政党組織を批判した文章の結論として書いた言葉は、今なおここで思い出すに値するものだと思う。「率直に言えば、本当の革命的な労働者運動によって犯された過ちは、歴史的に言えば、最上の中央委員会の無謬性よりもはるかに実り豊かなものである[20]」。

　第三に、ローザ・ルクセンブルクの国際主義を認めなければならない。彼女は、民族主義とは反動家たちの手の中でもっともしばしば操作される幻想だということを知っていた。レーニンは、「進歩的な民族主義」を見出そうとしていたが、ローザ・ルクセンブルクはそれに反対して、ある民族の中の誇りが、簡単に、そして典型的に、他の民族の文化に対する軽蔑として操作されることを理解していた。ポーランドについての彼女の著作は、ポーランドはその経済的に必要な基盤を欠いているので、決して真の意味での独立国家にはなりえないと主張していた。この洞察は、グローバル化の今日だけでなく、もっと多くの国々にも適用されるものだ[21]。さらに、抑圧された民族や人々に対して彼女は強い共感を示していた。そして、最終的に人々が救われるのは、民族主義的な解放ではなく、国際的な解放によるものだと信じていた[22]。ローザ・ルクセンブルクは、帝国主義とは、ただ単に資本主義の進んだ経済が選ぶものでなく、むしろそれは資本主義にとって経済的な必然性なのだと知っていた。さらに帝国主義は、諸民族に反対して継続するばかりでなく、諸民族の遅れた国内のコミュニティーをも押さえるためにも続くもので、この悪と戦うための適切な道具が国際連帯であった[23]。そういう意味では、今日行われている世界社会フォーラムの運動は、国際主義と民主主義を強調するという意味では、ルクセンブルク主義のプロジェクトを継承するものだということができるであろう。

　ルクセンブルク主義の第四の要素は、彼女の革命的な政党観である。ローザ・ルクセンブルクは、一般の人民大衆に深い信頼を持った民主主義者であった。彼女は、「スパルタクスブントは何を求めるか」という文章の中で次のように書いている。「スパルタクスブントは決して、労働者大衆の頭越しに、あ

るいは労働者大衆を手段として支配に達しようとする政党ではない。スパルタクスブントは、全ドイツのプロレタリア大衆の大多数の明快・明確な意思によることなしには、そして、スパルタクスブントの見通し・目標・闘争方法に対する全ドイツのプロレタリア大衆の意識的な同意に基づかずには、決して政府権力を引き受けない[24]」。この信念は、彼女がレーニンの言う中央集権的な政党の考え方を拒否するものだった[25]。彼女にとって社会主義、つまり真の社会主義は、自分自身を解放するために積極的に行動をする、そういう労働者が完全に積極的に動き出すことによって初めて実現されるものであった。そして、彼女は妥協することなく資本主義とあらゆる形式の搾取に反対し、彼女の死後何十年か経っていわゆる西欧共産主義としてやってきた独善的なおしゃべりたちからはるかに離れていた。政党は、ローザ・ルクセンブルクにとっては、決して労働者階級の代理人でもなければ、一般の人々を投票機械として使うようなものでもなかった。政党は、指導者と大衆の間で創造的で発展的な相互作用をするべきものだった。

　第五の、そして最後の「ルクセンブルク主義」の教義は、ヒューマニズムだ。ルクセンブルクは、社会主義の道徳的な基盤として、人間の尊厳に対してもっとも深い信念を持っていた。彼女は、社会主義を人間の条件における量的な改善以上のものとして、人間を必要の王国から自由の王国へと解放するものだと考えていた。一方ブルジョワの指導者たち、例えばイギリスのサッチャー首相のような人は、次のように言っている。「社会などというものは存在しない[26]」。しかしローザ・ルクセンブルクは、社会を単なる物理的な必要を超えた、精神の完全な発展を実現させる極めて独特な人間的な企ての場所だと見ていた。社会は人々に押し付けられるものではなく、また人々を遠ざけるものでもあってはならないと考えていた。ローザ・ルクセンブルクは、これまでの革命は暴力に依存したが、それはその革命が特権を持った少数者によって指導されてきたからだ。それに対して、プロレタリア革命は、目的のためにはテロルを必要としない。プロレタリア革命は殺人を憎み、嫌う。プロレタリア革命はテロルを武器とする必要はない。なぜならば、それは個人と戦うものではなく、制度と戦っていくからだ。それはその少数者の理想にしたがって、世界を無理やり変えようとする絶望的な試みではないからだ[27]」。

　また1918年11月11日付の「ローテ・ファーネ（赤旗）」で、ローザ・ルク

センブルクは、「名誉の義務」と題して革命に対して次のように指摘していた。この論文は、革命の人間的な側面を強調して死刑制度の即時廃止を要求していた。そしてその文章の最後をローザルクセンブルクは次のように結んでいた。「脇目もふらぬ革命的な行動力と、心豊かな人間性——これだけが社会主義の真の息吹きである。一つの世界が、転覆されなければならないが、しかしそこで流されるあらゆる涙は、たとえ拭われえるものであるにしても、一つの訴えであって、重要な行為を急ぐ人間が、不注意から一匹の虫を踏み潰したとすれば、それはやはり罪を犯しているのである」。社会主義は、ローザ・ルクセンブルクにとっては、つねにすべての人々にとって美と文化と科学の広い世界を開くものであった。ローザ・ルクセンブルクにとっては、それが20世紀における気高い目標であった。そして21世紀の我々にとっても、それは目標に相応しいものとして依然として残っている。恐らくスターリンのソヴィエトブロックが崩壊した今こそ、ルクセンブルク主義をもう一度生き返らせる時であろうと思う。

[注]

(1) The most complete biography in English remains: J. P. Nettl, *Rosa Luxemburg*, 2 volumes, London and Oxford: Oxford University Press, 1966.
(2) To examine this point more fully, see, for example, the classic: Pierre Broue, *The German Revolution, 1917-1923*, Chicago, Haymarket Books, 2006.
(3) J. V. Stalin, *Works*, Vol. 13, Moscow: Foreign Languages Publishing House, 1955: 102.
(4) A. Martinov, "Lenin, Luxemburg, Liebknecht," *The Communist International*, 10. 3-4 (1933): 140-142.
(5) Sobhanlal Datta Gupta, *Comintern and the Destiny of Communism in India, 1919-1943: Dialectics of Real and A Possible History*, Kolkata (India): Seribaan: 33-34.
(6) Paul Frolich, *Rosa Luxemburg: Her Life and Work*, New York: Howard Fertig, 1969.
(7) Leon Trotsky, "Hands Off Rosa Luxemburg!" *The Militant* (New York) August 6 & 13, 1932.
(8) Leon Trotsky, "Luxemburg and the Fourth International," *New International*, August 1935.
(9) Kurt Sauerland, *Der dialektische Materialismus*, Berlin: Neuer Deutscher Verlag, 1932: 133.

(10) Fred Olssner, *Rosa Luxemburg*, Berlin [DDR]: Dietz Verlag, 1951: 7.
(11) *Daily World*, July 29, 1976: 7.
(12) *The Russian Revolution and Leninism or Marxism*, Ann Arbor: University of Michigan Press, 1970. See also: Bertram D. Wolfe, "Rosa Luxemburg and V. I. Lenin: The Opposite Poles of Revolutionary Socialism," *Antioch Review*, 21 (Summer, 1961): 209-226.
(13) This action was not taken without dissent from the right, see: *The Sunday Times* (London), March 17, 1974: 8.
(14) This joke was told to me by a member of the DDR Embassy staff assigned to Washington, D. C. and, separately, by a Party member I met during a visit to East Berlin.
(15) See, for example: "Writings on Women, 1902-1914" in Peter Hudis and Kevin B. Anderson, *The Rosa Luxemburg Reade*, New York: Monthly Review Press, 2004: 232-245.
(16) *The Rosa Luxemburg Reader*. 302.
(17) See: Karl Marx, *The Civil War in France* (various editions)
(18) She argued these people announced a different path to socialism but she contends, in *Social Reform or Revolution*, that they really have chosen a different goal. *The Rosa Luxemburg Reader*. 157-158.
(19) Ottokar Luban, "Rosa Luxemburg's Criticism of Lenin's Ultra Centralistic Concept of the Party in the Socialist Movement," paper presented to International Rosa Luxemburg conference, Wuhan, China, 20-21 March 2006.
(20) *The Rosa Luxemburg Reader*. 265.
(21) Rosa Luxemburg, *The Industrial Development of Poland*, New York: University Editions, 1979.
(22) Horace B, Davis, ed., *Rosa Luxemburg on the National Question: Selected Writings*, New York: Monthly Review, 1976.
(23) Anthony Brewer, *Marxist Theories of Imperialism: A Critical Survey*, London: Routledge & Kegan Paul, 1982: 61-76.
(24) *The Rosa Luxemburg Reader*. 356-357.
(25) See: Ottokar Luban's paper cited above.
(26) Prime Minister Margaret Thatcher, talking to *Women's Own*, October 31, 1987.
(27) *The Rosa Luxemburg Reader*. 352.
(28) *Die Rote Fahne*, 18 November, 1918. rime Minister Margaret Thatcher, talking to *Women's Own*, October 31, 1987.

(翻訳・伊藤成彦)

第 4 章

ローザ・ルクセンブルクの活動の諸側面

4−1
ローザ・ルクセンブルクの観点から見る公共圏再考

コルネリア・ハウザー（オーストリア）
グンドゥラ・ルードヴィッヒ（同）

　ローザ・ルクセンブルクがソヴィエト連邦初期の政治的傾向に対する批判として理論化した4番目の権力としての活気ある市民社会の基本条件としての公共圏の再建は、政治的自由主義においてもよく知られている。ローザ・ルクセンブルクは彼女の著書の中で、活気ある批判的な市民社会なしには、社会的組織が衰退してしまうと指摘して警告した。公共圏は国家を制御する。ジョン・デューイの論文も、公共圏は世論を構成し表現する本質もしくは道具で、だから国家を制御すると言っている点で近似性がある（デューイ 2001 年 7 月）。

1.

　1980 年代から公共圏の再考過程が見られるようになってきた。本稿では以下の点に焦点を合わせたいと思う。
　—公共圏の民有化
　—新しい公共圏は、フェミニズム、公共性と主体性の形成に続いて生じる

（1）公共圏の民有化

　公共的空間は 60 年代から 80 年代にかけては公共性、あるいは対抗公共圏を提示した社会運動によって満たされていた。それらの運動の中では、さまざまな利益が交渉され、何が利益となるのかが明確化され、個人的な規制の問題も

取り払われ（女性に対する暴力、性差による労働条件の格差等）そして政府の政策も批判された。80年代からは、さまざまな分野で公共圏の民有化が図られた。以下に例として、都市空間ならびにメディアの例を示すことにする。

近年都市部で頻繁に見られることは、路面電車が市街地に設けられ、民間の安全保障により守られている。また一般の人々が、例えば通常の国民には相当しない、ホームレスや肌の色の違う人々、薬の中毒者といった人々を排除している。その基礎にあるのは刑法ではなくて、それよりも国民の一般的なイメージである。都市部での社会的生活における引きこもりの増大は、新たな現象である。それは、社会的に受け入れられていることが、価値があるという狭い定義である。ホームレスはいなくなり、街には空き瓶もしくは集積されたビンが無くなり、薬やアルコールは軽視され、登録されるデモが街の中から無くなっていくなどの現象である。

民有化の傾向はメディアにおいても同様に減少傾向である。フォーディズムにおいては、そのメディアの公共圏はとても小さなグループに利用しやすいものであった一方で、——ネクトやクルーゲのような左派のメディア批判が引き合いに出しているように——今日、メディアにおいて"驚き"の多様性が見つけ出され、それらの驚きは毎日の狭い出来事の中から価値を見出される。それに関して民間のテレビ局は増加している。なぜならば、民有化を通して公共圏が拡大するのとは反対に、メディアの民有化が公共圏を拡大するからである。つまり新しいトークショーは、民主主義的な参加の可能性が増えたことを意味しているのではなく、それよりも一般化の決まった表現を再生産した。その表現の再生産はただ単に権威主義的な公共圏というだけではなく、民有化の形態の中で成立したものである。

ローザ・ルクセンブルクが仮定したように、公共圏が国家に対しての規制を意味するならば、以下のことが推論できる。まず、これらの公共圏の民有化の傾向が一つの条件であるということ、次に社会国家的な業務の民有化がまず総じて可能となるということである。社会国家において、公的に規制された課題からの再民有化は——それは医療や失業問題等の社会的危機の再民有化を含んでいるが——公共圏の民有化を前提としている。

その際に中心的な観点は、危険をはらんだ無名性として公共圏の構築であっ

た。公共圏は、公共圏の中での見知らぬ人の利益を交渉して取り決めるものとして形成され、1980年代以降は、親密さを欠いているものとして表現されていた。公的なものと私的なものとの間の区別は社会的な定義であるが、こうした公共圏の構築過程は、同様に社会的な権力関係の変化として解釈される。

（２）女性性の構築に続いて生じる新しい公共圏

　公共圏の拡大がますます威嚇的な他人として認識されていることは、以下のことを意味している。つまり公共圏は他人との間接的な関係として価値があるのではなく、例えばトークショーが示唆するように、親しい人々の間の直接的な関係として重要である。公共圏の心理学化は、すべての問題の心理学化を伴う。自分自身を主観的に感じることは、行動することよりも重要である。肉体と魂は、利益とコミュニケーションに対しての意義を勝ち取る。これらの構築過程は、公共圏の女性化として示される。その点では女性性に対する教育は、まさにこの公共圏の拡大を含んでいる。つまり女性は他者の肉体と魂の権限を持つ。この直接性に対する方向性は、公共圏の女性化過程の中で見られる。それに由来してすべての他者は結果として威嚇的なものと成る。つまり、無名なものである。よって公共圏は、私的なものとなり、間接的な関係から直接的な関係へとなる。この点では、公共圏の構築は女性性の構築に続いて生じ、その中心に、緊密な関係と精神構造を表現する。

　完璧で秩序あるべきである公共空間は、女性からその私的空間が作り出されるように、私的空間の明快さに従ってつくられる。妨げられた秩序は、他者から、無名性から、そして汚れたものから描かれる。これらの傾向は、増大する国家の監視を通して強化される。監視が幻想と想像力を形成する。その表現された監視は、無名性としてだけではなく、同様に危険を含むものとして他者の想像を強制する。他者の感情はコントロールできない。国家の監視は、空間の親密化であり、社会的に組織された女性的な視点でもあり、近接性や親密性に対して訓練を及ぼし、知られていることに対して明確さ、そして方向付けが行われており、個人的な意思と非個人的な意思は共存できない。逆説的にそこから推測できることは、今日このような女性化形成に具体的にあう女性は少なくなってきており、しかしながら社会的な制限としての女性性は相変わらず作用を及ぼしており、現在の再構築プロセスにおいては新しくそこに動員されてい

る。

　公共圏の女性化の結果として、公共圏の民有化が行われ始めた。ある業務の仲介の立場の代わりに、直接的で個人的な方法が、あまり相違化されていない社会で機能するように始まった。これらの直接的な関係は、複雑な社会ネットワークからの排除メカニズムであり、そして一般的な業務の追求は個人が疎外されている組織的な文脈の中で、自らが行う。

　公共圏の構築プロセスと平行して、国家建設と国家性それ自身が変化している。これらの国家の変革過程は、男性化の原理に続いて生じている。国家権力そして抑圧装置のような歴史的に男性性と結びついてきた分野が建設され、一方で社会政治のような、後に歴史的に統合された女性性を持つにいたる分野もある。国家装置の中で、ある機関が重要性を持つようになるが、その機関とは特別な関連性から競争能力を回復するための装置である。

　プーランザスをよりどころにすると、国家機関の中のある種の決定の中心や問題点は、特別な利益のために融通性のあるべきものである。例えば、社会主義的もしくは環境政治的利益の意味が失われている一方で、（それらは世界的なネオリベラル組織であるIMF（国際通貨基金）やOECD（経済協力開発機構）、世界銀行などと関連して成り立っている）中央銀行の利益を強化し、同時に議会のコントロールが取り除かれるようになる。それに関しては、権威や指導に基礎付けられているデジタル化された政治的理解が拡大しているので、政治の論理がますます男性化されている。

　以下の言説は、女性的であると見なされている。議論、交渉、弱さ、臆病、そして無駄話というものである。服従への心配は、競争的な服従を生み出す。つまり主権を持つ国家は、その国民に対して決定権を放棄させうるという意味で強い国家である。

　ガバナンスの概念は、国家の言説における増大する政治の民主化の表現であるにもかかわらず、この政治の男性化は、国家の監督の新しい理想像——つまりそれはガバナンスの概念であるが——から理解される。ガバメントからガバナンスへという傾向は、特にネオリベラル批判と関連して、ある意味硬直化した官僚主義的なフォーディズムの福祉国家へと到達した。この傾向は、新しい税金の雛形や国家レベルだけではなく、超国家的なレベルの局面もまた同様に目標にしており、そこでの国家や社会からのさまざまなアクターは互いに協力

し合っている。規制された政治形態に変わって、政治ネットワークにおける集団的決定という水平的な方法へと向かうようになった。これらのネットワークは、公的セクター、政府、そして特に行政機関、同様に専門家そして公的な政治を通して得られる社会的利益の代理人（議員）からのアクターを含んでいる。国家の装置はさらに中心化されていくとは考えられてはおらず、その代わりに私的アクターが決定プロセスにおいて含められていくべきであり、参加の形態そして熟考の過程がさまざまなアクターに拡大していくべきである。しかし参加しているアクターの数は増加する一方で、決定構造や統治関係における方法は高い割合で情報化され、不透明化し、選択的な決定方法の増加が目立つようになっている。それは、公的な民主主義的かつ情報化された決定プロセスからの変化が、国家の決定プロセスのこのような変化の基礎になっており、また同様に政治の男性化として認識することができる。

　公共圏の男性的な部分と女性的な私的な空間との間の伝統的な区別は新しく再分配されており、社会的範囲の不明確化は、よって現在の政治的変換プロセスとともに新たに考え直されている。

（3）公共圏と主観のプロセス

　公共圏もしくはその定義は、公的なものとしてもまた私的なものとしても適用され、また社会の形態に関しても自由に用いられている。そして現在の公共圏の構築過程とともに、または、公共圏と私的化との間の境界とともに、新しい主体の構築が知覚されている。その際に中心となることは、自分自身を通して説明される自分自身に、自分自身が中心化していくことである。ますますいっそう公共圏の他者性、無名性が脅威になる一方で、安全な場所として私的そして直接的な自己が存在している。

　主体性の構築において、永続的な自己への働きかけの概念を中心においているその一方で、それに伴う行動条件は視野に入れていない。自己への働きかけは、他者への働きかけを閉鎖する、もしくは排除する。これら自己の確立は決して真新しいことではなく、それは市民主権を有した主体概念の内的な構成要素であり、しかしそうはいうものの、それに伴い同時に起こる現在の悪化現象──公共的空間では社会運動の欠陥を通してオルタナティヴが見えていないという──が認識されている。

他方、現在の社会形態は以下の点で優れている。それは、明白な規則や規範を通しての社会形態の規律化はあまり結果が出ず、その代わり、自己操作という方法がとられるということであるが、それは自己への働きかけということは本質的な要素であるためにである。
　A. エーレンベルクは、1980年代から、社会的役割や権威を持っている教育の同一性がアイデンティティの中から薄れ始めたと書いており、また一方で、以下のようにも書いている。ただ人間だけが自らを形成し、そして幸運にも自らの権威を増幅させるための努力もする。人間は自分自身の資質を理解し、人々は同様に自分自身を自発的に行動させなければならない。（アイデンティティと並んで）私たちの個人を決定づける二番目の要素は、主導権をつかみ積極的になる必然性である。エーレンベルクは、（現在の）社会化への方法の変化から、社会環境に対する反抗的な行動の条件がそのことにより修正されたと推論している。
　フォード式の社会形態の中で、覇権的な規範についての批判が起こる一方で、まさしくこれに伴うアイデンティティ化が拒まれ、自己自身に関して構築される社会化の形式が変化を求めた。自己の中に横たわっている不測の事態の理由は、覇権的な規範に関する反論としての拒絶、挫折、失敗、不幸ではなくて、主観的な拒絶としてのそれとして生きている。傷つけられた規範は行為能力としてというよりもむしろ、ただ不服従しないものとして存在している。存在している規範とともにある紛争が中心ではなく、起こりうる、ある不測の事態が重要である。それに伴い、他者に決定された許可は（そして反抗的な行動の可能性が、努力の過程で自己の決定に対して異議申し立てされることができる）自己責任による可能性と自己責任による挫折からの隠れた側面としての可能性を先延ばしにしてしまう。
　主体は、自己と世界の新たな直接的な関係の中で自己への働きかけへの絶え間ない願望を通して歩んでいるが、政治の受動的言説が、これらの変化する主体の記述の基礎となっている。このことは、主体が世界の中で拘束力の無い、そしてまた、想像できる関係の中でそのようにして位置づけられることを定式化することができる。それは、公的なものと私的なものの関係と関連付けて、以下のことを意味している。以前からの変化は、私的な範囲においての公的な定義として、主体の形態に関して察知されることができるが、それはこれらが

ますます自己責任に対して支持されるからである。良い生活のための責任は、結局、主体自身にある。エーレンベルクがそれについて書いているのは、今日の政治はもはや交渉によって紛争を解決し方向を変換させるのではなくて、そこに存在していることは、個々の行為が共同して争いを軽減することである。エーレンベルクはこのことに引き続いて、結果として以下のことを述べる。それは、公共圏が一つの空間へと根本的に変化しており、相反する利益の客観性として、個人の共通の主体性が取り上げられている。

結論

1.

　私達は、参加型民主主義の概念の批判として以下三つの傾向を評価し、また以下の傾向が強まっていることも指摘する。
　まず、国家の男性化が、政治の増大する権威主義化を導き出したが、その一方で公共圏はその規制された機能をあまり利用しない。公的な関係の私的化や、直接的な論理や新しい主体形態とともにある公共圏の女性化は、これらの脱政治化を導く。公共圏の私的化と活発で批判的な市民社会の不在は、ローザ・ルクセンブルクの考えの下では、社会的組織の荒廃を意味している。それに加えて、私たちが考えるのは、どのように主体が支配されるのかといった疑問に関連するようなさらなる状態にあると言えることである。フォード式の社会形態は、実際の住民のコンセンサスを通して実行される。そのような場合、フォード式の社会国家は、さらに拡大する統合を通して社会的利益と要求を特徴付ける。この国有化はいつも社会的関心に対して妥協し、そして、急進的な要求を抑えるための別の道を意味してきた。フォーディズムにおけるコンセンサスの創出は、異なる社会グループと権力を含んでいくことに、また同様に政治的物質的譲歩にも基づいている。これは、主体に共通の観点を約束させること、そしてこれら自身活動的な形成された主体として考えられることを可能にしている。経済的変化と同時に起きたフォーディズムの危機とともに現れたことは、国家ないしはその形態に関連しており、国家が主体を統治するように規制し、能動的な同意の動機の意味が失われた。

主体は、イデオロギー上、国家と政治を結びつける代わりに、国家の行動がどのように統合の目的にそっているのかということを観察するではなく、国家の規制が現在どのように、国家の決定に対する主体の法的に委ねられた関係の基礎となっているのか、そしてそれに伴い権威の規制形態を得ているのかということを観察することができる。

　そのことは、政府がますます同意やコンセンサスを得ないようになっており、その代わり権威主義的な統治形態になっていっていることを意味している。政治不信概念は、国家と主体とにある溝の状況を現しており、同時に、現在の政治参加の不在を認識できていないことも表している。公共圏はよってただ国家の行為を制限するだけではなく、世論が言葉に表されるその空間を規制する。その世論の声は、国家が統合されるために求められなければならなく、さらに、公共圏の女性化は、政治の男性化や権威主義化にとっての潤滑油である。現在の自己中心性と直接性を作り出す新しい主体化の形態は、互いの溝があるなかで国家の決断と主体の参加から導入されている。それによって主体の日常の経験がつねに実際の介入と形成を結び付けない政治的行動を求めて関連してくる。

2.

　現在作られつつある公共圏と主体構築の変化の下で、1970年代から1980年代の社会的抗議運動の要求は、逆説的にゆがんだ反響として知られている。ローザ・ルクセンブルクにとって、市民社会は、社会的組織の活力のための条件として表現される一方で、グラムシはそれについて以下のように指摘している。市民社会とは、一つの領域であり、それは資本主義的関係性の安定した再生産を可能にする場所である。

　資本主義の歴史の中での批判の声にはつねに二つの機能がある。つまり、それは資本主義的な権力の抑制を可能にすることと、同時に、個人の社会的環境に対する同意を組織化するために、利益誘導的な資本主義進歩も推進力もまた併合することができるようにすることである。代替案をなくした資本主義の観念に有利になるような代替的な社会設計の可能性は失われ、20世紀80年代から、強いものに関する批判の声は無くなり、国家社会主義的国家の大変革を通して再び弱まった。同時に、ネオリベラル的な構築過程が一つの計画を表現したが、

それはフォーディズムのなかでの女性運動と同様、社会運動の批判的要求が形成された要素に本質的に基づいている。グラムシは、これらの変化に対して、批判的な要求と運動から受動的革命という概念を計画し、そして、国家自身がつねに同様に変容するために、そしてこの変容において主体を規制し、自分の位置を知るために、批判の統合を本質的に国家の能力と見なした。

　それは公共圏の実際の構築プロセスに関連して、まず合理的人間に関する批判と排除に基づく公共圏が時とともに統合されてきたことと、そして、公共圏は現在では女性性への構築に続いて構築されることを意味している。それに加えて、監視を通しての公共空間における国家の介入に直面して、共同生活、盗聴工作そして健全なものの透明性の中での正常化された侵害が現われてきている。女性運動の個人的なものは政治的なものであるというスローガンは、ある特定の個人的なグループへの日常生活の警察コントロール、日常に対する公共圏介入の新しい形態を逆説的に歪曲したものである。

　同様に、変化する主体に関する記述の中で、フォーディズムの支配的な主体深化の形態に関する批判への糸口は、昔に遡ってたどることになる。そして女性運動の批判は、同様に、フォーディズムの公共的な主体深化の形態に対する抵抗として理解することができる。経済的搾取への批判に比べると、社会運動の抵抗は、支配的なディシィプリン、観念、そして正常性の観念の方向へ向かっている。現在の主体構築に関するエーレンベルクの分析に従うと、フォーディズム的、ディシィプリン的、社会的な規制の形態が、実際は脱構築されているということが推論される。自己生産の組織的構造はその状態にある。それに関して、社会主義的国家の規律化の道具からの変位が、フォーディズム内において自己操作のメカニズムに対して確認される。自己責任、自立性、個人的自由は、これらの変化する自己深化形態と自己操作技術のスローガンである。二つの変化からわかってくることは、元来の形成された経験が反抗と同意として政治的に収容され、そして国家的形成に対して変容されるということである。

3.

　マルクス的に方向付けられた社会運動の多くの傾向に対して、支配手段としての民主主義を分析するために、ローザ・ルクセンブルクは民主主義を、すべ

ての公共的なそして私的な部分での事柄のための生活の形態として、習慣として、一般的な調整形態として理解していた。

確立した社会民主主義の形態は、政治的な問題解決手段のモデルに前もって描かれている。コミュニタリアンのスローガンの下では、共同体としての民主主義の観念がまとめられている。

J.デューイが、共同体観念を 20 世紀 20 年代にすでに観念として見なし政治問題化しており、民主主義は共同体生活のその他の原理にとってのオルタナティヴではないと考えていた。民主主義というのは、共同体生活そのものの観念である。そこでは、発展の空間としての、そして個人に妨げられない成長としての社会民主主義の観念が重要であり、それは好意的なアソシエ的関係に頼っており、そしてJ.デューイは、このアソシエ的関係は、ますます発展を優遇し、またそれは民主主義の構造であることを確信している。現在では、すべての社会空間が重要であるという点では、これら民主主義的関係性は、すべての社会を引き合いに出しており、そして政治のある決定された形態とは同一にはなれないのである。この意味での民主主義は、政治的意思形成の決定された形態にとってある種の経験的空間であり、積極的同様消極的な要素においても、かみ合うものである。人間らしくあるために学ぶことは、共同社会の個々の独立した参加者であることを意味している。それは、コミュニケーションを通して実践される。J.デューイがどのような方法で彼の経験的概念の規範的含意を民主主義的共同体社会の理想と組み合わせるのかということがここで容易に明らかにされる。それは、民主主義的コミュニケーション過程のなかでも魅力的な側面であり、これらの概念の基礎をなしている。J.デューイは、その著書『民主主義と教育』の中でこれらの中心概念を、以下の言葉とともに著している。"民主主義とは、単なる政治形態以上のものである。民主主義は、第一に共同生活の形態であり、共同の相互の、そして分かち合った経験である"。

オーネスが問題点を明らかにしているように、デューイは社会的協力の理想から民主主義の概念を捉えており、そして確かに政治的自由主義の中での協力とは違うが、しかしハーバーマスの言説理論における場合と同様に、狭義の意味において政治的空間の下では制限された考え方である。さらにJ.デューイに従うと、ある範囲の国民が、彼らの紛争を民主的に解決する時には、協力的な相互作用形態は、すべての共同体社会を引き合いに出さなければならない。

社会民主主義のこのような背景において、民主主義的紛争解決が関わる相互の紛争処理への用意は、概して骨が折れるしばしばコストのかかる方法であるが、実行可能である。J.デューイは、サブ政治的範囲における民主主義的な公共圏の活性化の前提条件を、社会的分業にあると見ている。そこでは、公平で秩序が無ければならないし、また共同体参加者それぞれが、概して協力的な共同体の積極的な参加者として考えられている。というのは、そのような意識なしでは、分かち合った責任と協力がなりたたないからである。J.デューイが当然のこととして前提としていることは、意思形成の民主主義的な方法の中で共同体的問題解決の方法を行っていくには、個々人はまだまったくそれに至っていないということである。

（翻訳・森山あゆみ）

4−2
ローザ・ルクセンブルクについての北京でのアンケート調査

張　文紅（中国）

1．本論の意図

　本論で取り扱うのはローザ・ルクセンブルクの思想や理論あるいは活動ではなく、ローザ・ルクセンブルクについての調査報告である。2006年12月から私は北京でローザ・ルクセンブルクに関するアンケート調査を行った。調査対象は大学のキャンパス、街頭、スーパーマーケット、書店、幼稚園――もちろん子どもたちではなく親たち――で探した。アンケートは質問票を用いて行われた。

　この調査をしようと思い立った理由は二つある。第一に、私は女性として学生時代からローザ・ルクセンブルクに強く惹かれていた。ご承知の通り、ローザ・ルクセンブルクは中国で高い評価を受けている。しかし彼女に注目しているのは主にインテリ層である。以前から私は彼女が一般の人に対してどの位影響力があるか調べたいと思っていた。ここ数年非常に多忙だったため、この調査はずっと延期されていたが、東京でのローザ・ルクセンブルク国際会議が、これを実行するきっかけとなった。

　第二に、今日ローザ・ルクセンブルクの思想の現代社会にとっての意味についてしばしば議論されるが、一人の人の思想や理論や教えの影響というものは、それが一般に受け入れられるかどうかに大きく反映される。ある思想を知り、理解し、受け入れる人が増えていく時にはじめて、その思想は社会に到達し、

その価値を実現できるのである。この研究の目的は、ふつうの中国人がローザ・ルクセンブルクをどのくらい知っているか、理解しているかを調査することである。

初めの計画では100人を対象にするつもりだったが、結果的には回答者は129人になった。その中67人が男性で62人が女性である。20歳以下が5人（3.9％）、20歳〜30歳が64人（49.6％）、30歳〜40歳が39人（30.2％）、40歳以上が21人（16.2％）だった。高校卒までが33人（25.6％）で、その他の人たちは大学教育を受けているが、その中、学部卒は56人（43.4％）、修士23人（17.8％）、博士17人（13.2％）である。

2．アンケートの内容

アンケートは次の質問からなっている。
1．あなたはローザ・ルクセンブルクを知っていますか？　はい・いいえ
2．知っていると答えた方が、ローザ・ルクセンブルクという名前をきいてまず思い浮かべる人物像はどれですか？　革命家・知識人・フェミニスト・理想家・哲学者・その他
3．あなたはどのようにしてローザ・ルクセンブルクを知りましたか？
歴史の授業で・書籍で・新聞で・インターネットで・その他
4．ローザ・ルクセンブルクの書いたものを読んだことがありますか？
はい・いいえ
5．それはどんなものですか？
6．あなたの知っているローザ・ルクセンブルクについて書いてください。
7．あなたはローザ・ルクセンブルクのどんな思想に影響を受けましたか？
あなたにとって最も重要な思想はなんですか？
8．ローザ・ルクセンブルクの思想は今日の中国と世界にとってどんな意味をもっていますか？

3．アンケートの結果

第1問：ローザ・ルクセンブルクを知っているか

回答者のうち32名（24.8%）がローザ・ルクセンブルク知っており、97名（75.2%）が知らなかった。

第2問：知っていると答えた者のうち、ローザ・ルクセンブルクときいてまず思い浮かべる人物像は

　1．革命家　19名（14.7%）
　2．フェミニスト　3名（2.3%）
　3．理想家　2名（1.6%）
　4．理論家　2名（1.6%）
　5．革命家で理想家　4名（3.1%）
　6．革命家でフェミニスト　2名（1.6%）

第3問：どのようにしてローザ・ルクセンブルクを知ったか

　1．学校の歴史教科書で　14名（10.9%）
　2．本を読んで　9名（7%）
　3．インターネットで　3名（2.3%）
　4．歴史教科書とその他の本　3名（2.3%）
　5．映画で　1名（0.78%）
　6．新聞で　1名（0.78%）
　7．友人から　1名（0.78%）

第4問：ローザ・ルクセンブルクの書いたものを読んだことがあるか

　ローザ・ルクセンブルクの著作を読んだことのある者は8名（6.2%）だけだった。121名（93.8%）は彼女の著作を全く読んだことがなかった。

第5問：ローザ・ルクセンブルクのどの著作を読んだことがあるか

　1．獄中からの手紙　　　4名（3.1%）
　2．ロシア革命について　2名（1.6%）
　3．資本蓄積論　　　　　1名（0.78%）
　4．何を欲するか　　　　1名（0.78%）
　5．ローザ・ルクセンブルクとレオ・ヨギヘス　2名（1.6%）
　　＊これはローザ・ルクセンブルクの著書ではなく、ローザ・ルクセンブルクについて書いた本である。

第6問：あなたの知っているローザ・ルクセンブルクについて書いてください。

この問いへの回答は以下のように分類できる。
1. ローザ・ルクセンブルクの革命家としての経験については、彼女がドイツ共産党の創立者の一人で、国際共産主義運動の歴史における卓越した革命家であり、社会民主党と第二インターナショナルの指導者で、非常に尊敬されている女性であることを知っていたのは17人（13.2％）であった。3名（2.3％）は、彼女が社会民主党の右派の政策と闘い、第一次世界大戦中に帝国主義戦争に抵抗したことを挙げた。4名（4.1％）は彼女が何度も逮捕されたことを知っていた。抵抗と革命と牢獄が彼女の生涯を貫いていた。彼女は非妥協と抵抗の中に生涯を送った自覚的な共産主義者であり、マルクス主義者であった。彼女が1919年に殺害されたことを知っていたのは11人（8.5％）だった。
2. ローザ・ルクセンブルクの善意に満ちた高潔な人柄を挙げたのは、回答者の5％——主に「獄中からの手紙」を読んだ人たち——だった。彼らの見解によれば、ローザ・ルクセンブルクが獄中で書いたたくさんの手紙は、彼女が革命家としての鋭い洞察力を持っていただけでなく、高潔で善意に満ちた魂をもっていたことを示している。彼女の精神生活は感情豊かな、感性溢れるものであり、生命と自然への愛に満ちていた。彼女は鳥の歌に心を揺すぶられ、ばら色の雲に魅せられ、瀕死の蝶に涙した。ウロンケの獄中にあった時、彼女は一つがいの四十雀に餌付けをしていたので、ブレスラウの刑務所に移らなければならなかった時、秋にまたその四十雀に会えないことを悲しんだ。いつ冬が去り春が来るのか、彼女はよく知っていた。

さらに2人の回答者はリープクネヒト夫人宛の手紙の中の文章に触れている。「空と雲、そして人生のすべての美しいものは、……私がどこにいようと、私が生きている限り、私と共に存在し続けるのです」。だからローザ・ルクセンブルクは、感情豊かで、友情を大切にし、人生を愛した女性なのだと。
3. ローザ・ルクセンブルクとレオ・ヨギヘスの恋愛関係を回答者の3％が挙げた。これは、20年間におよぶ悲劇的な恋愛に関する中国語の本のせいかも知れない。彼らは、レオ・ヨギヘスが、ローザ・ルクセンブルク殺害の背景を解明し、その調査を公にしたこと、彼もまた間もなく

殺害されたことを知っていた。
4．ローザ・ルクセンブルクとレーニンの論争および彼女の十月革命批判については、3.1％が民族問題について彼女がレーニンと論争したことを知っていたが、詳細については知らなかった。3.9％がレーニンの独裁を彼女が批判し、民主主義の積極的な意味を次のように強調したことを知っていた。「自由で抑圧されない新聞と、結社と集会が妨害されないということなしには、広範な国民大衆による支配ということは考えられない」。

「鷲が雌鶏よりも低く降りることはあるかも知れないが、雌鶏が鷲のように高く飛ぶことは決してない」という文章は中国ではよく知られている。約7％が、レーニンがこのロシアの寓話をローザ・ルクセンブルクにあてはめたことを知っていた。

第7問：ローザ・ルクセンブルクのどんな思想に最も影響を受けたか、またどんな思想が最も重要だと思うか

1．回答者の11％が、彼女が革命の理想を堅持し、生涯の終わりまでためらうことなく全力をそのために注いだと考えている。
2．6.2％が、彼女は揺るぐことなく労働者階級の立場に立ち、資本主義を批判し、帝国主義戦争に反対して闘ったことを最も評価している。
3．1.6％が、彼女の民主主義が基本だとする思想に最も大きな価値を置いている。
4．3.1％が、彼女の生への愛を賞賛している。彼女はいつでもどこでも、牢獄の中ですら、生きる喜びを感じ取り、人生の美しさを享受することができた。牢獄の中で彼女は熱心に落ち葉を集めた。彼女の生命の美しさに対する感情、自然への愛、鳥や獣への愛は、生への愛によるものだ。
5．約0.78％が彼女を環境保護の先駆者だと考えている。生態学的均衡、環境保護と動物保護は今日世界の最も重要な社会的問題の一つである。ローザ・ルクセンブルクは、100年も前に、外界から隔絶された状況の中で、小動物に人間の運命と密接に関連する問題を見出していた。科学の進歩のために鳥の声が消えたことを読んだ時、彼女の心は痛んだ。その時彼女は文明人の侵入によって北米のアメリカインディアンが滅んだことを思い出していたのだった。

6．約1.6％が、十月革命とロシアの体制に対する彼女の本質的な批判を重要だとしている。彼女は十月革命の経験を絶対化し、普遍化することに反対した。彼女はソヴィエト連邦におけるボリシェヴィキ独裁に内在する危険に気づき、それを鋭く指摘した。そして、思想の自由を積極的に擁護した。歴史の展開はソヴィエト連邦にたいするローザ・ルクセンブルクの批判が部分的に正しかったことを確証した。ローザ・ルクセンブルクが非難した傾向は誤った方向へ進み、1991年のソヴィエト連邦の崩壊へと導いたのだ。もしボリシェヴィキやその他の共産党のメンバーの中に、ローザ・ルクセンブルクと見解を共にする者がもっといれば、歴史の展開は違ったものになっていたかもしれない。

  7．回答者の1人は、彼女の著作「資本蓄積論」の中に、最初のグローバル化の思想があると考える。

第8問：ローザ・ルクセンブルクを短い言葉で表わすと

　　最も多かった言葉は：勇敢（13）粘り強い（8）偉大である（8）毅然としている（7）自立している（5）賢明で思慮深い（4）　教養がある（4）理想主義的（3）楽観的（3）急進的（2）動じない（2）頑固（2）断固としている（2）動揺せず、不屈である（2）

4．結論：ローザ・ルクセンブルクの理論の今日的意義

　このアンケートの統計結果によると、女性よりも男性のほうにローザ・ルクセンブルクの思想を知っている者が多い。女性は彼女の生活と感情に特別に注目している。これにたいして男性は彼女の思想と闘争経験、特にレーニンとの論争と十月革命に対する批判的な見解に関心を示している。

　以上の結果から次のような結論を導くことができるだろう。

  1．ローザ・ルクセンブルクは非常に尊敬されている女性である。国際共産主義運動の卓越した指導者の一人として、彼女の思想的遺産の多くはさらなる検討に値する。どのような観点からであろうと、彼女の思想は依然として現代の世界に影響を与えており、実際に社会運動を生み出している。資本主義とロシアにおける十月革命に対する彼女の批判は、今日まで変わらずにしばしば引用されてきた。その党内民主主義に関する思想は多くの点で中国共産党の党改

革の手本になりうるとする著者もいる。

　２．ローザ・ルクセンブルクは社会正義と社会の進歩を目指す人々にたいして大きな魅力を放っている。彼女は革命家であっただけではなく、日常生活を愛し、自由であろうとした女性だった。社会正義と共に幸せな家族と愛を求めた。彼女は生の営みのすべてを実現しようとした。彼女の魅力はその多重性──少なくともその二重性にある。彼女の人格には矛盾したところがあって、一様ではなかった。彼女は生涯を通じて政治的な理想のために闘った。彼女は断固としていたが、同時にかよわくもあった。彼女は革命に生涯を捧げたが、同時に平凡な女性としての幸せも求めていた。

5．分析：中国におけるローザ・ルクセンブルクの評価

　アンケートの結果は私の予想を超えていた。そもそもこのアンケート調査を行う前は、私は大多数の回答者はローザ・ルクセンブルクを知っているだろうと思っていたのだが、結果は違った。
　この数字から特に次のようなことがわかる。
　１．まず性別にみると、男性のほうが女性よりもローザ・ルクセンブルクを知っている。
　女性は彼女の人生と感情に関心を示し、男性はレーニンとの論争と十月革命批判についてもっと知りたいと思っている。
　２．第二に、年齢層別でみると、年齢の高い者のほうが若い世代よりローザ・ルクセンブルクを知っている。25歳以下の者でローザ・ルクセンブルクを知っている者はほとんどいない。35歳以上、特に40歳以上の者にローザ・ルクセンブルクを知っている者がずっと多い。それは、当時の高等学校の教科書にはまだ、ローザ・ルクセンブルクについての記述が──特にまだその頃はローザ・ルクセンブルクとカール・リープクネヒトの写真入りで──あったからだろう。大多数の者は高校の歴史の授業でローザ・ルクセンブルクを知った。残念なことに現在の世界史の教科書は改訂されたもので、ローザ・ルクセンブルクについての資料と写真はもう載っていない。そういうわけで25歳以下の者はローザ・ルクセンブルクのことを知る機会を失ってしまった。
　第三に、教育という点からみた場合、教育水準の高い者がより多く（ロー

ザ・ルクセンブルクを）知っているわけではない。人文科学分野の者が自然科学分野の者や技術者より多く知っているというわけでもない。この調査結果から私は面白い現象を発見した。ローザ・ルクセンブルクの著作を読んだことのある何人かの若い回答者は、例えば、医学部学生とか、技師の卵といった、自然科学畑の出身者だった。

　以上がローザ・ルクセンブルクについてのアンケート調査の主な結果である。２、３年前にあるドイツ人の教授から、北京は中国の他の都市とは全く違うと聞いたことがあるので、このアンケート調査が中国の一般的状況を示しているとはいえないだろう。このアンケート調査を他の都市で行ったら、結果は全く違っているかもしれない。

（翻訳・田中祥之）

4－3
社会主義政党のブルジョア政府との連立政策

テオドール・ベルクマン（ドイツ）

　1918年、ベルンシュタインがその最も重要な著作を発表したことによって、あることが明らかになりました。すなわち、マルクス主義の実現や革命によって資本主義国家の一掃を目指すという社会民主党の公式の立場が、実は社会民主党員のすべてがイメージするものではなかったという事実です。これにより、ゴータでの統一党大会における妥協は白紙に戻されたも同然でした。当時、社会主義法が廃止されて8年経ってドイツ社会民主党（SPD）は合法的な存在となり、めざましい選挙結果をあげていました。労働組合も同様です。革命による体制転覆など、SPD幹部や議員の多くにとってはもはや不要なことでした。ドイツ帝国議会において多数を獲得すれば、法律によって社会主義を導入できると考える人がSPDには多くいました。ルクセンブルクはそうした修正主義的潮流に反対した最初の人間でした。彼女は、この反マルクス主義がどのような意味を持っているのか、はっきりわかっていたからです。加えて、ベルンシュタインの新しいテーゼに次いで、この問題に取り組まなければならない具体的な事件が起こりました。1898年、アレクサンドル・ミルランがパリでワルデック・ルソー首相が率いる内閣に入閣したのです。こうして、二つの問いが生まれました。ブルジョア国家にどう対応するのか、そして政府にいかにして参加するのかということです。これらの問いは、ドイツおよび国際労働運動の100年の歴史において大きな役割を演じてきました。私はこれらの問いを、プロレタリア政党にとっての戦略・戦術の重要な判断基準として、またドイツ労

働者階級の大きな敗北を理解するための判断基準として見ていきたいと思います。

１．修正主義批判

　ローザ・ルクセンブルクがSPD党大会に初めて出席したのは、1898年10月3日～8日、シュトゥットガルトにおいてです。そこで彼女は、次のように述べています「ハイネ——彼は修正主義者の代表です——は、社会民主主義が特別に作りだした唯一の第三の戦闘手段を知らないし、認めようとしない。プロレタリアートの階級意識の力というものを、彼は知らないのだ。私たちのこれまでの成果はつねに階級意識の力のおかげだし、これからの戦いの中で一番頼りになるというのに。ハイネにとってこのことばはスローガンに過ぎないのだ」。つまりルクセンブルクによれば、「憲法の問題はもともと法律の問題ではなくて、権力の問題だ。ある国の本当の憲法は、現実の力関係の中でしか存在しない」。すなわち、階級意識というものは忍耐強く啓蒙し、日々階級闘争を重ねることによってしか育まれないというわけです。しかし、こうした考え方と真っ向から対立していたのが、当時公然と現れた修正主義者です。彼らは、最終目標である社会主義を放棄して、「運動」の中で資本主義と妥協しようとしました。なぜなら、それによって社会の変化を何一つ論じようとする気がないからです。ルクセンブルクはこの党大会の議論について、次のような文章でまとめています。「最終目標などない、という人もまた、政治権力奪取の必要性を求める立場にはない。SPD党員の中には、われわれの問題の最終目標を目指す立場にたっていない者もいる。だからこのことを、誤解のないはっきりした形で表現しておくことが大切なのだ。今ほどこれが重要なことはない。つまり、『最終目標は私にとってはどうでもいい。運動こそすべてだ』という言い方は間違っているのであり、まったく逆である。目標というものが大事なのである。運動それ自体というものは私にとっては何も意味しない」。

　ブルジョワ国家に対するこうした拒絶は、1907年にシュトゥットガルトでルクセンブルクが行った演説にも見られます。「戦争勃発の危機が迫るならば、関係各国の労働者や議員たちは、必要な手段を講じて戦争を防ぐ手だてを講ずる義務を負っている……それでもなお戦争が起こってしまうなら、なるべく早

く戦争を終わらせなければならない。そして戦争によって生じる経済的・政治的危機を、大衆層の動揺と資本主義的階級支配の崩壊の加速のために利用しようと考えるべきである」。それから、1911年にもルクセンブルクはシュトゥットガルトを訪れ、10月7日に「世界大戦に立ち向かう」というテーマで講演を行いました。彼女はそこで、アウグスト・ベーベルの次のことばを引用しています。「私はブルジョア社会の不倶戴天の敵であり続ける」。こうして彼女は、1914年にドイツが始めた帝国主義的戦争に反対しながら、資本主義国家に対する修正主義を批判し続けます。ただし、ベルンシュタインは離党して野党に加わりました。

2．ミルラン主義に抗して

　原則論に関する論争の第二のきっかけは、アレクサンドル・ミルランのフランス政府への入閣でした。フランス社会党を分裂に追い込んだこの論争においても、ルクセンブルクは問題を正確に分析し、資本主義下における社会主義者の入閣を拒否する声をあげた最初の人物でした。「フランスの危機」というタイトルで、彼女はルソー内閣の政治行動を豊富な情報をもとに分析し、ミルランが労働者階級にとって決して利益とならない措置を講じていることを暴露しています。なぜなら、中央権力はとりわけ高等な機関であり、その機関が機能するかどうかは内部の規律性しだいだからです。というわけで、後年彼女が認めている通り、大臣は決して野党的な姿勢で仕事を進めることはできないのです。そしてルクセンブルクは、ミルランの分析を楽観的な記述で締めくくっています。「フランスの内閣の経験は、国際社会民主主義全体にとって日和見主義的実験をしてみようという気をなくさせるのに都合のよいものとなっている」。しかし、こうした戦術をドイツの政党が真似することはないだろうという彼女の楽観主義的な予感は見事にはずれました。1900年には、この問題があらためてパリの国際社会主義者会議で論じられることになり、カール・カウツキーが用意した決議によって、政府と連立を組むことは原則的に拒否するべきではないということになりました。ブルジョア政府への参画についてはケースバイケースで考えるべきだということになったのです。

3．連立から許容へ

　1914年以来、各国の社会民主党はブルジョア政府にたびたび参画することになっていきました。しかし、社会民主党が1919年に行った「われわれは平和裡に社会主義へと成長するであろう」という約束は、どの国でも果たされることはありませんでした。ドイツの歴史展開をおおまかに見るならば、まさにその逆の結果が起こったことがわかるでしょう。ドイツ社会民主党は、その後のブルジョア政府を許容してしまいました。なぜなら、SPDはより悪い事態、すなわちナチズムによる権力奪取を防ぎたかったからです。だからSPDは、真の独自の活動を断念して、ブルジョアにブルジョア民主主義政府を委ねたのです。とはいえ、このブルジョアというものは、とっくの昔に民主主義に愛想をつかしたものでした。すでに反民主主義勢力となっているブルジョア政府を許容するという選択は、いわばより小さな悪の選択でしかありませんでした。しかし、1933年1月30日に「合法的に」成立したファシズムを防ぐことはできませんでした。権力を徐々に獲得するという道の選択は、実際には連立や許容によって「平和的に社会主義へと成長する」目的をかえって遠ざけ、極めて血なまぐさい反革命勢力の勝利へとつながっていきました。ヨーロッパの資本主義諸国における共産主義政党、とりわけUSPDは「ウルトラ左翼の小児病」と呼ばれる時期がしばらく続いた後、1924年頃まで、ローザ・ルクセンブルクとレーニンが提唱した道を歩むことになります。ドイツ共産党（KPD）の1918年末の結成大会では、ルクセンブルクと彼女の友人たちはまだ少数派にすぎませんでした。短期間の革命期に急激に組織強化を進めていった党員たちは、選挙への参加を拒否しました。こうした段階は1920年には克服され、1924年には最初の短いウルトラ左翼の「ボルシェヴィキ化」が始まります。これは1925には放棄されることになり、1928年の初めまでには、議会外におけるSPDとの統一戦線が結成されました。

4．人民戦線

　コミンテルン第7回世界大会までは、KPDの戦術には異論もあったし、大きな誤りもありましたが、連立などというものはおよそ考えられないものでし

た。資本主義体制の革命的な打倒は、綱領上の目標として残っていきました。むろん、スターリニズムは、革命に至るのにいかなる準備作業が必然的に必要なのか、わからずにいたのです。ルクセンブルクによれば、ドイツの労働者の多数がそうした準備作業、すなわち社会主義的現実主義に大きな意味を認めるように、共産主義者が説得しなければならないはずでした。こうした状況を大きく変化させたのは、コミンテルン第7回世界大会で決まった人民戦線政策です。これは、スターリンが忌み嫌った「ルクセンブルク主義」の対局にある、改良主義的政策でした。この話はここではしませんが、同じようなことがコミンテルンでも起こりました。この新しい戦略は、ソ連におけるスターリン指導部のニーズに完全に応えるものでした。ソヴィエトはやっと強まりゆくファシズムの危機を認識し、民主的な西側勢力との共闘の可能性を模索しはじめたところでした。そのかわりに、彼らは西側指導部に対して自分の統制下にある共産党に革命を起こさせないと約束したのです。社会体制が異なる陣営間を走る境界線よりも西側にある国々の共産党は、ソヴィエト外交政策の利害関心を尊重し、戦後多くの国々でファシズムによる占領から解放された後、政府の一員として仕事をしていきました。例えばパミーロ・トリアッティは1943年、連合国による南イタリア進駐の後、ソ連から帰還してイタリアの新政府に加わりましたが、なんとこの政府は、ピエトロ・バドリオが率いたものでした。バドリオはその直前まで、ムッソリーニの軍事勢力を率いていた人物です。1989年以降、イタリア共産党は事実上解散し、その名称も変えました。総書記のマシーモ・ダレーマは、短期間ではあるが連立内閣の首相を務めました。

5．1945年以後―― SPDとKPDが勝利勢力を支持する

　1945年5月のドイツ・ナチスの崩壊以後、ドイツは米国、ソ連、英国、フランスの連合国の占領下に置かれましたが、やがてドイツは東西に分断されて、西側は米国を中心とする軍隊が支配し、首都は小都市ボンに置かれ、ベルリンは東西に分断されて、東ドイツの首都は東ベルリンに置かれました。
　1946年4月に東ドイツで、SPDとKPDが合同大会を開催して、統一し、ドイツ社会主義統一党（SED）が生まれました。
　1920年代から30年代にかけて、社会民主党と共産党は厳しく対立していまし

たが、ナチスが台頭し、社会主義インターナショナルの第7回大会でヴィルヘルム・ピークが1935年に反ファシズム統一戦線を呼びかけたことで、社会民主党と共産党の関係は大きく変わり、戦後の1946年の東ドイツでは、両党は統一するに至ったのです。

6.「ドイツの10月」

　共産主義者と革命的社会主義者たちは、いくつかの資本主義諸国では政府に参加しました。フランス、イギリス、スウェーデン、ノルウェー、デンマーク、フィンランド、インド、インドの州である西ベンガルとケララ、そして間接的には南アフリカでもそうした形をとりました。これらの国々すべてに共通する結果を語ることはできません。イギリスですら、現れた結果は時期によってさまざまですし、労働党のイデオロギーや綱領も時期によって異なります。PDSは連立政策の問題をめぐって内部分裂しました。ホイヤーは、党のはるかな目標と自己理解をめぐって時に激烈に交わされた論争を詳細に伝えています。SPDや緑の党との連立を肯定する人たちは、「議会制民主主義やドイツ基本法との肯定的な関係を構築したいと考えている」。彼らが旧東ドイツの誤った発展を批判する時、その批判は非常に厳しいものです。「国家社会主義の克服は、今世紀における重要な文明的成果である」。アンドレ・ブリーは、この「改革」派陣営の先駆者のひとりですが、スターリニズムはファシズムよりもっとひどかったと考えます。彼は「ポストスターリニズムにとって、民主的社会主義党（PDS）は耐え難いものとされなければならない」とまで言います。そこで目指されているのは、ドイツ連邦共和国のへ編入とSPDとの2009年の連立です。ディートマー・ケラーはPDSのグレゴール・ギジのアドバイザーですが、彼は共産主義だの革命だのは、もうはっきりとおしまいにしなければならないと言っています。「ドイツ労働運動における革命の時期はもう終わりだ。PDSは、ドイツ社会民主主義と19世紀の共通の根から発生したのであり、根は同じだ。ただ、共産党はスパルタクスから始まって、USPD（独立社会民主党）、KPD、SED（ドイツ社会主義統一党）という長い間の迷走を続けてきたが、今やっと社会民主主義の根へと立ち戻ることができた」。ウィルヘルム・リープクネヒトからアウグスト・ベーベル、ローザ・ルクセンブルクに至るマルクス主義の

主たる潮流が迷走だったということですが、これはあまりにひどい話です。

7．ローザ・ルクセンブルクは依然として有効だ

　もちろん私たちは、ローザ・ルクセンブルクが100年以上も前に言ったことや、彼女の弟子たちが80年も前に書いたことが今日まだ意味を持つのか、常に検証しなければなりません。ドイツ資本主義は、改良によって純化されてしまったのだろうか？　マルクス主義はルクセンブルクに追い越されたのだろうか？　労働者階級は完全に資本家と同権となり、政治に影響力を持っているのだろうか？　国家は本当にあらゆる階級と中立的な関係なのだろうか？　以上の問いに対して私はここではっきりとノーを突きつけたいと思います。国家によって素晴らしく組織され武装されたドイツ資本主義は、労働者に対して今まさに新たな、しかし根本において古めかしい教訓を突きつけています。すなわち、経済と社会における支配独占を求める暴力的意思についての教訓です。私には、ローザ・ルクセンブルクの教えが、ドイツの経験を鑑みる時、まさしく正しいものだと思います。彼女はこう言っています。「社会主義者たちの議会における行動の最重要課題は、労働者階級の啓蒙である。この課題の解答はとりわけ、支配的政治に対する体系的な批判の中に見いだされることだろう。孤高を保って遠く距離を置き、目先の成果とか、進歩的性格を持った直接的改革などというものを不可能にすることこそが、一般にあらゆる少数政党にとって基本的な野党的態度である。そして、それはとりわけ社会主義政党にとって重要な実際的成果を上げるために唯一有効な手段なのである」。

　　　　　　　　　　　　　　　　　　　　　　　（翻訳・長谷川曾乃江）

4-4

ローザ・ルクセンブルクの書簡と評論
──文化と創造性をめぐって

ズブホラーニャン・ダスグプタ（インド）

　報告内容は3部構成に分かれる。第1部では、ローザの書簡にはっきりとしたかたちで現れる、彼女の詩人としての性格を明らかにする。第2部では文芸作品への短い評釈をあらためて見ていくが、それによって彼女がいかに幅広い緻密な読書家だったかがわかるだろう。そして第3部では、ローザの完璧な評論家としての作品『ロシア文学の精神（*The Spirit of Russian Literature*）』に焦点を当て、それがマルクス主義文化の理論と実践に関わる基本原則となっていることを述べる。

1．情熱的な詩人ローザ

　「自分は本当は人間などではないのでは、と思います……庭先にいる時や、ミツバチのブンブンいう草原にいる時の方が、党会議の場にいるよりもはるかになごむからです……にもかかわらず私は、市街戦や刑務所といった、自分の仕事場で死にたいと本気で考えています」(1)（1917年2月5日、ウロンケの獄中からリーニャ・リープクネヒト宛ての手紙）。
　この引用は実は、私の報告原稿の導入部分である以上に、不可欠な部分となっている。なぜなら、このことばは、ローザが情熱的な詩人であると同時に真の革命家だったことを示しているからだ。ローザ自身はおそらく、「党会議」にいる自分と「ミツバチのブンブンいう草原」にいる自分というソフトな対比

によって、二つの自分の違いを際立たせようとしたのだろう。彼女の中では、ヒューマニズムと美への熱望は分かちがたく結びついていた。そのことが、ある時はゲーテとシェイクスピアを愛する詩人であり、またある時は激しい論客や市街戦の闘士であるひとりの人間を作りだしていたのである。しかも、さらに言うならば、ローザは詩人だったからこそ、マルクシズムの革命原則に詩情を見いだせたのだろう。彼女がこの革命原則を断固として信じ、古典的な政治的著作『社会改良か革命か？』を著したちょうどその頃、彼女自身の庭に深く入り込んだ抑えきれない詩への衝動が、1917年6月29日ウロンケ監獄からハンス・デーフェンバッハに宛てた手紙となった。「空のきらめき、輝く青の中に、まばゆい白い雲の群れがそびえ立っていました。その雲の間を、ほのかに青白い半月が、まるで幽霊か夢のようにスーッと過ぎていきました」。これはローザの独創性を示す散文詩、あるいは散文内詩（poetry-in-prose）といっても大げさではない。

　これにも似た大きな衝動は、スパルタクス団蜂起中、彼女が何回か「赤旗」に寄稿した文章にも見られる。その言い回しは、熱のこもった警告となっている。1919年1月14日版の最終寄稿「ベルリンでは秩序が支配する」を読むと、燃え上がるようなリリシズムの文体が、死をもおそれぬ抵抗のことばへと変貌していく様子がわかる。「《ベルリンでは秩序が支配する》というが、愚かな手下どもめ。お前たちの《秩序》は砂上の楼閣だ。革命は《音を立ててまた湧き上がり》、怖れるお前たちに向かって、ラッパの音に合わせて宣告するだろう、《私はかつても、今も、これからもある》」。ローザは限りなく尊敬していたハイネのように、いともたやすくナイチンゲールにも、またギラギラ輝く刃にもなれるのだった。あたかも彼女の繊細な雲に、反乱という嵐の種が密かに仕込まれていたかのようである。

　この尽きない詩の源泉は何だったのだろうか？　答は簡単である。生きとし生けるすべてのもの（もちろん圧政者や抑圧者は対象外）と森羅万象への豊かな愛が、彼女に忘れがたい詩を、散文のかたちで書かせたのだ。そのもっとも琴線に触れる表現が書簡だった。アントニオ・グラムシはローザの書簡を、「思考と感情が移りゆくリズムとライトモチーフ」が、最も意味の深いことばに達した《様式（the genre）》だと評価している。1917年5月19日、ウロンケからソーニャ・リープクネヒト宛てに書かれた手紙では、ローザは自然への

祝福を次のように表現した。「マロニエは青々と葉を繁らせ、スグリは黄色い星をつけている。赤い葉をつけた桜が美しく咲きやがてフラングラも咲くであろう」[5]。この描写のすばらしさからは、ローザの自然に対するまなざしや感受性とともに、彼女がいかにことばを巧みに使いこなしていたかがわかる。そして、こうした叙情的なことばの並びは明らかに自由詩の形式と言えるものであり、ジョン・キーツやラビンドゥラナート・タゴールの作品とも並ぶような気がしてくるだろう。ローザの風景描写で草木の名が次々と出てくるくだりでは、例えばキーツの「ナイチンゲールに寄せる」を思い出し、比べてしまう。

詩と自然、そして人類の結びつきを強めていったものは、彼女の美と自由に対する無条件の愛、すべての生の実現と人間の尊厳を探求する精神、そして創造力の発揮と自然の素晴らしさに対する情熱だった。そうして彼女は確実に、詩人として開花したのである。

2. 鮮烈な批評家ローザ

創造性あふれたローザが、他人の創造性に対してもつねに敏感だったのは当然である。カール・マルクスと同様、彼女も書簡や評論の中でさまざまな引用を活かした。また、彼女はマルクスのように大変な読書家で、ドイツ語、ポーランド語、フランス語、ロシア語、英語といった何カ国語もの本を読んだ。しかし、詩人かつ革命家というアイデンティティが問題だったように、ローザはここでも矛盾を抱えていた。彼女は一方では評論家になりきるつもりはないと断言しておきながら、実は自己の実存的状況や情緒的なありさまを表すために、何度も文学に立ち戻らざるをえなかったのである。1917年5月12日、彼女はハンス・ディーフェンバッハ宛ての手紙で、かなり辛辣にこう書いた。「私にトルストイについて本を書けば、という貴方のアイディアはぱっとしません。いったい誰のために、何のために書くのでしょう？ 結局、トルストイの本は誰でも読めます。トルストイから強い生命の息吹を読み取れない人には、私のコメントも伝わらないでしょう」[6]。しかしその一方で彼女はためらいもせず、トルストイの作家としての美点を、複数の書簡や『社会思想家トルストイ』『ロシア文学の精神』というすぐれた評論の中で分析している。さらに彼女は「私が思うには……、ゲーテ研究などという途方のないもの（ゲーテに何らか

の評価を与えようとする文芸評論）はすべて紙くずだ」[7]と勢いづいて主張する反面、書簡の中ではゲーテの詩を、歌のしつこいリフレインのように繰り返し出してくる。このリフレインが、プロの評論家による客観的評価とは全く違うのは確かだ。そこでは、特定の箇所を集中的に高く評価することが作品全体を賞賛することにつながっている。

　その一例は、1917年7月20日のソーニャ・リープクネヒトへの手紙に詳しく見られる。この手紙を読むと、まるでローザはゲーテ無しには生きられないかのようだ。「今日はそこを散歩し、ずっと辺りを見たり瞑想したりしていたら、ゲーテの一節が耳の中で響きました。《月夜の墓場の老いたマーリン、まだ若い私は話しかける》。もちろん、続きはご存じですよね。もちろんこの詩は、私の気分や興味とは無関係でした。ことばの持つ音律と詩の不思議な魔力だけが、私の気持ちをなだめて落ち着かせただけなのです。なぜ美しい詩に、とりわけゲーテにこれほど影響され、いつも強い興奮や胸の高ぶりを覚えるのか、自分でもわかりません。それは肉体的な効果に近いものがあります。まるで、乾いた唇からおいしい飲み物をすすり飲んだ時、精神がしずまり、体も心も癒されるような感じです」[8]。この恍惚感あふれる告白を見る限り、ゲーテとローザの間にほとんど手で触れられるような性質の絆があったことは間違いない。

3．完璧な文芸評論家ローザ

　以上のことから、ローザが創造性の高い文学といかに分かちがたく結びついていたかがわかる。彼女は大変な読書家で、実際、その飽くことなき書物への欲求はマルクス、エンゲルス、トルストイやグラムシらを連想させるほどだった。この読書への情熱に拍車がかかって、ローザは『ロシア文学の精神』『社会的思想家トルストイ』『マルクス主義の停滞と進歩』といった文化と創造性に関する著作を書くことになる。

　その際文芸作品の評価基準となった点を見ていくと、エンゲルス、レーニン、ルナチャルスキーなど、マルクス主義美学・マルクス主義文化理論の主な擁護者とローザとの関連が明らかになる。また今日マルクス主義芸術社会学とされている豊かで多面的な領域に、彼女の立場がぴったり当てはまることもわかる。

『ロシア文学の精神』は、ロシア的創造性の社会史的および美学的次元を古典的に解釈したものと見ても間違ってはいないだろう。この著作は内容の豊かさと精緻さにおいて、レーニンの『ロシア革命の鏡としてのレオ・トルストイ』、レオ・トロツキーの『文学と革命』におけるロシア詩の評論、グラムシの『マルクス主義と現代文化』といった、独創的な作品に匹敵するものである。

　ローザがこの著作でどのような批評のしかたをしたか、その原則を以下に列挙しよう。
　1．ローザは、文化と創造性について非弁証法的概念が使われていても、それにこだわって著者のイデオロギー性を過大視することはなかった。彼女は現実のテキストに焦点を当てた。彼女のことばによると、「真の芸術家の場合、彼がよって立つ社会的信条は二次的な意味しか持たない。その芸術の源、躍動する精神こそが決め手となるからだ」⁽⁹⁾。

　2．ローザは書かれたテキストを重視したと言っても、テキストを、非社会的、秘教的な場に孤立させて解釈したわけではない。彼女は19世紀ロシア文学のきらびやかな開花を反ツァーリズム的社会・政治闘争全体と関連づけることで、さまざまな社会勢力が創造性の高まりと内在的に結びついていることを論じた。彼女はこう述べている。「ロシア文学のこうした急速な台頭に見られる第一の特徴は、それがロシア体制への抵抗から、すなわち闘争の精神から生まれた点である。この特徴は19世紀を通じて明白だった。それは19世紀ロシア社会が持つ精神性の高さと深み、芸術様式の豊満さと独創性、そして何よりも創造的で推進力のある社会の力を物語っている」⁽¹⁰⁾。

　3．ローザは息苦しい圧政への抵抗という要素に光を当てることで、美へのかかわりが、いまだ獲得しえない自由の領域を垣間見せたことを暗に示した。言い換えれば、ロシアの巨匠たちは現実とは反対の世界、あるいは目的の地であるユートピアを先取りしたということである。芸術の持つ抵抗という要素は後に、アドルノ、マルクーゼらネオ・マルクス主義者において決定的な役割を担った。ローザはこう述べている。「ロシア文学はあの巨大な監獄、すなわちツァーリズムの物質的貧困のさなかで、人が息を吹き返し、知的で文化的な暮

らしを共にするような喜びの文化、精神的な自由の国を創ったのだ」[11]。

4．ローザはドストエフスキーの小説――『カラマーゾフの兄弟』、『罪と罰』――に出てくる闇の場面を分析するにあたり、ドストエフスキーがニヒリスティックな退廃を助長しているという批判はしていない。反対に、彼女は読者に対してこう指摘した。「ラスコーリニコフを追体験した者、あるいは父親が殺された日のドミトリー・カラマーゾフの反対尋問を追体験した者なら誰でも、ペリシテ人のような自己満足の殻に引き籠もることは二度とないだろう。ドストエフスキーの小説はブルジョワ社会への激烈な攻撃であり、彼はそこでこう叫ぶ、《本当の殺人者、人間の魂の殺人者、それはお前だ》」[12]。

これら1918年に書かれた大胆な評価を読んで気づくことがある。それは、彼女は明らかに、カフカのテキストにブルジョワ社会への同様の攻撃を見いだしたエルンスト・フィッシャーや、アドルノのような有名な理論家を先取りしていたということだ。カフカやベケットに対するアドルノの賞賛は、ドストエフスキーに対するローザの評価と重なり合うように思える。アドルノもマルクーゼも、彼らがローザに負っていることを認めていないのは不思議である。気がつかなかったのだろうか？

5．ローザは作家たちの相違点を鋭く感じ取り、それによって貴重な比較の観点を得た。ロシアの偉大な作家は誰もが「敏感な問題意識」や、社会の底辺で虐げられている人々に対する「痛ましいほどの共感」によって動かされているとはいえ、チェーホフとトルストイでは明らかにその姿勢や文体に違いがある。精神的・神秘的なトルストイは嵐のような葛藤を生みだしたが、チェーホフは控えめで現実的であり、「純潔と禁欲よりも、水蒸気と電気のほうが人類を愛している」と述べた[13]。

誰あろう偉大な著述家オーガスト・デブリンこそ、その小説『1918年11月のカールとローザ――あるドイツ革命』で、詩人で美学者でもあるローザを最も雄弁に賛美した者である。デブリンの叙事詩のような小説は、片や1918年〜19年の激動のベルリンを鮮やかで緻密な筆致によって描きつつ、片やローザが愛人ハンス・ディーフェンバッハと想像の世界に逃避行するという、現実

4-4　ローザ・ルクセンブルクの書簡と討論　245

には起こらなかった空想的エピソードを展開する。デブリンの語り口はローザの書簡にかなり影響を受けており、詩人としてのローザ、ハインリヒ・ハイネのように人間的なものと美しいものすべてを愛したローザを再び世に出した。小説中、殺人の脅威に晒されたローザは言う。「ハンネス、私を見て。こんなに苦しんで、ただの犯罪者のように追われてる……それでも、私の人類への深い愛は変わらないし、つぐみとカラスを見て喜んだり、ネコヤナギの枝に芽が出て喜んだりする気持ちも変わらない」[14]。われわれはここでも、党の国民経済の師であり、『資本蓄積論』という政治経済学の古典を著した人物が、別の貴重な宝物を持っていたことに気づく。その宝物とは天が与えた、想像的にして創造的な資本の蓄積だった。

[注]
（1） *The Letters of Rosa Luxemburg*. Edited, Translated and with an Introduction by Stephen Eric Bronner（Humanities Press, New Jersey, 1993）Page 203.
（2） *Ibid*, Page 218.
（3） *Readings in Revolution and Organization: Rosa Luxemburg and her Critics*. Selected and Introduced by Sobhanlal Datta Gupta（Pearl Publishers, Kolkata, 1994）, Page 226.
（4） Antonio Gramsci, Philosophy of Praxis in Prison Notebooks. Quoted by Marlen M. Korallow in his Introduction to Rosa Luxemburg's Letters in *Schriften ueber Kuenst und Literatur*（Verlag der Kuenst, Dresden）Page 87.
（5） Rosa Luxemburg. *Briefe aus dem Gefaengnis*.（Karl Dietz Verlag, Berlin, 2007）Page 42.
（6） *The Letters of Rosa Luxemburg*, Page 205.
（7） *Ibid*.
（8） *Ibid*, Page 220
（9） The Spirit of Russian Literature: in *Rosa Luxemburg Speaks*. Edited with an Introduction by Mary Alice Waters（Pathfinder Press, London, 1970）. Page 341.
（10） *Ibid*, Page 342.
（11） *Ibid*, Page 351.
（12） *Ibid*, Page 347.
（13） *Ibid*, Page 362.
（14） *Karl and Rosa-November 1918: A German Revolution*. By Alfred Doeblin,（Fromm International Publishing Corporation, New York, 1983）Page. 448.

（翻訳・長谷川曽乃江）

4-5

ローザ・ルクセンブルク、ドイツ古典哲学の遺産と社会・政治理論の根本的方法論の諸問題[1]

ドガン・ゲチメン（トルコ）

　2007年に東京で、第15回ローザ・ルクセンブルク国際会議を準備する中で、私は今、ローザ・ルクセンブルク研究の新時代が始まりつつあるのを感じている。これは、われわれローザ・ルクセンブルク研究者にとっては、ローザ・ルクセンブルク研究によってグローバル化した資本主義と帝国主義を克服すべきことを意味している。

伊藤成彦

　この弁証法では、ここに取り上げられたように、そして同時に統一における対立物の把握、あるいは否定における肯定の把握によって、思索的推論がなりたつ。それは最も重要な側面だが、しかし思想にとっては力はまだ訓練されず、自由ではなく、最も困難な側面だ。

G. W. F. ヘーゲル

1. はじめに

　ルクセンブルクは非常に有名である。彼女は個人的には、ほとんどすべての左翼政党やグループ、ブルジョア学者たちのさまざまな流派においてさえも大

きな共感を得ている。しかし、奇妙にも、彼女の知的で政治的な作品が、研究や討論の対象となることは、それにふさわしいにもかかわらず、ほとんどない。彼女の名前が広く語られる左翼の政治運動においてさえも、彼女はしばしば単なる著名な象徴以外の扱いを受けてはいない。

　ルクセンブルクは19世紀と20世紀における最も重要な政治理論家のひとりである。マルクスの理論と運動への彼女の貢献は、無視し難いものだ。むしろ彼女の作品は、(ただ単にマルクス主義運動においてだけでなく)、当時のドイツと国際政治において政治的理論と実践的・戦術的論争や問題を理解するためには、絶対的に必要なものだ。実際、さまざまな理由から彼女の作品は、1970年代と1980年代には大変注目された。しかし、それは議論の余地のある受容であり、そもそも彼女の有名な言葉（自由とはつねに異なった考え方の自由である）[2]に帰って議論する必要がある。それは1917年10月からのロシア社会主義革命に関する彼女の死後に発表されたノートの欄外に書かれた言葉である。この文章は大抵レーニンとボルシェヴィキに反対する言葉として用いられ、冷戦の絶頂期にはソ連邦に反対する言葉として利用された。しかし私の考えでは、この言葉はルクセンブルク自身の基本的な思想に対してもさまざまなやり方で使われた。彼女もまた国際社会主義運動や共産主義運動のさまざまな指導的なメンバーによって不当な攻撃を受けてきた。結局さまざまな方法で、彼女はしばしば自由民主主義のチャンピオンとして読者に紹介された。だから、ゲオルク・フュルベルトは短い文書においても、彼女のロシア社会主義革命批判は自由主義的議会主義の観点からではなく、革命的社会主義の観点からなされたものであることを強調した。この点で彼女は、アントニオ・グラムシが「市民社会」[3]という彼のしばしば誤解された概念が被ってきた運命とほとんど同じ運命に会ったのだった。しかし、ルクセンブルクもグラムシも、今日言われている意味での自由主義でも社会民主主義でもなかった。ルクセンブルクはドイツ共産党の創立者のひとりであり、グラムシはイタリア共産党議長だった。ルクセンブルクの知的で政治的な作品のこのような矛盾した断片的なイメージを前にして、私は1980年代以来このパラドックスの原因を理解しようと試みてきた。やがて私は、このパラドックスは、彼女の作品を全体として見て、彼女の作品の哲学的、方法論的基礎にまで遡れば解決されるに違いない、という結論に達したのであった。

ローザ・ルクセンブルクは、一方では彼女と同時代の新カント派のブルジョア哲学者や社会的・政治的思想家たちを批判し、他方では当時の社会民主主義運動のさまざまな理論家たちと論争することで、彼女の社会的・政治的理論を発展させた。彼女の同時代のブルジョア的思想家たちの批判では、彼女は自分の課題を革命的ブルジョアジーの科学的・哲学的な成果を守ることにあると見ていた。さまざまな社会民主主義的理論家たちとの論争では、彼女はマルクスの理論の防衛といっそうの発展を求めた。この意味で彼女は、社会的・政治的理論の基礎をなす方法的諸問題を再構成して、彼女のマルクス的観点から回答するように努めた。

　ルクセンブルクは、古典的あるいは革命的ブルジョア哲学と社会的・政治的思想に二つの最高点を見ていた。第一はスミス＝リカードの政治経済学であり、第二はヘーゲルの哲学だ。1789年以後、フランス革命以後の時代と、1848年革命以後の時代に、ヨーロッパではブルジョアジーは自身の歴史的・科学的・哲学的・文化的な成果の破壊を目指した。彼女は論文「アダム・スミスに帰れ」（1899/1900）で、革命的・社会的階級としてブルジョアジーは、「研究のあの無邪気さ、結果へのあの無思慮、ブルジョア的生産様式の内的関係を巧妙な視線で捉えたあの高所へのあの大胆な羽ばたき」を許し、奨励した(4)。しかしルクセンブルクはこれに続いて、革命後の時代、つまりブルジョアジーが政治的権力を握った後に、ブルジョア的な哲学的・社会的・政治的思想家たちが科学的であることへの要求を放棄して、一般的法則の探究と説明から視線を転じたことを指摘している(5)。これに関連して、彼女はブルジョア的社会・政治思想家の間の二つの傾向を指摘している。彼女がマルクスの古典的な区別にしたがって、〈通俗経済学者〉の項目に組み込む第一のグループは、バラバラな個人的現象の正当化にしか関心を向けない。第二のグループは、経済の基礎の研究を諦めて、科学の任務は既成事実となった個人的存在の記述にある、と宣言する。この二つのグループの共通項は、一見バラバラと見える現象の内的な関係を科学的に説明することに全く関心を持たないことだ。その数ページ後でルクセンブルクは、次のように主張している。「〈帰れ〉は、今日、ブルジョア社会科学のスローガンであるらしい。哲学おける〈カントに帰れ〉、経済学における〈アダム・スミスに帰れ〉！　一度獲得した立場への必死の回帰は、ブルジョアジーが精神的にも社会的にも絶望的な状態に落ち込んでいることの確かな

兆候である。しかし回帰は、科学においても社会の実際の発展においても希有なことである」。

　もしわれわれが彼女の論文「アダム・スミスに帰れ!」のこの箇所を注意深く読めば、彼女がここで彼女の基礎的な方法論的・哲学的・科学的・歴史的な原則と信念を練り上げていることに気がつく。第一に、方法論的には、基礎的な科学的方法として不偏性に彼女は言及している。この方法論的原則は、科学によって誠実性の倫理的原則を伴っている。第二に、彼女は概括化する方法を、われわれが取り扱う科学的な論点にとって不可欠の前提だと指摘する。第三に、科学者は観察した現象の性質あるいは内的関係を明らかにするべきだ、と彼女は強調する。第四に、彼女は、社会、哲学、科学への歴史的な対応と社会的・政治的思想は、科学的な展望を持つためには絶対的に必要だ、と指摘する。第五に、これらすべてに含まれているものは、今後、科学的な展望は労働者階級の観点からだけ得られるものだ、という彼女の深い確信である。

　さて、これらはルクセンブルクが彼女の作品の基礎としてつねに言及する最も重要な方法の原則のいくつかである。しかしまったく不幸なことに、ローザ・ルクセンブルクのこれらの方法的考察は無視され、そのことがルクセンブルクの作品が過去数十年間に断片化され、歪められて受容されてきたし、それが今も変わらぬ原因をなしている、と私は考える。

　ルクセンブルクは，言葉の特別な意味で彼女の哲学的作品だと認められるような作品を創らなかった。彼女はまたレーニンのように「哲学的ノート」やさまざまな哲学者に関する「概観」を残さなかった。しかし、彼女はわれわれの予想以上に哲学的、方法論的問題に関心を寄せていたのである。専門の哲学者しか関心を持たないような哲学論争でさえも彼女の目を逃れることはできなかった。彼女の視線は、あらゆる複雑さや内的関連や矛盾を伴う全体性の把握に向けられていたのだった。

　彼女はヘーゲル＝マルクスの観点から多くの論文との方法論的論争に巻き込まれた。したがって彼女の作品は、19世紀末から20世紀初めの方法論的・科学理論的問題に関する論争を活き活きと映し出す鏡の役割を果している。また私の考えでは、これが彼女の作品をこれらの論争の不可欠な源泉であり、これらの論争における彼女の位置を捉えるためにも、彼女の作品を不可欠とする理由である。その上さらに、ルクセンブルクのようなマルクス主義理論家を哲学

者と見做して、その作品を〈純粋な〉哲学作品と見るのは正しくないと私は思う。何故なら、それらの作品はただ単に純粋に哲学的作品の発展に関心を示すだけでなく、哲学を実践に投入してもいるからである。要するに、私が言いたいことは、もしわれわれが彼女の作品を全体として考えようとするならば、ルクセンブルクの全作品の背後に基本的な哲学的信念が存在していることを考慮しなければならないということである。もう一度言えば、彼女の論争は、何よりも社会民主主義運動の中のカント主義と新カント主義の哲学者に向けられていたのである。そしてこれらの論争で、彼女はヘーゲル哲学とマルクスの理論の成果を守ったのであった。

2.「ヘーゲル弁証法の切断の武器」

　ベルリンのディーツ社が刊行したルクセンブルクの選集のヘーゲルに関する索引を見れば、彼女の引用が極めて少ないことに気がつくことだろう。このことは、ルクセンブルクが社会的・政治的理論家として方法論的・哲学的な問題に対してはあまり関心がなかったのではないか、という印象を与えるかも知れない。しかし、彼女はドイツ社会民主党内の他のどの理論家よりも方法論的問題に対して大きな関心を寄せていた。例えばヘーゲル哲学に対する彼女の言及は、ヘーゲル哲学の心臓部に及んでいる。その言及はすべて、運動、変化、発展というヘーゲルの観念を含むヘーゲルの矛盾の観念に及んでいる。つまり私が言いたいことは、ルクセンブルクの言及はマルクスが『資本論』ドイツ語第2版への「あとがき」で〈合理的核心〉(9)と呼んだヘーゲル哲学の諸要素を指摘している、ということである。

　おそらく当時のドイツにおける文化的衰退の理論の拡大を心に留めながら、ルクセンブルクは『資本蓄積論』で、矛盾は事態を前進させる動力だとヘーゲルは言った(10)、と指摘している。

　ヘーゲルによれば、矛盾は運動の基礎であって、この基礎は事物に内在している。言い換えれば、例えばアリストテレスとは反対に、ヘーゲルは運動の源泉を事物ならびに諸関係に内在的に存在するものと考えたのである。もしわれわれがヘーゲルに従って、変化の源泉を求めるならば、「不動の動」が含むアリストテレス的観念としての「天国」になにやら神秘的な力を求める代わりに、

われわれの目前にある諸現象の性質と関係を分析しなければならないということなのだ。

　これがヨーロッパ哲学の「あれか、これか」という二元論の固定した思想様式の中にヘーゲルがダイナミズムを導入しようとした手段としての運動の観念である。ヘーゲルが提示するシステムの形式に対しては批判があるかも知れないが、ヘーゲルは『論理学』の冒頭から、自然、社会、文化における飛躍を含んだ絶対としての永久運動を権利と定義していることに留意すべきであろう。動かすこと、つまり運動は、「積極的方向を内包する否定である[11]」とヘーゲルは言う。

　以上に見たように、ヘーゲルはここで弁証法哲学の最も重要な概念を定義している。それは、事物は積極的なものと否定的なものの統一、相対する概念の統一として考えられるべきだ、ということを意味する。言い換えれば、事物はアイデンティティと非アイデンティティの統一、その相互関係として考えられるべきだ、ということである。ヘーゲルによれば、それが事物の真実であって、その真実はそれらの概念にも自ずから表出し、哲学の一歩前進を許したのもこの認識であった[12]。

　しかしながらヘーゲルは言う。「矛盾をアイデンティティと同様に、本質的で内在的な規定であることを見ないのは、従来の論理学と常識がいだく根本的な偏見の一つである」。その通りだ。もしヒエラルキーについて語り、もし二つの決定要因が別々に考えられることを許すならば、矛盾をもっと深く、もっと本質的な決定要因と捉えなければならない。何故なら、矛盾に比べてアイデンティティは単純に直接的な決定要因、つまり死んだアイデンティティだが、しかし矛盾はあらゆる運動と生命の根源であるから、ある物は、それ自身の中に矛盾をもつかぎりにおいてのみ運動し、衝動と活力をもつ[13]」。これがルクセンブルクが「ヘーゲル弁証法の切断の武器[14]」と呼んだ矛盾の概念にほかならない。

3．ブルジョアは「カント哲学に帰れ！」と呼びかける

　ルクセンブルクにとっては、歴史的なアプローチと見通しは、研究と提示の方法として不可欠の前提で、研究対象ができるだけ多方面から適切に捉えられ

るべき時や、研究対象の性質、内外の関係、生成と経過が説明を要し、批判的に提示されるべき時には、それは必須の前提だった。ルクセンブルクは論文「カール・マルクス」(1903)で、この理念を正確に述べている。「マルクスの理論」とは何か、という問いに対して、彼女は次のように答える。「その最も一般的な輪郭は、もしわれわれがその不朽の部分、即ち歴史的研究方法から最後の〈対立性〉、つまり階級対立に基づく社会形態から社会のすべての成員の利益の連帯の上に形成される共産主義的社会へと導く歴史的な道筋の認識へと目を転じるならば、成立する」。彼女はそれに続けて、マルクスの理論では、「歴史的研究方法が不変の部分を構成する(15)」と述べている。

　歴史的なアプローチは哲学にも適用され、哲学は必然的に哲学の歴史を含意する。それは哲学の発展と哲学のカテゴリーの発展に社会の歴史を反映する。言い換えれば、ルクセンブルクによれば、哲学的闘争もまた階級闘争を映し出す。これらの闘争もしばしばスローガンに表された。「カント哲学に帰れ」というブルジョアのスローガンは新カント派哲学者から来ているが(16)、その多くはドイツ社会民主党員で、何よりもヘーゲルの矛盾の概念を攻撃しているが、それはマルクスの理論では今なお革命の理論として機能し続けているのである。ルクセンブルクはプレハーノフ、メーリング、レーニンのような多くのマルクス主義理論家たちと見解を共にしていた。彼女はユニークな論文「実のないくるみ」(ドイツへのマルクス主義受容史のよい記録)で述べている。「ヘーゲルに始まる哲学の道は、不可避的にフォイエルバッハやマルクスの盗賊たちの巣窟に行き着くので、ブルジョア哲学者たちには哲学の発展へのヘーゲルの勅令による道の無効を宣言して、科学は〈カントに帰れ〉と言う以外には他の方法はなかったのである(17)」。

　ヘーゲルは自分の哲学を、一方ではカントの哲学との関係で定義し、他方では今なお固定的な「あれかこれか」の二元論で考える伝統的な形而上学との関係で定義している。すでに『論理学』第1版への序文で、ヘーゲルは経験主義のカントを、カントは形而上学の破壊を求めていると見て非難している。それは言わば、ヘーゲルは形而上学へのあらゆる批判にもかかわらず、形而上学を救済して彼の弁証法哲学への統合を求めていたということだ。カントとヘーゲルのこの相違は、認識論的問題への彼らのアプローチにとって重要な意味がある(18)。カントは彼の『純粋理性批判』で、物自体や事物の本質は認識不可能だ、

と宣言している。認識論的に言えば、カントは遅くともこの段階で絶対的相対主義に陥り、認識の諸要求を主観（任意）の問題に転換している。このことは、弁証法は「現象の論理」だという現象学的声明へとカントを導いた。このことは逆に、カントが認識論的関心を認識されるべき対象の表面に残している事実を示している。これに反してヘーゲルの哲学は、事物の本質の認識を目指し、そのことで事物の特殊性をも考慮に入れようとする。ヘーゲルによれば、事物はその本質との関係、内外の関係、その生成と経過との関係で認識されねばならない。ヘーゲルはそのことによって事物をアイデンティティと非アイデンティティとの統一として捉えようとしているのである。

　ルクセンブルクは、例えば論文「ツァーベルンからのもう一つの教訓」を書いた場合に、認識論的には自分自身をヘーゲルの伝統を受け継ぎ、そして当然マルクスの伝統を受け継ぐものと明確に定義して、次のように述べている。「わが党はマルクスの精神を受けた真の子どもで、現象の表面に止まるものではなく、その啓蒙的作業によって社会的諸関係の最深部まで捉えることが、つねにわが党の誇りであった」。ルクセンブルクはここで単なる現象学的なアプローチを明確に批判して、全体性における外見を説明するためには、われわれの認識論的「外見」はその本質まで浸透しなければならず、その内的・外的関係を前面に引き出すことによって当該の問題を説明しなければならない、と示唆している。

　しかし、マルクスとルクセンブルクに反対するブルジョア科学は、ヘーゲルの弁証法を架空の「宙返り」で克服して、カントに戻ろうとする。したがってそれは、事物は丸ごと認識可能だ、と主張するいかなる哲学とも戦わねばならない。そのために、例えばベルンシュタインの場合のように、「あれかこれか」の思想ともう一つの固定的二分法の間をあちらこちらとゆれ動く結果となる。なぜならベルンシュタインは「弁証法の従者」だと言っているからだ。政治的経済学の主観的理論の場合には、制度も精神も脳髄もなく、混乱以外の何ものももたらさない。このことは必然的に、「研究」は――頭を砂のなかに隠す駝鳥のように――広い諸関係を見ずに、もっぱら日常的な目先の要求だけを見るために、細分化された断片的現象に身を隠す結果となる。

　このようにしてブルジョア科学は、「思想的せせこましさを原則に高め、小心な経験的手探りを研究の方法だと宣言」して「勤勉な細分化作業」に着手し

た。このアプローチは、社会的諸関係が粉々に割れた鏡に写し出されたような社会生活像をつくり出す。ルクセンブルクはヴェルナー・ゾンバルトのマルクス理論の悪用を批判した論文「学者たちの評議会」で述べている。「この細分化作業」はブルジョア科学者にとっては、「すべての広範な社会的諸関係を理論的に解体して、資本主義という森を多くの樹の陰に〈科学的に〉消してしまう最も安全な手段である」と。しかしこれを行うためにはヘーゲルの「重荷」を取り除かねばならないが、ルクセンブルクによれば、それは時間と歴史の進歩を止めようとするのと同様に無駄なことだ。何故ならば、一般的に言って、科学においても社会の発展においても、後退という道はないからである。私がすでに指摘したように、ルクセンブルクは社会においても科学においても発展と進歩は止められない、と考えていたのである。

ブルジョア的認識論の懐疑主義、不可知論、あらゆる色彩で彩られた折衷主義と理論の貧困に抗して、ルクセンブルクは矛盾の観念と、科学的に基礎付けられ、批判的に精査された知識の理論を含む認識論的楽観主義を推し進めた。ルクセンブルクが彼女のほとんどの著作に定式化している、われわれは矛盾の観念を放棄することはできないという主張は、彼女の著書『国民経済学入門』に最も明確に述べられている。おそらくは当時のドイツに広がっていた文化的堕落を心に留めながら、ルクセンブルクは次のように書いている。

「人間の社会は全体として、絶え間なく矛盾に巻き込まれるが、しかし社会はそのことによって破滅することはなく、逆に、矛盾に陥った所でようやく動きだす。つまり社会生活における矛盾は、つねに発展の中に、文化の新しい進歩の中に溶解する。偉大な哲学者ヘーゲルは、〈矛盾は前進を導くものだ〉と述べている。そして、不断の矛盾のなかのこの動きは、まさに人間の歴史発展の真の在り方である」。

ルクセンブルクは、論文「アダム・スミスに帰れ」を次のように結んでいる。「ブルジョア生産様式固有の本質、その固有の秘密は、それを動かし、その歴史的限界を考察するとはじめて解けてくる」。

しかし、もしヘーゲルが哲学史で無視される場合には、その結果は知覚と認識の能力と可能性の破壊である。もしそういうことが起きれば、われわれは社会の歴史も思想の歴史の発展も説明できなくなる。何故ならそれらは、矛盾の中で不断に発展しているからである。もしわれわれが矛盾の観念を放棄するな

らば、われわれは巨大な混沌に直面することになろう。したがって、「哲学ではカントに帰れ」というブルジョア的スローガンに反対するルクセンブルクのスローガンだけが、マルクスが彼の唯物弁証法によってすでに開いていた道をヘーゲルと共に歩み続けることができる(30)。

しかしながら、われわれはルクセンブルクがここで言っていることを狭い意味に取ってはならない。ルクセンブルクがマルクスの開いた道を哲学ではヘーゲルと共に今後も歩み続けるということで彼女が意味していることは、カント哲学の達成やブルジョアジーの文化を含めて人類のすべての文化の達成は、救出されねばならないということである。何故ならば、哲学はカントに帰れ、経済学ではスミスに帰れ、というブルジョア科学の呼びかけは、彼らのリバイバルへの呼びかけではないからだ。むしろそれは特に彼らの歴史的限界を越える要素の破壊を意味している。例えばそれは、カントは物自体を知ることは出来ないけれども認識していたという事実の破壊を意味する。さらに、近代哲学の議事日程に二律背反を伴う矛盾の観念を設定したのはカントであった。彼自身はその問題を解決しなかったけれども。哲学における新カント派は、逆に、純主観主義的・理念的な哲学の発展を目指すことで、これらすべての破壊を求めている。経済学における主観主義は、スミスとリカードの経済学における客観的価値理論と労働価値説の破壊を意味している。ベルンシュタインと新カント派への批判で、ルクセンブルクは、彼らがヘーゲルの弁証法を放棄すると、いかに彼らが道徳的調和の哲学に行き着くかを説明している。また経済学におけるヴェルナー・ゾンバルトとあらゆる種類の主観主義学派への批判で、いかに彼らが客観的な価値論と労働価値説を破壊しようとしているかを示している。それ故にルクセンブルクは、論文「マルクス主義の停滞と前進」で、労働者階級の義務と労働者階級の知識人としての彼女の義務を、ブルジョアジーの歴史的成果の防衛にあると見て、次のように述べている。「労働者階級が今日できるすべては、ブルジョアジーの文化をブルジョア的反動の蛮行から護り、文化の自由な発展の社会的条件を創り出すことである」(31)。

4．マルクス主義哲学はヘーゲル弁証法の継承者

私は以上にルクセンブルクのこれらの著作を、明確にマルクスの哲学と科学

の理論の防衛と適用に捧げられてきたものとして引用してきた。これは、ヘーゲルが当時の支配的なカント主義者とあらゆる種類の経験主義哲学者と非常によく似た批判を構成した事実によって正当化される。ヘーゲルがこの文脈で構成したほとんどすべての考えは、どの道を通ろうと、マルクスの哲学に通じている。このことを心に留めておくと、ルクセンブルクの科学と哲学のブルジョア理論批判は、同時に、ヘーゲルとマルクスの弁証法の擁護と読むことができる。ドイツ社会民主党の知識人の間で、ヘーゲル哲学とマルクス哲学の運命の共通性をよく表すものは、ルクセンブルク以外にはいない。彼女の理論的・哲学的な著作を読んだ後では、ヘーゲルとマルクスの哲学は一緒に敗北するか、一緒に勝利するかだ、と誰でも言いたくなる。しかし、運命のこの共通性はどのように理解されるべきだろうか？　ルクセンブルクは、マルクスの理論を「ブルジョア科学の子どもだが、しかしこの子どもの誕生は母親の生命で購われた」と述べている。「母親」「子ども」「生命」というルクセンブルクの高度に弁証法的で比喩的な言葉の使い方は非常に興味深く、古典的ブルジョア哲学および科学とマルクスの理論の間の関係がどのような意味で捉えられるべきか、つまり、ヘーゲルのカテゴリーで言えば「否定（Negation）」と「止揚（Aufhebeung）」の関係だということを示している。マルクス主義は、ブルジョアの哲学と科学理論を否定するが、しかし同時に、社会と科学と哲学のいっそうの発展にとって不可欠なこれらの歴史的成果を救済することを意味している。マルクスの哲学は、ブルジョア哲学の子どもでもあるのだが、しかしそれは特に、ブルジョア哲学の最高の形式としてのヘーゲル哲学の子どもなのである。ルクセンブルクはエンゲルスの「ルートヴィヒ・フォイエルバッハとドイツ古典哲学の出発」に触れて、哲学の目的は思考と存在の間の関係に関する永遠の問いへの答えを見出すことだと定義している。エンゲルスは、「すべての中で最大の基本問題、特に近代哲学の最大の基本問題は、思考と存在の関係に関する問題だ」と示唆している。エンゲルスの主張に従ってルクセンブルクは、「思考と存在の間の関係の永遠の問題としての哲学の本質は、客観的・物質的世界における人間の意識との関係への問いだ」と定義している。

　ルクセンブルクはマルクスのこの問題への答え方に、可能な限りで最高の科学的回答で、それはヘーゲルが用意したものだと見ている。私が先述したように、ヘーゲルは彼の『論理学』をカントのシステムへの批判として発展させた。

ヘーゲルは哲学を思想によるその時代の把握だ、と定義している。哲学はその時代から生まれて、一見散乱した素材に秩序を与える。それは一見「アナーキー」な混沌の中に一般的な法則を認めることによって行われる。これは明らかにカント哲学に対する絶対的な批判である。ここでヘーゲルは思考をその時代の鏡と定義している。ヘーゲルは先述した作品（『論理学』──訳者）への序文でこのことを明確にしている。ここでヘーゲルは論理のあらゆる観念を批判するが──とりわけカント派の論理を批判する。何故ならば、彼らは認識の素材を本質的に思考の外側に準備された世界と考え、思考は空虚だという原則から出発し、事態の外側に存在する形式として、そして事態の外側から事態に向けてやって来て、自らを事態で満たし、その結果内容を獲得し、このことによって真の認識となる。もし認識がこのようにして概念化されると、思考は自分自身を越えられずに、自分自身の中に留まることになろう、とヘーゲルは考える。その修正はそれ自身の修正に留まり、他者と関わりを持つことはなく、自意識の決断はただ思考にだけ属することになろう。要するに、もしわれわれが思考を先述したように概念化するならば、それはつまり、カントの先験的哲学の方法に留まり、思考はその対象に行き着くことができずに、それ自身の内部に留まることだろう。思考の対象は、思考の彼方のそれ自身の内部に留まることだろう。われわれはここでカントの哲学に対するヘーゲルの批判を捉え損なうことはほとんどない。したがってヘーゲルの目的は、カントの『純粋理性批判』を『論理学』で置き換えることで、そのことによってヘーゲルは、論理が如何にして自分自身を乗り越えてその対象に到達するかを示そうとしている。それはまたカントの先験的哲学の目的でもあった。しかしヘーゲルは、カントはその二元論的アプローチのために目標への到達に失敗した、と考えている。

　ルクセンブルクの解釈によれば、マルクスはヘーゲルがカントの先験的哲学に見たのと同じ過ちをヘーゲルの論理に見出した。ルクセンブルクによれば、マルクスがこの結論に到達したのは、一方ではヘーゲル哲学を徹底的に研究した後であり、他方では、ルクセンブルクがよく提起した「時間と論議の問題」についての研究からヘーゲルが導き出した結論に直面した後だった。ルクセンブルクによれば、このことがマルクスと他の青年ヘーゲル派との相違である。まさしく最初からマルクスは存在と意識の間の関係に関する哲学の中心問題への解答を求めていた。ルクセンブルクはマルクスのこの発展を「われらの師た

ちの遺作から」と題した3論文の一つで論じている。そこでルクセンブルクは、マルクスがいかに内的な危機と哲学の中心問題を解く内的な闘いに駆られて、人間解放の問題への解答を与えたかを描いている。即ち、ルクセンブルクは、マルクスがいかにして法学の領域での研究から出発し、哲学と政治批判を続けて、ついに政治経済学批判に到達したかを描いている。マルクスの政治経済学批判は、資本主義的社会構成体に対する彼の批判の基礎（Granitblock）であって、その基礎の上にマルクスは彼の科学的社会主義の理論をうち建てたのである。マルクスの思想のこの発展の結果が、ヘーゲルのシステムの有名な逆転である。ルクセンブルクは、マルクスがこの結論に到るまでに通った二つの大きな論争を指摘している。第一の論争は、さまざまなヘーゲル学派——特に青年ヘーゲル学派に対するマルクスの批判に関わる論争である。第二の論争は、さまざまな社会主義学派に関わる論争である。その結果、「論争問題の討議に用いた言葉は、もはやヘーゲルの用語から解放されている。ここではもはや〈精神と大衆〉や〈絶対的批判と自意識〉が問題ではなく、保護関税と自由貿易、社会改良と国家社会主義のような散文的な問題である。ヘーゲルはすでに真っ逆様に転倒されている[40]」。

ルクセンブルクはここでもちろん、マルクスがドイツ語版『資本論』第1巻所収の「第2版への後書き」で述べている「ヘーゲルのシステムの転倒」という有名な言葉を引いている。マルクスはそこで次のように書いている。「このように神秘的な形で弁証法はドイツの流行となった。何故なら弁証法は存在するものを晴れやかにするように見えるからだ。その合理的な姿で弁証法は、ブルジョアジーとその教義の代弁者にとっては不愉快で嫌らしいものだ。何故なら弁証法は、存在するものの肯定的理解と共に、その否定の理解も、その必然的崩壊の理解をも含み、どの生成する形も運動の流れのなかで、つまりその移ろい易い側面からも捉えられ、何者にも圧倒することを許さず、本質的に批判的で革命的であるからだ[41]」。ヘーゲルの弁証法を「批判的・革命的な」武器に転換するためには、もう一度正しい側に転換されなければならない[42]。

ルクセンブルクはマルクスによるヘーゲルのシステムのこの転倒に人間的解放の研究の科学的基礎を見ている。最近20年間、あるいはそれ以上の間に、「マルクスは死んだ」という流行語が戻ってきた。この言葉はほとんどマルクス主義の歴史とともに古いが、ルクセンブルクによれば、マルクス主義は理論

的に克服され、「マルクスは死んだ」と宣言することはブルジョア知識人の生涯の課題なので、これは驚くには当たらない。しかし、とルクセンブルクは次のように言う。「死せるマルクスは今なお、世界の闘うプロレタリアートに豊富な新しい刺激と指導的思想を投げかけ、また死せるマルクスは今なおひとりの生きた人間として、ブルジョア社会科学の仮面を被ったものたちの間を勝利の微笑みを浮かべて歩き回っている」。

　ルクセンブルクは社会民主党員の間にも広がっていた、マルクス主義は危機に瀕しているという主張を受け入れる用意さえしなかった。むしろ彼女は、もしマルクス主義が一見、危機に瀕しているような印象があるとすれば、それは一方ではマルクス主義の新しい観点を発見して到達することに「われわれの運動」が遅れているためであり、他方では、マルクスの理論に比べてマルクス主義とプロレタリア運動の発展が未熟な状態にあるためだ、と指摘して、次のように述べている。「ただわれわれの運動が前進した段階に入り、新しい実践的な問題を繰り広げるのに応じてのみ、マルクスの学説の新たな個々の断片を完成して活用するために、われわれは再びマルクスの思想の倉庫に手を延ばすことになる。しかしそれはわれわれの運動が――あらゆる実践的な闘争同様に――古い指導思想がすでに有効性を失った後に、なお長い間それで間に合わせて来ているからで、マルクスの示唆の理論的活用は、極めて緩慢にしか前進しないのである」。彼女はさらに次のパラグラフで、続けて次のように述べている。「それゆえに、もしわれわれが今運動に理論的停滞を感じるとすれば、それはわれわれが居食いをしているマルクスの理論が発展不能であるとか、時代遅れになったためではなく、逆に、われわれがすでにマルクスの武器庫から取り出してきた、これまでの段階で闘争に必要とした重要な精神的武器を、使い果たしたからではない。われわれは実践的闘争でマルクスを〈追い越した〉のではなく、逆に、マルクスが科学的な創造において、実践的な党としてのわれわれをあらかじめ追い越していたからである。つまり、マルクスがわれわれの必要に応じられなくなったのではなく、われわれの必要がまだマルクスの思想の活用には十分ではないからである」。

　したがって、マルクス主義の危機を心配する代わりに、マルクス主義が実践的にもっとプロレタリア運動を改善し、社会主義の発展とともに実現されることをルクセンブルクは示唆している。言い換えれば、ルクセンブルクによれば、

マルクス主義は科学と哲学のもっとも発展したものである。それゆえに、ユートピアと科学的社会主義の相違に関するエンゲルスの区別に従えば、ルクセンブルクは資本主義的社会構成に対するマルクスの批判を科学的と定義している。これを広い意味に取れば、ルクセンブルクによれば、社会的・政治的理論が人類史上初めて科学的土台の上に建てられたのだ。このことは、人類史の発展の源泉は何か、歴史における変化はいかにして起きるのか、という質問に対して答えを与える。それは、歴史のあらゆる複雑性、関係性、矛盾とともに全体をいかに捉え、説明し、批判的に提示されうるかを示す。これをするためには、社会的・政治的理論のすべての分野が生産関係に関連付けられ、それらの相互関係と相対的独自性を理解するために哲学的に省察されねばならない。

　さて、ヘーゲルのシステムの転換とともに、「思考と存在、物質世界と思考過程の間の哲学的対立の解決」が見いだされたかも知れない[46]。しかしルクセンブルクは、ヘーゲルのシステムのこの転換によって、すべてが解決されたか、という問題を提起している。とんでもない、とルクセンブルクは言う。それどころか逆に、機械的な立場からマルクスの理論を単なる経済理論に矮小化した彼女と同時代のマルクス主義者の多くに対して、ルクセンブルクは、システマティックなマルクスの哲学は発展させられるべきだ、と示唆する。政治的経済学においてマルクスは多かれ少なかれ完全な理論を提供したはずだ。しかしマルクスの理論全体の中で最も価値のある部分は、歴史の唯物弁証法的理論と呼ばれる探究方法だが、それはシステム化され、いっそう発展させる必要がある。それは凍結された理論ではない。それは逆に、階級闘争の活きた理論である[47]。マルクスの理論を発展させるために、われわれはヘーゲル弁証法の研究によってわれわれの思想をつねに研ぎ澄まさなければならない。

　ルクセンブルクの方法的・哲学的考察に関するこのような記述から、現代の論争のために、われわれはどのような結論を引き出すべきだろうか？　社会的・政治的理論に関する現代の論争に特に関連する問題として、私は二つの側面を指摘しておきたい。それはすべて理論と実践の間の関係へのルクセンブルクの接近の仕方に関連している。

　第一にルクセンブルクは、彼女の論文「理論と実践」（1909/1910）で、方法論的観点からカール・カウツキーの形式的接近方法を批判する。この接近方法では、カウツキーは彼の理論を現実の研究と分析からではなく、「急拵え

（ad hoc）」に作りだす。つまり彼の「純粋な想像」によって作りだすので、現実から離れる。カウツキーはこのような形式主義のために、世界をヨーロッパの観点だけから見るので、伊藤成彦が「ヨーロッパ中心主義」と指摘した点について、ルクセンブルクから非難を受けることとなる。ルクセンブルクはここで、哲学者が先験的仮説主義（apriorism）と呼ぶものを批判する。彼女のこの形式主義批判は、ルクセンブルクが「とんでもない妄想（eine blühende Phantasie）」と呼んだものから正義の理論を作りだすジョン・ロールズやロバート・ノージックのような現代の社会契約理論にも適用できる。

　第二に、彼女は論文『社会改良か革命か？』の中で、エドゥアルト・ベルンシュタインが機械的接近のために弁証法を代用している、と非難している。このためにベルンシュタインは主体抜きの社会発展論へと進んで行く。言い換えれば、ベルンシュタインは階級闘争の歴史理論ではなく、最良の場合でも、進化主義的な道徳理論を採用することとなる。歴史と政治に対するこのような種類の接近方法は、例えばハーバーマスのコミュニケーション理論のように、現代のアカデミズムでは極めて一般的である。ヨーロッパの社会運動では、それが現代では支配的な接近方法なのだ。しかし、ルクセンブルクによれば、量的変化だけでなく質的変化が、歴史の飛躍がある。これはヘーゲルおよびエンゲルスから学ぶことができる。ルクセンブルクの論文「戦術に関する討論」で彼女はゲオルク・グラドナウアーに、量と質の弁証法に関して、ヘーゲルを読むか、少なくともエンゲルスを読むように薦めている。彼女は書いている。「同志"g"がヘーゲルを忘れたのなら、破局（Katastroph）は発展の反対ではなく、発展の１要因、１段階を現すものであることを納得するために、少なくともエンゲルスの『反デューリング』の中の量と質に関する素晴らしい章を調べることをお薦めする」。

　歴史と政治の道徳理論に対するルクセンブルクの批判は、誤解されてはならない。彼女はニーチェの教説に求められるような道徳的ニヒリズムを呼んだのではない。むしろ彼女は、短いが素晴らしい論文「プチブルジョア的世界政策か、プロレタリア的世界政策か」で述べている。「道徳的憤激は、世界政策に反対するわれわれの抵抗運動において明らかに大きな役割を果たす。しかし、それが政治的な要因となりうるのは、現象の歴史的法則の理解と結びつく時だけであり、それが本質に対してであって外的形式に対してではなく、結果に対

してではなく根源に対して向けられた時だけである。つまり、道徳的憤激が大衆の革命的憤激となって、資本主義的社会秩序に対して嵐のように向かう場合である」[53]。だからルクセンブルクが政治の道徳理論への批判で言っているのは、資本主義社会では道徳は正義の感覚に訴えるが、それだけでは大した役には立たないだろう、ということだ。したがってもしわれわれが彼女の忠告に応えるならば、われわれは生産関係と認識力の中に含まれる利害の矛盾を注意深く研究・分析しなければならない。これらの認識力は生産関係の本質的な変化に関心を払っているからである。そしてルクセンブルクによれば、史的唯物論の展望をもって、国際的プロレタリアートを革命的変化の唯一の主体として認識し信頼することが、われわれの絶対的な義務である。「その完全な広がりと革命的精神の中でのみ、マルクスの新しい作品も戦闘的なプロレタリアートの中で活き活きとすることができる」[54]。伊藤成彦が呼びかけるような「グローバル化した資本主義と帝国主義の克服」を可能とするのは、国際的プロレタリアートだけだ。この革命的変化はまた、人類が数千年にわたって求めてきた恒久平和をももたらすであろう。

最後にルクセンブルクの論文「われわれは何を求めるか？」から1節を引いて、私の報告を終わる。「1民族の他民族に対する支配の完全で全面的な廃絶は、資本主義の廃絶と人間と民族の間の争いと不平等ではなく、あらゆる人間と民族の連帯の上に成り立つ社会主義的秩序の導入とともに可能になる」[55]。

[注]
（1）この報告は、東京で開催された第15回ローザ・ルクセンブルク国際会議（2007年4月1-2日）のために作成された。このような機会を提供されたローザ・ルクセンブルク国際協会に感謝する。
（2）Luxemburg, R. Zur russischen Revolution, in Gesammelte Werke, vol. 4. Dietz Verlag, Berlin, 1990, p.359 n3.
（3）Fülbert, G. Luxemburg, Rosa, in Metzler Philosophen Lexikon, J. B. Metzlersche Verlagsbuchhandlung, Stuttgart, 1989, p.484.
（4）Luxemburg, R. Zurück auf Adam Smith, in Gesammelte Werke, vol. 1/1./ Dietz Verlag, Berlin, 1990, p.733-734.
（5）「マルクス以来、哲学と歴史学および経済学の領域では、労働者階級の歴史的な立場が力を発揮し、これらの領域でのブルジョア的研究の糸は断ち切られた。古典的な意味での自然哲学は終わりを告げた。ブルジョア的な歴史哲学は終わり

を告げた。アカデミックな国民経済学は終わりを告げた。歴史研究では、無意識的な、あるいは一貫性のない唯物論が支配していない所では、あらゆる色彩できらめく折衷論、つまり歴史過程の統一的な説明の放棄、歴史哲学全体の放棄に代わって、統一的な理論が採用された。経済学は〈歴史学派〉と〈主観学派〉という二つの学派の間を揺れ動き、二つの学派は相互に批判し合い、二つは一緒になってマルクスに反対するが、その際に一つの学派はマルクスの経済理論を否定するため、つまり経済学の領域での認識を原則的に否定するためであり、もう一方の学派は国民経済学を初めて学問にした唯一の——客観的な——研究方法を否定するためである」(R. Luxemburg, Karl Marx, in Gesammelte Werke, vol. 1/2./ Dietz Verlag, Berlin, 1988, p.375-376.)。

(6) Luxemburg, R. Zurück auf Adam Smith!, Ibid. 736.

(7)『反批判』を参照。彼女はそこでカントの『プロレゴメナ (Prolegomena)』に関するむしろ詭弁的な論争について報告している (Rosa Luxemburg, Die Akkumulation des Kapitals oder Was die Epigonen aus der Marxschen Theorie gemacht haben. Eine Antikritik. in Gesammelte Werke, vol. 5, Dietz Verlag, Berlin, 1990, p.435)。

(8) ルクセンブルクは新カント派の根底的批判を準備するために、カントとヘーゲルを第一次文献と第二次文献で研究したように見受けられる。その第二次資料には、プレハーノフ、メーリング、レーニンの作品を加えてもよい。ルクセンブルクの作品の第一次資料としては、カントの『純粋理性批判』とヘーゲルの『論理学』が挙げられる。ルクセンブルクのヘーゲル哲学の受容については後述する。先ず最初に、彼女がカントを研究して論争していると明確に述べている書簡について述べよう。1898年7月10日以後のレオ・ヨギヘス宛の手紙で、1894年から1901年まで『ライプツィヒ人民新聞』の編集長だったブルノ・シェンランクとの往復書簡について述べている。それによるとシェンランクはルクセンブルクの『社会改良か革命か？』を「弁証法の傑作」と呼んだらしい (1898年9月24日、Gesammelte Briefe, vol. 1. Dietz Verlag, Berlin, 1982, p.204.)。この書簡の対象はカント哲学であったらしい (ヨギヘス宛、1898年7月10日、ibid. pp.170-171.)。その数日後 (7月12-20日) に、彼女はヨギヘスに、図書館から数冊の本を借りた、と書いている。また別の手紙では、カントの『純粋理性批判』について述べている (ヨギヘス宛、1898年7月12-20日、ibid. p.173.)。1898年8月3日、ほぼ3週間後に、彼女はまだシェンランクとカントについて議論している、と書いている (ヨギヘス宛、1898年8月3日、ibid. p.179.)。その他にコスチャ・ツェトキーンに宛てた2通の手紙で、カントの美学に関する論争に触れている。これらの手紙では、彼女はカントの美学についてはあまりよく知らず、研究する時間もないので、カントの美学に深入りすることを断っている (1907年4月22日以後と1908年8月18日以後のコスチャ・ツェトキーン宛の手紙を比較すること。ibid. vol. 2. p.287. と p.375.)。しかし彼女の論文「社会思想家としてのトルストイ」から、彼女がトルストイの美学をカントの美学よりもはるかに高く評価して

いたことがわかる（Luxemburg, R. Tolstoi als sozialer Denker, in Gesammelte Werke, vol. 2. Dietz Verlag, Berlin, 1990, p.251.）。

（9）Marx, K. Das Kapital: Kritik der politischen Ökonomie, vol. 1. in Marx Engels Werke, vol. 23. Dietz Verlag. Berlin, 1988, p.27. 邦訳マルクス『資本論』（青木書店版第1部上、86頁「第2版への後書き」参照）。

（10）Luxemburg, R. Die Akkumulation des Kapitals: Ein Beitrag zur ökonomischen Erklärung des Imperialismus, in Gesammelte Werke, vol. 5. Dietz Verlag. Berlin, 1990, p.719. 及び Die Akkumulation des Kapitals oder Was die Epigonen aus der Marxschen Theorie gemacht haben; Eine Antikritiks, in Gesammelte Werke, vol. 5. Dietz Verlag. Berlin, 1990, p.451. を参照。

（11）Hegel, G. W. F., Wissenschaft der Logik, vol. 2. in Werke, vol. 6. eds. Modelenhauer, E. und Michel, K. M. Suhrkamp. Frankfurt/M. 1993, p.73.

（12）Hegel, 同前。

（13）Ibid. Hegel, p.75. 邦訳、ヘーゲル『大論理学』中巻（武市健人訳、岩波書店刊、78頁参照）

（14）Luxemburg, R. Aus dem Nachlass unserer Meister, in Gesammelte Werke, vol.1/2, Dietz Verlag, Berlin, 1988, p.137.

（15）Luxemburg, R. Karl Marx, in ibid. p.377.（最後の引用部分をルクセンブルクの原典から直接翻訳すると、次のように述べている「マルクスの理論によって構成された歴史的大変動は、マルクスの理論が労働者階級の意識形態となり、そのようなものとして歴史そのものの基本要因となることを前提としている」）。

（16）Lehrke, W. Neokantianismus, in Europäische Enzyklopädie zu Philosophie und Wissenschaften, Sandkühler, H.-J.. Hamburg: Felix Meiner Verlag. Hamburg, 1990, pp.549-561: Sandkühler, H.-J, (ed.) Marxismu und Ethik, Frankfurt/M. 1974.

（17）Luxemburg, R. Hohle Nusse, in Gesammelte Werke, vol. 1/1. Dietz Verlag, Berlin, 1990, p.490.

（18）Hegel, G. W. F. Wissenschaft der Logik, vol.1. in Werke 5, eds. Moldenhauer, E. and Michel, K. M. Frankfurt/M. Suhrkmp, 1993, p.13.

（19）Kant, I. Kritik der reinen Vernunft, ed. Timmermann, J. Hamburg: Felix Meiner Verlag, 1998, pp.337-377. 参照。

（20）　例えば同書 p.405. を参照。

（21）Luxemburg, R. Noch eine Lehre von Zabern, in Gesammelte Werke, vol. 3. Dietz Verlag, Berlin 1990, p.386.

（22）Luxemburg, R. Sozialreform oder Revolution? in Gesammelte Werke, vol. 1/1. Dietz Verlag, Berlin, 1990, p.439.

（23）Luxemburg, R. Zurück auf Adam Smith, in ibid. p.736.

（24）Luxemburg, R. Karl Marx, in Gesammelte Werke, vol. 1/2. Dietz Verlag, Berlin, 1988, p.376.

(25) Luxemburg, R. Aus dem Nachlass unserer Meister, in ibid. p.295.
(26) Luxemburg, R. Im Rate der Gelehrten, in ibid. p.388.
(27) Luxemburg, R. Zurück auf Adam Smith, in Gesammelte Werke, vol. 1/1. Dietz Verlag, Berlin, 1990, p.736.
(28) Luxemburg, R. Einführung in die Nationalökonomie, in Gesammelte Werke, vol.5. Dietz Verlag, Berlin, 1990, p.719.
(29) Luxemburg, R. Zurück auf Adam Smith, in ibid. p.734.
(30) Ibid. p.736.
(31) Luxemburg, R. Stillstand und Fortschritt im Marxismus, in Gesammelte Werke, vol. 1/2. Dietz Verlag, Berlin, 1988. p.367.
(32) ヘーゲル「フィヒテとシェリングの哲学のシステムの相違」(Hegel, G. W. F. Differenz des Fichteschen und Schellingscehn Systems der Philosophie, in Werke, vol.2, eds. Moldenhauer, E. and Michel, K. M. Suhrkamp, Frankfurt/M. 1986, pp.30-43. Wer denkt abstrakt?, in ibid. pp.575-581. を参照。
(33) Luxemburg, R. Karl Marx, in Gesammelte Werke, vol.1/2. Dietz Verlag, Berlin, 1988, p.376.
(34) Engels, F. Ludwig Feuerbach und der Ausgang der klassischen deutschen Philosophie, in Marx-Engels-Werke, vol. 21. Dietz Verlag Berlin, 1984, p.274.
(35) Luxemburg, R. Karl Marx, in Gesammelte Werke, vol. 1/2. Dietz Verlag, Berlin, 1988, p.370.
(36) ルクセンブルクが次のようにマルクスの経済学批判に同様な目標と方法を見ていることは極めて興味深いことだ。「アナーキーを資本主義的生産様式の法則だと見たのがマルクスであることはよく知られている。しかしマルクスはまた、このアナーキーの内部に、まさにアナーキーを克服して経済全体を制御する特別な法則を発見した」(Luxemburg, R. Im Rate der Gelehrten, in Gesammelte Werke, vol.1/2. Dietz Verlag, Berlin, 1988, p.384)。
(37) Hegel, G. W. F. Wissenschaft der Logik, vol.1. in Werke, vol.5. eds. Moldenhauer, E. and Michel, K. M. Frankfurt/Main, 1993, p.367.
(38) Ibid. p.37.
(39) Luxemburg, R. Aus dem Nachlass unserer Meister, in Gesammelte Werke, vol.1/2, Dietz Verlag, Berlin, 1988, pp.130-141 を参照。
(40) Luxemburg, R. Aus dem Nachlass unserer Meister, in Gesammelte Werke, vol.1/2, Dietz Verlag, Berlin, 1988, pp.293.
(41) Marx, K. Das Kapital. A Critique of Political Enonomy, vol.1. Progress Publisher, Moscow, 1954, p.29. 邦訳マルクス『資本論』(青木書店版第１部上、86頁「第２版への後書き」参照)
(42) 1898年１月25-26日のレオ・ヨギヘス宛の手紙で、ルクセンブルクはロシアの雑誌『ルスコエ・ボガツトヴォ（ロシアの富）』(1898年６月７日、1898年７月７日) でN. G. (CH. J. Shitlowski) の論文「唯物論と弁証法の論理」を読んだこ

とを伝えている。ルクセンブルクの報告によれば、この論文の主題は、弁証法はまだ（ヘーゲルのように）観念論と一体である限りは、唯物論の土壌の上（マルクス）に移しかえるとそれ自身の基礎を失うということの証明をめざしている。言い換えれば弁証法は唯物論の土壌の上では不可能だということ。しかし、ルクセンブルクの考えでは、弁証法が全体を捉えることは唯物論の土壌の上でだけ可能なことで、この論文は見事に書かれているけれども、この著者の主張は全面的に間違っている、というものだ。レオ・ヨギヘス宛の手紙の邦訳は、ローザ・ルクセンブルク『ヨギヘスへの手紙』第2巻30頁（河出書房新社、1976年）。

(43) Luxemburg, R. Aus dem literarischen Nachlaß von Karl Marx, in Gesammelte Werke, vol.1/2. Dietz Verlag, Berlin, 1988. p.462.
(44) Luxemburg, R. Stillstand und Fortschritt im Marxismus, in Gesammelte Werke, vol.1/2. Dietz Verlag, Berlin, 1988. p.368.
(45) Ibid.
(46) Luxemburg, R. Aus dem Nachlaß unserer Meister, in Gesammelte Werke, vol.1/2, Dietz Verlag, Berlin, 1988, p.139.
(47) Luxemburg, R. Stillstand und Fortschritt im Marxismus, in Gesammelte Werke, vol.1/2. Dietz Verlag, Berlin, 1988. p.364.
(48) Luxemburg, R. Die Theorie und die Praxis, in Gesammelte Werke, vol.2. Dietz Verlag, Berlin, 1990. p.387.
(49) Ibid., p.407.
(50) Ito, N. Karl Kautsky und Rosa Luxemburg, in Wegweiser zum Gedanken Rosa Luxemburgs (Guide to the Thought of Rosa Luxemburg), Tokyo 2007, p.224.
(51) Luxemburg, R. Die Theorie und die Praxis, Ibid. p.389. ルクセンブルクのこの側面について、私は論文「ローザ・ルクセンブルクの批判的リアリズムと国際関係理論の基礎」（トルコ語, in Praksis.vol. 11, pp.49-82.）で論じた。
(52) Luxemburg, R. Erörterung über die Taktik, in Gesammelte Werke, vol.1/1. Dietz Verlag, Berlin, 1990. p.259.
(53) Luxemburg, R. Kleinbürgerliche oder proletarische Weltpolitik, in Gesammelte Werke, vol.3. Dietz Verlag, Berlin, 1990. p.30/31.
(54) Luxemburg, R. Aus dem literarischen Nachlaß von Karl Marx, in Gesammelte Werke, vol.1/2. Dietz Verlag, Berlin, 1988. p.475.
(55) Luxemburg, R. Was wollen wir? in Gesammelte Werke, vol.2. Dietz Verlag, Berlin, 1990. p.55.

（翻訳・伊藤成彦）

第 5 章

パネル討論

5-1
ローザ・ルクセンブルクの思想のアクチュアリティ

伊藤成彦＋西川正雄＋上条　勇
何萍＋クレトケ＋ロウレイロ

伊藤：この最後のセッションは、十分な議論を行うためのセッションです。5人のパネラーの方々に議論のスターターになって頂きますが、本来のパネラーはフロアにいるみなさんです。ただ、時間が限られていますので、最初にパネラーの方々に5分から10分くらいお話頂きます。その後、みなさんの発言を、できれば3分位をめどにお願いします。テーマは、「ローザ・ルクセンブルクの思想のアクチュアリティ」です。「アクチュアリティ」ということばを日本語に翻訳するのは易しいようで難しいので、ここではそのまま使わせて頂きます。ここにいらっしゃる3人の方はすでに報告者として報告されましたが、2人の日本人パネラーはまだ何も発言されていませんから、まずお二方からそれぞれ10分ほど、この2日間のシンポジウムを聞いて思ったこと、あるいは今言いたいことなど、自由にお話頂けますか。まず西川さんからどうぞ。

西川：ご紹介頂きました西川正雄です。私は、修士論文を書いた時にローザ・ルクセンブルクを取りあげました。その後ずっと関心を持ち続け、最近では文献目録を作りました。これは、配付資料としてみなさんに見て頂いたものです。それから、第一インターナショナルから第一次世界大戦後の第三インターナショナルに至る三つのインターナショナルの歴史をまとめて、今年出版しました。そのような関心から、ごく簡単に、このセッションのテーマについて考えることを述べたいと思います。

第一番目は、比較的最近起こった、ドイツにおけるローザ・ルクセンブルク記念碑論争についてです。1998年、ドイツ民主社会党（PDS）はベルリンのローザ・ルクセンブルク広場に、彼女の新しい記念碑を立てようと提案しました。この提案に対して、ベルリン市議会で連立を組んでいた社会民主党も賛成しました。ところが、ボンにある同党歴史研究センターの人たちが断固として反対を表明しました。その理由はいくつかありますが、一つは、かつての西ベルリンだけ見てもすでに七つローザ・ルクセンブルクの記念碑が存在するので、それ以上は必要ないということです。しかし、より根本的な理由は、ローザ・ルクセンブルクが議会制民主主義に反対した人物であるという点にありました。そのような議論の中で、むしろ今造るとすれば、フリードリヒ・エーベルトの記念碑を造るべきだし、さらに悪のりして、グスタフ・ノスケの記念碑がないのはおかしいという話になってきました。それでは、現在のドイツ社会民主党の一部の人々の主張が、果たして歴史的ローザ・ルクセンブルクのイメージに合うかどうか、という問題に移りたいと思います。

　そこで第二番目ですが、これから述べることはみなさんがすでに御存知のことばかりです。1919年以前のドイツ社会民主党でローザ・ルクセンブルクがどのような地位を占めており、その立場がどうであったかということです。

　まず、修正主義論争については、このシンポジウムでも、何度も報告の中に出てきました。この論争でベルンシュタインは、民主主義は労働者階級の手がかりとなる限りにおいて役立つような政治的一手段以上のものである。それは手段であると同時に目的でもあると言いました。それに対しローザ・ルクセンブルクは、『社会改良か革命か？』を書いて、資本主義が発展すれば民主主義も発展するなどというのは「幻影」であり、「民主主義の唯一の支柱は社会主義的労働運動だ」と主張しました。

　次に1905年のロシア革命以後の問題ですが、みなさんも御存知の通り、ローザ・ルクセンブルクは1906年に大衆ストライキ論を展開しています。そして彼女の文章の中ではっきりしているのは、彼女が大衆に期待を置いたと同時に、党や労働組合の官僚制に対して鋭い批判を行ったことです。「議会白痴病」というようなことばさえ使って批判しています。

　さらに1917年のロシア革命については、第一次世界大戦中から同年の革命に至るまで、国際的に言って、ローザ・ルクセンブルクはレーニンの考え方に

最も近い人物であったと言えます。先ほど、「東京アンサンブル」の方々が朗読して下さったローザ・ルクセンブルクの『ロシア革命論草稿』の部分でも明らかですが、ローザはボルシェヴィキの行動力、物事を「始めた」ということには歴史的重要性があるとは言いながらも、しかし「自由とは、つねに考え方の違う者の自由である」という彼女自身のことばも付け加えることを忘れていません。

　第三番目は、第一次世界大戦後、インターナショナルがどうなったかということです。実はこのテーマを論じる場合、当時すでにローザ・ルクセンブルクが虐殺されていた事実を指摘しなければなりません。多くの社会主義者たちは、第二インターナショナルの復活を考えていました。しかしローザ・ルクセンブルクは、「復活ではない」、「第二インターナショナルは死んだ」と言っており、生まれ変わること、新しく作ること、「新生」を主張しました。その点でも、ローザ・ルクセンブルクはレーニンと考え方が非常に近かったのです。しかし、実際にレーニンがコミンテルンを創立しようとした時、ローザはその動きに対しては、「まだインターナショナルを新しく作るには時期が早い」という態度を取りました。

　最後に、第四番目ですが、こうしてローザ・ルクセンブルクが虐殺された後の国際的な社会主義者たちの議論の中で何が言われたかというと、まず社会主義者を名乗るほどの人々のすべてが共通して考えていたのは、一層ましな社会とは、社会主義が建設されて初めて考えられることである。つまり資本主義に代わって社会主義になって初めて今よりいい社会ができるということでした。そういう点ではさまざまな違いがあるにもかかわらず、当時の社会主義者すべてがそう信じていました。その点を忘れてはいけないと思います。

　そこで、次に民主主義か独裁かという問題です。ローザ・ルクセンブルクはそのような二者択一こそ間違っていると言いましたが、これを問題提起したのはカール・カウツキーです。レーニンは第一次大戦前まではカウツキーをかなり尊敬していました。それだけに、カウツキーが断固として戦争に反対しなかったことに対して、非常に裏切られた思いを抱きました。尊敬していた分だけ、憎しみも強くなったと言えます。そしてレーニンは、有名な『背徳者カウツキー』の中で、「プロレタリア民主主義は、ブルジョワ民主主義よりも100万倍も民主的である」と豪語しました。

しかしそのような考え方に賛成できない人々がたくさんいました。その中でも私が特に注目したいのは、イギリス労働党の中心人物マクドナルドです。マクドナルドは、第一次世界大戦時には「民主統制同盟」というグループを作って戦争に反対した人々のひとりです。彼は第一次大戦後、1919年2月にベルンで初めて「4年間会わない」と言った連合国側と、ドイツを中心とした中欧諸国側の社会主義者が一堂に会した際、次のように述べています。言うまでもなく、そのベルンの会議にはボルシェヴィキはもちろんのこと、ボルシェヴィキに近い立場を取った、例えばスイス社会民主党は参加していません。マクドナルドは、「自由・民主主義・フリーダム、それらが革命の確固不変な目的である」という立場を鮮明にしました。もうひとりがフリードリヒ・アードラーですが、彼はオーストリアの社会民主労働党の創立者のひとりヴィクトール・アードラーの息子です。また、第一次大戦中には、反戦の立場から思いあまって首相を暗殺した人物でもあります。その意味では、徹底的な反戦の立場にあった人物です。そのアードラーは、第二インターナショナルを非常に厳しく批判しました。しかし、第三インターナショナルにも全面的に賛成することができませんでした。そして彼は、イギリスのプロレタリアートと、ロシアのプロレタリアートが一緒にまとまってインターナショナルを作らなければ、ブルジョワ反革命に打ち勝つことはできないと信じて、なんとか第二と第三の組織をまとめようと努力しました。しかし結局、第二と第三の合同は実現しませんでした。それがはっきりした時、アードラーはむしろモスクワではなくてロンドンを選んだのです。1923年、社会主義労働者インターナショナルが発足し、それ以降は御存知の通り、コミンテルンとは競合し、時には激しく対立するようになりました。そうした関係が後に、ファシズムが猛威を振るった時にどういう結果をもたらしたかは皆さん御存知でしょうし、時間の関係上、今日はそこまで論じません。

　それで、ローザ・ルクセンブルクのアクチュアリティということになりますが、「自由とは、つねに考え方の違う者の自由である」。ローザ・ルクセンブルクのことばの中でこれだけが最近ばかに有名になりましたが、ローザ・ルクセンブルクはこのような考え方の代表者とは私は考えません。長い社会思想史の中では、まだ挙げるべきは、ヴォルテールやその他のリベラルな人々です。ローザ・ルクセンブルクはその長い歴史の中に沿った人物です。彼女が自由主

義の長い伝統の中にあり、自由主義の空気を呼吸していた人物であることを、むしろ確認すべきだと思います。そして私は、ローザ・ルクセンブルクの考え方や生き方に非常に共感を覚えます。また、レーニンにも共感することがありますが、同時にマクドナルドやフリードリヒ・アードラーにも一層の親近感を抱いています。そういう私にとっては、よき社会を築いていく時にいろいろ教えられる彼らの考え方が実際にどうしてなかなか実現しないのか。それを考えていかなければなりません。歴史を研究する者としては、彼らの理想を受け継ぎながらも、その理想がなかなか実現しないできた、そして実現しないでいる現実を分析することが大事ではないかと考えています。

伊藤：次に上条さん、お願いします。

上条：ご紹介に預かりました上条です。予め断っておきますが、私はローザ研究の専門家ではなく、ローザが激しく批判したヒルファーディングやオットー・バウアーの研究者です。私の現在の研究目的は、左翼社会民主主義や中央派の理論家の検討を通して、ウェスタン・ソーシャリズムの意義を明らかにすることです。ローザは、ヒルファーディングやバウアーを激しく批判しましたが、ここでも彼女のことば「自由とは、つねに考え方の違う者の自由である」の意味を適用すべきだと考えます。特にヒルファーディングについて見ると、ローザが虐殺された時、彼は独立社会民主党機関誌"Freiheit"の編集長でしたが、ローザ虐殺の問題を激しく追及した事実も残っています。ローザは悲劇的な最期を遂げましたが、ヒルファーディングとバウアーも最期は悲劇的でした。ちなみに国際的にはローザ研究のほうが多いのですが、日本ではローザ研究はむしろ少なく、ヒルファーディング研究のほうが圧倒的に多いと思います。昨日と今日の会議を見ると、報告者が勇ましい発言をして、日本のコメンテーターがそれにブレーキをかける、というのが目立っています。私も多分、ブレーキ係になると予感しています。

　私がローザ・ルクセンブルクのアクチュアリティを考える場合、特に二つの問題に注目します。一つはグローバル化の問題、もう一つは革命の問題です。昨日の第二セッションのテーマは「ローザ・ルクセンブルクとグローバル化した資本主義」でしたが、第二セッションの報告ではローザはグローバル化の点

でほとんど論じられませんでしたし、このことはコメンテーターの星野氏も指摘したことです。私は、これはテーマに対する報告者のミスキャスティングだったとは考えません。グローバル化に関連してローザを論じることが非常に難しいことを、かえって示していると考えます。私は最近グローバリズムに関する本を書きましたので、ローザとグローバル化の報告が出てきたら発言しようと手ぐすねひいて待っていましたが、残念ながら出てきませんでした。そこで、自ら問題提起を行おうと思います。

　グローバル化に関してローザは、『経済学入門』や『資本蓄積論』によると、世界の一体化、あるいは今日の従属論や世界システム論に結びつく考えを述べており、この点が注目されます。確かに「グローバリゼーション」を文字通り「地球化」「世界化」という意味で一般的に捉えるとすれば、ローザにはこれに結びつく考えがあったと言っていいですし、またマルクスもそうでした。しかし、この「グローバル化」あるいは「グローバリゼーション」の問題を考える上でも、ローザの歴史的なあるいは時代的な制約を指摘しなければなりません。皆さんも御存知のように、ローザの考えは、あくまでも資本主義の終末論、崩壊論の考えに立っています。第一次世界大戦で資本主義は終わる、と彼女は思っていました。私は、こうした終末論、崩壊論に立ったローザの現代的意義を問う前に、まずわれわれが今住んでいる現代資本主義の視点から、終末論・崩壊論を唱えたローザの時代的限界、時代的制約性をはっきりさせるべきだと思います。とりわけ1990年代にグローバリゼーションということばは盛んに使われるようになりましたが、この時期のグローバリゼーションということばは、今言ったような一般的な意味では正確に捉えられません。つまり、ケインズ主義的蓄積様式が限界にぶつかり、それに代わってネオ・リベラル、新自由主義的な蓄積構造が形成されていく。これがグローバリゼーションの大きな特徴です。

　また覇権国アメリカを中心としてグローバリゼーションが進行した点をふまえなければならないと思います。アメリカの巻き返し、世界を舞台としたメガ・コンペティションの問題は現実分析の問題であって、ローザの考えからは直接理解されるものではありません。この点を強調したいと思います。

　次に革命に関連した点ですが、この会議はローザ・ルクセンブルク会議ですから、会場の雰囲気も左翼的なムードが漂っています。報告者の中にも、この

会場に来ているのだから階級意識があるのだという発言もあり、私も久々に燃えるような気分がありました。しかし、この部屋から出て東京の街を見ると、この部屋の雰囲気とあまりにも違うことに気が付かなければならないでしょう。ローザ・ルクセンブルクは社会民主党組織の指令に対して、大衆運動の重要性を強調しましたが、この時ローザが「大衆」と呼んだのは労働者大衆のことです。ところで、日本に住んでいると絶えずブレーキをかける発言になりますが、日本の労働者はいったいどうなっているのかということを念頭に置かざるをえません。日本では労働者というのはむしろ、多様な利害を持ち、統一されざる大衆を成しています。マルクス主義のことばを使えば、物象化の世界、物的な世界にとらわれていて、階級意識はほとんど話にならない状況です。また、将来的にも階級意識を持つことがあるのだろうかと私も悩まざるをえない状況です。いわんや革命の問題については、今の時点ではその可能性はかなり低いと思わざるをえません。このような状況の中では、もはや19世紀から20世紀にかけて社会主義運動の中で唱えられた理論や思想は現実性を持たなくなっており、また労働者や労働者階級といった範疇、概念も今日の観点で捉え直さなければなりません。「労働者というのは立ち上がらない。市民運動や消費者運動、女性運動、環境運動に社会変革の力を期待しよう」という意見も多くあります。最後に階級意識の問題について述べますと、階級意識は存在するという発言もありましたが、私は職場で労働組合の副執行委員長をやっており、労働組合運動の点で、階級意識をほとんど持っていない人々を相手にせざるをえない状態です。

　こういうことで、ローザ・ルクセンブルクのアクチュアリティについてまとめますと、ローザ・ルクセンブルクはかなり優れた理論家で、魅力のある女性でもあります。特にその人間性については非常に惹かれるところがあります。しかし、アクチュアリティや現代的意義ばかり強調すると、彼女が言わなかったことも、ローザの考えだというふうに強調することになってしまわないでしょうか。やはり、歴史や時代、事実考証をしっかり行った上でのアクチュアリティの探求を要求していきたいと思います。

伊藤：それでは、中国武漢大学の何萍先生、よろしいでしょうか？

何萍：武漢大学から来た何萍です。喜んで発言させて頂きます。なぜローザ・ルクセンブルクを研究しているかについて述べます。1918年当時のローザについての関心を持ち始めたのは、西洋と東洋との関係、また社会主義的民主主義という観点からローザを考えようとしたからです。彼女の世界観からいろいろ学ぼうとしたのです。今やグローバル化も起こっており、その観点における社会主義運動の理解を深めたいと思いました。

　しかしローザ・ルクセンブルクを語るにあたり、二つばかり問題があると思います。まず、彼女の思想を現代に置きかえてとらえなければならないということです。彼女の時代と今の時代は違います。ルクセンブルクが著書の中で述べていることの一つに、社会主義的民主主義を促進する理論があり、これは20世紀における社会主義運動の一つの参考になりました。ローザ・ルクセンブルク研究によってマルクス主義の展開にも影響が及びました。昨年も武漢大学でローザ・ルクセンブルクをテーマとした会議が開催され、多くの西側の、あるいは東洋のマルクス主義研究者が集まり、いろいろなテーマについて話し合いました。例えばマルクス、レーニン、ローザの関連性や、帝国主義についてのローザの考え方、社会主義、社会主義的民主主義について討議しました。中国の研究者も討議に参加し、西洋の研究者も中国の研究者の考えに非常に関心を示しました。中国でも、この会議を契機として、ローザについての研究がさらに進みました。王学東先生、張文紅先生からは、ルクセンブルクの中国についての研究の紹介がありました。ローザが中国について言及していたことに、中国人研究者は強い関心を持ちました。私としても今後も研究を続け、いろいろな問題に答を出して行きたいと思います。

　さて、ここで中国におけるローザ・ルクセンブルク研究の一端をご紹介したいと思います。まず、なぜ中国でローザに興味が持たれたかというと、実はローザへの関心は20世紀からずっとありました。ローザの理論は20世紀に中国に紹介されましたが、そのきっかけは、ローザによるレーニン批判という切り口から著作が紹介されたことです。世界は1917年を契機として大きく変わりましたが、現在、中国の研究者は社会主義以外の側面にも目を転じるようになりました。ローザの著作も哲学、経済、社会学などの側面から研究されるようになりました。王学東先生はいろいろな領域にローザを紹介し、今後も中国のローザ論ということで研究を充実させたいと思われています。私自身も研究

を続けていきたいと思っています。

伊藤：次にクレトケさん、お願いします。

クレトケ：私のほうからは、今までの意見の繰り返しになると思います。伊藤先生からは5分で話せと言われましたので、キーワードしか述べられません。「なぜ今日ローザ・ルクセンブルクが未だにアクチュアリティを持っているのか？」という問いに対する、私の考え方はこうです。

　第一に、民主的社会主義は人民大衆から生まれるものであり、自由な行動や経験を大衆が行うことによってのみ、支配者に対する反ヘゲモニーを持つことができます。今日、ラテンアメリカの社会運動は、ラテンアメリカという立場から、ブルジョワのヘゲモニーに対抗する反ヘゲモニーをどのようにつくっていくかを考えています。それは大衆や、その周辺の人たちからつくっていくのですが、ローザ・ルクセンブルクはこのことを「下からの革命」と表現しました。

　第二に、なぜ今日でもローザが重要なのかということですが、官僚主義や党幹部に対するローザの批判は、ロシアにおけるソヴィエト（レーテ）の権力の問題につながっています。ローザは、重要なのは地位ではなく行動であると指摘しました。ちなみにイギリスの歴史家トムソンは「階級は何が起きるかを自ら決定する」と言いました。また「社会主義か野蛮か」という問題設定もあります。これらが示しているのは、ローザ・ルクセンブルクが開かれた歴史理解を持っていたということです。その意味は、社会主義は歴史的法則によって保障されているものではないということです。ルクセンブルクは「第一次世界大戦後は、歴史はオープンな出来事であって、そこで何が起きるかということに掛かっている。抑圧された者がどれだけのイニシアティヴを発揮するかということにも掛かっている」と言いました。ですから、単純に経済的な原理によって社会が成熟するのではないこと、野蛮が勝利を収めないようにわれわれ大衆の側からイニシアティヴを取っていかなければならないのです。

　さらに、ローザがなぜこれほど高く評価されるかというと、左翼思想家として独立した立場を取っていたからです。他のマルキストのように教条的な要素を持っていませんでした。マルキストはその理論を非常に教条的に使いました

が、ローザ・ルクセンブルクは女性として、そうではありませんでした。それがルクセンブルクを今でも魅力的な人物にしている背景にあると思います。偉大な思想家であると同時に優れた女性であったと思います。革命の思想家であり、今思えば、革命などの問題をフェミニズムの観点から見て分析を行っていました。最後に言わなければならないのは、ローザが優れた文筆家だったことです。他の左翼思想家は必ずしもそうした才能はなかったと思います。

伊藤：最後にロウレイロさん、お願いします。

ロウレイロ：ローザ・ルクセンブルクのアクチュアリティというテーマは、マルクスやエンゲルスの著作が今でも通用するのかという問いに似ていると思います。というのは、私自身もルクセンブルクの専門家ではないのですが、ルクセンブルクは基本的に、マルクス、エンゲルスが1840年代に始めた仕事を引き継いでいると思います。これには二つの側面があります。一つはマルクスが言ったように、政治を批判するということ。もう一つは、政治的経済の批判です。この二つのテーマは非常に絡み合っているものです。ルクセンブルクの著作を見ると、彼女はこの二つのテーマに対して非常に大きく貢献しています。例えば政治批判の面については、議会主義を批判しました。すべての既存の政治および政体に対して彼女は批判していました。その対象の一つは議会主義であり、批判点の一つには政治のヒエラルキーがありました。最高位にあるのが議会であり政治であるという考え方を拒否したのです。同様に、労働運動が作った前衛的でこれまでなかったような政体についても、彼女は批判を加えました。彼女が、官僚化つまり政治のプロ化を批判したのは賢明でした。この点は最も重要なことです。なぜなら、彼女の労働運動に対する考えと密接につながっているからです。特に、階級の中でもまだ開発途上にある階級が最も重要だとローザは言いました。まだ100パーセント自由を確立した個人ではなく、今まで抑圧され、大いに足を引っ張られていた人たちが彼女の対象でした。そして彼らが個性を獲得し、解放され、自由なアクションを取るスペースを確保するまで運動を続けてなくてはいけない、それをもたらすのが社会主義的政治だと主張しました。ローザは残念な時に亡くなりました。というのは、当時ヨーロッパでは、やっと社会主義について全面的な討論が始まろうとしていた時だ

ったからです。ですから、ローザ・ルクセンブルクの著作から社会主義の全容をつかむことはできません。ローザの理論においては、社会主義の基礎となったいくつかのこと、例えば自由を持った個人という概念は提起されています。すなわち、マルクスに言わせると、社会主義主導の未来では、自由も、もしかしたら個人の不平等と同様、不平等な自由になるかもしれない。いわば自由だけれども不平等といったようなかたちでしか、万人に対しての自由が与えられないわけです。これは裏返して言えばリベラルなアイディアではありません。そして最終的にはこれが経済的自己決定の制度化、経済の民主化にもつながるという理屈ですが、そうした発想の原点となりうるような概念をローザは出したのだと思います。しかしローザは自分が生きている間には、それを概念化できませんでした。

　それから、資本主義や政治的経済に対する批判ですが、ローザは非常に挑発的なことを述べています。「資本主義として生まれたものは資本主義として死ぬ」。エコノミストは困惑して理解できないでしょうが、これも歴史的観点から見なくてはなりません。このことばは、最終的には資本主義がこの世からなくなってしまうという意味です。しかし、社会科学の立場から言えば、経済がなくなることはないと思います。将来の展開を見ないとわかりませんが、社会科学という領域はすでにできているわけですから。資本主義については、彼女は三つの基本的な点を述べています。まず、資本主義が興亡するということ。資本主義は100パーセント台無しになってしまうのではないが、資本主義にはそれなりの自然の限界がある。資本主義の限界には社会的なものと自然的なものの両方があると言っています。興味深いテーマだと思います。資本主義はそれが内在的に抱え込む限界にどのように対応していくのでしょうか——国家レベルの限度や、例えば資本主義が環境と調和するようになれるのかどうかという問題もありますが、100パーセントなれないと思います。なぜなら、社会的な限界があるからです。このように、ローザは問題は提起したが答までは提起していません。しかし有用な問題提起だったと思います。

　三番目に移ります。資本主義は、ローザに言わせると世界的な制度であり、世界マーケットが大きなコンテクストでした。しかし、各国別レベルがないというわけではありません。ローザに言わせると、重要なのは世界市場を作ることであり、これもプロセスの一環、今存在する世界を作り直すようなものであ

るのです。しかしスペシャリストの間では意見が分かれています。すなわち、さまざまな一連のグローバル化の波があり、世界のマーケットは資本主義の歴史が始まって以来何度も変貌してきました。大国も関われば、小国も関わる、新興国も関わるというかたちです。資本主義は世界のシステムとして、世界をベースにして単に膨張するだけではない。いろいろな変容や構造変革を含み、非資本主義国まで巻き込むような大きな動きなのです。ですから、分析の領域においても、またマルクスに対する批判においても、グローバル化という観点からも、いろいろな見方がローザについてはできるということです。すでに述べた通り、ローザは非常に政治的な政治学者でした。というのは、グローバル化というのは何よりも政治的な操作だからです。なぜなら、大国アメリカを筆頭に、大国の政治家が行っている政治的な実証であると言えるからです。したがって、経済がそれについてきているのです。ローザはその著作の中で言っています。彼女の考え方は、政治的な考えが非常に強い。経済と政治の関係を考える時、人対人、モノ対モノの関係ではなく、まず権力関係を考えます。政治的な側面を強調した彼女の著作を読んでわかることは、資本主義はとても矛盾に満ちた制度であり、いろいろな危機が起こる制度だということです。現在でもそうですが、とても脆弱性の高いシステムだということです。世界の大きな危機が起ころうとしているような、一難去ってまた一難というふうに危機が次々とやってくる、非常に脆弱性の高い制度であり、危険な側面もはらんでいます。この点を強調された先生もいらっしゃいました。ルクセンブルクは、軍国主義と戦争を起こすことが資本主義的生産にはつきものだという、正しい指摘をしています。まさに現代の世界もその通りです。ありがとうございました。

伊藤：これでパネラーの方々のご発言を頂きましたが、私から一言、イザベル・ロウレイロさんにおうかがいしたいことがあります。今、ロウレイロ先生がおっしゃったことには私もすべて賛成ですし関心がありますが、報告の中で、ブラジルの現実としての「土地なき農民たち」という問題に触れられました。彼らの運動が、資本主義的近代ではない、新しい歴史の創造につながっていくということは、現在われわれが求めているオルタナティヴをいかに創り出していくかという問題です。その点でロウレイロ先生のご指摘は大変重要で興味深い点だと思いますが、それがローザ的な思想とのつながりの中で、現実のブラ

ジルでどんなふうに起こっているのか、あるいはロウレイロ先生がそこにどんなふうに関わっていらっしゃるのか、どんなふうに実践されているのかということを、もう少しお話頂けるでしょうか。

ロウレイロ：お答えしたいと思います。MST ——土地無し農民・労働者の運動——が、約25年前から起きています。この25年という年月は、労働者党とほぼ同じ歴史を持っていることになります。この運動はブラジル南部で始まったもので、特にヨーロッパ的な伝統を引き継ぐ農家の間から起こりました。南ブラジルは、イタリアやポーランドといったヨーロッパの国々によって植民地化が進められてきた場所で、ヨーロッパの旧宗主国の伝統を引き継いできた土地柄です。そこの小作農たちは非常に貧しく、MSTに所属する運動家たちは、軍事政権が成立した頃に土地を失い、運動を始めました。彼らはカトリック、プロテスタント両教会の援助を受けてこの運動を始めました。運動が軌道に乗り、全国に広まるまでにはかなりの時間がかかりました。今日では非常に大きな運動になってきています。この運動の中から、約4000人の人たちが将来リーダーになるために外国で学ぶよう、派遣されていきました。

　彼らは何をしようとしているのでしょうか。一つは農業改革です。彼らは改革を実施するために土地の占拠を始めました。しかし、現代社会の中で次世代の農民を教育するという重要性にも気づき、土地の占拠後、まず学校を開設しました。そしてサンパウロの近くに、いずれこういった運動のリーダー的存在を育てるための大学も創りました。そこでは、政治教育や経済・経営教育、また多様な一般教育も行われています。

　さて、伊藤先生の質問に対する直接の答へですが、この運動は社会主義的かどうかということになりますと、土地を占有した農民たちの頭の中に社会主義的な運動があって、こういう行動が取られたわけではありません。しかし農民たちを導いている人たちの頭の中には、そういった思想があります。リーダーたちは、農地改革を実施しながら環境保護的な観点から、持続可能な政策をブラジルに根付かしていきたい、そのためには次世代のリーダーや農民を教育することが重要だと考えています。革命を起こすことが問題なのではありません。運動を全国展開するために特に農民だけでなく、国民の思想を変えて行かなくてはなりません。また、この運動を行っている人たちは、現ルーラ政権に対し

ても非常に批判的です。

伊藤：ありがとうございました。多くの皆さんから、貴重なご意見をいただきました。これで第14回ローザ・ルクセンブルク国際会議を終わります。

第Ⅱ部

ローザ・ルクセンブルクの現在的価値

―― 2008 年5月東京学術シンポジウムから ――

II－1

ローザ・ルクセンブルクの思想的遺産の価値
――ポーランド語の作品を中心に

フェリクス・ティフ（ポーランド）

　まず最初に、わが敬愛する日本の友人たちに感謝します。とりわけ、この会議を発意されたわが同僚の伊藤成彦教授に感謝し、お祝いの意を表します。
　皆さんは、ローザ・ルクセンブクの全作品が世界で初めて、ここ日本で刊行されます。
　これは、重要な決定という以上に重要なことです。これは、開拓者の仕事だからです。1970年-75年に旧東ベルリンで刊行され、これまで完全な全集と見られてきた全5巻の「全集」でさえも、彼女のポーランド語論文をほんの僅かしか収めず、そのために彼女の作品への視野を狭めていました。私たちが承知しているローザ・ルクセンブクの最初の刊行作品は1892年の作品で、その後1896年までの作品は、すべてポーランド語で書かれました。これらのポーランド語で書かれた作品を知らずに、ローザ・ルクセンブクの思想の形成過程を跡づけることはできませんし、したがって彼女の多くの最も重要な思想を知ることもできません。なぜなら、特定のきわめて重要な問題について、彼女はポーランド語で書いた論文でしか述べていないからです。
　ローザ・ルクセンブク全集を刊行する最初の試みは、まだ未完成のままです。それは、1920年代にドイツで、彼女の二人の長年の友人――ドイツ側からクラーラ・ツェトキーンとポーランド側からアドルフ・ヴァルスキ――の協力によって企画されました。この全集の編集は、テーマ別で年代順ではありません。そしてローザ・ルクセンブク全集はドイツ語とロシア語で同時に刊行されるこ

とになっていました。しかし、モスクワからさまざまな政治的圧力が来たために、ドイツ語版はわずか3巻――第3巻、第4巻、第6巻――とロシア語版第1巻のごく一部が刊行されただけでした。

そのテーマは、ローザ・ルクセンブクの修正主義との闘いで、彼女の遺作の中でコミンテルンにとって明らかに争いようのない部分でした。しかし、1928年にスターリン主義官僚は、この全集の刊行継続を禁止しました。

その後開始されたロシア語版は、すでに「全集」とは名付けられず、「選集」と呼ばれていました。なぜなら、ボルシェヴィキ党に不愉快だった作品が公刊されないことは、以前から決まっていたからです。

今日、刊行が予告されていた巻の刊行は、このように不幸な過程への幸運な断絶をもたらすものと私は確信しています。何故なら、日本語版ローザ・ルクセンブク全集の第1巻は、主に彼女のポーランド語で発表された論文が年代順に収録されているので、まず最初に、彼女のポーランド語による活動の意味について述べることにします。この活動は、本質的には、第1巻の枠を越えるものです。と言いますのは、ローザ・ルクセンブクは1896年以後は主としてドイツの読者のために書きますが、それでも彼女が友人とともに設立したポーランド社会民主党のために、その後も書き続けたからです。彼女は、世界戦争の勃発によって、周知のようにドイツの監獄に投獄されてはじめて、ポーランド社会民主党のための執筆活動を止めたのです。

ローザ・ルクセンブクの全作品目録では、1892年から死の瞬間までの間に書かれたポーランド語の作品は――パンフレット、新聞記事、チラシ類を含めて――1/3になります。ここでは、ただ単にその質だけでありません。本質的に、彼女の思想活動の中でポーランド語の作品は重要な位置を占めているのです。なぜならそれらは、ローザ・ルクセンブクが示した政治的道筋や方法に関する不可欠な情報だからです。これらの作品がないと、彼女の知的な横顔は著しく平板なものになります。

具体的に言いますと、ローザ・ルクセンブクが1919年1月までに発表した約800篇の作品の内で少なくとも230篇はポーランド語で、つまり彼女の母語で書かれていたのです。それはパンフレット――その中にはポーランド社会民主党の最も重要な綱領的文書も含まれます――や新聞論説、呼びかけなどです。一方、彼女の5冊の著書――あるいは、もし80頁のパンフレット『社会改良

か革命か？』を含めれば、6冊——はドイツ語で書かれました。彼女の博士論文『ポーランドの産業的発展』（1898）をはじめとして、死後に発表された『ロシア革命論草稿』（1922）と『国民経済学入門』（1925）まで。

　さて私は、彼女のドイツ語の文章にはあまり出てこないか、あるいは全く出てこない重要なテーマ群をポーランド語文章から取り出して紹介しましょう。しかし、その前に、少なくとも、ローザ・ルクセンブクがポーランドで、ポーランド人のために設定しなければならなかった枠組み条件に属するいくつかの言葉を思い出しておきましょう。
　ポーランドは、領土がまだ広大だった18世紀末に、周知のように、ロシア、プロイセン、オーストリアによって分割されました。ポーランドはそのことによって120年続いてきた独立を失い、ヨーロッパの政治的地図から消えたのです。ポーランドは第一次世界大戦の結果、1918年11月にようやく主権を回復しました。世界戦争でドイツとオーストリアは敗北し、ロシアはすでにそれ以前に、ツァーの支配が革命によって終わった時に脱落していたからです。
　ローザ・ルクセンブクが生まれた時には、ポーランド領の大部分は、彼女の生地ザモシチを含めて、ロシアの支配下にありました。19世紀末に、ポーランド人居住地とロシア帝国は産業が最も発展した地域でしたが、しかし、ロシアの至る所同様に、市民的自由は皆無でした。1906年まで、憲法も議会も民主的な選挙も無かったのです。政党は1906年まですべて禁止されていました。労働組合も、同様に禁止されていました。
　ロシアの支配下に置かれたポーランド領では、1830/31年と1863/64年の2度の民族的蜂起が弾圧された後に、ロシア化がいっそう強化されました。ローザ・ルクセンブクが学校に通った時には、授業の唯一の言葉はロシア語でした。中級・高級行政機関は、ロシア人の手に握られていました。
　西ヨーロッパでは、オーストリアでもドイツでも、すでに社会民主党と労働組合は合法的に活動していましたが、ロシア支配下ポーランドでは労働者たちは先ずそのような組織を、しかも合法的でない組織を設立する必要があることを確信しなければならなかったのです。それは個人的にも高度の危険性をともないました。初期の社会主義運動、あるいは社会民主主義の運動は、ツァーリズムの官憲によってシベリアに追放されるか、投獄されました。

そのためにローザ・ルクセンブルクの初期の政治的著作では、住民が市民権を全く持たない警察国家という特殊な状況で、労働運動を産みだす戦略が、きわめて重要な位置を占めています。その状況は、1905年の革命の結果、ようやく改善され始めました。つまりそのような表現をするローザ・ルクセンブルクの初期の作品は、ツァー帝国で有効だったばかりでなく、ロシア同様に非民主的に統治されていたその他のあらゆる国でも有効だったのです。

1890年代前半の彼女の作品できわめて重要なテーマは、さまざまな動機からポーランドの労働者に向けて書かれた、生活条件の改善と社会的地位の向上を自分自身の手に握って、自分自身の組織を設立せよ、という呼びかけです。付言しておくべきことは、このテーマを取り上げたローザ・ルクセンブルクの文章には、マルクス主義的な社会的ユートピアは全く現れない、ということです。彼女の文章は、労働時間の短縮に始まって市民権で終わるという具合に、他国では労働者がすでに闘い取ることができたことを強調したのです。明らかに彼女の見解は、理想的な未来社会をモデルとして示すことよりも、この戦略の方が成功するというものでした。これはマルクス主義への彼女の貢献であると同時、むしろその是正でした。この戦略を支えた要因は、ローザ・ルクセンブルクにとっては、情報でした。

ローザ・ルクセンブルクの政治的著作における第二に重要なテーマ群は、民族問題でした。それは、ポーランド人による独立の再現の可能性に関するローザ・ルクセンブルク自身の理論的分析に基づいていて、マルクスとエンゲルスの見解とは異なっていました。

ロシア支配下のポーランド社会では、この問題での見解の一致はなかったのです。学校では、ポーランド語の使用に戻すことが、またロシア語と並んでポーランド語を公用語にすることがしばしば要求されました。ポーランド語の新聞と書籍は許可されていましたが、ロシア語の新聞・書籍に比べて、国家による検閲ははるかに厳格でした。ポーランド語は、ポーランド人の間の日常語と文化用語に限られていたのです。ポーランド文学は盛んでしたが、それも政治的検閲が許す範囲に限られていました。その他の出版物はすべて、外国で印刷され、国境を越えて秘密に持ち込まれたのです。

ローザ・ルクセンブルクの時代にロシア支配下のポーランドでは、自治回復への要求はほとんどありませんでした。当時のポーランド住民の政治的程度が

比較的低かったからです。

　自治の要求は特別新しいものではなく、1815年から1830年までの間にすでに存在したものでしたが、1830/31年の反ロシア蜂起への罰として廃止されたのです。ポーランドの教育機関の完全なロシア化は、ポーランド人が自分の国で公職につき、あるいは自国語で当局に向かう可能性がまったくない状態で、それは1863年の反ロシア蜂起後の罰でした。その7年後にローザ・ルクセンブルクは生まれました。

　1863年の蜂起への過酷な鎮圧の結果、ポーランド人社会は重いトラウマに囚われ、祖国独立の闘争への呼びかけ、あるいはポーランド人居住地域の自治の呼びかけさえも、数十年にわたって沈黙しました。1892年に非合法に設立されたポーランド社会主義党（PPS）は、1863年の民族的崩壊後に初めて綱領で再び「独立」を回復しました。しかし、PPSが「独立」というスローガンを彼らの綱領に取り入れたためにこそ、ローザ・ルクセンブルクとその他のいくらかのポーランド社会民主主義たちは、彼ら独自の社会民主主義組織の結成を決定したのです。それ以前の2－3年間、ローザ・ルクセンブルクグループの人々は、PPSの未来の設立者たちと密かに共通の組織で協力していました。しかし、今やポーランド独立闘争のスローガンが、彼らを分離させたました。ローザ・ルクセンブルクがその設立を指導した新党は、初めはポーランド社会民主党と称し、後にポーランド王国・リトアニア社会民主党（SDKPiL）と呼ばれ、この名称で1918年12月まで存続しました。その中心的指導者は、紛れもなく最初から最後までローザ・ルクセンブルクでした。

　では何故ローザ・ルクセンブルクは、労働者の党がその旗に独立の要求を書くことに反対したのでしょうか？　彼女は生後20年間を過ごしたポーランド文化と固く結び付いていました。その後彼女は、大部分の時間をスイスとドイツで送りましたが、しかしポーランド語は最も身近な言葉でした。彼女は言葉と文章で、プロイセン領ポーランドでのポーランド人の強制的ゲルマン化と闘いました。1900年には、ポズナニ（ポーゼン）などで、「民族性の剥奪に反対する」パンフレットを発行しました。そしてロシア領ポーランドでは、同様にロシア化に反対して闘いました。

　ローザ・ルクセンブルクの党、SDKPiLは、ポーランド王国地域、つまりロ

シア領ポーランドでは、自治を要求しただけでした。それ以上の要求は、第一段階では非現実的だと見たからです。彼女は武装蜂起によってロシアの支配からの解放をめざしたそれまでの失敗したあらゆる試みから、端的に結論を引き出したのです。力関係は圧倒的に不利で、ポーランド人のあらゆる蜂起は初めから敗北が決まっていたからです。

　第二にローザ・ルクセンブルクは、資本主義的多民族国家の分離は、労働者大衆の利益にならないと考えました。何故なら、ツァーリズム・ロシアのような国家での政治的・社会的な諸関係の民主化をめざす闘争は、もし諸国の労働者が結束すれば、オーストリア＝ハンガリーやドイツのように、成功へのより大きな展望を持つことができる、と考えたからです。多民族国家の民族的労働者組織の中でのあらゆる分離主義は、ローザ・ルクセンブルクの見るところでは、労働者の闘争にとってマイナスでした。そのことの何よりの証拠が、1905年のロシア革命で、ポーランドとロシアの労働者の結束した力がツァーの支配を崩壊寸前まで追い込んだのでした。ツァーが僅かに崩壊を逃れられたのは、ポーツマスにおける日本との講和締結によって、全軍隊を反革命の戦線に投入することができたからでした。これがツァーを、救ったのです。

　第三に、ローザ・ルクセンブルクによれば、経済的背景とその社会的結果が、ロシア支配ポーランド（と旧ポーランド王国は呼ばれていました）をロシア帝国から切り離すことに反対でした（ウィーン会議以来、ロシア皇帝がポーランド国王を兼ねていました）。ロシア支配ポーランドの工業と手工業の大部分は、主としてロシア本国の市場のために稼働していました。そこからローザ・ルクセンブルクは、旧ポーランド王国の二つの最も活力のある社会グループ、つまり工業家層と労働者層は、独立というスローガンとはもう結びつかないという結論を引き出しました。魅惑的なロシアの市場からの分離は、彼らにとって利益ではない。工業家たちは彼らの利益を、労働者は彼らの仕事を失うことはしない。このような理由からローザ・ルクセンブルクは、ポーランド社会の唯一の近代的社会層、つまり労働者と工業家たちは、ポーランドのロシアからの分離を選ばない、と考えたのです。

　けれども、この問題での彼女の思想の出口は、労働者大衆の生活条件の改善、彼らの解放のための闘い、市民的権利と民族的・社会的同権が独立に優先するという一般的な信念でした。ローザ・ルクセンブルクは、ヨーロッパの現実の

政治的力関係では、ポーランド人の力だけでは独立を勝ち取るのに十分ではない、という意見でした。けれども、だからと言って、ポーランド文化とポーランド民族を維持し、発展させることを放棄してはならない、と彼女は繰り返し強調しました。

　ローザ・ルクセンブルクは彼女の立場をいっそう広く、重要な考察によって確立しました。それは、当時の情勢では、ポーランドを分割する3国間の戦争だけが、ポーランドの独立をもたらす条件をつくり出す、ということでした。PPSの指導者ユーゼフ・ピウスーツキは、まさにその立場に立っていました。けれどもローザ・ルクセンブルクは、つねに1民族よりももっと広い立場に立って、そのような考え方を拒否しました。そのような戦争がもし本当に起きれば、数百万人を呑み込んでしまうだろう、とまさに彼女は考えたからこそ、そのような立場を拒否したのです。しかも、そのような戦争が起きれば、ポーランドの兵士たちは、前線でロシアの側、ドイツの側、オーストリアの側に立って戦わねばならなくなることは明らかだ、と彼女には思われました。そして彼女の信念は、周知のように、戦争と軍国主義に反対でした。彼女にとって戦争は、人類最大の脅威でした。死と破壊をもたらすだけだからです。

　ポーランド民族の苦労が報われる主要な条件は、ロシア、ドイツ、オーストリアの進歩勢力と協力して、ポーランド市民を含むあらゆる市民の政治的・文化的な同権のために闘うことだと、彼女は見ていました。

　しかし、彼女の予想に反して、ポーランドは独立を回復しました。それは1917年以前には誰にも予見できなかった政治的な力関係の結果でした。つまり、ドイツとオーストリアの軍事的敗北（それにハプスブルク帝国の崩壊）とロシアにおける革命で、それはすでに1915年からドイツとオーストリアの軍隊をポーランド地域から追い出していました。つまり三つの分割支配国家のすべてが、第一次大戦で一挙に消滅したのです。

　ローザ・ルクセンブルクは、ハプスブルク帝国の領土上で、オーストリア人、ポーランド人、チェコ人、ハンガリー人、クロアチア人がそれぞれ労働者党を持ちながら、国家全体を包摂する組織的・イデオロギー的に共通の構造の中で共存するオーストリア・モデルを強く支持していました。ローザ・ルクセンブルクは、そのようなモデルをロシア帝国にも求め、そのためにSDKPiLが自治の原則によって全ロシアの社会民主党の1員となるために努力しました。そ

のような統一党が、1906年4月にいわゆるロシア社会民主労働者党第4回「統一」党大会で創られたことはよく知られています。そこにはボルシェヴィキ、メンシェヴィキ、SDKPiL、ユダヤ人ブントとラトビア社会民主党の代表が参加しました。しかし、数年後には、その統一は架空だったことが分かりました。レーニンはボルシェヴィキ以外の集団とは如何なる妥協もせず、1912年にこの構成は最終的に分解したからです。SDKPiLはその解体に絶望的に反対し、ローザ・ルクセンブルクとヨギヘスは全ロシアの党の統一を維持するために、個人的にも努力しましたが、しかしレーニンは、異なる考えを持つ人たちを集めて大きな党を創るよりも、むしろ自分だけの党を求めたのです。

ローザ・ルクセンブルクの作品の中では、1905年のロシア革命は特別な位置を占めています。

1905年の大ストライキ——ポーランド政治史上1980年までで最大のストライキ——はポーランド地域に、社会的・政治的に広範な解放運動を呼び起こしました。民族的要求に関しては、1905年はポーランド地域の領土と人口の大部分を支配していたツァーリズムに反対する広大な解放運動を解き放ちました。それは民族的蜂起のようなものでした。そこでは、19世紀の古典的な2回の民族蜂起の場合よりも、もっと多くの人々が参加しました。1905年の社会的要求は、19世紀の民族蜂起では存在しなかった社会層によって担われました。それは、工業労働者たちでした。

ローザ・ルクセンブルクは1905年の革命に大きく期待して、彼女のポーランド語論文にも、ドイツ語論文にもその期待を表しました。彼女はレオ・ヨギヘスと一緒に、1905年12月に現地でツァーの支配の打倒に参加するために、偽造旅券を持ってワルシャワに潜入しました。1906年3月に二人はロシアの官憲に逮捕されました。獄中で彼女はSDKPiLのための3通の重要な綱領的パンフレットを書きました。革命が鎮圧された後でさえも、この経験は労働運動の戦略と民主勢力全体に大きな意味をもたらすだろう、という意見を彼女は持ちつづけていました。この場合に、とりわけ彼女は、成功した政治的ストライキの経験を考えていたのでした。

1905年10月と11月の時期に当たった革命の高潮期、10月30日に、ツァーは政治的大ストライキの圧力の下で、いわゆる「10月宣言」で次のように約

束しました。「基本法では住民は市民的自由の不動の基礎である。個人の不可侵性、良心と表現、集会・結社の自由を与える」と。ツァーはまた、その宣言で、数カ月前に予告した議会にもっと大きな権限を与え、選挙権も拡大することを約束しました。これらすべては、旧ポーランド王国にも同様に適用されました。

ツァーはすべての約束を守ったわけではありませんが、1905年の革命はツァーに、旧ポーランド王国におけるロシア化政策をいくらか後退させることを強いました。少なくとも私立学校ではポーランド語での授業が許され、ポーランドの教育施設、文化施設、学会と労働組合の設立が可能になりました。検閲もいくらか緩和されました。

したがって、ポーランドの蜂起は、大部分成功しました。それは今回の蜂起はその他のロシア領でも行われ、何よりもロシア本国で行われたからでした。そのためにツァー支配体制は、旧ポーランド王国地域だけに注意を集中することができなかったのです。ロシア軍の大部分は、ロシア本国の革命鎮圧に投入されねばならなかったのです。

ローザ・ルクセンブルクは、1905年革命の最初の日から、レーニンにも不意打ちだった完全に予期していなかった社会的爆発を、ポーランド地域を含む全ロシア帝国の状態を民主化するチャンスと見たヨーロッパの政治的著述家に属していました。彼女は、ドイツの新聞とロシア支配下ポーランド地域の非合法ポーランド社会民主党の新聞・雑誌に数十篇の論文を書いてそのことを伝えました。1905-06年に、彼女はポーランド語とドイツ語で、100篇以上の論文、パンフレット、チラシ、綱領的呼びかけ文を発表しました。テーマは何時も、起きたばかりの革命でした。革命の数年後にも、彼女はしばしばこの問題に戻って執筆しました。1905-07年の経験に基づいて書いた革命後の彼女の最も重要な文書は、1908年8月から1909年12月にかけて書いた「民族問題と自治」で、それは6本の長い論文から成り、SDKPiLの理論的月刊誌『社会民主主義評論』に発表されました。

ローザ・ルクセンブルクがドイツ語の文章ではほとんど取り上げていないが、1905-07年と第一次大戦の初期にポーランド語の論文で頻繁に論じた、もう一つ重要なテーマがあります。それは丁度この時期にロシア支配下ポーランドと

ロシア本国で先鋭化していた反ユダヤ主義の問題です。この問題の意味は、ホロコースト（大虐殺）が示しました。これは過ぎ去ったことと簡単に片づけることはできません。ある民族集団の虐殺を狙った意図と行為には、その背景にあれこれの民族グループの「異質性」の脅威があるだけでなく、さまざまな大陸のメディアが絶えず報道した事件に関係しています。したがって、ローザ・ルクセンブルクが残した作品を、今日のアクチュアリティの観点から考察すべき広範な理由が依然としてあるのです。

　ローザ・ルクセンブルクは第一次大戦までは、資本主義は世界中のどこででも近代化をする歴史的な使命をまだ終わっていないので、その使命を完成するチャンスを与えるべきだ、という信念を持っていました。言い換えれば、革命的焦燥から時間の歩みを加速してはならないということです。だから彼女は1905年の革命を——レーニンとは違って——社会主義革命に移行させるとは一度も言いませんでした。ローザ・ルクセンブルクにとって1905年は、ツァーの独裁政治を打倒して、当時のロシア王朝を民主的な議会制共和国に変える目的を伴った動きの開始で、ロシア帝国内の諸民族は、文化的にして、多くの場合には、領土的な自治をもえることになるはずでした。

　労働者階級が資本主義制度に、その発展が続く限り耐えるということは、ローザ・ルクセンブルクの考えでは、「資本」と「労働」の間の休戦を意味しません。それどころか逆に、社会的差別を無くし、戦争を避け、政治的諸関係を民主化し、軍国主義的構造を解体するために経済的・政治的体制に圧力を加えるべきだという考えでした。そしてまた例えばドイツのように、王政が国民を苦しめ、民主化を阻害する諸国では、共和制国家に転換することでした。それは真先に、ツァーのロシアに妥当しました。

　1905年の革命と、当時それが獲得した政治的変化は、全般的政治ストライキにどれほど大きな政治的可能性が秘められていたかを、そして労働者大衆が、政府と今日「経営者」と呼ばれている人たちに圧力を加える可能性を彼女に示しました。ローザ・ルクセンブルクは、ロシア帝国地域に存在した労働者党が、以前は党の組織内で全く使えなかった労働者大衆の自発的な政治的創造性の成功とその効果の大きさに感激しました。1904年には、彼女はまだ全国で僅か数百人の党員と活動していたのに、突然、数十万人に行動への参加を呼びかける任務の前に立ったのです。もし労働者自身の自発性と創造性がなかったなら

ば、1905年の革命がツァーに10月宣言のような妥協をさせることは決してなかったことでしょう。

　この経験から刺激を受けて、ローザ・ルクセンブルクは、当時世界最大の労働者党だったドイツ社会民主党の中での政治的態度を根本的に変えました。ローザ・ルクセンブルクはそれまでは、ドイツの党の中では——もっぱらではないにしても——主に、綱領とイデオロギーの問題に関わってきました。ドイツ社会民主党の指導部が攻勢戦術を避けて、主に次の3点に活動を集中することを、彼女は初めは比較的冷静に我慢していました。それは次の3点でした。第一に、政府に1878-1890年のようにドイツ社会民主党を再び非合法化する口実を与えないこと。第二に、労働者大衆を政治的に啓蒙すること。第三に、帝国議会の選挙結果をますます良くすること。

　1905年の革命以後、ロシアでもロシア支配下のポーランドでも、ドイツ社会民主党の攻撃的態度の欠如が、ローザ・ルクセンブルクにはもはや我慢できないものになりました。彼女はドイツの労働組合が、しかし何よりもドイツ社会民主党自身が5年間抱えてきた政治的論争にひと突きを与えました。それは1905年革命の経験の結論に関する有名な「大衆ストライキ論争」でした。

　その場合に彼女にとって具体的に問題だったのは、賃労働者の攻撃的武器としての全面的政治ストライキの効率性でした。彼女はそのストライキをドイツのいっそうの民主化のための闘争に活用することを要求しました。つまり、ドイツ帝国で戦略的に最も重要なプロイセン議会の普通選挙権とドイツ帝国の共和制への転換のための闘争に活用することを要求したのです。1905年革命の場合のように、彼女はこの場合にも首尾一貫して、この武器を資本主義体制の廃止に活用することは求めませんでした。当時の彼女の見解では、その時期がまだ熟していなかったからです。当時彼女は本質的に、ドイツ社会民主党がこれまでの「消耗戦略」から離脱することを要求して、民主的ドイツをめざす攻撃的闘争に移行する具体的な提案を行ったのです。

　第一次世界大戦の初めに、その他の二つの重要な問題で、ローザ・ルクセンブルクの態度が劇的に転換しました。（1）彼女が長期にわたって理想化してきたドイツの労働者階級に対する態度の転換。（2）「革命の時計」と私が呼びたいものに対する彼女の関係の変化。それは、ドイツ社会民主党は資本主義体制をいつまで許容するのか、あるいは社会主義革命はいつ来るのか、という問

題に対する彼女の態度の転換でした。

　第一点での思想的転換の動機は、ドイツ政府と、何よりもドイツ皇帝が引き起こした世界戦争に対するドイツ労働者階級の受動性に対する落胆でした。戦争の気配が感じられた時に、彼女は労働者の巨大な抗議の波が起こることを期待し、大衆の抗議が戦争を止めるものと信じていました。それだけに彼女は、ドイツ帝国が宣戦布告をした時、このような抗議を予想していました。ところが1916年になってようやく、ドイツで最初の反戦ストライキが起きたのでした。そして1918年11月9日にドイツ革命を引き起こしたのは、労働者ではなく戦艦の水兵たちでした。しかし、ローザ・ルクセンブルクは徐々に、労働者に寄せていた期待を取り戻してきました。彼女が労働者への信頼を取り戻した転換点は、またしてもドイツの外にありました。それはロシアの民主的な1917年2月の革命でした。今度はツァーの支配を倒したので、労働者階級への彼女の信頼は回復しただけでなく、何よりも大衆が戦争を終わらせるために下から圧力を加え、しかもこの圧力が兵士の大部分から支持されるということが、初めて起きたのでした。2月革命は、ペテルブルクでの労働者の全面ストライキに始まり、当時の首都の6万の強力な軍隊が労働者の側に移ったのです。それは、ローザ・ルクセンブルクを含むヨーロッパの革命的左翼が広めていた——ヨーロッパとその他の大陸の諸民族が支配者から強制されていた無意味で凄惨な殺戮から、革命によって——世界戦争から脱出しよう、という呼びかけへの最初の重要な反応でした。

　原則の転換に関する第二点は、資本主義が世界の進歩に客観的に奉仕する文明的な使命を終えないかぎり、資本主義を容認する必要があるという彼女のこれまでの立場の全面的な見直しでした。大戦勃発の1年前に刊行された彼女の最も重要な経済学の著作『資本蓄積論』で、ローザ・ルクセンブルクはなおその立場を取っていましたが、しかし同時に、資本主義は存続の限界を言わば内包している、という見方を付け加えました。彼女の意見によれば、その限界は、主として未発展な地域、つまり、資本主義以前の環境の犠牲によって行われる資本蓄積の過程によって定められているのです。資本主義の進行によって定められたこの過程は、体制の崩壊に至る特定の瞬間まで進みます。マルクス・レーニン主義的な教条主義者たちは、ポーランドのその同類を含めて、その後この見方を批判的に「資本主義自動崩壊のルクセンブルク理論」と呼びました。

ローザ・ルクセンブルクは、この体制転換が平和的に行われるのか、それとも暴力によって行われるのか、については厳密に規定してはいません。資本主義の後に来る社会主義のこの新しい世界を、ローザ・ルクセンブルクは——彼女の思想をさまざまな論文から組み立ててみると——巨大な世界地域の住民が、自分の意思で創造した超民族的な構造に基づいて、社会的・民族的な紛争がなく、戦争のない世界を想像し、もしその世界に境界があるとすれば、商品の交易や移住過程にはいかなる障害もなく、その世界の住民自身が、何処に、どの文化の中で暮らすかを決めることができる、という風に描いています。

　この場合に思わず、シェンゲン協定を含む今日のヨーロッパ連合（EU）に似たモデルの先取りが考えられますが、もちろん重要な相違があります。EUモデルは、これまでのところ、自己改革と住民層のための本質的に社会的な譲歩が可能だという条件の下で、資本主義の崩壊なしに機能しています。資本主義の世界大の使命は、現代でも依然として続いています。それだけで十分ではなく、資本主義は昨今の社会主義的経済構造を、一つまた一つと呑み込み、資本主義モデルを勝手に改造したり、調整したりしています。それにもかかわらず、ローザ・ルクセンブルクの『資本蓄積論』は、有名な西欧の大学の経済学部では、引き続き必修講義に入っています。

　けれども未来の予想から、資本主義がローザ・ルクセンブルクによって引き続き文明的使命をまだ完了せず、それを終えるために時間を与えられるべき体制として認容されていた「当時と場所」に戻りましょう。なぜなら資本主義は、労働者階級の搾取のような否定的な特性にもかかわらず、経済発展を駆り立て、資本主義以前の、時代遅れな経済・社会構造を徐々に取り除くからです。ドイツ皇帝ヴィルヘルム２世とその軍事的取り巻きによって始められた第一次世界戦争、36カ国の１千万人の生命を奪ったこの戦争が、ローザ・ルクセンブルクを、これまで許容してきた資本主義の自滅の最後までの展望から距離を置く方向に傾けました。

　この恐るべき殺戮の犯人を、ローザ・ルクセンブルクは、軍国主義と戦争任務から利潤を得てきた資本主義体制だと見ました。第一次世界戦争のような大変動をもたらし、許容する体制は、その経済的な文明の使命をまだ果しきっていなくても、歴史の舞台から退場させねばならない、という結論に達しました。文明の価値の基準では、彼女にとっては、平和の維持が最高の位置にあったか

らです。

　では彼女は、資本主義を何と変えようとしたのでしょうか？　1917年10月、つまりボルシェヴィキ革命後に、レーニンが1917年10月以来ロシアで実現した体制が、資本主義に替わる体制ではありえないことを、彼女はすでに知っていました。彼女はその体制が民主主義を欠き、独裁とテロルを用いることを根拠に、厳しく批判的な判断を下しました。けれども彼女は、社会主義を古典的な議会制度の上に建てることも望みませんでした。何故なら、議会は戦争を止めることができたはずなのに、戦時国債を承認して戦争を可能にしたので、議会制への信頼を失っていたからです。

　では、機能できる社会主義をどのように思い描いていたのでしょうか？　彼女はそのハッキリとしたイメージは示していません。彼女がここで当てにしていたのは、何よりも労働者大衆の政治的創造性でした。そして彼女が確かに知っていた一つのこと、テロルとエリートの独裁に依拠する体制は、社会主義ではありえない、ということでした。

　社会主義社会の将来の形態に関する表現では、彼女はグローバルなビジョンは避けました。この点に関して彼女が挙げたのは、すべてヨーロッパの、具体的にはドイツとロシアの経験と見通しに関するものでした。いずれにせよ彼女は、彼女の長年の助言者で相棒のレオ・ヨギヘス＝ティシカと全く同様に、彼女の人生の最後の月にレーニンとボルシェヴィキの影響下に創設された共産主義インターナショナルを（二人とも時期尚早と見て）、何も良いことをもたらさないとして望んでいなかったのです。それで彼女はティシカと共に、レーニンに共産主義インターナショナルの招集を止めさせる具体的な方法を講じました。しかし、創立大会の準備の時期に、ローザ・ルクセンブルクとティシカが虐殺されたために、レーニンが二人の意思に反してその会議をモスクワに招集して、まさしくボルシェヴィキ的モデルを半世紀以上にわたって、当時成立した共産主義世界運動の形式と本姓とすることに寄与することとなったのでした。

　では今日、ローザ・ルクセンブルクの思想の何が残されているのでしょうか？　歴史家の視点から言いますと、彼女の作品は何よりも、彼女が活動し分析した時代に対する強力な認識の価値を持つことです。彼女はそれをつねに、搾取されるもの、追われるもの、市民権を奪われたものや、戦地に送られ、あるいはテロルの犠牲になったものの視点から行ったのです。そして彼女はつね

に文明的進歩と、戦争から護られるべき世界に目を止めていました。すでにそれだけでも、彼女の作品は、当時の世界に関する知識の宝庫で、今日も少しも変わっていません。さらに彼女が生きていた時代にヒトラーの先行者と未来の支持者たちが現れ始めて、彼女を虐殺し、またもう一方の、ボルシェヴィズムの全体主義の父たちがその行動と共に現れていたのでした。彼女が直面した問題とジレンマの本質的な部分は、私たちの問題とジレンマでもあります。彼女のテーマのいくつかは古くなりました。例えば、ベルンシュタインやその他の修正主義者との対立はそれに属する、と私は思います。彼女の最大にして最も重要なテーマは、軍国主義との闘争、民族主義との闘争、テロルとの闘争と反ユダヤ主義との闘争の４テーマで、それはわれわれの時代の中心的テーマだと、私は思います。ローザ・ルクセンブルクの全集は、このことを繰り返し確認させてくれることでしょう。

[注]
（1）Rosa Luxemburg, Gesammelte Werke, Herausgegeben von Klara Zetkin und Adolf Warski. Bd. 3, 4, 6, Berlin 1923-1928.
（2）Rosa Luxemburg, Izbrannyje socjneija, tom 1, Protiv reformizma, Moskva 1928.

（翻訳・伊藤成彦）

II-2

1918年11月、ドイツ11月革命の中でのローザ・ルクセンブルク
(1918年9月-1919年1月)

オトカール・ルーバン（ドイツ）

1. ドイツ革命90周年記念の催し計画について

　1918年11月のドイツ革命は、ドイツにとって半絶対主義君主制から共和制への巨大な歩みをもたらしました。それは、ドイツ史の重大な事件でした。この重要な記念祭が、ドイツの公衆から大きな注目を浴びることになるかどうかは、これまでのところではまだハッキリしていません。けれどもすでにいくつかの催しは予告されています。

　まず、ドイツ11月革命90周年に、いくつかの学術的会議と、ベルリン議会の公的行事が行われることが決まっています。

　・ベルリンでは、2008年11月7日に、ベルリン議事堂で、革命と反セミティズムの著名な専門家、ラインハルト・リュルップ教授（Prof. Dr. Reinhard Rürup）が、ドイツ史における11月9日の意味について語ります。リュルップ教授は、1918年11月の革命的な事件だけでなく、ホロコーストへの序曲となった全ドイツのユダヤ人迫害開始の日、1938年11月9日も、東ドイツの西への境界が開かれて、ドイツ統一の始まりとなった1989年11月9日も取り上げます。

　・学術的会議は、2008年11月1日にベルリンで、ウラ・プレナー博士（Frau Dr. Ulla Plener）指導の下に、ドイツ11月革命への労働運動史研究促進協会の会議で始まります。

・11月7日と8日には、1918年11月のドイツ革命を主題とする左翼組合の金属労働組合の教育セミナーが——報告者に歴史学者や政治学者を迎えて——組合役員たちのために、ベルリンで開催されます。この会議は、ベルリンで一般に予告され、公開されます。

　金属労働組合は、すでに2008年1月に、1918年1月、2月の重要な反戦ストライキを記念して、ベルリンで90人参加の下に教育セミナーを開催しました。そのセミナーでの一つの報告の要約が、全国紙『フランクフルター・ルントシャウ』に掲載されました。来る9月には、ドイツの反戦ストライキに関するセミナーでの報告集がパンフレットとして刊行されます。

・2008年11月9日前後には、ハンブルク大学のアクセル・シルト教授（Prof. Dr. Axel Schildt）が、11月革命の主要な事件に関する会議を開催します。しかし、その計画の詳細と日時はまだ公表されていません。

・ボーフムにあるルール大学の社会運動研究所は、2009年1月末（30日と31日）にクラウス・テンフェルデ教授（Prof. Dr. Klaus Tenfelde）の指導の下に、ドイツの革命的な諸事件をその他の長期的な政治的発展との関係で取り扱う催しを予定しています。その計画の詳細は、まだ固まっていません。

・「ヘレ・パンケ」（Helle Panke）と呼ばれる左翼党のベルリンの財団とローザ・ルクセンブルク財団ザクセン支部が、2009年1月23-24日に、共産党創立90年の機会に、ドイツにおける共産主義運動の歴史に関する会議を開催します（「ヘレ・パンケ」のパンケ（Panke）は、北ベルリンを流れる小さな川。ヘレ（Helle）はベルリンの方言で「狡い」を意味する）。

・ドイツ労働運動史に関する一連のこうした催しに合わせて、ローザ・ルクセンブルク国際協会の次回の会議を、2009年1月16-17日に、ベルリンのローザ・ルクセンブルク財団との共催でベルリンで開催します。日本から多くの友人たちがこの会議に参加するためにベルリンに来ることを期待し、心から歓迎します。

2．1918年11月革命時のローザ・ルクセンブルクの活動と作品

（1）ジャーナリストおよび啓蒙家としての活動

　ローザ・ルクセンブルクは、世界戦争の期間の4分の3の時間を獄中で過ご

しました。まず1915年2月から1916年2月まで懲役1年の刑期を過ごし、次いで1916年7月8日から1918年11月8日まで、保護監禁で入獄していました。彼女は、投獄されていたにもかかわらず、パンフレット「社会民主主義の危機」をはじめ、たくさんのチラシや論文を非合法出版物の『スパルタクス』のために書き、それを秘密に獄外に持ち出しました。しかし、1918年9月、まさにドイツ帝国の軍事的敗北が歴然として、国内でも革命への発展が見通せるようになった時には、スパルタクス組織は、1918年3月と8月に行われたメンバーの逮捕によって壊滅していました。この9月には、彼女がポーランドの同志ステファン・ブラトマン-ボロドフスキとユリアン・マルフレフスキへの手紙で訴えたように、獄外で自由に活動する政治的同志たちから獄中のローザ・ルクセンブルクに伝えてくる政治状況に関する情報は、極めて少なくなっていました。それにもかかわらず、彼女は9月にも、数篇の論文とチラシと、何よりもロシアのボルシェヴィキ政権の政策を批判的に考察した長編草稿と、その他に雑誌『スパルタクス』のために2篇の論文を書き、その1篇は9月に発表されましたが、もう1篇の論文は、スパルタクス組織の同志が発表に反対したために印刷されず、その後紛失したものと思われます。

10月初めに、ドイツが敗北を認めて交戦国に停戦の申し出を行い、フィリップ・シャイデマンのようなドイツ社会民主党多数派参加の下にマクス・フォン・バーデン内閣が構成され、議会制が復活しました。同時に新政府は、政治犯への恩赦を開始し、ローザ・ルクセンブルクも早期釈放を期待して、書籍や原稿類の荷造りを始めました。その荷物の中に、ロシア革命に関する草稿も含まれ、その荷物は1919年3月、あるいは4月にベルリンに送られてきました。

彼女は待機の緊張のために、精神的な仕事にほとんど集中できない状態で、ごく僅かの執筆しかできませんでした。1918年11月8日に、彼女は革命によってようやくブレスラウ監獄から解放され、11月9日にはブレスラウ市内の革命的な大衆集会に直ちに参加し、その後苦労して汽車に乗り込み、11月10日の夕方遅く、ベルリンに到着しました。

革命は、1918年11月4日以来蜂起した水兵たちの助力で、沿岸都市から全ドイツに拡大しました。皇族はすべて辞任し、1918年11月9日には皇帝ヴィルヘルム2世も、宰相マクス・フォン・バーデンも辞任しました。首都ベルリンでは、革命的オプロイテ（訳者注、ベルリンの重工業で働く左派労働者の指導

者の組織で、第一次大戦末につねにベルリンの平和運動の先頭に立っていた）の主導で蜂起が行われました。11月9日と10日に多数派社会民主党のフリードリヒ・エーベルトと独立社会民主党のフーゴ・ハーゼからなる革命政府が構成されました。ローザ・ルクセンブルクは、ベルリンに帰ると直ちにスパルタクス団の政治的友人たちと一緒に、再び一貫した左翼社会主義政策のための集中的なアジテーション活動を開始しました。けれども、彼女には時間が無かったのです。

と言うのは、革命の進行の中で、スパルタクス団が占拠して11月9日と10日に『ベルリナー・ローカルアンツァイガー』の代わりに『ローテ・ファーネ（赤旗）』を発行したシェルル出版社の編集部は、スパルタクス団から再び奪われたからでした。

ローザ・ルクセンブルクとスパルタクス団指導部は、1週間以上にわたって時間と勢力を浪費した後に、やっと自前で新聞を印刷できる出版社を探し、ローザ・ルクセンブルクは1918年11月18日に『ローテ・ファーネ（赤旗）』の編集長として 再び政治活動を行うことができました。もちろんその新聞は、紙不足から1日1回4頁に限られていました。一方、独立社会民主党の機関紙『フライハイト（自由）』や多数派社会民主党の伝統的な機関紙『フォアヴェルツ（前進）』は、多くの頁を使って朝刊と夕刊を発行していました。

編集部の人手不足から、『ローテ・ファーネ（赤旗）』の規模の拡大はほとんど不可能なことでした。ローザ・ルクセンブルクにとっては、編集長を引き受けることは，彼女の同志たちの多くが証言し、また彼女自身も手紙で訴えていたように、全く過重な負担でした。彼女は、『ローテ・ファーネ（赤旗）』の論説で、革命を前進させるために、多数派社会民主党と独立社会民主党に対して厳しい批判を加えました。ローザ・ルクセンブルクとスパルタクス団指導部は、1918年12月30日にドイツ共産党を設立するまでは、なお1917年に設立した独立社会民主党のメンバーでした。

彼女は編集活動に忙殺されて、集会に登場することは稀になり、もっぱらスパルタクス団指導部の他のメンバーの報告に指示を与えていました。以前の1916年の場合のように、彼女はまたしても労働者層の中の雰囲気がスパルタクス団に極めて有利だと過大な評価をしました。1918年11月29日にクララ・ツェトキーンに宛てた手紙で、彼女は「ドイミッヒ、アイヒホルンなどの

独立社会民主党指導者たちは、我々の立場に立って主張しているし、レーデブーア、ツィーツ、クルト・ローゼンフェルトと大衆もそうだ、と伝えていました。[2]

しかし、1918年11月11日のレオ・ヨギヘスの判断では、大衆がまだ多数派社会民主党の側に立っていた時に、[3] ローザ・ルクセンブルクがどのような情報に基づいて、大衆がスパルタクス団の立場に変わったと見たのかは全く分かりません。

ベルリンにはスパルタクス団が主催した集会がほんの僅かだがあって、そこでは確かにスパルタクス団の弁士たちは歓迎されました。しかし、経験豊かな政治家ならば、それだけのことから労働者層の中にスパルタクス団への大きな支持が一般的にあるという結論を引き出すことはしないことでしょう。けれども、発展の革命的成熟の過大評価への傾向は、ここでもまた致命的に作用しました。

このような誤った評価に立って、彼女は再び労働運動の左翼に対する指導を引き受けるべき時が来たと考えて、1918年12月14日の『ローテ・ファーネ（赤旗）』に「スパルタクス団は何を求めているか？」と題した綱領を発表し、12月15日には独立社会民主党の大ベルリン同盟大集会で素晴らしい演説をして、独立社会民主党が政府、つまり人民代表評議会から離脱することを提案し、国民議会を拒否して労働者・兵士評議会による即時・完全な権力の掌握と独立社会民主党党大会の招集を提案しました。

しかし、独立社会民主党代表は多数派社会民主党とともに政府に留まり、国民議会選挙に参加し、独立社会民主党党大会は国民議会選挙後に開催するというルドルフ・ヒルファーディングの提案が71％の支持を得たのに対して、ローザ・ルクセンブルクの決議への支持は29％に過ぎず、このような世論構成は、独立社会民主党の代表に限らず、ベルリンの労働者層の気分を表していました。何故ならベルリンでの独立社会民主党の全体集会の前日、つまり12月14日に、エーベルト指導下の多数派社会民主党は——あらゆる政治的情報通が驚いたことに——ベルリンの労働者評議会への代表選挙で、独立社会民主党の7人に対して11人が選出されたからです。したがって、ローザ・ルクセンブルクが『ローテ・ファーネ（赤旗）』の論説以後に、12月16日にベルリンで始まった全ドイツ労働者評議会での左翼の多数派を当てにし、そのため

に彼らが国民議会選挙への参加を決めたことに幻滅して、会議後に「エーベルトの傭兵たち」と罵ったのです。

　スパルタクス団指導部は、独立社会民主党の党員や支持者のある部分がすでにスパルタクス団に近づいているので、その後も独立社会民主党の中に留まり続けて、最終的に——何よりも革命的発展が加速した場合に——多数を獲得するために、我慢強くスパルタクス団の立場に人々を勧誘すべきだったでしょう。このようにすれば、大衆への大きな影響力が約束されていました。一方、それに反して分裂は、特に労働運動内部で2年の内の2度目の分裂なので、おそらく孤立を意味することになるでしょう。同様な理由で、ローザ・ルクセンブルクは戦時中に、支持者から左翼過激政党の設立を求められた時に、それに反対しました。けれども、レオ・ヨギヘスやハレ＝メルゼブルクの工業地域の重要な独立社会民主党組織出身の独立社会民主党指導者ヴィヘルム・ケネンが、新党の設立を遅らせる必要性を説得したにもかかわらず、12月に、まさしくローザ・ルクセンブルクが、一揆的・セクト的な傾向の少数の左翼過激派の支持者に譲歩したのです。けれども1918年12月30日—1月1日のドイツ共産党設立党大会そのもので、多数派の組合主義的、一揆主義的、セクト的な傾向が、彼女の草の根民主主義的な考え方と一致しないことを体験せねばならなかったのです。

　1919年年頭のドイツ共産党設立大会直後に、ローザ・ルクセンブルクが『ローテ・ファーネ（赤旗）』に書いた論文は、再び思慮深い印象を与えました。彼女は現実的に、近い将来に革命的な状況を期待していなかったのです。1919年1月5日に、多数派社会民主党政府に反対する大きなデモがベルリンで起きた時でさえも、彼女は比較的抑制していました。しかし、それはすぐに変わりました。ベルリンの労働者層がデモに大挙して参加したという印象の下、1919年1月6日、月曜日の最初の武装衝突に直面して、ローザ・ルクセンブルクは『ローテ・ファーネ（赤旗）』に大衆を革命的最終闘争に押し出すような論説を書きました。その闘争は、1月10日には早くも敗北したのでした。同時にこのスパルタクス団指導者は、ベルリンの企業の間に拡がっていた統一運動を独立社会民主党が支持したことを、この上なく激しい形で罵倒しました。労働者たちは、労働者同士の闘争を止めて、これまでの指導者をクビにして、すべての社会主義党派が手を取り合うことを要求しました。1月10日に開催された

ベルリン地方労働者評議会の全体集会は、エーベルト＝シャイデマン政府の退陣をも要求する決議をほとんど全会一致で採択しました。

　この蜂起計画の担い手は、スパルタクス団ではなく、ベルリンの「革命的オプロイテ」と独立社会民主党のベルリン組織でした。カール・リープクネヒトとヴィルヘルム・ピークを代表とするドイツ共産党中央は、その他の共産党指導者との打合せなしに蜂起反乱指導部に加わり、確かにこの1月の日々に革命的な新聞社の占拠に関係しましたが、しかし企業内の労働者のなかに加わりませんでした。ローザ・ルクセンブルクは、労働者大衆の中に深く浸透していた統一運動には関わらず、この上なく甲高い調子で統一スローガンの支持者たちすべてを侮辱しました。多数派社会民主党が統一運動のあらゆる要求を拒否したという事実は全くなかったのに、ローザ・ルクセンブルクは彼女の立場の再考に動くことはできなかったのです。当時の状況下では、この草の根運動の支持が、大衆の革命的エネルギーを比較的維持し、ドイツ共産党の目的をいっそう宣伝するために有利な出発状況をつくり出すための最良の可能性だったことでしょう。

　1月蜂起の間、ローザ・ルクセンブルクは、彼女の激しい宣伝活動によって労働者層の中の消滅しつつあった少数との接触を強めただけで、プロレタリア大衆にはもはや全く接触しなかったのです。

　1919年1月のベルリン蜂起期間中のローザ・ルクセンブルクの態度は、大変一貫性を欠いていました。彼女が蜂起運動の初期にためらう反応を示していた時には、大きな、長期間継続する大衆行動を予想していなかったのです。そして3日後に労働者の参加が弱まった時に、彼女はそこから直ちに結論を出そうとして、1月8日夕方に、ドイツ共産党中央会議の席で、カール・リープクネヒトとヴィルヘルム・ピークに蜂起指導部から離れるように強く要求し、K. リープクネヒトがそれを拒否すると、K. リープクネヒトとの決裂まで語りました。ところが、政府軍が蜂起者たちをすでに鎮圧した1919年1月11日に、彼女はクララ・ツェトキーンに宛ててこう説明していました。「もし事態が今後もこれまでのように進むのであれば、国会選挙と国民議会の開催へと行くのかどうか、大変疑わしく思われます」。

　ローザ・ルクセンブルクが『ローテ・ファーネ（赤旗）』に発表した最後の大抵の論文に見られるこのような完全に現実離れした情勢判断を説明すること

は難しいことです。この時期には、これ以外には彼女の私的な性質の意見の表明がないので、説明はすべて推測に留まらざるをえません。おそらくローザ・ルクセンブルクは、1918年11月以後にベルリンで大衆行動が継続したことに基づいて、1月蜂起以後も革命的な事件が連鎖的に継続することを期待したのでしょう。ドイツ革命の勃発は、スパルタクス団を含めて左翼を驚かしたので、ローザ・ルクセンブルクは、1919年1月には、できうるならば適時の宣伝の準備によってプロレタリアートが目指した権力の奪取が行われることを望んだのでしょうが、それにしては労働者に対して完全に間違った呼びかけが行われました。ローザ・ルクセンブルクは、できうるならば、1月の週の革命的闘争後に、少し時間を置いてこれらの事件とドイツ共産党の行動を、いつも彼女が好んで行うように、批判的に分析したかも知れないのですが、1919年1月15日の虐殺が、このことを妨げました。しかし彼女は、この革命的な週に、2篇の重要な綱領的な文書を書いていました。

(2) 11月革命期の重要な綱領的文書
a) ロシア革命への草稿

1918年9月に起草され、未完のまま残されたローザ・ルクセンブルクの『ロシア革命草稿』は、ロシアでの当時の日々の政治に純粋に関係した文書ではなく、ボルシェヴィキの革命政策に対する厳しい批判に基づいて、彼女の草の根民主主義的原則をいっそう具体化したものです。彼女は、革命的過程への広範な大衆の参加の必要性という彼女の立場を繰り返し強調しています。「全民衆が〔社会主義社会の建設に〕参加せねばならない。そうでなければ社会主義は、1ダースの知識人の緑の机から指令され、押しつけられるものになる。無条件の公共的な管理が必要だ。そうでなければ経験の交流は、新政府の役人たちの閉鎖的な範囲に限られる」。したがってローザ・ルクセンブルクは、「ソヴィエト政府による多くのテロルの適用」に反対しました。何よりもボルシェヴィキが、彼らのテロルの実践を、「すべて将来に向けて理論的に固定化して、国際的〔プロレタリアート〕に社会主義戦術の見習うべき模範として推奨しようとすること」に反対したのです。

ローザ・ルクセンブルクによれば、具体的な反革命的抵抗(例えばロシアで、ブルジョア勢力によって、鉄道・郵便・電話業務や行政機関のボイコットとい

う形を取った）に対しては、「政治的権利や経済的生活手段の剥奪」等によって闘うことができるし、闘わねばならない。しかし、彼女はボルシェヴィキに対して――まさしく普通選挙権に関しては――「持続的な影響を及ぼす普遍的な規定として、社会の広範な層の普通選挙権の剥奪」に対しては断固として反対しました。[10]

　すでに1904年の『ロシア社会民主党の組織問題』で述べていたように、彼女は大衆の創造性の抑圧によって民主的権利が狭められることを恐れたので、その創造的な力こそ、社会主義社会の建設に無条件に必要だと考えたからでした。[11] なお、1918年11月末に、彼女は政治的同志のヘンリク・ワレツキに向かってこれらの批判を繰り返しました。「彼女は、農民問題、民族問題とテロルの問題での相違点を再び強調した」[12]と。

　ローザ・ルクセンブルクを取り巻く政治的グループ、つまり11月11日以後はスパルタクス団、12月30日以後はドイツ共産党（スパルタクス団）のその他の指導的メンバーについては、以前にはクラーラ・ツェトキーンとフランツ・メーリングのボルシェヴィキに対する積極的な公然とした態度だけが知られていました。ローザ・ルクセンブルクはスパルタクス団の指導部で、ボルシェヴィキの革命政策に対する批判で突出していたかのように見られましたが、実際はそうではなかったのです。何故なら、まさに革命的テロルの問題では、スパルタクス団の他の指導者たちも同様に拒否していたからです。ローザ・ルクセンブルクの長年の政治的僚友で戦時中の非合法スパルタクス団組織の指導者だったレオ・ヨギヘスも、「ボルシェヴィキへの同調」に反対でした。「おそらくローザ・ルクセンブルクよりももっと厳しく」と彼は1918年11月末、12月初めにある政治的同志に語っていました。[13] 戦時中にしばしばスパルタクス団を指導したケーテ・ドゥンカーも、ボルシェヴィキの政策に対する失望を非常にハッキリと語っていました。「ボルシェヴィキのことは、失敗したと見なければならないでしょう。彼らが持ちこたえようとしている方法そのものが、彼らの失敗を証明しています。私は彼らを道徳的に非難するつもりはありませんが、しかし、テロルを原則だと宣言することによってしか持ちこたえられない制度、無関係な者が人質として射殺されるような制度は、死の芽を孕んだ制度で、持ちこたえられません。彼らの意思は最上でしたが、現実は彼らの意思よりももっと強力で、彼らは現実に強いられて、本来望んでいたこととは正反対

のことをしたのです」。

　スパルタクス団の指導者たちがボルシェヴィキについて、内々に語っていたことを、左翼国際社会主義委員会の書記だったアンジェリカ・バルバノヴァ（Angelica Balabanova）が伝達しました。ベルリンに滞在して、スパルタクス団の指導者たちと話し合った後、1918年10月19日に、彼女はレーニンに宛てて書いていました。「テロルの問題が、彼らの何人かを困惑させています。特に人質〔射殺〕問題が」。この記述は、ボルシェヴィキに対する批判が指導的なスパルタクス団のメンバーの間に広く拡がっていたので、ローザ・ルクセンブルクは孤立していたわけではないことを明瞭に示しています。

　それにもかかわらず、ローザ・ルクセンブルクと彼女に近い同志たちは、ボルシェヴィキに協力しました。1918年12月半ばにスパルタクス団の指導者たちが信頼する長年の友人、芸術史家のエドゥアルト・フックス（Eduart Fuchs）が、ローザ・ルクセンブルクの手紙とドイツの状況とスパルタクス団の見解と政治的活動についての口頭メッセージを持って、大変な苦労をしてレーニンに会うためにモスクワへ送られました。

　ローザ・ルクセンブルクの虐殺以後、ドイツ共産党の指導を引き受けたレオ・ヨギヘスは、この連絡役を引き受けて、1919年1月初めにレーニンとボルシェヴィキ党指導部に1通の手紙を送って、ドイツ労働運動の状況を伝えました。エドゥアルト・フックスがロシアからドイツの共産主義者たちへの金を持ちかえった後に、ヨギヘスはいっそうの財政的援助を求めています。

　エドゥアルト・フックスがモスクワから持ち帰ってきた、共産主義インターナショナル設立への同意というレーニンの願いについては、ドイツ共産党指導部はそれにもかかわらず拒絶しました。すでに12月初めに、ルクセンブルクとヨギヘスは、ポーランドの党指導者ヘンリック・ワァリツキとの話合いでレーニンの計画を拒否していました。何故なら、その設立はヨーロッパにおける社会主義諸党が、ロシアにもまだ存在していない大衆的基礎を持った時に初めて行われるべきものだからでした。ルクセンブルクの虐殺後、ドイツ共産党中央はルクセンブルクの意思に従って、党メンバーのフーゴ・エーベルライン（Hugo Eberlein）に共産主義インターナショナルの設立に反対投票する委任状を持たせて、モスクワへ派遣しました。ドイツの共産主義たちは、こうして自立性を守ったのでした。

Ⅱ-2　1919年11月、ドイツ11月革命の中でのローザ・ルクセンブルク

ルクセンブルクとスパルタクス団指導部は、ボルシェヴィキと社会主義社会の建設という共通の目的では一致していましたが、ロシアでその目的を実現する方法に対しては鋭い批判を加えました。その点について、レオ・ヨギヘスは1918年9月7日にゾフィー・リープクネヒト（Sophie Liebknecht）に宛てた手紙で的確に表現しています。「社会主義ロシアは不具ではありますが、それでも今なおわれわれの子どもなのです」[20]。

b）スパルタクス綱領
　彼女の草の根民主主義的な考え方は——部分的にはボルシェヴィキの政治的実践との隠された相違——ローザ・ルクセンブルクが12月半ばに起草し、1918年12月末から新たに設立されたドイツ共産党の党綱領となった「スパルタクス団は何を求めているか？」の多くの箇所にも現れています。革命的暴力の使用は、社会主義政府の下では、反革命のテロルから守る防衛的な使用に限定されるべきだ[21]。同時に彼女は、ソヴィエト制度の多数決原理への一義的な信仰を排除しました。「スパルタクス団は、全ドイツのプロレタリア大衆の大多数の明らかで、明確な意思による以外には、スパルタクス団の見解、目的、闘争方法への彼らの意識的な同意なしには、決して政府を引き受けない」[22]と。
　ローザ・ルクセンブルクは、社会主義社会の方向に向けての最初の革命的な歩みのイメージを綱領でさまざまな例によって具体的に示しました。「あらゆる議会と自治体の任務は、労働者・兵士評議会およびそれらの委員会と機関によって代替されるべきで、その際に労働者・兵士は何時でも彼らの代表者を解任することができる。この解任権は、労働者・兵士評議会制度のあらゆる段階で有効でなければならない。このことによって人民大衆と選出された代表者との間の〈生きた感覚〉が生まれて来なければならない。これは政治的領域だけでない。経済的な転換も、プロレタリア大衆の行動によって担われた過程として初めて完遂することができる。社会化に関する上位の革命当局の剥き出しの指令は、空語に過ぎない。労働者大衆だけが、言葉を自分の行為によって血肉化することができる」。
　スパルタクス綱領の内容は、歴史学の論文では、革命的テロルの適用に関する部分が、しばしば純防衛手段に矮小化されています。その際に忘れてならないことは、大衆による必要にして、創造的・民主的な発展の強調の下での多く

の具体的な第 1 歩を含むこの綱領が、革命的転換以後の措置の最初の計画を示したもので、ベルリンの 11 月革命の担い手たち、つまり革命的オプロイテが、10 月に独立社会民主党指導部に要求しても無駄だった綱領だということです。

　ローザ・ルクセンブルクにとって社会主義社会は、労働者大衆の絶えざる、集中的な協同作業の下での長期の過程を経て、あらゆるプロレタリア大衆への政治的自由を伴って、相違する意見の弾圧なしに、実現されうるものでした。これは彼女にとっては、社会主義社会の発展に際して労働者階級の積極的・創造的な参加を最大限に保証するために、そして最終的には、全市民に社会的・経済的・政治的権利を平等に保障する社会の実現のために、不可欠な前提条件でした。

[注]
（1）1918 年 9 月 3 日と 30 日のステファン・ブラトマン-ボロドフスキとユリアン・マルフレフスキへの手紙。Rosa Luxemburg, Gesammelte Briefe, Bd. 6. Berlin 1993, S. 207. S. 210.
（2）1918 年 11 月 29 日にクララ・ツェトキーンに宛てた手紙。同上、Bd. 5. 1984, S. 420.
（3）ドイツ連邦共和国文書館内旧ドイツ民主共和国（DDR）の諸政党と大衆組織文庫（Stiftung Archiv der Parteien und Massenorganisationen der DDR im Bundesarchiv（SAPMO BArch）所蔵のレオ・ヨギヘスからアウグスト・タールハイマー宛の手紙（1918 年 11 月 11 日）、所蔵番号 SgY 17V253/I, Bl. 85-87. hier: Bl. 86.
（4）1969 年 9 月 14 日作成のパウル・ブルーメンタールの（ヨギヘスへの）口頭質問。SAPMO BArch, NY 4072, Nr. 138, Bl. 81 f.（ヴィルヘルム・ケネンの報告）。
（5）詳細は以下を参照。Ottokar Luban, Demokratische Sozialistin oder "blutige Rosa"? Rosa Luxemburg und KPD-Führung im Berliner Januaraufstand 1919, in:IWK, Jg. 35（1999）, H.2. S. 176-207.
（6）A.a.O. S. 190 f.
（7）Rosa Luxemburg, Ges. Briefe, Bd.5. S.426
（8）Rosa Luxemburg, Gesammelte Werke, Bd.4. 1914.8.4.- 1919.1. Aufl. 2000. S. 360.
（9）同上、S.364. テロルについては S. 361 の脚注 1, S.362.
（10）同上、S.358.
（11）同上、S.356. S.358. S.363 f.
（12）RRGASPI. Moskau, f.495, op.124, d.539, Bl. 41 裏側
（13）モスクワの「社会政治史のためのロシア国立文書館（RGASPI）」fonds 495, opis 124, dello 539,. Bl.42　裏側。

(14) ケーテ・ドゥンカーからヘルマン・ドゥンカーへの手紙。1918年9月15日。(SAPMO BArch) NY 4445, Nr. 141, Bl.147.
(15) アンジェリカ・バルバノヴァからレーニンへの手紙。[1918年] 10月19日。モスクワのRGASPI f. 5, op. 3, d. 80, Bl.2 裏側。
(16) ローザ・ルクセンブルクからレーニンへの手紙。[1918年] 12月20日。Ges. Briefe, 6. p.212.
(17)) レオ・ヨギへからレーニンへの手紙。Ruth Stoljarowa「レオ・ヨギは80年前に虐殺された。1917-1919年からの4篇の未知の、あるいは忘れられた記録」(Beiträge zur Geschichte der Arbeiterbewegung, Jg. 40 (1998), H. 4, S. 65-82, hier: 72-74.
(18) モスクワのRGASPI. f. 495, op. 124, d. 539, Bl. 42 裏側（H.Waleckiのドイツ語で書かれた手書きの報告書）。
(19) フーゴ・エベルライン「スパルタクスと第3インターナショナル」in: Internationale Pressekorrespondenz, Wien, 4. Jg. (1924), Nr. 28, 29. Februar 1924, S. 306.
(20) レオ・ヨギヘスからゾフィー・リープクネヒトに宛てた手紙。1918年9月7日。in: Feliks Tych/Ottokar Luban: Die an Spartakusführung zur Politik der Bolschewiki. Ein Kassiber Leo Jogihes'aus dem Gefängnis an Sophie Liebknecht vom 7. September
1918, in: IWK. Jg. 33. (1997), H. 1. S. 92-102, hier: S. 100.
(21) Rosa Luxemburg, GW, 4. S. 443-445.
(22) Rosa Luxemburg, GW, 4. S. 448.

（翻訳・伊藤成彦）

第Ⅲ部

2009年虐殺90年にあたって

――ベルリン会議からモスクワ会議――

第1章

ベルリン国際会議から

はじめに──ベルリン会議開会挨拶

　この会議は、ローザ・ルクセンブルク虐殺90年に捧げられる特別な国際会議です。
　私は、先ず何よりも、この重要な会議を準備された Evelin Wittig さんをはじめとするローザ・ルクセンブルク財団の皆さんとローザ・ルクセンブルク国際協会事務局長オトカール・ルーバン（Ottokara Luban）さんのご苦労に、心から御礼申し上げます。
　私たちは、今日、90年前に非業の死を遂げた社会主義者ローザ・ルクセンブルクの社会主義の理念を継承するために、ここに集まりました。その意味で、この会議は定期的に行う国際会議とは違います。
　しかも私たちは、今、世界的経済危機の真っ只中にいます。その真っ只中で、イラクでも、アフガニスタンでも、パレスチナでも、一方的な殺戮が行われています。ローザ・ルクセンブルクの「社会改良か革命か？」や「資本蓄積論」が生き生きと蘇ってきます。
　今ほど、ローザ・ルクセンブルクの遺産が現在に呼びかけてきたことはありません。
　ローザ・ルクセンブルクは、今、私たちに何を呼びかけているのでしょうか？
　私は、その問いに、私の基調報告でお答えします。

2009年1月17日
伊藤成彦

［2009年　ベルリン国際会議での主要報告一覧］

　伊藤成彦「ローザ・ルクセンブルクの社会主義」（基調報告）
　エヴェッリン・ヴィティヒ（Evelin Wittich, ドイツ）「ローザ・ルクセンブ

ルクにおける未完のもの——社会主義的左翼の国内的・国際的論争」

アネリース・ラシッツア（Annelies Laschitza, ドイツ）「ドイツ革命の日々におけるローザ・ルクセンブルクとカール・リープクネヒト」

ミハエル・R・クレトケ（Michael R. Krätke, オランダ）「ローザ・ルクセンブルクと現代資本主義分析」

フェリクス・ティフ（Felix Tych, ポーランド）「レオ・ヨギヘスとローザ・ルクセンブルク—— 1918 /19 年の革命期における相互影響と相違」

フロリアン・ヴィルデ（Florian Wild, ドイツ）「エルンスト・マイヤー、世界大戦とドイツ共産党の遺産をめぐる闘争でのローザ・ルクセンブルク」

ジャンーフランソワ・ファイエ（Jean-FranCois Faye, スイス）「ローザ・ルクセンブルクとボルシェビキの〈人民委員〉カール・ラデック」

クラウス・ギーティンガー（Kraus Gietinger, ドイツ）「ローザ・ルクセンブルクとカール・リープクネヒトの虐殺——その政治的背景」

ヤコフ・ドラプキン（Jakow Drabkin, ロシア）「ローザ・ルクセンブルクとコミンテルン設立問題」

チャン・ウエンホン（Zhang Wenhong, 中国）「北京で行ったローザ・ルクセンブルクに関する世論調査」

ドガン・ゲチメン（Dogan Gochmen, トルコ）「ローザ・ルクセンブルクでの〈政治的なもの〉の概念。〈政治的なもの〉の概念をめぐるカール・シュミットとの対立」

＊これらの報告のドイツ語テキストは、次の本に収録されている。
Rosa Luxemburg, Okonomische und historisch-politische Aspekte ihres Werkes. Herausgegeben von Narihiko Ito, Annelies Laschitza und Ottokar Luban. Internationale Rosa-Luxemburg-Gesellschaft in Tokio, April 2007, und Berlin, Januar 2009.

1−1
ローザ・ルクセンブルクの社会主義

伊藤成彦

社会主義運動へのデビュー：『メーデー』（1892）

　皆さんが御存知のように、ローザ・ルクセンブルクは社会主義者です。彼女は、1884年から87年までワルシャワ第二女子高校に学んでいました。この間に彼女はすでに社会主義グループに加わっていました。1888年にマルチン・カスプシャクやルドヴィク・クルチツキたちが第二プロレタリアート党を結成した時、彼女もそこに参加していたものと推測されます。そして1889年に、逮捕の危険が迫ったために、カスプシャクたちの助力でスイスのチューリヒに亡命して、チューリヒ大学に学びました[1]。

　彼女は、1892年に『メーデー』と題したパンフレットをR. Kruszynskaya（クルシンスヤ）というペンネームでパリで発行しました。これが、今日、われわれが読むことができる彼女の最初の印刷された作品です。つまり、社会主義運動へのデビューです。彼女の生年を1870年としますと、22歳の時です。

　冒頭でウッジの血のメーデーについて述べているので、執筆は1892年5月1日以後と考えられます。メーデーへの労働者の結集が、そして「8時間労働の要求」というメーデーのスローガンが世界の労働者にとっていかに重要か、ということをさまざまな例を上げてわかりやすく説いています。そして彼女は、「より良い生活条件を勝ち取るには、次のものが必要だと」と述べて、列挙しています。

1．言論の自由。2．集会の自由。3．結社の自由。4．良心の自由。5．出版の自由。6．ストライキの自由。7．言語の自由。8．すべての人々から選ばれた議会による立法。

これを見ると、彼女が当時、先ず基本的人権と普通選挙権に基づく議会制民主主義の獲得を求めていたことが分かります。終り近くで、彼女はこう書いています。

「賢明な労働者は誰でも、社会主義的な秩序を追求し、解放を願うべきである」。

この時、このようにローザ・ルクセンブルクは明確に社会主義者でした。彼女の社会主義思想がすでに完成していた、と言うのではありません。彼女の社会主義思想は、歴史的状況との相剋を通して発展し深化して行きます。私は、この報告では、彼女の社会主義の特徴を七つの側面から考えます。

1．基本的人権の確立と普通選挙権に基づく議会制民主主義の獲得

先ず注目しておきたいことは、彼女が基本的人権と普通選挙権に基づく議会制民主主義の獲得をすでにこの時から社会主義にとって必要不可欠な前提と考えていたことです。

ここで私が「ローザ・ルクセンブルクの社会主義の前提」ということの意味を手短に説明しておきます。ローザ・ルクセンブルクは1918年に獄中でレーニン・ボルシェヴィキが主導したロシア革命を批判した「ロシア革命論草稿」の中で、次のように述べています。

「レーニン、トロツキーが意味する独裁理論の暗黙の前提は、社会主義的変革とは、そのための完成した処方箋が革命政党の鞄の中にあって、それをただ全力をあげて実現させればよいということだ。だが、残念ながら——あるいは場合によっては幸せなことに——そういうものではない。経済的、社会的、法的な制度としての社会主義を実際に実現することは、適用さえすればよいような完成した処方箋を寄せ集めることとはおよそ異なって、全く未知の霧に包まれた事柄なのである。われわれが綱領として持っているものは、措置を取るべき方向を示すごく僅かの大きな道標にすぎない」[2]。

私がここで言う「社会主義の前提」とは、ローザ・ルクセンブルクの言葉で

言えば「社会主義への大きな道標」です。そして「前提」も「道標」も社会主義への道を指し示すとともに、社会主義を構成する内容ともなるものです。それを私は、ここでは「ローザ・ルクセンブルクの社会主義の前提」と呼ぶことにします。

　さて、当時のポーランド社会主義運動の歴史に戻りますと、1893年春に成立したポーランド社会党は、その後間もなくして、国際連帯の立場に立つローザ・ルクセンブルクたちのポーランド社会民主主義グループと、ポーランド国家の再興を主目標とする民族主義グループに分裂しました。そしてルクセンブルクたちのグループは7月にパリで『スプラヴァ・ロボトニッチャ（労働問題）』と題した機関紙を創刊して国際主義に立つ社会主義であることを鮮明にしました。ローザ・ルクセンブルクはユリアン・マルフレフスキとともに『スプラヴァ・ロボトニッチャ（労働問題）』を代表して、8月にチューリヒで開催された第二インターナショナル第3回大会に参加を求めましたが、民族派の妨害で参加できず、2派の対立はいっそう深まり、ルクセンブルクは94年3月に正式に「ポーランド王国地域社会民主党」（SDKP）を結成しました。

　ローザ・ルクセンブルクは、『スプラヴァ・ロボトニッチャ（労働問題）』の創刊号から編集すると同時に多くの重要な論文を発表しました。しかし、これらの論文はポーランド以外ではほとんど知られていません。例えば、その一つに「資本主義的搾取と労働者保護立法」と題して1893年から1894年にかけて6号にわたって連載した長い論文があります。

　この論文でローザ・ルクセンブルクは、ポーランドの労働者の労働条件が西欧諸国の労働条件に比べていかに劣悪であるかを具体的に指摘して、ロシア政府にその改善を要求しています。特に女性と児童の労働状況を詳細に調べて、「14歳以下の児童労働の全面的禁止」「女性および18歳以下の年少者の夜間労働の全面的禁止」「女性の労働は1日8時間、年少者は1日6時間に制限し、食事時間に休憩すること」などの保護法の制定を求めています。この論文に見られる彼女の調査と主張は今読んでも鋭くかつヒューマニズムに溢れて感動的です。

２．労働運動の国際連帯によって国家の廃絶と民衆の自治をめざす

　ローザ・ルクセンブルクは 1895 年に、『独立ポーランドと労働問題』と題したパンフレットを出版して、彼女たちの政党「ポーランド王国地域社会民主党（SDKP）」がポーランド国家再興を主目標とする民族派（ポーランド社会党）に反対する理由を説明しました。

　その際にローザ・ルクセンブルクは、「ポーランド再建は労働者を貧困から解放するか？」「独立ポーランドで抑圧はなくなるか？」「独立ポーランドはわれわれにより大きな自由をもたらすか？」「ポーランド再建は可能か？」という四つの問題を立てて、ポーランド社会党が主張するポーランド再建は普通の資本主義国家を作ることになるが、現存するどの資本主義国家を見ても、労働者は抑圧され、貧困を強いられ、自由を奪われている。しかも、旧ポーランド王国は大国ロシアに併合され、ポーランド人ブルジョアジーはロシアとの併合から利益を得ているので、ドイツとロシアの戦争でも起きない限り、ポーランド再建の可能性は実際には存在しない。それよりも新しく生まれてきロシアの労働者と連帯してツァー体制から基本的人権と議会制民主主義を保障する憲法を闘いとる可能性の方が現実的で、他民族の支配を排する民族問題の解決にも近道だ、と主張しました。

　彼女は、民族派のポーランド再建か、国際連帯派によるツァー支配の打倒による民主化か、と問題を提起して、ツアー支配の打倒の方が現実性がある、と主張したのです。

　その時、彼女は、「労働者階級が自分の力で、しかも資本家の意思に逆らって国家を建設するなどということは、かつて世界の何処にも起こったことはない。その理由は極めて明らかだ。労働者階級は何処でも国家の建設ではなく、その廃棄を求めているからだ」と指摘しました。この指摘は、ローザ・ルクセンブルクの社会主義論の研究にとって極めて重要です。というのは、1903 年以降、ローザ・ルクセンブルクはレーニンとロシア党とポーランド党の合同問題で、「民族自決か、民衆の自治か」の論争を展開するなかで、長編評論『民族問題と自治』(1908-09) を書いて、社会主義と国家は両立しないという理論を展開しますが、その理論がすでに 1895 年から彼女の内に懐かれていたことを示しているからです。

ローザ・ルクセンブルクは1897年に『ポーランドの産業発展』と題した博士論文をチューリヒ大学に提出して博士号を取得して（当時は欧州ではチューリヒ大学だけが女子学生を入学させ、ローザ・ルクセンブルクはチューリヒ大学の女性博士として2人目でした）、1898年5月にベルリンに移住して、欧州最大の社会民主党だったドイツ社会民主党に入党して社会主義運動の国際舞台で活躍を始めました。

　その頃から東欧・ロシアでも社会運動が組織・政党を作り始めました。1897年にリトアニアのヴィルノで全ユダヤ人労働者同盟（通称、ブンド）が結成され、1898年にはミンスクでロシア社会民主労働党が結成され、1899年12月にはヴィルノでジェルジンスキのイニシアティヴでポーランドとリトアニアの社会民主主義組織を統合する協議会が開かれ、両組織は統合して「ポーランド王国・リトアニア社会民主党」（SDKPiL）へと発展しました。

　こうして20世紀に入ると、ローザ・ルクセンブルクの活動領域は西欧だけでなく、東欧・ロシアにも広がりました。

　それと同時にローザ・ルクセンブルクとSDKPiLにとって二つの大きな問題が起きてきました。第一は、大衆的基盤を持つ民主的な党組織をいかに形成するか、という問題。第二は、多数の民族が住むこの地域で民族問題をどのような原則によって解決するか、という問題でした。そしてこの二つの問題をめぐってレーニンと立場と意見を異にしたために、ロシアの党との協力を模索しながら、レーニン・ボルシェヴィキと論争を交わすことになりました。

　この論争の中から生まれたのが、長編評論『民族問題と自治』（邦訳『民族問題と自治』加藤一夫・川名隆史訳、論創社、1984）でした。この論文の中でローザ・ルクセンブルクは、各民族が歴史的に育んできた文化としての固有の民族性と国民国家を形成・拡大するために政治的イデオロギーとしての民族主義は別けて理解すべきだと主張して、資本主義、社会主義と国家との関係を端的に次のよう定義しました。

　「ブルジョアジーの歴史的・階級的使命、課題とは、近代的な〈国民〉国家の創出であり、これに対してプロレタリアートの歴史的任務は、社会主義制度を導入するために、プロレタリアート自身が意識ある階級として生を受けた資本主義の政治形態である国家を廃絶することである」（『民族問題と自治』73-74頁）。

「民族自決権」による各民族国家の形成を主張したレーニンも、マルクスに学んで「国家の死滅」を主張しました。レーニンの国家死滅の方法は、労働者階級が先ず国家権力を掌握し、社会主義国家を強化して、「上から」国家を死滅させる、という方法でした。

　ローザ・ルクセンブルクはこのようなレーニンの方法を次のように批判しました。

　「普通選挙、無制限な出版・集会の自由、自由な論争がなければ、あらゆる公的な制度の中の生活は萎え凋み、偽りの生活になり、そこには官僚制だけが唯一の活動的な要素として残ることになろう。公共の生活は次第に眠り込み、無限のエネルギーと限りない理想主義をもった数十人の党指導者が指令し統治し、現実にはその中の十人位の傑出した首脳たちが指導して、労働者のエリートが指導者たちの演説に拍手を送り、提出された決議案を満場一致で承認するために、時折会議に招集されるということになろう。

　　要するに同族政治なのだ―独裁には違いないが、しかしプロレタリアートの独裁ではなく、一握りの政治家たちの独裁、つまり全くブルジョア的な意味での、ジャコバン支配のような意味での独裁なのである」（『ロシア革命論』伊藤訳、46頁）。

　その結果、ソ連社会主義は国家を死滅させるのではなく、官僚主義がソ連の民主主義を死滅させたことで、ソ連という国家は死滅し、資本主義国家になりました。

　一方、ローザ・ルクセンブルクの国家死滅の理論は、国家を下から、民衆の自治に置き換えることでした。彼女はその方法を次のように説明しています。

　「ある民族の他の残りの民族に対する支配などなく、あらゆる民族に文化的に生きる自由を保障する民主的な精神、またカフカスの人種的境界など斟酌しない近代的発展の社会的な要請の精神にのっとったカフカスの民族問題の唯一の解決方法とは、リトアニアの場合と同様、広範な地方自治の運用、すなわち特定の民族の性格を持たない、いかなる民族にも特権を与えない、農村、都市、郡、県の自治を適用することである。このような自治のみが、種々の民族が結集して、その地域の経済的・社会的利害を共同で解決することを可能にし、また地方、各郡、各自治体で諸民族間の多様な関係を自然な方法で考慮することを可能にするのである」（『民族問題と自治』198頁）。

3．民主主義発展の弁証法――「二つの暗礁の間」を抜けて

　ローザ・ルクセンブルクの社会主義論の核心は、マルクス同様に、社会主義は資本主義の矛盾の解決として生まれてくるが、しかし自動的に生まれては来ないというところにあります。『社会改良か、革命か？』第２部はまさにこの問題を論じています。

　資本主義社会から社会主義を生みだすことは、中世の封建社会から資本主義が生まれてきたのとは質的に異なる困難がある、とローザ・ルクセンブルクは言います。その困難の特殊性を彼女は次のように描きます。

　「プロレタリアートの勝利に向かっての世界史的な前進は、現実には〈決してそう簡単なことではない〉。この運動の特殊性のすべては、歴史上はじめてここで、民衆自身がすべての支配階級に対立してその意志を貫徹すること、しかしこの意志を現在の社会の彼岸に、その社会を乗り越えたところに打ち立てなければならないことにある。しかしそれとは反対に、このような意志を大衆は現存体制との不断の闘いのうちにのみ、その闘争の枠内においてのみ、鍛え上げることができる。巨大な民衆と現存体制を乗り越えていく目的との結合、日常闘争と偉大な世界改造との結合、これは全体としての発展の途上において、二つの暗礁の間を、すなわち大衆的性格の放棄と終局の目的の放棄との間を、またセクトへの逆戻りとブルジョア的改良運動への転落との間を、無政府主義と日和見主義との間を作用しながら前進して行く社会民主主義運動が提起する大問題である」（ローザ・ルクセンブルク選集、現代思潮社、1963年、第１巻242-243頁）。

　「二つの暗礁」とは何でしょうか？　彼女の言葉で言えば，「無政府主義と日和見主義」です。ではローザ・ルクセンブルクは、「二つの暗礁の間」をどのように通り抜けたのでしょうか？

　ローザ・ルクセンブルクは、この論文の５年後に書いた論文『ロシア社会民主党の組織問題』でもほとんど同じ表現をしています（ローザ・ルクセンブルク選集第１巻269頁）。それは、レーニンの少数精鋭主義的な政党組織論を「ジャコバン・ブランキスト型組織」「超中央集権主義」と呼んで批判した論文です。その前年、1903年に彼女はポーランド最初の社会主義運動「プロレタリアート党」を記念した論文の中で、1893年のポーランド社会民主党への結

集に至るまでのポーランド社会主義運動における深刻なブランキズムの体験を次のように描いています。

「ロシアの人民の意志派の影響は、ポーランド社会主義運動をブランキズムの路線に進ませ、そのためにポーランド社会主義運動は数年後には、ロシアの運動とともにかき消え、ポーランドにおける社会主義思想の歴史の第1段階は終わった」(邦訳なし。旧東ドイツ版5巻全集 Bd. 1 / 2.S.362)。

こうした苦い経験をしてきただけに、ローザ・ルクセンブルクはレーニンの組織論にも人民の意志派的なブランキズムの痕跡を感じ取って警告したのでした。

しかし、ブランキズムを克服して来たローザ・ルクセンブルクがドイツ社会民主党に参加してまず直面したのが、改良主義を過大に評価する修正主義でした。しかもベルンシュタインが理論化した修正主義は、一時的な右翼的傾向ではなく、19世紀の資本主義体制から20世紀の帝国主義体制への転換に伴う構造的変化と、それに結びついて労働者階級を支配体制に取り込む統合政策から生まれた国際的な傾向でした。「(資本主義) 社会の社会主義への自然成長」が進行し始めたので、社会主義への革命は不要になったというベルンシュタインの主張は、西欧の社会民主主義に静かに広く浸透しつつあったのです。

それに対してローザ・ルクセンブルクは、「プロレタリアートによる政治権力の奪取の必要性自体は、マルクスにとってもエンゲルスにとっても、常に疑問の余地のないことであった」と断言しました (ローザ・ルクセンブルク選集第1巻230E頁)。

ではどのようにして政治権力の奪取が可能となるのでしょうか?

ローザ・ルクセンブルクがここで歴史を変革するテコとして提起したのは民主主義発展の弁償法です。ベルンシュタインは、民主主義の発展を権力奪取が不要となる理由に上げたのですが、ローザ・ルクセンブルクは資本主義体制の枠内での民主主義の発展には限界があり、資本主義体制への批判が高まり、資本主義体制が危機を深めるにつれて、民主主義を制約する。「民主主義がブルジョアジーにとってなかば余計なものに、なかば邪魔ものになると、そのかわりに、労働者階級にとっては必要不可欠のものとなる」とローザ・ルクセンブルクは言います。第一に、民主主義は労働者階級が社会変革の手がかりとして役に立つ政治的手段 (自治行政や選挙権) を作りだすから、そして第二には、

民主主義的権利の行使の中で労働者階級は自己の階級的利害と歴史的使命を自覚することができるからだ、とローザ・ルクセンブルクは言います。そして、民主主義をめぐる闘いを通して資本主義体制と闘い、覆す大衆が形成される、とローザ・ルクセンブルクは考えます。つまりローザ・ルクセンブルクの社会主義は、民衆の民主主義をめぐる闘いから始まっているのです（ローザ・ルクセンブルク選集第1巻229-233頁）。

ローザ・ルクセンブルクはマルクス死後20年の1903年に書いた論文「カール・マルクス」の中で、「意識的な階級闘争の土台の上に労働者階級の政治を置いて、現在の社会秩序に対して致命的な武器を鍛え上げることにマルクスが初めて成功した」ので、「全社会のために初めて社会主義的変革を実現する動物の国から人間的自由への究極の跳躍が現在の秩序の内部ですでに行われる」、つまり「日常闘争と偉大な世界改造との結合」が行われることを指して、「革命的現実主義」という言葉を作っています（東独版5巻全集 Bd.1/2. S.370-373. なおこの問題についてはドイツの女性研究者 Frigga Haug "Rosa Luxemburg und die Kunst der Politik" Argument 2007 を参照）。

ではこの過程はどのように進行するのでしょうか？　ローザ・ルクセンブルクの考えを聞きましょう。

「第1に、資本主義から社会主義への社会の移行という強力な変革が、プロレタリアートの勝ち誇れる一撃によって行われるとは考えられない。これを可能だと仮定することは、改めて真のブランキ主義的な考えを白日の下にさらけ出すことを意味する。社会主義的変革は長期にわたる執拗な闘争を前提とする。

第2に、プロレタリアートの権力奪取が引き続き起こるような政治的危機の過程で、また長期にわたる執拗な闘争の炎の中で初めてプロレタリアートは、自分自身が終局の大変革を遂行する能力の所有者となるのに必要な程度の政治的成熟に到達することができる」（ローザ・ルクセンブルク選集第1巻．232-233頁）。

ローザ・ルクセンブルクは1919年12月、ドイツ革命の真っ只中にドイツ共産党創立党大会で討議されるべき綱領草案として『ローテ・ファーネ（赤旗）』に発表した「スパルタクスブントは何を求めるか」で、社会主義革命への過程を次のように述べています。

「プロレタリア革命は、ただ1段1段、1歩1歩、自らの苦い経験というゴ

ルゴタの道を通り、敗北と勝利を通って初めて完全な明晰と成熟に到達することができる。スパルタクスブントの勝利は、革命の最初にではなく、最後にある。それは数百万の社会主義プロレタリアートの勝利の時である」(邦訳なし 旧東ドイツ版5巻全集 Bd.4. Was will der Spartalusbund? S. 451)。

そして、その後、1919年1月1日に開催されたドイツ共産党創立党大会で、ローザ・ルクセンブルクは次のように述べています。

「社会構造の土台を変えることを目的とするわれわれの革命の大衆的性格に相応しく、われわれは下から工作しなければなりません。今日のプロレタリア革命の性格に相応しく、われわれは政治権力を上からではなく、下から獲得しなければなりません」(「われらの綱領と政治状況」。邦訳なし。旧東ドイツ版5巻全集 Bd.4. Was will der Spartalusbund? S. 512)。

こうしてローザ・ルクセンブルクは、「無政府主義と日和見主義」という「二つの暗礁」を越える道を指し示したのでした。

今、米国に発した金融恐慌の騒ぎの中で『社会改良か、革命か?』を読むと、ローザ・ルクセンブルクの資本主義の本質に対する洞察の深さに改めて深い感銘を受けます。資本主義の本質は、今なお少しも変わっていないからです。

4．大衆的性格と開放性

すでに述べたように、ローザ・ルクセンブルクはドイツ革命の真っ只中に、「スパルタクスブントは何を求めるか」でも、ドイツ共産党創立党大会で行った演説「われらの綱領と政治状況」でも、資本主義を下から掘り崩し、乗り越えて創出する社会主義の大衆的性格と開放性を繰り返し指摘しました。このことをローザ・ルクセンブルクは「ロシア革命論草稿」では次のように述べています。

「レーニンは、ブルジョア国家は労働者階級の抑圧のための道具であり、社会主義国家は、ブルジョアジーの抑圧のためのものだと言っている。社会主義国家は、いわば資本主義国家の裏返しに過ぎないということだ。この単純化した見方は最も本質的なことを見落としている。ブルジョア的階級支配は、全人民大衆の政治的訓練や教育を全く必要としない。少なくともある特定の狭い限度以上には必要としない。一方、プロレタリア独裁にとっては、それこそが生

命の泉、空気なのであって、それなしにはプロレタリア独裁は存在することができないのだ」(ローザ・ルクセンブルク『ロシア革命論』伊藤訳、論創社、40頁)。

「社会主義がその本質から言って強制されたり、指令によって導入されたりするものでないことは明らかである。社会主義は、私有財産などに対しては、一連の強制措置を前提としている。否定、破壊を命令することはできるが、建設、積極的なものの創造は命令できない。ただ経験だけが訂正し、新しい道を拓くことができる。ただ何の拘束もない沸き立つような生活だけが、無数の新しい形態を、即興曲を考えだし、創造的な力をもち、あらゆる過ちを自ら正すことができる。自由を制限された国家の公共生活は、民主主義の排除によってあらゆる精神的な豊かさや進歩の生き生きとした源泉を塞いでしまうからこそ、息苦しく、惨めで、形式的で不毛なものとなる。そこでは問題は政治的なことだったが、経済的、社会的問題でも同様である。全人民がそれに参加しなければならない。そうでなければ、社会主義はごくわずかの知識人たちによって机上から命令され、強制されるようなものになろう」(同前42頁)。

「無条件に開かれた公共的統制が必要だ。そうでなければ諸経験の交流が新政府の役人たちの閉鎖的な内側でしか行われないことになろう。腐敗は避けがたいものとなる。社会主義の実践は、数世紀にわたるブルジョア階級支配によって人間的に貶められてきた大衆の全面的な精神的変革を求める。利己的な本能の代りに社会的本能を、怠惰の代りに大衆のイニシアティヴを、あらゆる困難を乗り越える理想主義を、等々。レーニンほどこのことをよく知り、徹底的に語り、執拗に繰り返してきたものはいない。ただ、彼は完全に方向を間違えている。命令、工場監督官の独裁的権力、厳罰、恐怖の支配。これらはすべて一時的な間に合わせである。こうした再生への唯一の道は、公共生活という学校そのものがもたらす訓練、無制限の民主主義、世論である。まさに恐怖の支配こそは士気を阻喪させ、頽廃させるもとだ」(同前43頁)。

強制ではなく自発性、閉鎖性ではなく開放性を、少数精鋭ではなく多数の多様な創造性、利己的な本能の代りに社会的本能、命令ではなく各人の創意の育成——何よりもこれらの特性が、ローザ・ルクセンブルクにとっては社会主義創造の α (アルファ)で ω (オメガ)でした。

5．反戦・平和

　1914年8月、第一次世界大戦が勃発し、8月4日に、帝国議会でドイツ政府が提出した戦時公債法案にドイツ社会民主党議員団が全員一致で賛成し、野蛮なロシアからドイツ文化を防衛するためと称して「城内平和政策」を受け入れて階級闘争の停止を宣言するや、ローザ・ルクセンブルクはクラーラ・ツェトキーン、フランツ・メーリングなどの同志とともに「反戦グループ」の組織化に取りかかりました。そして、1915年2月に逮捕されてベルリンの女性監獄に収監されるや、獄中で目前の世界戦争を分析して、戦争政策に呑み込まれたドイツ社会民主党をはじめ第二インターナショナル傘下社会民主主義諸党を厳しく批判した論文「社会民主主義の危機」を執筆しました。この論文は、1916年春にスイスのチューリヒでパンフレットとして刊行されました。

　この中でローザ・ルクセンブルクは、「ブルジョア社会は、社会主義への移行か、野蛮への転落か、というジレンマに立っている、とかつてエンゲルスは言ったが、今日の高度なヨーロッパ文明において〈野蛮への転落〉とは何を意味するか？」と問い、「この世界戦争こそが〈野蛮への転落〉だ」と指摘しました（ローザ・ルクセンブルク選集第3巻162-163頁）。

　そして、「国際プロレタリアートがこの転落の深みを計ろうとせず、それに学ぶことを望まないならば、社会主義は滅亡するだろう」と警告しました（同前152頁）。

　さらにローザ・ルクセンブルクは、戦争が人々の生活と文化の破壊であるばかりでなく、何よりも「ヨーロッパ・プロレタリアートの大量破滅」だと指摘して、それが未来の社会主義建設にとってどれほど深刻な事態を意味するかを、次のように述べました。

　「数百万の人命が（……）殺戮され、数百万の人間が不具になった。（……）鎌で刈り取られるように、そこで日々、次々となぎ倒されてゆくのはわれわれの力であり、希望である人々だ。それは国際社会主義の最良の、もっとも知的能力に富み、もっともよく訓練された勢力、近代労働運動のもっとも神聖な伝統と、もっとも大胆な英雄的精神の担い手たち、全世界のプロレタリアートの前衛である。（中略）これらヨーロッパの先進資本主義国の労働者たちこそは、まさに社会主義的変革を遂行すべき使命を担う人々なのだ」（同前278-279頁）。

そこでローザ・ルクセンブルクは、「戦争に反対する戦争」という古いスローガンの平和運動によって戦争を止めることを求めて次のように呼びかけました。
　「プロレタリアートの主要問題のために唯一の勝利をもたらしうるものは、プロレタリアートの国際的反戦行動によって戦争を打倒し、緊急に平和を強制することである。この勝利のみが、同時に（……）ヨーロッパにおける民主主義の現実的救済をもたらしうるのである」（同前 274 頁）。
　戦争は今なお続いています。アフガニスタンで、イラクで、パレスチナで多くの命が失われています。だから、戦争は未来の社会主義を破壊するというローザ・ルクセンブルクの指摘は、現在にもそのまま妥当するのです。

6．非暴力

　ローザ・ルクセンブルクは、反戦平和革命を呼びかけるとともに、革命は非暴力だと主張しました。1918 年 12 月、ドイツ革命の真っ只中で執筆した「スパルタクスブントは何を求めるか？」の中でローザ・ルクセンブルクは次のように主張しています。
　「ブルジョア革命では、流血、テロ、政治的暗殺は台頭してきた階級に不可欠の武器であった。プロレタリア革命は、その目的のために如何なるテロルも必要としない。プロレタリア革命は、人間の殺戮を憎み、忌み嫌う。プロレタリア革命はこの闘争手段を必要としない。なぜなら、プロレタリア革命は（……）理想に従って暴力で世界を変える少数の絶望的な試みではなく、歴史的使命を果たし、歴史的必然を現実にする役割を負った数百万大衆の行動であるからだ」（邦訳なし、東独版 5 巻全集 Bd. 4. S. 445.）。
　社会主義革命をこのように考えたローザ・ルクセンブルクは、「赤色テロル」を容認し、革命の進め方で意見を異にした社会革命党左派を粛清したレーニン・ボルシェヴィキと対立しました。ローザ・ルクセンブクの次の有名な言葉は、この事態への批判として書かれた言葉でした。
　「政府の支持者のためだけの自由、ある党のメンバーのためだけの自由は――その数がどんなに多くても―決して自由ではない。自由とは常に異なった考え方をするものの自由のことである。それは〈公正〉を狂信するからではな

く、政治的自由のもつ活性化、健全性、浄化の力はまさにこの本質にかかっているからで、もし〈自由〉が特権となれば、この力が失われるからである」『ロシア革命論』伊藤　訳、論創社、41 頁）。

　この対立の背景には、社会主義革命を行うのは「先進的分子」「前衛集団」だというレーニン・ボルシェヴィキの社会主義革命観と、「スパルタクスブントの勝利は、革命の最初にではなく、最後にある。それは数百万の社会主義プロレタリアートの勝利の時である」というローザ・ルクセンブルクの革命観の相違がありました。最後にその問題を考察します。

7．統治される大衆から自ら決定する自覚した自由な個人への発展

　ローザ・ルクセンブクは「スパルタクスブントは何を求めるか？」の中で、「社会主義社会の本質」を次のように指摘しています。

　「社会主義社会の本質は、勤労大衆が統治される大衆であることを止めて、政治経済生活全体を自ら生き、自覚した自由な自己決定を行うところにある」（Was will der Spartakusbund? in: GW. Bd. 4. S. 444.)。

　「プロレタリアートは、経営者の鞭なしに勤勉で、資本主義的刺激なしに最高の業績をあげ、抑圧なしに規律を、支配なしに秩序を示さなければならない。公衆のための最高の理想主義、厳しい自己規律、大衆の真の市民感覚こそは、社会主義社会の道徳的基礎である」(S. 445.)。

　つまりローザ・ルクセンブクにとって社会主義とは、生産手段を公有化し、政治・経済の指導者を資本主義者から社会主義者に変え、政治・経済・社会制度を変えるだけではなく、何よりも長年にわたる封建制と資本主義体制の支配の下におかれ続けてきた労働者大衆の心に、自由な思考と行動、自発性、道徳性、創造性を呼び覚ます内的変革を条件とし、目的としていたのです。

　社会主義の創造は、ローザ・ルクセンブクにとってはこのように、資本主義体制から生まれてその欠陥を乗り越える、人類史上の壮大は変革事業であり、それだけにローザ・ルクセンブクは、社会主義運動の将来を長期にわたるプロセスとして次のように展望したのです。

　「プロレタリア革命は、ただ 1 段 1 段、1 歩 1 歩、自らの苦い経験というゴルゴタの道を通り、敗北と勝利を通って初めて完全な明晰と成熟に到達するこ

とができる。スパルタクスブントの勝利は、革命の最初にではなく、最後にある。それは数百万の社会主義プロレタリアートの勝利の時である」(S. 451.)。

　20世紀の社会主義革命は、ロシア革命も中国革命も、資本主義発展の遅れた地域で行われました。そのために、それらの革命は、グラムシの言葉を借りれば、「資本論に反する革命」でした。しかし、現在起きている金融・経済危機は、資本主義の中心地アメリカに発したもので、まさにこの危機を乗り越える方向は社会主義以外にはないものと思われます。しかし、「社会主義」と言えば、直ちに「どのような社会主義か？」という問いが起きることでしょう。だから私たちは、20世紀の社会主義運動の失敗の経験に学びながら、現在の危機を乗り越える21世紀の社会主義を創造する新しい道を、理論的、実践的に創り出さなければなりません。そのためにローザ・ルクセンブルクの社会主義論は、20世紀の社会主義の実験を21世紀の社会主義の創造につなげる橋として大きな意味を持つものと私は信じます。

＊本稿は、2009年1月16日に、ローザ・ルクセンブルク虐殺90年にちなんでベルリンで開催されたローザ・ルクセンブルク国際会議の冒頭にドイツ語で行った基調報告の日本語版です。

[注]
（1）パウル・フレーリヒ著伊藤成彦訳『ローザ・ルクセンブルク――その思想と生涯』御茶の水書房、1998年増補版第1章参照。
（2）ローザ・ルクセンブルク『ロシア革命論』伊藤成彦訳、論創社、41頁。

モスクワ会議に向けて

　2011年10月5日と6日の二日間、モスクワでローザ・ルクセンブルク国際会議を開催した。会場は、「ロシア国立社会・政治史文書館」。ソ連邦時代にはソ連共産党中央委員会所属マルクス・エンゲルス・レーニン主義研究所があった場所だ。
　1991年にソヴィエト連邦共和国が消滅して以来、私はローザ・ルクセンブルク研究が自由化されたかどうかが大変気になっていた。スターリンの時代にローザ・ルクセンブルク研究は厳しく禁止されていたと聞いていたからだ。1971年からドイツ民主共和国（旧東ドイツ）ではローザ・ルクセンブルク生誕100年を記念して、全5巻のローザ・ルクセンブルク全集の刊行を開始し、そこには1918年9月に彼女が獄中でレーニン・トロツキーのロシア革命への指導方針を厳しく批判した「ロシア革命論草稿」も収録されていた。
　しかし、ロシアの友人の話では、東ドイツでは解禁されてもソ連では依然として禁書だということだった。それから30年が経ち、ソ連が消滅した後の1991年9月にオーストリアのリンツで開催された国際会議でロシア・アカデミー幹部のヤコフ・ドラプキンが「遂に入れたよ」と言ってローザ・ルクセンブルク1巻撰集のロシア語版を渡してくれた。そこには確かに「ロシア革命論草稿」のロシア語訳が納まっていた。
　こうしてローザ・ルクセンブルク研究の解禁を確認したのだったが、それからさらに13年経った2004年2月に、ヤコフ・ドラプキンが、「モスクワで初めてローザ・ルクセンブルクを語る会をやるから来て、何か話をしてくれないか」と誘ってくれた。私が喜んで参加してみると、それはソ連時代にローザ・ルクセンブルクに関心を持ったために厳しく弾圧された研究者たちの集いだった。彼らは次々と弾圧の凄まじい経験を語った。
　ローザ・ルクセンブルクとレーニンは、社会主義と民主主義との関係に関して意見を異にしたが、しかし彼女の死後、晩年のレーニンは、「彼女について

の記憶が、つねに全世界の共産主義者にとって貴重であるだけではなく、彼女の伝記と、彼女の著作の全集は、全世界の共産主義者の多くの世代を教育するうえに、もっとも有益な教訓となるであろう」（1922年2月「政論家の覚書」レーニン全集第33巻208-209頁）と書き残していた。

そして実際、レーニンのこの呼びかけによって、ローザ・ルクセンブルク全集の計画が立てられ、彼女の盟友であったクララ・ツェトキーンとアドルフ・ワルスキが発行者に、若いパウル・フレーリヒが編集者になって、ローザ・ルクセンブルクの膨大な作品が集められ、3巻まで刊行されたが、レーニンの死後、政治的な理由で中止された。だが、その時に収集されたローザ・ルクセンブルクの作品は今も保存されて、ローザ・ルクセンブルク研究の貴重な宝庫をなしている。

ソ連の歴史の中で、このような経緯をもつローザ・ルクセンブルク研究が、第2次大戦以後に、これほど酷い弾圧を受けていたことを知った時、私は、何時の日かモスクワでローザ・ルクセンブルク国際会議を開催して、ローザ・ルクセンブルク研究が、平和、民主主義、社会主義の発展にとっていかに大事であるかを示したい、と思った。

こうした思いを懐いていた私は、2009年5月にロシア南部のボロネジ市の国立大学からローザ・ルクセンブルク・シンポジウムへの招待を受けた。このシンポジウムのロシア側の報告者たちは、20代から30代の若い研究者たちで、ローザ・ルクセンブルクの心を内側から理解して共感を表明する報告があり、深い感銘を受けた。そのシンポジウムについては、第2章の「ロシアにおけるローザ・ルクセンブルク研究の現在」で紹介し、若い研究者のリーダー役のセルゲイ・クレティニン教授の論文の翻訳を掲げておいたので、参照して頂きたい。

10月のモスクワ会議の第一テーマは、「ローザ・ルクセンブルクと世界政治」で、「世界政治」という言葉は、19世紀末、帝国主義の成立期にローザ・ルクセンブルクが政治も経済も軍事もすべてを包括的に捉えて、その実像を示すために使った言葉なので、それを現在に蘇らせれば、今日のように世界の状況が拡大して複雑化した時代を理解するのに役に立つであろう。

第二テーマは、「ローザ・ルクセンブルクとロシア」で、ロシアで会議を開催するからには当然のテーマだ。私は、開会挨拶で「ローザ・ルクセンブルク

と世界政治」を第一テーマに選んだ理由を説明し、私自身の報告は、第二テーマに沿って、「ローザ・ルクセンブルクとクロポトキン」というテーマで報告した。この両者には、従来の考え方では「接点」がないと思われるであろうが、21世紀の社会主義を構想する上で、ローザ・ルクセンブルクの反国家・自治の志向とクロポトキンの市民自治に立つ「相互扶助」の思想を組み合わせると、新しい社会主義像が見えてくると思う。

なお、モスクワ会議には、世界中から約40人がそれぞれの研究成果を持って参集する予定だ。

(2011年記)

第 2 章

モスクワ会議

はじめに──ロシアにおけるローザ・ルクセンブルク研究の現在

　今年、2009年1月15日は、ローザ・ルクセンブルクがドイツ革命の最中に、反革命の兵士たちによって虐殺されてから90年になる。それにちなんで、1月16日と17日にベルリンで、私が代表を勤める国際ローザ・ルクセンブルク協会とドイツ左翼党の文化団体、ローザ・ルクセンブルク財団の共催で、ローザ・ルクセンブルク国際会議を開催した。

　この会議には、ドイツはもとより、日本、中国、ロシア、ポーランド、トルコ、ポルトガル、フランス、スイス、セネガル、インド、ブラジル等からローザ・ルクセンブルクの専門家と関心を寄せる老若男女200人以上が集まって、多様な報告と活発な討論が行われた。私は会議の冒頭で、「ローザ・ルクセンブルクの社会主義観」と題して、50分の基調報告を行った。

　その会議に、ロシアのボロネシ大学のセルゲイ・クレティニン教授が出席していて、モスクワの南方600キロに位置するボロネシ市にある国立大学で、今年中に小規模なローザ・ルクセンブルク国際会議を開催したいので、RL国際協会代表の私と事務局長のルーバン氏にぜひ来てほしい、という要請を受けた。RL国際協会とRL財団は、2011年にモスクワでローザ・ルクセンブルク国際会議を開催する計画を立てているので、その準備も兼ねて、5月19日からのロシア訪問を受諾した。

　私とルーバン氏は、2004年2月にロシア・科学アカデミーに招かれて、モスクワで開催された「ローザ・ルクセンブルクを語る会」に出席した。ロシアではスターリン時代以後、ローザ・ルクセンブルク研究が抑圧されていたことは聞いていたが、その会議に参加したロシア人は皆、抑圧の体験者・被害者で、ローザ・ルクセンブルク研究がどれほど過酷な弾圧を受けてきたかを、次々と、生々しく語った。それは文字通り、「語るも涙、聞くも涙」の会だった。その会議を主催したのは、当時87歳だった歴史家のヤコフ・ドラプキンで、彼はレーニン・ボルシェヴィキのロシア革命の方法を厳しく批判したローザ・ルク

センブルクの『獄中草稿』を、ソ連崩壊後の1991年に初めてロシア語に訳して出版した人だった。

ローザ・ルクセンブルクとロシアにはそのような深い関係があるので、社会主義の再生・新生を考える上でも、ソ連社会主義が破綻して20年を経た今、ロシアの若い世代が、ソ連社会主義の経験とそれを原点で批判したローザ・ルクセンブルクの『獄中草稿』をロシアに広めて討論することが重要ではないかと私たちは考えて、モスクワでのローザ・ルクセンブルク国際会議を構想している。そういう事情があって、私たちはロシアからの招待を喜んで受諾した。

まず、5月20日に私たちはモスクワ市北東部に位置するモスクワ教育大学に招かれて2時間シンポジウムを行った。教育大学の学長は日本を訪問中だということで、文明論の講座の主任教授が司会者となって、2時間は私たちとの対話・討論で過ぎ、30人ほどのロシア側の教授・学生はもっぱら聞き役だった。

その夜、私たちは夜行列車でボロネシ市に向かい、翌朝8時半に到着して10時からボロネシ大学で会議を始めた。最初に学長のティトフ教授の開会挨拶、私の招待への感謝の挨拶などのセレモニーの後に、私が国際ローザ・ルクセンブルク協会の紹介とローザ・ルクセンブルクの社会主義観について話し、その後にボロネシ大学側の基調報告として行われたのが、ここに翻訳して紹介するセルゲイ・クレティニン教授の「ローザ・ルクセンブルクと21世紀のロシア」だ。

クレティニン教授は、1970年生まれの少壮気鋭の学者で、社会主義体制崩壊以後のロシア社会を鋭く観察し、自ら体験してきた「社会主義」とローザ・ルクセンブルクの社会主義観を比較している。その他、ロシア側から8人が報告して21日は終わり、22日には博士論文を準備中の「学者の卵」8人がそれぞれの角度からローザ・ルクセンブルクを論じたのは圧巻だった。その詳細は割愛せざるを得ないが、ボロネシ大学の会議はよく組織され、内容も充実した、水準の高い会議だったことを付け加えておく。

伊藤成彦

2-1
ローザ・ルクセンブルクと21世紀のロシア

セルゲイ・クレティニン（ロシア）

　今年は、ローザ・ルクセンブルクとカール・リープクネヒトの虐殺に至ったドイツ革命の劇的な諸事件から90年です。今年1月に、私はローザ・ルクセンブルク国際協会とローザ・ルクセンブルク財団が共催してベルリンで行われたローザ・ルクセンブルク国際会議に参加しました。そして、すぐれた社会主義者ローザ・ルクセンブルクの生涯の作品が、現在のドイツで非常に注目されていることに心地よい驚きを感じました。この会議には、日本、中国、ブラジル、インド、トルコ、スイス、セネガルなどさまざまな国々の学者たちが来ていました。そうした世界的な関心に比べて、この会議へのロシアからの参加は控えめに見えました。ロシアからの参加者は二人だけで、そのひとりはドイツ労働運動史研究の領域で有名な長老、91歳のヤコフ・ドラプキンで、しかも彼は大抵ベルリンに住んでいます。だからボロネシのこの会議は、ローザ・ルクセンブルクという名前はロシアでは忘れられていないこと、ローザ・ルクセンブルクの思想、その政治的遺産は、昔同様に現在も近代ロシアに対して依然としてアクチュアルなものとして残っていることを示さなければなりません。この会議がボロネシで開催されることは象徴的です。ボロネシはローザ・ルクセンブルクが一度も訪ねてきたことのない一地方都市で、ロシア革命の中心ではないからです。

　しかしこの地域は、ロシアのいわゆる赤い共産主義的ベルト地帯と呼ばれ、「赤いローザ」（とローザ・ルクセンブルクはソヴィエト時代には呼ばれてい

た）の名前は、今でも忘れられていません。このイメージは政治的な状況によるだけではなく、ボロネシは以前は左翼急進運動や共産主義運動の歴史にとってきわめて重要な研究センターの一つだからです。そしてボロネシ会議参加者の何人かは、ローザ・ルクセンブルクの人生をその学術論文で取り上げてきました。私自身も、90年代に卒業論文でローザ・ルクセンブルクの政治的見解を取り上げ、さらにその後、カール・カウツキーとボルシェヴィキの対立をテーマにした博士論文でもローザ・ルクセンブルクを取り上げました。

しかし90年代末にロシアの歴史家たちの学問的関心は大きく転換して、労働運動史は日陰に置かれました。われわれはこうしてこのテーマでは、国際ローザ・ルクセンブルク協会の活躍のお蔭でこの女性社会主義者の活動の研究をいっそう成功裏に進められる外国の友人に比べて本質的に遅れています。こうして日本では伊藤成彦教授の活動のお蔭で、ローザ・ルクセンブルクの全集が計画されているのです。

90年代には、私が指導した何人かの学生が卒業論文でローザ・ルクセンブルクの活動を取り上げました。その際に分かったことは、適切な文献が足りないことです。同様な問題が、南スラブ・西スラブの民族の歴史をテーマとする私のゼミでも毎年起きています。私のゼミへの参加者は、とりわけローザ・ルクセンブルクの活動を取り上げ、また他のゼミ生は有名な社会主義者や共産主義者を取り上げますが、われわれは毎年、信頼できる学術史料の不足に直面しています。その上さらに、学生たちがこれらの歴史時代への適切な見解と正確な新しい評価をすることの困難が加わります。それで何人かの学生は、最近、典型的にソヴィエト的伝統でドミトリー・ブロゴエフの活動について報告しました。そういう古い立場は決して学生たちの無知のせいにはできません。実際、ロシアでは歴史的発展の中での優れた人々の役割への根本的な見直しが、まだ起きていないのです。ローザ・ルクセンブルクに対する態度の状況は、幾分改善されたように見えます。最近では、彼女のいくらかの作品や、西欧近代の歴史家の研究がローザ・ルクセンブルク財団の提唱のお蔭でロシア語で出版されるようになりました。しかし、それにもかかわらず、私は学生に対する学問的指導者としてローザ・ルクセンブルクに関する内容のしっかりしたロシア語の伝記を薦めることができないのです。

もちろんこのテーマに関しては、ある挑発的な質問をすることができます。

「一体われわれは過激な見解としばしばとっぴな登場ををする〈赤いローザ〉を必要とするのかね？」と。

　私がオスカール・ルーバン、伊藤成彦、そして残念ながらここに来ていないペーター・リンケとウラヂミール・フォメンコの支持を受けてこの会議の準備を始めた時に、一体この歴史時代は議論に値するのかね、という疑問が投げかけられました。この歴史的事件はすでに遠い過去のもので、埃まみれだとも、何人かの人から言われました。ローザ・ルクセンブルクへの関心は、政治的報復のような恐怖の亡霊の共産主義体制への郷愁を意味する、という意見もありました。

　残念ながらいくらかのロシア人の歴史意識は、社会主義の過去に対して非常に激しく揺れ動いていて、あらゆる社会主義者を一律に切り揃えます。ローザ・ルクセンブルクのような人物は、政治的報復や考えの違う人への闘争とは無関係だということを、見ようとしないのです。反対にローザ・ルクセンブルクとその仲間たちこそが真先に報復の犠牲になり、そしてその時ローザ・ルクセンブルクは、考えの違う人の自由の側に立ったのです。「自由とは、つねに、考え方を異にする人の自由である」というローザ・ルクセンブルクの主張は一般的によく知られているのですから。

　1991年以後、残念なことにソヴィエト連邦の共産党の歴史研究所の所長や主任教授を含む多くの指導的な共産党のボスたちが、あからさまな自由主義者で反共主義者であったことが暴露されました。そして彼らがかつての思想から転向したことの証として、彼らはすでにあらゆる公開の場所で、レーニンやローザ・ルクセンブルクのポスターを引き裂いたのです。しかし今日では、史料編纂における同様な歪曲や誤解を許さないことが、極めて重要です。歪曲や主観的な解釈は、しかし別の次元に属することで、ソヴィエト時代にも見られました。例えば、ローザ・ルクセンブルクはしばしば真のボルシェヴィキだとして、ほとんど共産主義のイコンの聖人のように描かれたことがあります。そして新しいセンセーションを求める者たちは、ローザ・ルクセンブルクの私生活探しをして、特にアレキサンダー・パルヴスとの恋愛関係に焦点を絞りました。またその他に、ローザ・ルクセンブルクはボルシェヴィキのためにスパイをしていた、という者さえいました。彼女はボルシェヴィキからドイツで革命を煽る任務を与えられていたにちがいないという者もいました。

しかし、これまで述べたような偽学問やそれに類する偽学問は、ロシアでローザ・ルクセンブルクへの関心が衰えていないことの証拠にはなります。実際、今日、ローザ・ルクセンブルクから多くの重要なことを学ぶことができます。例えば、彼女の民主主義論を取ってみましょう。この理論の中心に立っているのは、反民主主義への批判で、その批判は、支配体制に対しても、社会主義党や共産党にも向けられたものでした。

　ローザ・ルクセンブルクは、形式的民主主義への制約に理解を示しました。例えば1918年1月の憲法制定議会の解散に賛成した時がそうです。彼女は原則的にはブルジョア議会主義と国家権力制度の熱烈な支持者であったことは一度もありません。彼女は絶えず支配体制から追跡されて、牢獄に閉ざされていたのでした。

　彼女は早い時期から、民主主義制約の危険性を見抜いていました。彼女は、ボルシェビキの政策が、ブルジョア政党だけでなく、ボルシェヴィキ自身の内部の民主主義を抑圧することを知っていました。そのような民主主義の制約に対して、ローザ・ルクセンブルクは有名な言葉を書いています。「政府の支持者のためだけの自由、ある政党のメンバーのためだけの自由は——その数がどんなに多くても——決して自由ではない。自由とはつねに異なった考え方をするものの自由である。それは〈公正〉を狂信するからではなく、政治的自由のもつ活性化、健全性、浄化の力はまさにこの本質にかかっているからで、もし〈自由〉が特権となれば、この力が失われるからである」。

　ローザ・ルクセンブルクは、ブルジョア社会の社会主義への転換は、民主主義の諸原則に基づかなければならない、と確信していました。彼女は、正しい社会主義社会は、絶対的な政治的自由と広範な人民大衆の参加という条件の下で長期にわたる過程ではじめて形成されうる、という見方に立っていました。その際にローザ・ルクセンブルクは、レーニン的な支配の方法を批判しました。

　ローザ・ルクセンブルクの思想的遺産の特に重要な点は、プロレタリアートの独裁に関するテーゼです。彼女は書いています。「普通選挙、無制限な出版・集会の自由、自由な論争がなければ、あらゆる公的な制度の中の生活は萎え凋み、偽りの生活となり、そこには官僚制だけが唯一の活動的な要素として残ることになろう。公共の生活は次第に眠り込み、無限のエネルギーと限りない理想主義をもった数十人の党指導者が指令し、統治し、現実にはその中の十

人位の傑出した首脳たちが指導して、労働者のエリートが指導者たちの演説に拍手を送り、提出された決議案を満場一致で承認するために、時折会議に招集される、ということになろう。つまり、要するに同族政治だ——独裁には違いないが、しかしプロレタリアートの独裁ではなく、一握りの政治家たちの独裁、つまりブルジョア的な意味での、ジャコバン支配のような意味での独裁なのである」。

ボルシェヴィキとその政治的反対者は、「プロレタリアートの独裁」という概念をどのように理解していたか、ということが、現代史の記述では今なお討議されているのです。

こうしてカール・カウツキーは、プロレタリアートの独裁という理念を拒否しました。彼にとって、民主主義のない社会主義は考えられなかったからです。一方レーニンは、プロレタリアートの独裁こそは、移行期間の政治的支配形態として最も適切なものだと考えました。

ローザ・ルクセンブルクは書いています。「まさしく独裁だ！　しかしこの独裁の本質は、民主主義の用い方にあるのであって、その廃止にあるのではない。ブルジョア社会の既得権や経済諸関係への精力的な、断固とした介入であって、それなしには社会的変革は実現されないからである。しかし、この独裁は階級の仕事であって、階級の名の下に少数の指導者が行うべきものではない」。

プロレタリアートの独裁に関するローザ・ルクセンブルクの見解は、オーストリアやズデーテンの社会民主党の見解に通じるものでした。しかし彼女は、20年代、30年代に行われたこの討論に参加することはできませんでした。

ローザ・ルクセンブルクの歴史的な遺産として、同様に重要なもう一つの問題は、民族問題です。現代史では、諸民族の自決権という問題は、最も爆発力の強い問題になりました。ソヴィエト連邦の解体、ユーゴスラビアの最近の事件（その中には、モンテネグロやコソボの独立宣言とごく最近のアブハジアや南オセチアの独立宣言も含まれます）、さらにその他の諸国の民族主義的・分離主義的運動も起きています。1月のローザ・ルクセンブルク会議では、中国の女性の教授が、チベットの自治の問題の解決にはローザ・ルクセンブルクの民族理論が適用できる、と主張していました。

ローザ・ルクセンブルクは、「社会愛国主義」に反対しました。ポーランド

のブルジョアジーや小貴族層は、ポーランドの主権のために戦わず、プロレタリアートを抑圧するツァーリズムを支持しているので、ポーランドの独立はユートピアだと考えたからです。彼女は、社会主義的な生産体制はより広大な領土への国家の統一という基礎の上で可能になるとう伝統的にマルクス主義的なテーゼから出発していました。

　民族的・宗教的な対立が先鋭化した今日の歴史的事件に対してローザ・ルクセンブルクがどのように反応するかを言うことは困難です。彼女は独断的教理の信奉者ではなく、マルクスの思想も固定した教理としてそのまま受け入れずに、目前の状況に合わせて創造的に解釈していました。

　おそらく、だからこそ、ローザ・ルクセンブルクの生き方や見解は今日にも適用出来るのでしょう。われわれの今日に会議が、それを証明しています。これからの討論で、ローザ・ルクセンブルクの遺産のさまざまに有効な側面が考察されることでしょう。今日のこの会議に非常に若い研究者が多く参加していることも嬉しいことです。

　このボロネシ会議が、わがロシアにおけるローザ・ルクセンブルク研究発展への重要な一歩となることを願っています。

（翻訳・伊藤成彦）

2-2
ローザ・ルクセンブルクの文学的・歴史的遺産における自由の理念

タチヤナ・エフドキモーヴァ（ヴォルゴグラード大学）

1.

　自由について染みついた感覚がある近代のロシアでは、人々は「自由」を伝統的なロシア風に取り扱う。例えば、人々は「出版の自由」を、ゲッペルスの日記やアドルフ・ヒトラーの主著の出版と理解するが、不幸にも、ローザ・ルクセンブルクの出版とは考えない。ローザ・ルクセンブルクの作品が示すような自由の観念は、政治的自由を守った内面精神の自由な人物である「赤いローザ」のイデオロギーを形成する要因であった。

　ローザ・ルクセンブルクの自由の理念は近代ロシアにとってどのような現実性があっただろうか？　彼女の政治的信条としてしばしば引かれる言葉は、「自由とはつねに異なる考えを持つことの自由」だ。この言葉を、ローザ・ルクセンブルクは次のような文脈で述べたのだ。「政府の支持者のためだけの自由、ある党のメンバーのためだけの自由は——その数がどんなの多くても——けっして自由ではない。自由とは、つねに異なった考え方をするものの自由のことである」。ローザ・ルクセンブルクが「自由とはつねに異なる考えを持つことの自由だ」と言うとき——それはリベラリズムへの回帰ではなく、プロレタリアートの世論の要素について述べたもので、それで以前の古いプログラムや決定の繰返しや支持を正当化することはできない。「われわれはつねに——とローザ・ルクセンブルクは強調する——ブルジョア民主主義の政治的形式か

ら社会的核心を区別してきたし、われわれはつねに新しい社会的内容で満たすために、社会的不平等と不自由の苦い核を公的な平等と自由の甘い殻に代えてきた」と。

「他者」を暴力的手段で簡単に排除することは不可能だ。「自由」を小手先で組織したり、構成したり、暴力的に確立したりすることはできない。もし「自由が特権となれば、政治的自由のもつ活性化、健全化、浄化の力は失われる」。ローザ・ルクセンブルクの考えでは、「もっとも広汎な政治的自由こそが、唯一、治療し浄化する太陽」なのだ。こうした文脈で、ローザ・ルクセンブルクは大衆と彼らの自由の政治的権利をはっきりと擁護した。

しかし、理想はしばしば社会的発展の過程に先行して大衆の中で成熟した。ローザ・ルクセンブルクは、大衆の歴史的創造性を深く信じていた。彼女は大衆を他者の意思を受動的に実行する者ではなく、自由と平等のための先導的な戦闘者だと見ていた。この観点から、1988年に東ドイツでローザ・ルクセンブルクを掲げて行われたデモは、彼女の政治的信条の真の意味を理解したものであった。

自由は人類の存在様式であり、真の自由は、平等、連帯、社会主義の概念と結ばれねばならない。資本主義的生産の経済的過程の探究に基づく資本主義は、ローザ・ルクセンブルクが著作の一つで、帝国主義の経済的拡大を説明した『資本蓄積論』の中で確信をもって提示した未来の社会ではない。「社会的に方向づけられた資本主義」という概念が20世紀末に西欧で有効性を認められたけれども、ローザ・ルクセンブルクの社会主義の理念は、2008年-2009年の転換期に、特に2009年1月にベルリンで「資本主義」と書かれた位牌を乗せた棺を担いで行われたデモに極めて近いものである。

現代ロシア社会は社会主義の理念を拒絶した。その拒絶は、社会主義の理念を何かその他の理念と置き換えることが困難であったために、たまたま起こったことではあったけれども。社会的公正の理念は、ロシアの歴史の血肉で、それが「公正なロシア」という名の政党にチャンスが与えられなかった理由だ。国家的活動は社会的方向性を持つ政策なしには効果を持たないことが、1990年代に確証され、それは現在の政府にとって第一の問題だ。

暴力の概念と自由の概念は相反している。ローザ・ルクセンブルクは暴力に反対したが、しかし革命的暴力は認めていた。「社会主義の独裁は——彼女の

意見によれば——公衆の利益のためにはどのような強制力の導入も恐れてはならない」。しかし、彼女は無差別なテロルとあらゆる反対政党の弾圧に反対した。ローザ・ルクセンブルクの支持者たちは、ソヴィエト民主主義の理念に対しては最後まで支持し、それを最終的に決定したのは大衆自身であった。

　テロルに反対したローザ自身は、反革命の暴力の犠牲となった。ドイツの研究者の中に、ロシアの革命政府がベルリンで共産党員に反抗を呼びかけたことの結果だと見ているが、それは G. ノスケの行為の正当化に通じる。ノスケに関する記録はロシアには全くない。レーニンによる記述があるだけだ。しかし、この問題は社会民主党の特別な行動に限られない。もし当時起きた特殊なケースを越えて視野を拡げれば、われわれは革命的な過程という条件の下での暴力の適法性と適切性について議論すべきであろう。

2.

　ローザ・ルクセンブルクは、ボルシェヴィキが古い議会を解散したことだけでなく、民主主義の条件の下での代議体の構成をも拒否したことを非難した。彼女はそれを「唯一それこそがボルシェヴィキのすべての制度の典型的な後退を修正し得る基本的に重要な要因」だと考えたからだった。1990 年代のロシアの文献の多くに、1918 年のボルシェヴィキによる国会の解散について、国会はすべての国民の利益を代表するもので、ソヴィエトを支持したものはごく一部に過ぎなかったので、その解散は違法だったと考えられる、と書かれていた。

　そうすると次のような疑問が起きる—— 1993 年 10 月のホワイトハウスへの攻撃は、ソヴィエトが当時すでに人民の利益を代表する代議体として、その妥当性は如何なるものであったのか？ 周知のように、10 月の事件以後、ソヴィエトという理念はロシアでは放棄され、その代わりに権力分割の原則に基づく権力制度が示唆された。しかし、西欧におけるこの制度の効率は、主に市民社会の活動と参加の度合いによって決まり、ローザ・ルクセンブルクが考えたように、大衆の積極的な参加によって決まる。だが近代のロシアは中産階級の育成を行わず、育成したのは依然として、ローザ・ルクセンブルクが強く反対したロシア官僚制だった。

ローザ・ルクセンブルクは、ボルシェヴィキの指導者を非道徳な人間に堕落させる暴力に反対したばかりでなく、暴力による悪に対する無抵抗のトルストイ主義にも反対した。「悪に対する無抵抗」の思想は、支配的な反動に対する闘争でいかなる暴力をも弾劾しない。ローザ・ルクセンブルクは、コロレンコに捧げた作品で、彼はその結果、政治のモラルを創ることは可能か、という問いが起こる。真の政治の目的は権力を握ることではなく、人々を幸せにする手段で、それが人間の自然な状態だ。ローザ・ルクセンブルクは彼女の作品の中で、端的な人間の感情の現れについて、一度ならず「人間らしさ」という観念を用いている。それは、ヒューマニズムは自由の概念を総括したものだ、という主張の根拠を成している。「人間であることが何よりも大切なのです――と彼女は獄中から友人に宛てた手紙に書いている――人間であることは、確固としていて、明るくおおらかであることです。そうです。どんなことがあっても、おおらかでなければなりません。なぜなら、吠えるのは弱虫の仕事だからです。人間であるということは、必要とあれば自分の全生命を"運命の大秤"に喜んでかけていくことであり、また同時に、明るい日々や美しい雲の一片一片を楽しむことです」（1916年12月28日、マチルデ・ヴルム宛の手紙）。また彼女はルイーゼ・カウツキー宛の手紙でも、「何時でも、そして先ず第一に、人間であることが必要です」「私はつねに"最も人間的な感情"で満たされています」と書いている。

　そして生活を愛する人だけが、次のように書くことができる。「もし私がある時、誰かにカフスボタンの代わりに空から一対の星を取って上げようとするとき、心の冷たい偽学者たちに干渉させて、私がすべての学校の星座地図をムチャクチャにしないようにと、彼らに指を振って言わせてはならない」。

　学校に関して言えば、ロシアの学校では、文学をテストの狭い枠の中に押し込めることは可能か、という長期の討論の後に、文学を試験の必修科目から外した。それで若い世代は精神的に道徳を涵養する基礎を奪われ、しかもどうしてそういうことが行われたのか、ということも私にはわかった。しかし、ローザ・ルクセンブルクのコロレンコに関する次の論文を読んだ後で、疑問が消滅した。

　「ロシア文学は――とローザ・ルクセンブルクは記している――高度の道徳的情熱を、あらゆる範囲の人間的感情の芸術的理解と結び合わせる。そしてロ

シア文学は、……文化的世界の関心と精神的流派がたやすく呼吸し、結び合う精神的自由と壮大な文化の独自の領域を創造した。その結果、それがロシアの社会的活力となり、新世代が次々と生まれてきた」「ロシアの社会にこの高度の精神的文明を覚醒させ、絶対主義の深い心理的根を掘り起こし、削り取ったことがロシア文学の功績だ。それは……決して自らの社会的責任を否定せず、公的な批判の隔絶した苦痛に満ちた精神を決して忘れなかった」「それは社会的・政治的鎖の絶望的な揺さぶりであり、血まみれの傷口相互のすり合わせで、心の血による闘争の代償の誠実は支払であった」。

　ローザ・ルクセンブルクは心底から異常に自由な人なので、ロシア文学の作家たちを比較的身近な魂と見ていた。彼女の19世紀ロシア文学の深い分析は、われわれロシア人を魂の荒野からもう一度ロシア古典文学に導き、ロシア文学固有の芸術的偉大さである"苦痛と不安に満ちた感情移入"を伴う公的な共感へと至ることとなる。

　ルクセンブルクの深い信念から生まれる幸福感は、広々とした湖上の陽光が湖水を最も効果的に浄化するように、人々の精神的関係を健康で透明なものにする。しかしながらそれは、現代社会が異常な状態にあることを意味している。つまり本質的には全ての条件が社会的不平等の上にある異常なもので、殺人、売春、身体障害、浮浪児など、無数の感情を傷つける状況が、日常的な大衆的現象となっている。それらは不幸なことに現在のロシアに存在し、しかもさまざまな煽動的な調子でマスメディアで流されている。

3.

　ロシアの作家たちを分析してローザ・ルクセンブルクは、近代社会の精神性の欠如から逃れるのを助ける方法は、公的な要因、つまり大衆の苦難に対する思いやりが個人的にも社会的にも救済と啓発になることを示した。

　彼女はユダヤ文化、ポーランド文化、ドイツ文化という三つの文化を代表して共感・共苦を訴えた。民族自決の権利の問題もまた、自由の観念に密接に繋がる問題であった。特に1990年代の初めに、それは我が国ロシアにとって実際重大な問題になった。諸民族も少数の民族グループもすべてが国家を形成する権利を要求した。再生への願望に満ちた朽ちた集団が百年の墓から立ち上が

った。そして彼ら自身の歴史を持たず、彼らの国家を知らなかった民衆が彼らの国家の樹立に動きだした。それは民族主義の丘でのワルプルギスの夜だった。ローザ・ルクセンブルクが民族自決権の問題を批判的に扱ったことはよく知られている。この問題の解決をすべての民族に任せれば、形而上学的な場になる、と。もし民族独立がその民族自身にとっても、近隣民族や社会的発展にとっても有益か否かを知ることは重要なことだ。

　民族の憎しみ、民族問題に基づく虐殺などは近代ロシアの現実を成してきた。ローザ・ルクセンブルクもその理由を次のように述べている。「大衆にとってあれこれの理由から生きることが特別に困難になると、大衆はしばしば他の民族や宗教や皮膚の色の異なる民族をスケープゴートにするということが近代文明のモデルである。彼らはこうして欲求不満を解消し、普通の取引を済ませ、安心して帰宅する。もちろん、弱体で歴史的に抑圧されたり、あるいは一般的に遅れていると見られてきた人々がスケープゴートの役割を負わされ、一番罰せられることのない方法で引き続き抑圧され続ける。東欧でその差別政策の対象に最もされ易いのはつねにユダヤ人だった。そして、もしこの役割がユダヤ人によって克服された場合には問題が残る」。

　こうしてローザ・ルクセンブルクは、ヒューマニズムと人間性への信頼を"自由"の理念への理解の中心に置いた。私がこれを彼女が別のことを考える人々のための自由と理解する理由は、これが社会的正義、連帯、社会主義とヒューマニズムを実現する目的をもって自由の発展を促進できる人々のための自由だからだ。1919年1月にローザ・ルクセンブルクが人生の悲劇的な終末を迎えた瞬間に、何を言い、何を考えたかは分からないが、おそらくそれは次のような祈祷であろう。「真実のための闘争の誓約に生き長らえるまで、我々は決してこれ忘れてならない。決して言ってはならないことは、自分自身を救うために、庇護のない弱者を見捨てる、ということだ。暴力が消滅し、人々が友愛を祝福し、人間の血が人間の手で決して流されないことを祝福するために集まるであろう、と私は信じている」。

（翻訳・伊藤成彦）

クレムリンを越えてパリへ──あとがきにかえて

　モスクワ会議が終わって、クレムリンの方に散歩に出た時に、久しぶりにローザ・ルクセンブルク国際会議に参加したミシェル・レビに私は、次のローザ会議をパリでやれなないか、と聞いた。するとミシェルが、次の場所はまだ決まっていないのか、と聞いてきたので、まだ決まっていないが、パリの可能性はあるかと聞いて、ローザ協会も33年で、会議も19回になるので、そろそろ終わりの時が近づいているが、パリではマルクス死後100年の1980年代に一度お願いしたが、僕らの年齢を考えると、終わりにする前にパリでもう一度ローザ会議をやりたいのだと私が言うと、パリに帰ったら仲間の意見を聞いてみる、とミシェルが言って別れた。そして、間もなくミシェルから「パリＯＫ」というメールが届いたのだ。

　ミシェルか仲間と相談して、ローザ会議を引き受けてくれたので、私は一切をまかせて安心している。そして、今私は人類の制度としては、民主主義と社会主義に関する思想的問題を次のようにまとめて今年3月に、現場で働く若い人たちに送った。それをここに掲載するので、民主主義と社会主義の未来を皆さんと共に考えて行きたいと思う。

2013年　パリ国際会議のテーマへの提案

伊藤　成彦

　総合テーマ：民主主義と未来の社会主義への理論的考察
1）民主主義とは何か？
　1．民主主義の多面性
　　・理念としての民主主義：平等、自由、公正への願望
　　・運動としての民主主義：理念の実現をめざす人々の運動

・制度としての民主主義：ソビエトか、議会制民主主義か
　　　・資本主義の外皮としての民主主義：幻想としての民主主義
　2）いかなる種類の社会主義が存在したか？
　　　・理念（夢）としての社会主義か？
　　　・宣伝としての社会主義か？
　　　・平等な社会としての社会主義か？
　3）社会主義が破綻したとすれば、それは何故か？
　マルクスもエンゲルスも、プロレタリア革命が勝利すれば、自動的に社会主義に移行すると考えていた。確かに1917年にロシアで、そして1950年には中国で、さらに1959年にはキューバでプロレタリア革命が勝利した。しかし、社会主義の成立と同時に世界は資本主義と社会主義の2陣営に分裂・対立し、社会主義の正常な発展は妨げられた。
　それだけでなく、ソ連でも中国でも、その後、経済が発展するにつれて新しいブルジョア的官僚制が生じて社会主義を内部から変質させた。そしてソ連では、1991年にソビエト連邦社会主義共和国は消滅した。中国は、1950年の中華人民共和国の建国以来、現在も「社会主義」国家を自称しているが、経済政策は資本主義に接近している。
　このように社会主義社会の内部から新ブルジョアジーが出現することはマルクスもエンゲルスも予想していなかった。この歴史的経過は、社会主義革命が資本主義国家を倒しても、社会主義制度は決して自動的に成立せず、社会主義の未来には基本的原則と設計図が必要であることを示している。
　4）未来の社会主義とは如何なる社会か？
　　　・カール・マルクスの未来像（『共産党宣言』ロシア語版序文、1882）
　　『共産党宣言』の課題は、近代のブルジョア的所有の不可避的、内在的消滅を宣言することであった。しかし、一挙にブルジョア的土地所有へと進む、まさに発展の始まりにいる。資本主義的発展を前にしたロシアは、土地の半分が農民の共同所有である。だから問題が起こる。ロシアの土地所有形態は、共産主義的集団所有の最高形態へ直接移行しえるのではないだろうかという問題だ。
　　　あるいは逆に、この所有形態は、西欧の歴史的発展が特徴づけているような、同じ崩壊過程へと進まねばならないのか。

この問題に対する今日唯一の可能な答えは、次のようなものである。もしロシアの革命が西欧でのプロレタリア革命へのシグナルで、2つの革命が同時に起こるのだとすれば、ロシアにおける土地の共同所有形態は、共産主義的発展への出発点として、利用されるだろう、と言うことだ」

・ローザ・ルクセンブルクの未来像(ローザ・ルクセンブルクは長編論文「民族問題自治」(1918-19)から)
「ブルジョアジーの歴史的・階級的な使命、課題とは、近代的な〈国民〉国家の創出であり、これに対して、プロレタリアート自身が意識ある階級として生を受け入れた資本主義の政治形態である〈国家〉を廃絶することである」
「自治だけが、様々な民族が結集して、その地域の経済的・社会的利害を共同で解決することを可能にし、また他方、各郡、各自治体で、諸民族間の多様な関係を自然な仕方で考慮することを可能にするのである」

＊我々は、過去を振り返りながら未来をめざして様々なアイディアを議論する。

それと同時に大きな問題は、大震災以後の日本政府と電力会社のありようを見て思うことは、真剣に核兵器、核エネルギーの全廃への道を見つけないと、このままでは地球上の人類を含めた生物は徐々に死滅に向かうことだろう、ということだ。

このようにローザ・ルクセンブルク研究をはじめ、人類の生存の危機に至るさまざまな問題をまえにして、2007年以来に限って、2007年4月の東京会議で活躍された西川正雄さん(東京大学名誉教授)が2008年1月に病気で亡くなり、やはり国際会議で活躍された星野中さん(大阪市立大学名誉教授)が2008年7月に事故で亡くなり、松岡利道さん(龍谷大学教授)が2009年12月に病気で亡くなり、さらにローザ・ルクセンブルクを歌ったベルト・ブレヒトの詩を翻訳してくれた石黒英男さん(中央大学名誉教授)が2010年3月に

病気で亡くなり、2007年のローザ・ルクセンブルク国際会議の総指揮者として活躍された有澤秀重さん（中央大学準教授）が2001年7月に亡くなったことを、心から御冥福をお祈ります。

ローザ・ルクセンブルク協会が設立20周年を迎えた2000年9月に、スイスのチューリヒで、ローザ・ルクセンブルク全集日本語版の刊行計画を発表しました。その後、全集は全17巻とすることや、2007年の東京国際会議から刊行を開始する決定をするなど計画は順調に進んでいました。ところが意外なことから、全集刊行の歯車が狂いだし、刊行開始を目指した2007年から、計画を立て直すさまざまな努力を試みたが、野望や悪意を持つものとの問題の解決は容易ではなく、自分の年齢も合わせ考えて、17巻の全集刊行計画を断念せざるをえない、という結果になりました。この計画に協力して多くの時間と労力を割かれたかた、また全集の完成を期待してご支援を戴いた方々に、心から感謝するとともにお詫びします。このよに、日本ではローザ・ルクセンブルク全集はできなくなりましたが、私は日本語版のために集めたローザ・ルクセンブルクの作品を、私の企画に刺激されてアメリカやフランスでローザ・ルクセンブルク全集の作成に着手した人たちに作品を提供して応援しています。

それで、フランス語版ローザ全集を応援するために、今年の10月4日－5日にパリでローザ・ルクセンブルク国際会議開を開催するのです。

第17回ローザ・ルクセンブルク国際会議（パリ）の概略

第17回ローザ・ルクセンブルク国際会議は、2013年10月4日－5日にフランス、パリ市の中央に位置するパリ第1大学の歴史的に由緒あるソルボルソンヌ校舎の講堂で開催された。ローザ・ルクセンブルク協会は、すでに1983年5月に、今回と同じくソルボルソンヌ校舎の講堂で第3回国際会議を開催した。

今回の会議は、「民主主義と革命に関するローザ・ルクセンブルクの思想（Rosa Luxemburg's Concepts of Democracy and Revolution）」というテーマで行われた。

今年（2013年）3月に、第17回ローザ・ルクセンブルク国際会議の事務局から、パリ
会議の趣意書案が送られてきたので、私は2通の参考資料を作って送った。そ

の1つは、「総合的テーマ：民主主義と未来の社会主義への理論的考察」と題した短い意見書、もう1つは「ローザ・ルクセンブルク協会の国際会議の歴史」と題した年表だ。その2通の文書を参考までに、ここに紹介すておく。

資料1「総合的テーマ：民主主義と未来の社会主義への理論的考察」
1）民主主義とは何か？
　1．民主主義の多面性
　　・理念としての民主主義：平等、自由、公正への願望
　　・運動としての民主主義：理念の実行をめざす人々の運動
　　・制度としての民主主義：ソビエト式制度か、一般的議会制度か
　　・資本主義の本質か、社会主義への過度の1形態か
2）いかなる種類の社会主義が存在したか？
　　・理念（或いは夢）としてのとしての社会主義が？
　　・宣伝としてのとしての社会主義が？
　　・平等な社会としての社会主義が？
3）社会主義が破綻したとすれば、それは何故か？
4）マルクス主義者エンゲルス（Friedlich Engels）は、プロレタリア革命が勝利すれば、自動的に社会主義に移行するものと考えていた（『空想家ら科学への社会主義の発展』）。マルクス（Karl Marx）はエンゲルスほど積極的に「プロレタリア革命の成立＝社会主義」を主張しなかったが、否定もしなかった。レーニンはエンゲルスの説を信じて彼の著書『国家と革命』（1917）でエンゲルスの主張を踏襲した。

資料2「ローザ・ルクセンブルク協会の国際会議の歴史」（歴史の詳細は私の「歓迎挨拶」と重複するので、ここではローザ・ルクセンブルク国際会議の年表だけを掲載する。

「第1回会議　1980年9月　チューリッヒ（スイス）
　第2回会議　1981年9月　リンツ（オーストリア）
　第3回会議　1983年5月　パリ（フランス）
　第4回会議　1985年8‒9月　ハンブルク（ドイツ）
　第5回会議　1989年1月　ベルリン（ドイツ）
　第6回会議　1991年11月　東京（日本）
　第7回会議　1994年11月　北京（中国）

第8回会議　1996年9月　ワルシャワ（ポーランド）
第9回会議　1998年5月　シカゴ（アメリカ）
第10回会議　1998年9月　タンペレ（フィンランド）
第11回会議　2000年9月　チューリッヒ（スイス・設立10周年記念）
第12回会議　2002年9月　ボーフム（ドイツ）
第13回会議　2004年11月　広州（中国）
第14回会議　2007年4月　東京（日本）
第15回会議　2009年1月　ベルリン（ドイツ）
第16回会議　2011年10月　モスクワ（ロシア）
第17回会議　2013年10月　パリ（フランス）

2013年10月4日

パリ会議

　会議は、10月4日午後3時-5時半に、ドイツ、イギリス、フランスで発行された新しい刊行物の紹介から始まった。

　まず、1970年以来東ドイツで刊行されてきたローザ・ルクセンブルク全集の編集を続けてきたアネリース・ラシッツアが、これまでの全集は全5巻6冊だが、このたびドイツでさらに2巻が補充されて全7巻8冊になり、特に1906年のロシア革命に関するローザ・ルクセンブルクの重要な論文群が収録されたという報告があった。

　さらにフランスのローザ・ルクセンブルク全集委員会から『フランスにおける社会主義（1893-1912）全3巻』が初めて出版されたという報告とともに、刊行された296ページのフランス語訳諸般が披露された。

　またピーター・フデイスウ（アメリカ）、ホルガー・ポィット（ドイツ、ポーランド）からもそれぞれ新刊の紹介が行われた。

　5時半から6時半まで会議に関する紹介があり、6時半から7時まで開会の議事が次のように行われた。

　1）開会挨拶（フランス代表）エリザベート・ゴ-チエ（Elisabeteh Gauthier）

２）歓迎（ローザ・ルクセンブルク協会代表）伊藤成彦
３）挨拶（ローザ・ルクセンブルク財団代表）エベリン・ヴィッチ。
私は、開催の歓迎挨拶で、次のように述べた。
「皆さん、この会議にようこそ来られました。ローザ・ルクセンブルク協会は皆さんを心から歓迎します。そしてこの機会に、ローザ・ルクセンブルク協会は、何時、どのよ うにして出来、何を目指しているのか、ということを、手短にお話しします。

ローザ・ルクセンブルク協会は、今３３歳です。1980年に生まれました。なぜ、ロ－ザ・ルクセンブルク協会は、1980年に生まれたのか？

1979年12月末にソ連軍がアフガニスタンを侵略しました。その時私は、西ドイツのマンハイムに住んでいました。マンハイム大学の客員教授でした。ソ連軍のアフガニスタ ン侵攻を知って、私はソ連社会主義は崩壊した、と思いました。そして、新しい社会主義を創造しなければならない、と思いました。

私は直ちにパリのジルベル・バディアに電話をしまして、新しい社会主義の芽の創造 を議論し、ローザ・ルクセンブルクを新しい社会主義運動のシンボルとすることで意見が一致しました。そして、この計画をさらに広げるために、新年にパリのジルベル・バディアの家に新しい仲間を誘って集まることを決めました。

1980年の新年に、私がパリのジルベル・バディアの家に行くと、４人の女性が来てい ました。フランス人のイレーヌ・プチ、クローディア・ベーユ、ジャクリーヌ・ボアと ペインから来たマリア・ホセ・アウベットオでした。そしてフランス男性のジルベル・バディアと日本人の私の６人で議論して、ローザ・ルクセンブルクを新しい社会主義運動のシンボルとする「ローザ・ルクセンブルク協会」の発足を決めました。

パリ会議の後に、私はすぐにスイスのチーリヒに、スイスの著名な市民運動家のテオドール・ピンクスを訪ねてローザ・ルクセンブルク協会の事務局長への就任を依頼しました。テオは私の前々から友人で、事務局長を喜んで引受、早速、1880年9月にチューリヒでローザ・ルクセンブルク協会設立総会を行いました。そすて同時に、協会は２-３年毎に世界の各都市で、ローザ・ルクセンブルク国際会議を開催することを決めました。現在のパリ

会議は、その第17回会議です。

　最後に、私たちの、ローザ・ルクセンブルク国際会議が、新しい社会主義の政策とし　て目下追求しているのは、以下の3つの原理です。

　第1の原理は、「非武装・非暴力・非原発」です。

　第2の原理は、「差別のない相互扶助」です。

　第3の原理は、「あらゆる国民国家と民族主義の廃棄」です。そのためにローザ・ルクセンブルクは1908-09年に民族問題と自治」と題した長く、重要な論文を発表しました。

　これからの会議で、こうした問題をめぐって活発な討論が行われるものと思われます。

　ご静聴ありがとうございます。

　3人の開会挨拶の後に、10月4日7時-9時に第1回のパネル討論が行われました。

　パネル討論の発表者名と発表テーマを以下に紹介します。

　・Rory Castle（英国）；ローザ・ルクセンブルク、彼女の家族と革命的外見の淵源．

　・Isabel Loureiro（ブラジル）：ローザ・ルクセンブルク、民主主義と革命．

　・Mylene Gaulard（フランス）：民主的改良に直面したローザ・ルクセンブルク；ベルンシュタインか、ケインズか．

　・Michael Lowy（フランス，ブラジル）：「革命のハンマーの一撃」。ローザ・ルクセンブルクにおけるブルジョア民主主義批判．

　・Claudie Wwill（フランス）：国家と民主主義．

１０月5日10時--12時15分　第2回パネル討論

　・Michael Brie（ドイツ）：社会主義と民主主義と民主主義。ローザ・ルクセンブルクによるボルシェヴィキ批判．

　・Jean-Numa Ducabg（フランス）：ローザ・ルクセンブルルクから見たフランス社会主義．

　・Ottokar Lubaan（ドイツ）：ローザ・ルクセンブルルクの革命的社会主義運動の思想にとっての決定的なキーワードとしてのプロレタリアートの創造性．

　・Pablo Slavin（アルゼンチン）；ローザ・ルクセンブルクの作品から見た民

主主義と革命.

　・Feliks Tych（ポーランド）：ユダヤ人の文化におけるローザ・ルクセンブルクの位置.

１０月５日２時‒４時　第３回パネル討論

　・Sobhanla Datta Rupta（インド）：ローザ・ルクセンブルクの書簡集の光から見た革命的民主主義概念の発展.

　・Michael Kretke（英国／ドイツ）：ローザ・ルクセンブルクと政治批判.

　・David Muhlman（フランス）：ローザ・ルクセンブルクにおける『社会的民主主義』の内容.

１０月５日４時45‒7時　第４回パネル討論

　・Philipp Corcuff（フランス）：ローザ・ルクセンブルク，過激派で民主派：ジョン・デューイとアンドレ・コムの対立.

　・Frigga Haug（ドイツ）：ローザ・ルクセンブルクの根本からの民主主義の足跡を後づける試み.

　・Alexey Gusev（ロシア）：ローザ・ルクセンブルクとマルクス主義思想史おける民主主義的社会主義の問題.

　・Ben Lewi（ロシア）：『それはわれわれのプログラムか，カール？』。ルクセンブルク、民主主義　そしてドイツ革命の挑戦.

　・Aandra Rein（カナダ）：ローザ・ルクセンブルクの理論と実践をフェミニストのテキストとして再読する.

　以上のようにローザ・ルクセンブルク・パリ国際会議は多くの成果を挙げて終了した。

　2009年2月に社会評論社から刊行された『ローザ・ルクセンブルク思想案内』に続いて本書もまた社会評論社社長の松田さんの決断でローザ・ルクセンブルクの三つの国際会議を編集した本書を出版して、ローザ・ルクセンブルク研究を応援して戴いた。また今回は特にベテラン編集者の梶野宏さんに、心のこもった仕上げをしていただいたことに感謝します。

　　　2014年8月

　　　　　　　　　　　　　　　　　　　　　　　　　　　　　伊藤　成彦

『日本語版ローザ・ルクセンブルク全集』の刊行中止の経過報告

伊藤成彦

　ポーランドのローザ・ルクセンブルク学者のフェリクス・ティフ教授が、日本語版全集は、ポーランド語で書かれた作品を日本語に翻訳して収録する画期的な全集だと期待していました。その期待を裏切る結果となった日本語版の完全な消滅はどうして起きたのか。その経過をたどります。

〔Ⅰ〕. 全集計画が登場したのは、私が3回の目の手術後の1998年秋に御茶の水書房の招待の席で、私がローザ全集の日本語版を考えていると述べた時に、御茶の水書房の橋本盛作社長が積極的な関心を示しました。2000年9月にスイスでローザ国際協会設立20周年会議を開いた際に、私がローザ全集日本語版の計画を発表し橋本氏が挨拶して応援協力を求めました。

〔Ⅱ〕. 2001年10月に東京で第1回編集会議。以後次々と翻訳体制を決め、全集を全17巻と決め、2005年に中国の広州で大型の会議を開いた際に、第1巻の開始を検討したが、まだ翻訳が間に合わず、全集開始のスタートを2007年の東京大会にしぼりました。しかし、2007年が迫ってくると、校正の手伝いに参加し、翻訳陣にも参加した小林勝氏が、御茶の水書房と組んで第1巻の責任者になることを要求してきました。私は、第1巻は川名隆史教授を中心にほぼ完成しているので、スタッフの入れ替えをせずに、第1巻だけでも刊行すべきだ、と主張しました。すると橋本社長は第1巻と第2巻の表紙だけを造らせて、最初に2巻が刊行されたかのように見せかけました。

〔Ⅲ〕. 2007年4月のローザ・ルクセンブルク国際会議が終わると、その間、影を潜めていた橋本社長や小林氏は、密かに次の文章を配布しました。

　「各位　長らくご報告が遅れ、ご心配・ご迷惑をおかけしましたことを心よりお詫び申し上げます。下記の通り、第1巻のめどが立ちましたので、来る4月25日（土）午後2時より弊社にて編集会議を開催したく、ご案内申し上げます。

1) 第1巻の本文校了のめどが立ちました。野村真理さん、小林勝さんのご努力の結果であります。索引と人名・地名・事項に分類し完全に終了しました。

2）残りの作業は、「刊行の言葉、あとがき（小林勝さん、原稿の終了の時点）の2点です。」
3）編集会議では、上記の2点の方針と処理が決定されれば、5月20日に刊行されます。第2巻の作業は継続中です。
4）ご承知のことと思いますが、「2月11日伊藤代表は翻訳編集委員を辞任しましたことを改めてご報告いたします。
5）このことは第1巻の残りの2点の作業、および続刊の翻訳体制とも関係がありますので、ぜひご出席またはご意見をお寄せくださるようお願い申し上げます。
6）会議は御茶の水書房にて、4月25日午後2時からです。」

〔Ⅳ〕．こうした橋本氏の私に対する非道な攻撃に対して、第1巻でポーランド語を、担当した川名隆史氏が「御茶の水書房社長・橋本盛作様・ならびに・伊藤成彦様」と題した手紙を双方に送ってきて、次のように伝えてきました。

「昨年来、橋本社長と伊藤氏の間で、ローザ・ルクセンブルク全集の編集にかかわり、深刻な対立が継続していることは、これまでの作業にかかわった1人としてきわめて残念なことと感じております。私はこの対立の当事者ではありませんので、その発生時から今までどちらの側にも肩入れするものでなく、またできるだけ双方との連絡も取らないようにしてきました。
　ところが先般、4月中旬に御茶の水書房より編集会議への案内を受け取り、事態が急転する気配が見え、また伊藤氏よりそれに関連して私にある要望がなされたことなどを考慮して、ここで一度、私の考えをお知らせしておくべきと考えました。著作権など、様々な権利関係にかかわる問題が生じる可能性もありますので、弁護士とも相談の上、このような配達証明付で郵便で私の見解をお伝えすることにしました。
　私は橋本社長と伊藤氏が和解にむけて歩み寄り、対立の原因を取り除いて、円満に出版にむけて邁進されることを期待します。ところが今回の編集会議通知には、第1巻の出版が間近であり、それに伊藤氏が編集委員を辞任したということが書かれております。これまでの作業の過程で、私は伊藤氏とは常に良好な関係を維持してきたわけではありませんが、これまでの過程からして伊藤氏が編集委員を辞任するということは、にわかには信じられません。伊藤氏はローザ・ルクセンブルク全集

の企画を立て、当初より資料集めをはじめとする作業の中心に位置してきました。私は社会的な常識からして、伊藤氏のかかわりなしにはこの企画自体が存在し得ないものと考えます。従って私は、今回の編集会議の通知にかいま見えるような伊藤氏を抜いた形での第1巻の出版はあってはならないと考えますし、そのような形で出版にむかうことは私は望みません。

　対立のそもそもの発端は、翻訳のドイツ語部分において知らぬ間に校が重ねられていたことに伊藤氏が反発したことであったと承知しております。私の担当するポーランド語の部分については3校まで担当し、最終的には2007年1月にいくつかの訳語の選定、調整について小林氏と合意しました。それ以後は、校正について私になんら通知がありませんので、何も変更されていないものと認識しております。もし私の知らぬ間に変更がなされ、それを基に出版が計画されているとしたら、ポーランド語部分の訳者であり、初校以後専ら校正を行い注つけも行ったもととしては異議を申し立てる権利を留保しますが、そのようなことはないものと信じております。」

〔Ⅴ〕. 川名教授のこの書簡の後に、私は著作権に詳しい岡邦俊氏に裁判を依頼したので、橋本氏と小林氏の私に対する攻撃の舞台は裁判所に場所を移しました。そうした中で、私の記憶に強く残っていたのは、2007年の国際会議の際に橋本社長が2枚の表紙を展示した後で、私が、見本のどこにもローザ全集の1部の定価がどこにも記されていないので、私は1部いくらの定価で売るつもりかとたずねたところ、橋本社長は「1部3万円以下にはできない」と初めて答えました。それで私が、「ローザ・ルクセンブルクという社会主義の思想家の本を1部3万円で売ることはできない。どんなに高くしても1万円までだ」と言うと「話にならない」と橋本社長は答えました。そのとき私は、橋本氏の本心は、3万円以上の本を売ることではなく、ローザ全集の刊行を不可能にすることだと感じました。そして橋本氏は裁判所でも私に対する誹謗、中傷の限りを尽くしてローザ全集の破壊につとめ、判決は形は「相打ち」でしたが、判事が、橋本氏が第1巻と第2巻の校正刷りを一方的に独占して私に渡さないことの意味を理解しないまま結審になったために、校正刷りを取り戻すことができなかったのです。しかし、ローザ全集の企画そのものは生きていますが、すべてをやり直すためには10年以上の時間を必要とし、80歳を越えた自分の年齢を考えて、ローザ全集の再建は次の世代に委ねて、私は自分のローザ研究の完成と現在の「ローザ講座」のような啓蒙活動を行うこととしたのです。

【著者紹介】

ミハエル・R・クレトケ　Michael Krätke　1950年にドイツのLüneburugに生まれる。1974年ベルリン自由大学卒。1981年博士号取得。現在、アムステルダム大学教授。新MEGA編纂委員。

イザベル・ロウレイロ　Isabel Loureiro　1952年生まれ。哲学博士。2002年までUniversidade Estadual Paulista（サンパウロ）講師。ローザ・ルクセンブルク財団（RLS）ブラジル会長。

松岡利道　（まつおか・としみち）　1944年大阪に生まれる。龍谷大学経済学部教授。2009年12月死去。

王学東　Wang Xue-dong　1953年8月生まれ。専門分野、マルクス主義、国際共産主義運動史、世界社会主義。中国共産党中央委員会編集翻訳局副局長、中国共産党中央委員会編集翻訳局政党研究センター長・同教授、中国国際共産主義運動史協会副会長、中国人民大学国際関係学科兼任教授。

パブロ・スラーヴィン　Pablo Slavin　弁護士（特に労働法）、労働同盟 Labor Unions（Syndicates）弁護士、政治科学・政治哲学修士，Mar del Plata 国立法律大学正教授、同大学 社会科学・政治科学部長、研究集団"Pensamiento Crítico"団長。

ソブハンラル・ダッタ・グプタ　Sobhanlal Datta Gupta　インド・カルカッタ大学 Surendra Nath Banerjee 政治学教授。現在の研究領域はレーニン、グラムシ、ローザ・ルクセンブルク、ルカーチおよびブハーリンの著作から、ヘゲモニーとしての社会主義理念を探ること。

ウラ・プレナー　Ulla Plener　年報『労働運動史研究』（JahrBuch fur Forschungen zur Geschichte der Arbeiterbewegung）編集者

ターニャ・ストロッケン　Tanja Storløkken　1962年ノルウェー生まれ。政治学者、フリーランスの研究者。現在、「ローザ・ルクセンブルク：試行錯誤の革命」というタイトルで論文を執筆中。

ジョルジ・シェル　György Széll　1941年にハンガリーのブダペストに生まれる。幼い時にドイツに移住、1964年以来ドイツ国籍となる。1973-2006年、オスナブリュック大学社会科学部教授、同学部に日本研究センターを開設する。現在は同大学名誉教授。専攻は産業社会学、平和学。

何　萍　He Ping　中国、武漢大学哲学部教授。80年代末からローザ・ルクセンブルクの「資本蓄積論」の研究を始め、2006年3月に武漢大学でローザ・ルクセンブルク国際会議を主宰した。

フリッツ・ヴェーバー　Fritz Weber　経済学者、ウィーン大学講師。

周尚文　Zhou Shangwen　1935年生。上海の東中国師範大学法・政治学教授。専攻はソ連をはじめ社会主義国と運動。

張自堯　Zhang Zhiyao　1973年生。Yangzhou 大学法学部講師。専攻は世界社会主義運動とマルクス主義。

趙凱栄　Zhao kai-rong　1962年生まれ。武漢大学哲学部教授。博士。専攻はマルクス主義哲学。

ウィリアム・A・ペルツ　William A. Pelz　アメリカ、シカゴ在住。労働者階級歴史研究所所長。

コルネリア・ハウザー　Kornelia Hauser　オーストリア、インスブルック大学教育学部教授。

グンドゥラ・ルードヴィッヒ　Gundula Ludwig　ウイーン大学政治学部助手。

張文紅　Zhang Wenhomg　ドイツに留学、准教授、世界社会主義研究所・中国共産党中央委員会資料編纂翻訳局所属。

テオドール・ベルクマン　Theodor Bergmann　1916年3月7日にベルリンに生まれる。小学校を卒業後、1929年にドイツ共産党反対派に参加して、その青年部に所属する。1933年3月7日に亡命。イスラエル（パレスチナ）、チェコスロバキア、スウェーデンで農業労働者。1946年4月1日、ドイツのイギリス占領地域に帰還。1947年　ボン大学で学士号取得。1948-52年　ハインリヒ・ブラントラー、ヴァルデマール・ボルツと共に雑誌「労働者の政策（Arbeiterpolitik）を刊行。1953-55年　農業大学（シュツッツガルト）で博士号取得。1956-65年　農業行政に関わる。1965-81年ホーエンハイム大学で教える。1968年　教授資格取得。1970年　オーストラリアで客員教授。1973-81年　国際農業比較学の教授。発展途上国と社会主義国の研究。農業政策と労働運動の研究、特に共産主義におけるオールタナティーブと社会主義諸国の改革。

ズブホラーニャン・ダスグプタ　Subhoranjan Dasgputa　インド、カルカッタ発展研究所人文学部教授。ドイツのハイデルベルク大学で博士号取得。研究領域は、マルクス主義美学、文芸社会学、分離・移民・ディアスポラ問題、経済と文化の相互関係、グローバル化の文化的影響など。主著『弁証法と夢』『トラウマと勝利―東インドのジェンダーと分断』『ギュンター・グラスのカルカッタ再訪』の他、インタビュー、エッセイ多数。英語及びベンガル語メディアのコラムニストとしても知られる。

ドガン・ゲチメン　Dogan Gocmen　トルコに生まれ、1980年よりドイツに暮らし、最近10年はエジンバラにおいてマルクスの思想の主な源泉の1つであるスコットランド啓蒙主義を研究した。現在ロンドン大学研究員、エジンバラ大学政治理論討議グループ参与。また知識に基づく経済学（KBE）と世界の貧困、及び国際関係理論と地球の公正に関する二つの出版プロジェクト（「マルクス、道徳性、国際関係」及び「ローザ・ルクセンブルクの社会・政治哲学」）にも携わっている。2006年6月にアダム・スミスの倫理と政治経済の関係に関する論文で、エジンバラ大学より博士号を授与された。博士論文は現在2007年に I. B. Tauris 出版社より出版すべく準備中。

西川正雄　（にしかわ・まさお）1933年生まれ。東京大学名誉教授　主著『第一次世界大戦と社会主義者たち』（岩波書店、1989年）。2008年1月死去。

上条　勇　（かみじょう・いさむ）1949 年生まれ。金沢大学経済学部教授。専攻は、オーストリア・マルクス主義。

フェリクス・ティフ　Feliks Tych　1929 年にポーランドのユダヤ人の家庭に生まれ、第二次大戦下ワルシャワ・ゲットーを脱出して生き延びる。1952 年ワルシャワ大学歴史学部卒。1955 年モスクワ大学歴史学部で博士号取得。1958 年からポーランド統一労働者党所属党史研究所教授。ローザ・ルクセンブルク研究を始める。以後ローザ研究を重ねて第 1 人者となる。現在はユダヤ研究所所長。

オトカール・ルーバン　Herr Ottokar Luban　ベルリン生まれの歴史家。第 1 次大戦時代のドイツ社会民主党とローザ・ルクセンブルクをはじめ左翼運動史の専門家。現在、国際ローザ・ルクセンブルク協会事務局長。

訳者（翻訳時の肩書き）
有澤秀重（ありさわひでしげ）中央大学教授　2011 年没
星野　中（ほしのひとし）大坂市立大学名誉教授　2008 年没
長谷川曽乃江（はせがわそのえ）中央大学講師
石川康子（いしかわやすこ）ドイツ思想史研究
穂住敏彦（ほずみとしひこ）愛知県立大学経済学部教授
太田仁樹（おおたよしき）岡山大学経済学部教授
森山あゆみ（もりやまあゆみ）中央大学講師
田中　祥之（たなかひろゆき）中央大学講師

伊藤成彦（いとうなりひこ）

1931年石川県金沢市に生まれる。東京大学文学部ドイツ文学科卒業、同大学院で国際関係論、社会運動・思想史専攻。現在、中央大学名誉教授。

主著：『「近代文学派」論』（八木書店）『共苦する想像力』『戦後文学を読む』（ともに論創社）『反核メッセージ』（連合出版）『闇に育つ光』（谷沢書房）『軍隊のない世界へ──激動する世界と憲法第9条』『軍隊で平和は築けるか』『ローザ・ルクセンブルクの世界』『ローザ・ルクセンブルクと現代世界』『ローザ・ルクセンブルク思想案内』（ともに社会評論社）

訳書：ローザ・ルクセンブルク『友への手紙』『ロシア革命論』（丸山敬一と共訳、ともに論創社）P・フレーリヒ『ローザ・ルクセンブルク』（御茶の水書房）

歴史に生きるローザ・ルクセンブルク
──東京・ベルリン・モスクワ・パリ──国際会議の記録

2014年9月13日　初版第1刷発行

編　著＊伊藤成彦
装　幀＊桑谷速人
発行人＊松田健二
発行所＊株式会社 社会評論社
　　　　東京都文京区本郷2−3−10
　　　　☎ 03(3814)3861　FAX 03(3818)2808
　　　　http://www.shahyo.com

組　版＊閏月社
印刷・製本＊ミツワ